༄༅། །བཀའ་གདམས་གསར་རྙིང་གི་ཆོས་འབྱུང་ཡིད་ཀྱི་མཛེས་རྒྱན་ཞེས་བྱ་བ་བཞུགས་སོ། །

བོད་ལྗོངས་བོད་ཡིག་དཔེ་རྙིང་དཔེ་སྐྲུན་ཁང་།

图书在版编目(CIP)数据

新旧噶当史籍:藏文/(元) 班钦索朗扎巴著.
--拉萨:西藏藏文古籍出版社.2012.12(2013.5重印)
ISBN 978-7-80589-032-6

Ⅰ. ①新… Ⅱ. ①班… Ⅲ. ①格鲁派-佛教史-藏语 Ⅳ. ①B946.6

中国版本图书馆CIP数据核字(2013)第047846号

新旧噶当史籍

作　　者	班钦·索朗扎巴
主　　编	巴桑次仁
责任编辑	索朗次旦
出版发行	西藏藏文古籍出版社
印　　刷	成都单色印务有限公司
开　　本	850×1168　1/32
印　　张	6.875
印　　数	5,001-7,000
版　　次	2001年11月第1版
印　　次	2024年8月第4次印刷
书　　号	ISBN 978-7-80589-032-6 民文(藏)
定　　价	17.00元

དཔེ་སྐྲུན་གསལ་བཤད།

《བཀའ་གདམས་གསར་རྙིང་གི་ཆོས་འབྱུང་ཡིད་ཀྱི་མཛེས་རྒྱན་》ཞེས་བྱ་བའི་མཛད་པ་པོ་པཎ་ཆེན་བསོད་ནམས་གྲགས་པ་ནི་ལྷོ་ཁ་རྩེད་ཐང་དགོན་པའི་ཉེ་འདབས་ཀྱི་གྲོང་ཚོ་འཁོར་བ་དང་ལྡན་པའི་ཁྲིམ་ཚང་ཞིག་གི་སྲས་སུ་རབ་བྱུང་བརྒྱད་པའི་ས་ཁྱི་(སྤྱི་ལོ1478)ལོར་སྐུ་འཁྲུངས། ཆུང་དུའི་དུས་ནས་རྩེད་ཐང་དགོན་པར་ཕེབས་ནས་བློ་སྒོ་འབྱེད་པའི་དགེ་རྒན་བསྟེན་ཏེ་ཡི་གེ་འབྲི་ཀློག་སོགས་ལ་སྦྱངས་པ་མཛད། དགུང་ལོ་བཅུ་དྲུག་བཞེས་པ་ན་ལྷ་སར་ཕེབས་ཏེ་ལོ་བཅུ་གཉིས་རིང་སེ་ར་ཐེག་ཆེན་གླིང་དུ་བཞུགས། སྤྱི་ཕྱིར་ཀུན་མཁྱེན་དོན་ཡོད་དཔལ་ལྡན་དང་། གཉལ་དོན་དཔལ་ལྡན་ལྷུན་གྲུབ་ཐོན་པ་མཁས་བཙུན་ཡོན་ཏན་རྒྱ་མཚོ་བཅས་བླ་མར་བསྟེན་ནས། ཕར་ཕྱིན་ཚད་མ། དབུ་མ། འདུལ་བ་མཛོད་བཅས་གཞུང་ཆེན་པོ་ལྔ་ལ་སྦྱང་བརྩོན་མཐར་ཕྱིན་པ་མཛད་ཅིང་ཞར་ཞོར་གསང་སྔགས་ཀྱི་ཆོས་ཀྱང་མི་ཉུང་བ་ཞིག་གསན། དགུང་ལོ་ཉི་ཤུ་ལ་འོད་སྣའི་བླ་མ་སངས་རྒྱས་བཟང་པོ་དང་རིན་ཆེན་ཆོས་བཟང་གཉིས་ཀྱི་དྲུང་ནས་བསྙེན་རྫོགས་ཀྱི་སྡོམ་པ་བཞེས་པ་དང་། མདོ་ཕྱོགས་ཀྱི་མཚན་ཉིད་རིག་པའི་སློབ་གཉེར་ཐོན་ནས་དགེ་བཤེས་མཁས་པའི་ཡང་རྩེར་སོན། དགུང་ལོ་ཉི་ཤུ་རྩ་བདུན་ནས་ལོ་གསུམ་རིང་རྒྱུད་སྟོད་གྲྭ་ཚང་དུ་བཞུགས་ཏེ་རྒྱུད་པའི་སློབ་དཔོན་ཆོས་ལྡན་བློ་གྲོས་བླ་མར

བསྟེན་ནས་གསང་སྔགས་ཀྱི་དབང་ལུང་ཁྲིད་སོགས་ཏ་ཙང་མང་པོ་གསན་ནས་གསང་སྔགས་ཀྱི་གཞུང་ལ་སྦྱངས་པ་ཕུལ་དུ་ཕྱིན་པ་མཛད་ཅིང་《རྒྱུད་སྡེ་སྤྱིའི་རྣམ་བཤད་》ཀྱང་བརྩམས། དགུང་ལོ་སོ་བཞི་པ་ལྕགས་ལུག་ལོར་རྒྱུད་སྟོད་གྲྭ་ཚང་གི་སློབ་དཔོན་གྱི་ཁྲིར་ཕེབས་ནས་ལོ་བཅུ་བཞིའི་རིང་རྒྱུད་ཀྱི་འཆད་ཉན་གནང་། དགུང་ལོ་སོ་དྲུག་པར《གསང་བ་འདུས་པའི་བསྐྱེད་རྫོགས་ཀྱི་ཁྲིད་ཡིག་》གཉིས་ཀྱང་བརྩམས། དགུང་ལོ་ཞེ་བདུན་པར་ཏཱ་ལའི་བླ་མ་སྐུ་ཕྲེང་གཉིས་པ་དགེ་འདུན་རྒྱ་མཚོའི་བཀའ་ལྟར་ལོ་དྲུག་གི་རིང་འབྲས་སྤུངས་བློ་གསལ་གླིང་གྲྭ་ཚང་གི་མཁན་པོ་མཛད། དེའི་རིང་ལ《ཕར་ཕྱིན་གྱི་སྤྱི་དོན་ཡུམ་དོན་གསལ་བའི་སྒྲོན་མེ་》《ཕར་ཕྱིན་གྱི་མཐའ་དཔྱོད་ཡུམ་དོན་ཡང་གསལ་སྒྲོན་མེ་》《དབུ་མའི་སྤྱི་དོན་ཟབ་དོན་གསལ་བའི་སྒྲོན་མེ་》སོགས་བརྩམས། དགུང་ལོ་ང་གཉིས་པ་ས་གླང་(སྤྱི་ལོ1529)ལོར། དགའ་ལྡན་གྱི་ཁྲིར་ཕེབས་ཏེ་ལོ་བདུན་གྱི་རིང་ལ་མདོ་སྔགས་ཀྱི་འཆད་ཉན་རྒྱུན་མི་འཆད་པར་མཛད་ནས་སྔ་ཕྱིར《བཀའ་གདམས་གསར་རྙིང་གི་ཆོས་འབྱུང་ཡིད་ཀྱི་མཛེས་རྒྱན་》དང《འདུལ་བའི་སྤྱི་དོན་ལུང་རིགས་ཉི་མ་》《དབུ་མའི་མཐའ་དཔྱོད་ཟབ་དོན་ཡང་གསལ་སྒྲོན་མེ་》《མཛོད་ཀྱི་སྤྱི་དོན་ཤེས་བྱ་རབ་གསལ་》《ཚད་མ་རྣམ་འགྲེལ་གྱི་སྤྱི་དོན་དགོངས་པ་རབ་གསལ་》བཅས་བརྩམས། དགུང་ལོ་ང་བརྒྱད་པ་ཤིང་ལུག་ལོར་དགའ་ལྡན་ཁྲི་པའི་ལོ་དུས་གཙང་ནས་དགོངས་ཞུ་མཛད་དེ་ལོ་བརྒྱད་རིང་འབྲོག་དགའ་ལྡན་དགོན་དུ་བཟུར་བཞུགས་ཐོག་ཉེ་འཁོར་གྱི་དགོན་པ་འགའ་ཞིག་གི་འདོད་མོས་ལྟར་མཁན་

པོ་མཛད། དེའི་རིང་ལ《འདུལ་བའི་ཆོས་འབྱུང་》《བསྟན་རྩིས་རིན་ཆེན་ཕྲེང་བ་》《དགའ་ལྡན་ལེགས་བཤད་པདྨ་དཀར་པོའི་ཆུན་པོ་》《དེབ་ཐེར་དམར་པོ་གསར་མ་》སོགས་བརྩམས། དགུང་ལོ་རེ་དྲུག་པ་ཆུ་ཡོས་ལོ་ནས་ལོ་ངོ་བཞིའི་རིང་འབྲས་སྤུངས་ཀྱི་མཁན་པོ་མཛད། དགུང་ལོ་རེ་དགུ་པ་མེ་རྟ་ལོ་ནས་སེ་རའི་མཁན་པོ་མཛད་དེ་མཐར་རབ་བྱུང་དགུ་པའི་ཤིང་སྟག（སྤྱི་ལོ1554）ལོ་ལ་སྐུ་བདེ་བར་གཤེགས་སོ། དེའི་རིང་ལ་གཞུང་ཆེན་མོའི་འགྲེལ་བཤད་དང་དོགས་གཅོད་སོགས་མང་པོ་བརྩམས་པ་གནང་ཡོད་ཁོང་གི་ལོ་རྒྱུས་ཞིབ་པར་མཁྱེན་འདོད་ན་ཉིད་རང་གི་དངོས་སློབ་བྱ་བྲལ་ལྷ་དབང་རྒྱ་མཚོས་མཛད་པའི་《པཎ་ཆེན་བསོད་ནམས་གྲགས་པའི་དཔལ་རྣམ་དབྱོད་མཆོག་གི་སྡེའི་རྣམ་ཐར་ངོ་མཚར་རྨད་བྱུང་རོལ་རྩེད་》ལ་གཟིགས་པར་འཚལ།།

ཆོས་འབྱུང་འདིའི་བརྗོད་བྱའི་ནང་དོན་གཙོ་བོ་ནི་ཇོ་བོ་ཨ་ཏི་ཤ་ཡབ་སྲས་དང་། བཀའ་གདམས་རིན་པོ་ཆེ་ཇི་ལྟར་དབུ་བརྙེས། སྲོལ་གཏོད་དར་སྤེལ་བྱུང་བའི་ལོ་རྒྱུས་དང་། རྗེ་ཙོང་ཁ་པ་ཡབ་སྲས་མཆོག་ནས་བཀའ་གདམས་གཞུང་པར་གྲགས་པའི་དགེ་ལུགས་པའི་གྲུབ་མཐའི་སྲོལ་གཏོད་གནང་ནས་དབུས་གཙང་ཁམས་གསུམ་ལ་དར་ཁྱབ་བྱུང་བའི་ལོ་རྒྱུས་དང་བཀའ་གདམས་གསར་རྙིང་གི་བླ་སློབ་རིམ་བྱོན་གྱི་འཁྲུངས་འདས་ལོ་ཚིགས་ཁ་གསལ་བཀོད་པ་ལྷག་དོན་མཁས་པ་གཞན་གྱི་གསུང་རྩོམ་ནང་གི་ཇོ་བོ་ཨ་ཏི་ཤའི་འཁྲུངས་འདས་ལོ་ཚིགས་མ་དག་པ་རྣམས་ལ་ཞིབ་དཔྱད་མཛད་ཅིང་ཕ་ཆོས་བུ་ཆོས་ནང་ཁྲ་སྟོན་པས་ཇོ་བོ་ལ་ཁྱུས་པའི་ཆོས་ཚན་ལ་བུ་ཆོས་ཞེས་བྱ་བར

ལྷ་ཚུལ་གཞན་དང་མི་འདྲ་བ་བརྟོན་མཛད་པས་བཀའ་གདམས་གསར་རྙིང་གི་ལོ་རྒྱུས་ལ་ཞིབ་འཇུག་གནང་མཁན་ཚོར་ཉེ་བར་མཁོ་བའི་མ་དཔེ་ཚད་ལྡན་ཞིག་ཡིན་ལ་རྩོད་བྱེད་ཀྱི་ཚིག་སྦྱོར་ལ་གོ་དཀའ་བའི་བརྡ་རྙིང་དང་མངོན་བརྗོད་སོགས་ཚིག་རྒྱན་མཁྲེག་པོས་བཅིང་མེད་པས་ཆུ་ཚད་མཐོ་དམན་བར་གསུམ་གང་ཞིག་གིས་ལྷ་ནུས་པ་ཡིན།།

《བཀའ་གདམས་གསར་རྙིང་གི་ཆོས་འབྱུང་ཡིད་ཀྱི་མཛེས་རྒྱན་》ཞེས་པ་དེའི་གཞི་བྱས་མ་དཔེ་བཤུས་མ་འདི་ནི་མཚོ་སྔོན་ཞིང་ཆེན་མི་རིགས་དོན་བྱེད་ཨུ་ཡོན་ལྷན་ཁང་གི་མཁས་དབང་ཡེ་ཤེས་རྡོ་རྗེ་ལགས་ཀྱིས་ཉར་ཚགས་གནང་བའི་མ་དཔེ་ལས་ཞིབ་བཤུས་གནང་བ་བརྩལ་འདོན་གནང་བ་དང་ཆབས་ཅིག་མ་ཡིག་ཐོག་གི་ལོ་ཁམས་དག་སྒྲི་ལོར་ཕབ་ནས་གུག་རྟགས་ནང་བཅུག་པ་ད་ལམ་ང་ཚོས་བོད་རིག་པ་ཞིབ་འཇུག་གནང་མཁན་ལ་ལྷ་བདེ་ཡོང་ཕྱིར་རང་སོར་བཞག་པ་དང་། གཞན་ཡང་ཁོང་གིས་དཔེ་སྐྲུན་གསལ་བཤད་དང་དཀར་ཆག་མདོར་བསྡུས་ཞིག་བསྒྲིགས་ནས་མཁོ་འདོན་གནང་བ་དེས་ང་ཚོས་དཔེ་སྒྲིག་བྱ་རྒྱུའི་དཔྱད་གཞིར་ཕན་ཐོགས་ཆེན་པོ་བྱུང་བས་སྐབས་འདི་དང་བསྟུན་ནས་ང་ཚོས་ཁོང་ལ་སྙིང་ཐག་པ་ནས་ཐུགས་རྗེ་ཆེ་ཞེས་ཞུ་དགོས་ཡོད། འདི་ནང་ཚོའི་དཔེ་སྒྲིག་ལས་ཀར་འབྲུལ་ནོར་ཆེ་རིགས་མི་ཐོན་པའི་ཕྱིར་སྔ་ཚན་ཁག་ལ་ཆོས་འབྱུང་འདིའི་མ་དཔེ་གཞན་ཞིག་འཚོར་རེས་ཐད་གཅོད་ཞུས་པའི་མཐར་བོད་ལྗོངས་སྤྱི་ཚོགས་ཚན་རིག་ཁང་གི་དཔེ་མཛོད་ཁང་ནས་དེ་སྔོན་པེ་ཅིང་མི་རིགས་དཔེ་མཛོད་ཁང་ནས་པར་སློག་ཞུས་པའི་མ་དཔེ་

ཞིག་མཁོ་འདོན་གནང་བྱུང་བས་མ་ཡིག་གཉིས་ཕན་ཚུན་བསྡུར་ཞིབ་གང་ནན་ཞུས་པ་དང་དཔེ་སྒྲིག་བྱེད་ཕྱོགས་ཐད་མ་ཡིག་གི་བརྗོད་དོན་ལ་སྣོན་འཕྲི་སྒྱུ་ཙམ་མེད་པའི་རྩ་དོན་རྒྱུན་འཁྱོངས་ཐོག་ཡིག་མཁན་གྱི་འབྲི་ནོར་ཡིན་ངེས་དག་བཅོས་བྱས་པའི་ཡི་གེ་རྣམས་རྟགས་〈 〉འདིའི་ནང་བཀོད་ཡོད་པ་བཅས་ཞིབ་ནན་ཞུས་ཁྲལ་ཡང་ང་ཚོ་དཔེ་སྒྲིག་མཁན་གྱི་ཤེས་ཚད་ཤིན་ཏུ་དམན་པས་དཔེ་སྒྲིག་བྱེད་ཕྱོགས་ཐད་ད་དུང་མ་འདང་བ་ཡོང་རྒྱུར་རྒྱ་ཆེའི་ཀློག་པ་པོ་རྣམས་ཀྱིས་སྐྱོན་བརྗོད་དང་སློབ་སྟོན་ལྷུག་པོར་ཡོང་བའི་རེ་བ་ཞུ། །

བསོད་ནམས་ཚེ་བརྟན་གྱིས།
སྤྱི་ལོ་༢༠༠༧ཟླ་ཚེས་བཟང་པོར་བྲིས།

དཀར་ཆག

༄༅། །དྲིན་ཅན་རྩ་བ་དང་བརྒྱུད་པར་བཅས་པའི་དཔལ་ལྡན་བླ་མ་དམ་པ་རྣམས་ལ་གུས་པར་ཕྱག་འཚལ་ཞིང་སྐྱབས་སུ་མཆིའོ། །བརྩེ་བ་ཆེན་པོས་རྗེས་སུ་གཟུང་དུ་གསོལ། །སྐུ་གསུམ་མངོན་གྱུར་རྒྱལ་བའི་དབང་པོ་འོད་དཔག་མེད། །གནས་ལྔ་མཁྱེན་པའི་པཎ་ཆེན་ལྷ་ཅིག་ཚུལ་གཟུང་ནས། །རྒྱ་བོད་གཉིས་སུ་ལུང་རྟོགས་དམ་ཆོས་སྒྲོན་མེ་སྦར། །རྗེ་བོ་དཔལ་ལྡན་ཨ་ཏི་ཤ་ལ་ཕྱག་འཚལ་ལོ། །རྒྱལ་བ་ཀུན་གྱི་ཐུགས་རྗེའི་ཆུ་གཏེར་ལས། །དོན་གཉིས་དགོས་འདོད་མ་ལུས་འབྱུང་བའི་གནས། །བཀའ་གདམས་རྒྱལ་མཚན་རྩེ་མོར་མངོན་མཐོ་བ། །སྟོན་པ་རིན་པོ་ཆེ་ལ་ཕྱག་འཚལ་ལོ། །རིགས་གསུམ་མགོན་པོའི་རྣམ་འཕྲུལ་སྐུ་མཆེད་གསུམ། ཉེ་ཟླ་ཟུང་ཅིག་དབུས་ཀྱི་སླང་ཤར་གཉིས། །སེམས་དཔའ་ཆེན་པོ་བྱ་འཆད་གཉིས་ལ་སོགས། །བཀའ་གདམས་རིན་ཆེན་འཕྲེང་རྣམས་ཕྱག་གི་ཡུལ། གང་གི་བློ་གྲོས་ཕ་མཐའ་བྲལ་བ་ཀུན་གསལ་མཛེས་མ་མཁའ་དབྱིངས་ཕོ་བྲང་ཡངས་པའི་གཞིར། །ཐུབ་པའི་གསུང་རབ་མདོ་རྒྱུད་གཞུང་བཟང་བགྲང་ཡས་ཆུ་ཁྱེར་སྨུག་པོའི་ཕྲེང་པོ་ཅི་ཡང་འཛིན། །སྐལ་པར་གྲགས་པའི་དབྱར་སྐྱེས་ཟ་སྒྲ་མཐའ་ཡས། །སྟོང་གསུམ་འཇིག་རྟེན་ཁྱོན་འདིར་བསྒྲགས་པ་ལས། །ལེགས་བཤད་བདུད་རྩིའི་སྦྲང་ཆར་རྒྱུན་གྱིས་ཐུབ་བསྟན་དཔྱིད་ཀྱི་དཔལ་མོ་སྐྱོང་དེར་ཕྱག་བགྱིད་དོ། །རིགས་ལམ་ཕྲ་མོའི་རི་མོ་རྣམ་བཀྲ་དར་ཆེན་མཛེས་པའི་ལུང་གི་གོས། །མ་ལུས་མཁས་པའི་ཡིད་རབ་འཕྲོག་བྱེད་རྣམ་དཔྱོད་གསེར་གྱི་ཡུལ་བརྟེན། །མཆོག་དང་ཐུན་མོང་དངོས་གྲུབ་ཀུན་སྩོལ་རིན་ཆེན་ཏོག་འབར་ཆེར་གཡོ་བ། །རྒྱལ་བའི་རྒྱལ་ཚབ་བསྟན་

པའི་རྒྱལ་མཚན་ངོ་མཚར་མཆོག་ཁྱོད་རྒྱལ་གྱུར་ཅིག །གྲངས་མེད་རྒྱལ་བ་
སྲས་བཅས་ཀུན་གྱི་དགེ་ལེགས་མཁྱེན་བརྩེ་མ་ལུས་རྣམས། །དཔལ་ལྡན་
མཁས་པ་ཀུན་གྱི་མགོ་བོར་བཞེས་གཉེན་གར་གྱིས་རྣམ་རོལ་ཏེ།། རྗེ་བཙུན་
བླ་མའི་རྣམ་དཀར་ལུགས་བཟང་ནོར་འཛིན་ཡོངས་སུ་ཁྱབ་མཛད་པ། །
མཁས་དང་གྲུབ་ཅེས་སྙན་པའི་བ་དན་སྲིད་གསུམ་གཡོ་བ་ཁྱོད་ཕྱག་འཚལ།
གསུང་རབ་རྒྱ་མཚོའི་དབའ་རློང་འཁོར་མ་ནས། །བཀའ་གདམས་ཡིད་
བཞིན་ནོར་བུའི་ཟྲོང་བླངས་ཏེ། །བདག་བློའི་ཁང་བཟང་བང་མཛོད་གང་
མཛད་པ། །ཡོངས་འཛིན་དེད་དཔོན་རྣམས་ལ་གུས་ཕྱག་འཚལ། །
བཀའ་གདམས་གསར་རྙིང་བཤེས་གཉེན་འབུམ་ཕྲག་གི །ངོ་མཚར་མཛད་
སྤྱོད་ཀུ་ཏ་ཀའི་ཚལ། །གསལ་བྱེད་ཆོས་འབྱུང་འོད་དཀར་འཕྱིལ་བ་ཞིག
རྣམ་དཔྱོད་ཤར་རིའི་རྩེ་ལས་དེང་འདིར་ཤར། །ཡ་མཚན་གཏམ་གྱི་ཆུ་ཐྲན་
ཀུན་བསྡུས་ནས། །མ་དད་དྲི་མ་འཁྲུད་པའི་དག་བྱེད་མཆོག །རྣམ་
དཔྱོད་གླང་པོའི་ཁ་ལས་ལེགས་འོངས་པ། །ཆོས་འབྱུང་གང་གཱའི་རྒྱུན་ཀུན་
<ཡང་>འདི་ལྟར་འབབ།། ། །

དེ་ལ་འདིར་གནས་ལྔ་རིག་པའི་པཎྜི་ཏ་ཆེན་པོ་དཔལ་མར་མེ་མཛད་ཡེ་ཤེས་ནི་རྒྱ་བོད་ཡོངས་ལ་ཤིན་ཏུ་བཀའ་དྲིན་ཆེ་བའི་ཕྱིར་ན། དེ་དག་གི་བཀའ་བརྒྱུད་ལས་བརྩམས་པའི་རྣམ་པར་ཐར་པ་མདོ་ཙམ་ནི། སངས་རྒྱས་མྱ་ངན་ལས་འདས་ནས་ལོ་སྟོང་བརྒྱད་བརྒྱ་བཅུ་དྲུག་ལོན་པ་སྣ་ཚོགས་ཀྱི་ལོ་ཞེས་པ་ཆུ་ཕོ་རྟའི་ལོ་ལ་ཤར་ཕྱོགས་ཟ་ཧོར་གྱི་ཡུལ་བི་ཀྲ་མ་པུ་རིའི་དབུས་ཕོ་བྲང་གསེར་གྱི་རྒྱལ་མཚན་ཅན་ཞེས་བྱ་བར། ཡབ་རྒྱལ་པོ་དགེ་བ་དཔལ་དང་། ཡུམ་དཔལ་མོ་འོད་ཟེར་ཅན་ཞེས་བྱ་བའི་སྲས་གསུམ་གྱི་འབྲིང་པོར

ཇོ་བོ་ཉིད་སྐུ་འཁྲུངས། དང་པོར་ཐེག་པ་ཆེན་པོ་གསང་སྔགས་ཀྱི་སྒོར་སྨིན་པར་མཛད། དགུང་ལོ་ཉེར་དགུ་ན་ཨོ་ཏནྟ་པུ་རིའི་གཙུག་ལག་ཁང་དུ་ཐལ་ཆེན་སྡེ་པའི་མཁན་པོ་ཤཱི་ལ་རཀྵི་ཏ་ལས་དགེ་སློང་ཚིག་རྫོགས་མཛད་ཅིང་། གསེར་གླིང་པ་སོགས་བླ་མ་མང་པོའི་ཞབས་ལ་གཏུགས་ནས། རིག་པའི་གནས་ལྔ་ལ་སྦྱངས་པས། མཁྱེན་རབ་དང་བདག་གཞན་བརྗེ་བའི་ཐུགས་རྗེ་ཕུན་སུམ་ཚོགས་པས་འཕགས་ཡུལ་གྱི་པཎྜི་ཏ་རྣམས་ཀྱི་གཙུག་གི་ནོར་བུ་ལྟར་བཞུགས་པའི་སྐབས་སུ། བོད་ཀྱི་ལྷ་བཙུན་པ་བྱང་ཆུབ་འོད་ཀྱིས་ནག་ཚོ་ཚུལ་ཁྲིམས་རྒྱལ་བ་ལ་སོགས་པ་སྤྱན་འདྲེན་དུ་བཏང་བ་ལས། ཇོ་བོ་ཉིད་དགུང་ལོ་ང་དགུ་བཞེས་པ་དཔའ་བོ་ཞེས་པ་ལྕགས་ཕོ་འབྲུག་ལ་གདན་བཏེག ཁྲུ་མཆོག་ཅེས་པ་ལྕགས་མོ་སྦྲུལ་ལ་བལ་ཡུལ་དུ་ཕེབས་ནས་ལོ་གཅིག་བཞུགས། རེ་གཅིག་པ་ཆུ་རྟ་ལ་མངའ་རིས་སུ་ཕྱིན་ནས་ལས་རྒྱུ་འབྲས་དང་སེམས་བསྐྱེད་ལས་བརྩམས་པའི་ཆོས་གཙོ་བོར་གསུངས་ཤིང་བྱང་ཆུབ་ལམ་གྱི་སྒྲོན་མ་རང་འགྲེལ་དང་བཅས་པ་མཛད། དགུང་ལོ་རེ་གསུམ་བཞེས་པའི་ཉི་སྒྲོལ་བྱེད་ཅེས་པ། ཤིང་ཕོ་སྤྲེལ་ལ་ཕུ་＜སྤུ＞རངས་སུ་བཞུགས་པའི་ཚེ། དགེ་བཤེས་སྟོན་པས་རང་ལོ་ཞེ་གཅིག་བཞེས་པའི་སྟེང་དུ། ཇོ་བོ་དང་པོར་ཞལ་མཇལ་ནས་དབུས་སུ་གདན་དྲངས་ཏེ། དགུང་ལོ་རེ་དྲུག་བཞེས་པའི་མེ་མོ་ཕག་གི་ལོ་ལ་དཔལ་བསམ་ཡས་སུ་ཕྱུགས་ཕབ། ལོ་དེའི་མཇུག་སྙེ་ཐང་དུ་ཕེབས་པ་ལ་བྱམས་འཇམ་དབྱངས་ཆོས་ཀྱི་བགྲོ་བ་མཛད་པའི་བུམ་ཆུ་ཕྱིན། རེ་དགུ་བཞེས་པའི་རྣམ་འགྱུར་ཞེས་པ་ལྕགས་ཕོ་སྟག་ལ་ཡེར་པ་ལྷ་རིའི་མགུལ་དུ་དགེ་བཤེས་སྟོན་པས་འབུལ་ནོད་བྱས། དོན་གསུམ་བཞེས་པ་རྒྱལ་བའི་ལོ་ཞེས་པ་ཤིང་ཕོ་རྟའི་དབྱུ་གུ་ཟླ་བའི་ཚེས་བཅོ་བརྒྱད་ལ་སྙེ་ཐང་དུ་གཤེགས།

དེ་ནས་ད་ལྟའི་ས་མོ་གླང་འདི་ཡན། ལོ་བཞི་བརྒྱ་དང་དོན་ལྔ་སོང་། དེ་དག་ནི་ གླེགས་ བམ་ རིན་ པོ་ ཆེ་ དང་། ལམ་ ཡིག་ གསང་ འཁོར་ མ་ དང་། ཞང་ ཤ་ ར་ བའི་ ལམ་ རིམ་ བརྗེད་ བྱང་ མ་ རྣམས་ ཀྱི་ དགོངས་ པ་ ཡིན་ ཞིང་། དུས་འཁོར་ ཊཱི་ ཀ་ ཆེན་ དུ་ ཇོ་ བོས་ ལྷུགས་ མོ་ ཡོས་ ལ་ བོད་ དུ་ བསྟན་ རྩིས་ མཛད་པར་གསུངས་པས། མཁས་གྲུབ་རིན་པོ་ཆེ་ཡང་ཇོ་བོ་ཆུ་རྟ་(སྤྱི་ལོ982)ལ་འཁྲུངས་པ་བཞེད་པར་གསལ་ལོ། འོ་ན་གསང་འཁོར་མར། དེ་ལྟར་རྗེ་བཙུན་ཐམས་ཅད་མཁྱེན་པ་ནི། མེ་ཕོ་རྟ་(སྤྱི་ལོ946)ལ་རྒྱ་གར་ཡུལ་དུ་འཁྲུངས། དྲུག་ཅུའི་བར་དུ་རྒྱ་གར་ཆོས་ཀྱིས་བསྐྱངས། ཆུ་ཕོ་རྟ་(སྤྱི་ལོ1042)ལ་ཁ་བ་ཅན་དུ་ཕྱིན། ཞེས་མེ་རྟ་ལ་འཁྲུངས་པར་གསུངས་པ་ཇི་ལྟར་ཡིན་ཞེ་ན། ཚིག་ཟུང་གཉིས་པ་མ་དག་པ་ཁོ་ན་སྟེ། ཟུང་པ་བཞི་པ་དང་དངོས་སུ་འགལ་བས་སོ། ནག་ཚོ་ནས་བརྒྱུད་པའི་རྣམ་ཐར་གྱི་ཡི་གེ་ཆེན་མོ་ལྟར་ན། ཇོ་བོ་ཉིད་ཀྱི་བསྟན་རྩིས་ཀྱི་དབང་དུ་བྱས་ཏེ། སངས་རྒྱས་ཤིང་ཕོ་སྤྲེའུ་ལ་མྱ་ངན་ལས་འདས་པ་ནས་ལོ་སུམ་སྟོང་བཞི་བཅུ་རྩ་བདུན་འདས་པ་རབ་ཕྱོས་ཞེས་པ་ལྷུགས་ཕོ་རྟའི་(སྤྱི་ལོ970)ལོ་ལ་ཇོ་བོ་སྐུ་འཁྲུངས། ང་བདུན་པ་ཟད་པ་ཞེས་པ་མེ་སྟག་(སྤྱི་ལོ1026)ལ་རྒྱ་གར་ནས་གདན་བཏེག་སྟེ། ལོ་དེའི་མཇུག་ལ་བོད་དུ་ཕེབས། དགུང་ལོ་རེ་དྲུག་བཞེས་པའི་ན་ཚོད་ལྡན་ཞེས་པ་ཤིང་མོ་ཕག་(སྤྱི་ལོ1035)ལ་བསམ་ཡས་སུ་ཕྱུགས་ཕབ། རེ་དགུ་ཞེས་པའི་ས་ཕོ་སྟག་(སྤྱི་ལོ1038)ལ་ཡེར་པར་སྟོན་པ་རིན་པོ་ཆེས་རྟེན་འབྲེལ་གྱི་འབུལ་བ་མཛད། དེའི་ཕྱི་ལོ་ས་མོ་ཡོས་(སྤྱི་ལོ1039)ལ་སྙེ་ཐང་དུ་བྱམས་འཇམ་དབྱངས་ཆོས་ཀྱི་བགྲོ་བ་མཛད་པའི་བུམ་ཆུ་ཕྱིན། དོན་གསུམ་བཞེས་པའི་ཆུ་ཕོ་རྟའི་(སྤྱི་ལོ1042)དབུ་གུ་ཟླ་བའི་

ཆོས་བཅོ་བརྒྱད་ལ་སློ་ཐང་དུ་སྐྲུ་གཤེགས། ཆོས་ཉི་ཤུ་ལ་གཤེགས་ཞེས་འབྱུང་བ་ཡང་དཔེ་མ་དག་པའོ། ལམ་ཡིག་ཆེན་མོ་དེར་རྟ་ལོ་ལ་འཁྲུངས་ཞེས་པ་ཙམ་ལས་མ་བྱུང་ཡང་། ལྕགས་རྟ་ཡིན་པའི་ངེས་པ་ནི་མཆིམས་ནམ་མཁའ་གྲགས་ཀྱི་བསྟན་རྩིས་ལས་གསལ་ཏེ། བསྟན་རྩིས་དེ་ཉིད་ཇོ་བོ་ཉིད་ཀྱིས་བསམ་ཡས་སུ་མི་ཕོ་བྱི་བ་ལ་བརྩིས་པའི་བསྟན་རྩིས་ལ་རྩིས་གཞི་མཛད་པར་སྣང་བས་སོ། ནཱ་རོ་པ་མི་མོ་ཡོས་ལ་གཤེགས་པར་ཚད་ལྡན་འགའ་ཞིག་གིས་གསུངས་པ་ལྟར་ན། ལྕགས་རྟ་(སྤྱི་ལོ970)ལ་འཁྲུངས་པ་དང་ལོ་གྲངས་གུང་འགྲིག་ལ། ཆུ་རྟ་(སྤྱི་ལོ982)ལ་འཁྲུངས་པ་ལྟར་ན། ནཱ་རོ་པ་ཡང་། ལྕགས་མོ་སྦྲུལ་(སྤྱི་ལོ1041)ལ་གཤེགས་པར་བྱ་དགོས་ཏེ་ཐུགས་རྟོག་འཇུག་པ་ཉིན་སྐར་ལྟ་བུར་སྣང་ངོ་། བྱང་ཆུབ་ལམ་གྱི་རིམ་པ་ལྟར་ན། རྒྱས་པར་ནི་རྣམ་ཐར་གྱི་ཡི་གེ་ཆེན་མོ་རྣམས་སུ་ཤེས་པར་བྱའོ་ཞེས་གསུངས་པས་ལམ་ཡིག་ཆེན་མོ་བཞིན་ཡིན་ལ། བོད་དུ་ལོ་བཅུ་བདུན་བཞུགས་པར་གསུངས་པ་ཡང་། བསྟོད་པ་ལས། ཁྱོད་ཞོན་སོ་མ་ཕུ་རི་ན། རྟོག་གེ་འབར་བ་གསུངས་པའི་ཚེ། ང་ནི་ལོ་ནི་ཉི་ཤུ་ན། ཞེས་དང་། དེ་ནས་ལོ་གཉིས་འདས་པ་ན། བོད་དུ་འབྱོན་པའི་དུས་སུ་ནི། ང་ནི་ལོ་ནི་བཅོ་བརྒྱད་ན། ཡུལ་འདི་བོད་དུ་བཞག་ནས་ནི། དགའ་ལྡན་གནས་སུ་འགྲོའོ་ཞེས། །ཇི་སྐད་གསུངས་པ་བཞིན་མ་འཁྲུལ་བར། །གྱུར་བ་དེ་ནི་ངོ་མཚར་ཆེ། །ཞེས་གསལ་བར་འབྱུང་བས་ཡིད་གདུང་བར་མི་བྱའོ། །ཇོ་བོ་དེ་ལ་སྲས་རྒྱ་བོད་གཉིས་ན་བསམ་གྱིས་མི་ཁྱབ་ཀྱང་། རྒྱ་གར་ན་ཐུན་མོང་མ་ཡིན་པའི་སྲས་ལྔ་ནི། པཎྜི་ཏ་བི་ཏོ་པ། དབུ་མ་སེང་གེ བཤེས་གཉེན་གསང་བ། ཀྵ་ན་མ་ཏི། པཎྜི་ཏ་སའི་སྙིང་པོ་རྣམས་ཡིན་ཏེ། ཇོ

བོ་ཉིད་དང་ཕྱིན་རླབས་དང་ཐུགས་རྒྱུད་མི་མཉམ་ཡང་། མཁྱེན་པ་མཉམ་པར་གྲགས། ཁྱད་པར་བོད་ཁ་བ་ཅན་པ་ལ་བཀའ་དྲིན་གྱིས་མ་ཁྱབ་པ་དང་། སློབ་མར་མ་གྱུར་བ་མེད་ཅིང་། དེའི་ནང་ནས་ཡོངས་སུ་གྲགས་པ་ལ། མངའ་རིས་སྟོད་ནས་ལྷ་བཙུན་པ་ཁུ་དབོན། ལོ་ཙཱ་བ་རིན་ཆེན་བཟང་པོ། ནག་ཚོ་ཚུལ་ཁྲིམས་རྒྱལ་བ་ལ་སོགས་པ་དང་། གློ་བོའི་ཡུལ་ནས་སྟོན་པ་ཡང་རབ། གུང་ཐང་ནས་སྒོམ་པ་ཚུལ་ཁྲིམས་དང་། ཤེས་རབ་འབྱུང་གནས། ལྷོ་བྲག་ནས་ཆིག་ཁྲི་མཆོག་དང་། བཙུན་པ་དགེ་བསྙེན་ལ་སོགས་པ་མང་དུ་བྱོན། གཞན་ཡང་ལོ་ཙཱ་བ་རྒྱ་བརྩོན་འགྲུས་སེང་གེ དགེ་བའི་བློ་གྲོས། ཤཱཀྱ་བློ་གྲོས། ཚུལ་ཁྲིམས་འབྱུང་གནས། ལྷ་ཆེན་པོ། གཟུས་རྡོ་རྗེ་རྒྱལ་མཚན། གཙང་སྟོད་ནས་གྲགས་སྟོན་ཆེ་ཆུང་གཉིས། གཙང་སྨད་ནས་འགར་འགོས་ཡོལ་གསུམ་གནམ་གྱི་རྡིང་ཁ་བ། བང་སྟོན་བྱང་ཆུབ་རྒྱལ་མཚན། རྔོ་གསུམ་པ། སྣ་ནམ་ཉང་མི། མལ་ཤེས་རབ་སེམས་དཔའ། དཔོན་ཆོས་རྒྱལ། འགོས་སྟོང་བཙན། ལྷབ་མི་ཆེན་པོ། སྒྲོ་ཤཱཀྱ་བྱང་ཚུལ། ཁུ་སེང་གེ་རྒྱལ་མཚན། ལྷ་རྗེ་བསམ་གཏན། ཡོལ་ཆོས་དབང་མཆེད་གསུམ། ཞང་བཙུན་ཡེར་པ་བ། སྒོམ་པ་དང་པ་བླ་མ། ཞང་བཙུན་དྲི་མ་མེད་པ། ཀ་བ་ཤཱཀྱ་དབང་ཕྱུག སུམ་པ་མཐུ་ཆེན་ལ་སོགས་པ་མཐའ་ཡས་པ་ཞིག་བྱོན། ཁམས་ནས། རྣལ་འབྱོར་པ་ཆེན་པོ་ཨ་མེས་བྱང་ཆུབ་རིན་ཆེན། དགོན་པ་བ་འཛིན་དབང་ཕྱུག་རྒྱལ་མཚན། རྣལ་འབྱོར་པ་ཤེས་རབ་རྡོ་རྗེ། ཕྱུག་དར་སྟོན་པ། བྱམས་པ་བློ་གྲོས་དང་སྐྱུ་མཆེད་ལྔ་བྱོན། དེ་རྣམས་ཀྱི་ནང་ནས་མཆོག་ཏུ་གྱུར་པ། དབུས་ནས་ཁུ་སྟོན་བརྩོན་འགྲུས་གཡུང་དྲུང་། རྔོག་སྟོན་ལེགས་པའི་ཤེས་རབ། འབྲོམ་

སྟོན་རྒྱལ་བའི་འབྱུང་གནས་སོ། དེ་ལ་ལོ་ཆེན་ནི། མངའ་རིས་སྤུ་ས་ཕོ་ཉ་ལ་འཁྲུངས། བཅུ་གསུམ་པ་ལྕགས་རྟ་ལ་རབ་ཏུ་བྱུང་། བསྟན་པ་ཕྱི་དར་འདི་ལ་རབ་བྱུང་སྔ་ཤོས་སུ་སྣང་། རྒྱལ་པོ་དར་མས་ལྕགས་མོ་བྱ་(སྤྱི་ལོ841)ལ་བསྟན་པ་བསྣུབས་པ་ནས་ལོ་བདུན་ཅུ་སོང་བ་དེ་ཡིན། དེ་ནས་ལོ་གསུམ་པ་ཆུ་བྱ་(སྤྱི་ལོ913)ལ་དབུས་གཙང་དུ་བསྟན་པ་བྱུང་བར་བུ་སྟོན་རིན་པོ་ཆེ་བཞེད་ཀྱང་། ལོ་བརྒྱད་པ་ས་སྟག་ལ་བསྟན་པ་བྱུང་བར། སྟོན་པ་རིན་པོ་ཆེའི་བསྟན་རྩིས་ལས་བཤད་དོ། ལོ་ཆེན་འདིས་ཉེར་ལྔ་ལོན་དུས་ཇོ་བོ་འཁྲུངས། དགུ་བཅུ་རྩ་བརྒྱད་པ་ཤིང་མོ་ལུག་ལ་མཁའ་སྤྱོད་དུ་གཤེགས། ནག་ཚོ་ལྕགས་མོ་ཕག་(སྤྱི་ལོ1011)ལ་གུང་ཐང་དུ་འཁྲུངས། རང་ལོ་སོ་གཉིས་པ་ལ་ཇོ་བོ་དང་ལྷན་དུ་མངའ་རིས་སུ་ཕེབས། བོད་ལ་བཀའ་དྲིན་ཤིན་ཏུ་ཆེ་ཞིང་། སྐུ་ཚེས་རིང་ཤས་ཤིག་བཞུགས་སྣང་། དེའི་ཐུན་མོང་མ་ཡིན་པའི་སྲས། རོང་པ་ལག་སོར་བར་གྲགས་པ་དེ་ནི། རང་གི་སྐྱེ་བ་བཅུ་གསུམ་དྲན་པ། མངོན་པར་ཤེས་པ་རྒྱ་ཆེན་པོ་མངའ་བ་ཞིག་སྟེ། བཙོམ་ཆུང་དུ་ལག་སོར་དགོན་པ་བཏབ་ནས་ཚོགས་བསྡུས་པས། བཀའ་གདམས་སྨད་པར་གྲགས། དེ་ལ་བྱ་འདུལ་བརྩོན་འགྲུས་འབར། ཞུ་ལེན་ཤེས་རབ་གྲགས། རོག་ཆེང་ཕུ་བ། དགེ་བཤེས་རྣམ་པར་བ་སྟེ་བཞིས་བཀའ་གདམས་གསན་པས། ལག་སོར་བའི་བུ་བཞིར་གྲགས། རྒྱ་ར་སྟོན་འཛིང་གྲངས་ན་ལྔའོ། དེ་བཞི་རེ་རེས་མཛད་པའི་བཀའ་གདམས་ཀྱི་བསྟན་རིམ་ཡོད་ཅིང་། ལམ་གྱི་རིམ་པ་ནི་སྐྱེས་བུ་འབྲིང་ནས་འཁྲིད་དོ། ཁྲི་མཆོག་ནི། རང་ལོ་སུམ་ཅུ་པ་ལ་ཇོ་བོ་དང་མཇལ། སོ་ལྔ་པ་ལ་དངོས་གྲུབ་བརྙེས། ཞེ་གཉིས་པ་ལ་རྭ་སྒྲེང་དུ་གཤེགས། ཀ་བ་ཤཱཀྱ་དབང་ཕྱུག་ཕྱིས

ལན་པ་སྤྱིལ་ཕུ་ནས་སྐུངས་ཤོད་དུ་ཕེབས་ཏེ། ཨ་ཏན་ཤེལ་གྱི་བྲག་ཕུག་ཏུ་གཤེགས། བང་སྟོན་ཀུང་སྐུངས་ཤོད་དུ་ཕེབས་ནས་གཤེགས། རྒྱལ་འབྱོར་ཤེས་རབ་རྡོ་རྗེ་གསང་ཕུ་དང་། ཕྱུག་དར་སྟོན་པ་ཁམས་སུ་གཤེགས་སོ། ཁུ་ཆེན་པོ་ནི། ནག་ཚ་དང་དགུང་མཉམ་དུ་འགལ་བྱེད་ཅེས་པ། ལྕགས་མོ་ཕག་(སྤྱི་ལོ1011)ལ་ཡར་སྐུངས་སུ་འཁྲུངས། རྗེ་མར་པ་དང་གྲྭ་པ་མངོན་ཤེས་གཉིས་འཁྲུངས་པའི་སྤྲ་ལོ་ཡིན། རེ་ལྟ་པ་ཤིང་ཡོས་(སྤྱི་ལོ1075)ལོར་གཤེགས་ཞེས་དེབ་སྔོན་ལས་འཆད། སྟོན་པ་ཚེམས་ནི། ཁུ་སྐུ་ཚེའི་སྟོད་ལ་གཤེགས་པར་ཡང་བཤད་པས་དཔྱད་དོ། རྔོག་ཆེན་པོ་ནི། ཡར་འབྲོག་ཏུ་སྐུ་འཁྲུངས་ཏེ། ཆུ་མོ་གླང་(སྤྱི་ལོ1073)གི་ལོ་ལ། ནེའུ་ཐོག་གི་དགོན་པའི་གཞི་བཏིང་། རྭ་སྒྲེང་བཏབ་ནས་ལོ་བཅུ་བདུན་སོང་བ་དེ་ཡིན། འཁོར་ལྔ་བརྒྱ་ཙམ་འདུས། མཐར་མཁའ་སྤྱོད་དུ་གཤེགས་སོ། དེའི་དཔོན་སྲས་བློ་ལྡན་ཤེས་རབ་ནི། ས་མོ་ཕག་(སྤྱི་ལོ1059)ལ་འཁྲུངས། རང་ལོ་བཅོ་བརྒྱད་པ་ལ་ཁ་ཆེར་བྱོན། ལོ་བཅུ་བདུན་བཞུགས། སླར་བོད་དུ་ཕེབས་ནས། འཁོར་དཔེ་འགྲེམས་རང་ཡང་ཁྲི་ཕྲག་གསུམ་ཙམ་བསྡུས་ཤིང་། བཀའ་གདམས་ཀྱི་བསྟན་རིམ་བསྡུས་པ་ཚིགས་བཅད་མ་ཅིག་མཛད། ང་གཅིག་བཞེས་པ་ལ་གློ་བྱིང་མཚམས་སུ་གཤེགས། དེ་ལ་སྲས་ཀྱི་ཐུ་བོ་བཞི་ཡོད་པའི་ནང་ནས། གྲོ་ལུང་པ་བློ་གྲོས་འབྱུང་གནས་ཀྱིས། ཁམ་ལུང་པ་ལ་གཏུགས་ཏེ་བཀའ་གདམས་གསན་ཞིང་། བསྟན་རིམ་ཆེ་ཆུང་གཉིས་མཛད། ལམ་གྱི་རིམ་པ་ནི་བཤེས་གཉེན་བསྟེན་ཚུལ་ནས་འཁྲིད་དོ། བཤེས་གཉེན་འབྲོམ་སྟོན་པ་ནི། ཕུག་རིངས་རྩ་སྐྱེ་མོར་ཁྲོ་མོའི་ལོ་ཞེས་པ། ཤིང་ཕོ་འབྲུག་(སྤྱི་ལོ1004)ལ་སྐུ་འཁྲུངས། དང་པོར་གཡུང་ཆོས་མགོན

ལ་གློག་སྒྲོང་བ་དང་། རྒྱལ་གྱི་ཞང་ཆེན་པོ་ལ་དགེ་བསྙེན་ཞུས། དེ་ནས་རིམ་གྱིས་ཁམས་སུ་ཕྱིན་ཏེ། སེ་བཙུན་དབང་ཕྱུག་གཞོན་ནུ་ལ་ཡུམ་དོན་གསན་ཞིང་། པཎྜི་ཏ་སྨྲྀ་ཏི་ལའང་སྒྲ་མདོ་གསན། དེ་ནས་བྱང་ངོས་བརྒྱུད་དེ། རང་ལོ་ཞེ་གཅིག་པ་ཤིང་སྤྲེལ་(སྤྱི་ལོ1044)ལ་ཇོ་བ<བོ>དང་ཕྲུ<སྤྲུ>རངས་སུ་མཇལ་བ་ནས་བཟུང་སྟེ། ལོ་བཅུ་གཅིག་བསྟེན་ནས། ཡོན་ཏན་བུམ་པ་གང་ཕྱིར་ཞུས། དགུང་ལོ་ང་བཞི་བཞེས་པ། མེ་མོ་བྱའི་(སྤྱི་ལོ1057)ས་ག་ཟླ་བའི་ཚེས་གཅིག་ནས། ལྷ་དང་བླ་མས་ལུང་བསྟན་པའི་གནས། བཀའ་གདམས་བརྒྱ་རྩ་བརྒྱད་ཀྱི་ཕྱི་མོ། ཚུ་མིག་བརྒྱ་རྩ་བརྒྱད་ཀྱི་མགོ་བོ། གངས་ཅན་པ་ཀུན་གྱི་སྤྱི་མཆོད། དགེ་བཤེས་སྟོན་པ་རང་གི་གཡར་དམ། རྗེ་བོ་ལྷ་ཅིག་གི་གདན་ས། བྱང་ར་སྒྲེང་གི་གཙུག་ལག་ཁང་ཆེན་པོའི་རྨང་བཏིང་བ་ནས་བཟུང་སྟེ། དགེ་བཙུན་དྲུག་ཅུ་ཙམ་གྱི་ཚོགས་བསྡུས་པ། ནུབ་ཕྱོགས་ཨོ་རྒྱན་བཞིན་གྲུབ་ཐོབ་ཏུ་གྲ་ཕྱུང་ངེ་བཞུགས། མཐར་དགུང་ལོ་དྲུག་ཅུ་བཞེས་པའི་ཆུ་མོ་ཡོས་(སྤྱི་ལོ1063)ཀྱི་དབྱར་འབྲིང་པོའི་ཚེས་ཉེ་ཤུ་ལ་ར་སྒྲེང་ལྷེང་ཀར་སྐུ་གཤེགས། དེ་ནས་ས་གླང་(སྤྱི་ལོ1529)འདི་ཡན་ལ་ལོ་བཞི་བརྒྱ་དང་རེ་དྲུག་སོང་། ར་སྒྲེང་བཏབ་ནས་ལོ་བཞི་བརྒྱ་དང་དོན་གསུམ་སོང་། དེའི་སློབ་མ་རྗེ་བོ་དང་ཐུན་མོང་བ་ཁམས་པ་སྐུ་མཆེད་ལྔ་ལ་སོགས་པ་མཐའ་ཡས་ཤིང་ཐུན་མོང་མ་ཡིན་པ་ནི། ལྷང་ལུམ་སྟོན་པ། སྒྲུ་ར་གཞོན་ནུ་འོད་ཟེར། ལྷབ་མི་ཤེས་རབ་གཡུང་དྲུང་། ཀ་བ་རྒྱ་གར། རྡུག་པའི་ཞིང་ཆེན་པོ། བན་ཀ་རྗེ་བཙུན། ཀམ་ཡུང་བ། ཡུང་ཀ་ཅིག་པ། ཡོལ་རྫོང་རྣལ་འབྱོར་པ། སྟོན་པ་ཡོན་ཏན་འབར། སྒོམ་པ་རིན་ཆེན་བླ་མ། ཨ་མེས་སྨན་ཐབ། དགའ་སྒོམ

ཨག་ཚོམ། སྟོན་པ་དབང་ཕྱུག་འབར། ཕ་ཀན་སྤོང་སྟོན། ཛོ་བོ་ལེགས། ཁམ་པ་ལུང་པ་ཆེན་པོ། སྐུ་མཆེད་གསུམ་ལ་སོགས་པ་མང་དུ་བྱོན། དེ་ལ་རྣལ་འབྱོར་པ་ཆེན་པོ་ནི། སྲིན་པོའི་ལོ་ཞེས་པ་ཤིང་མོ་ཡོས(སྤྱི་ལོ1015)ལ་སྐུ་འཁྲུངས། བཤེས་གཉེན་སྟོན་པའི་རྗེས་སུ་རྭ་སྒྲེང་གི་གདན་ས་ལོ་བཅུ་གཉིས་མཛད། རེ་བཞི་པ་ས་ཕོ་རྟ(སྤྱི་ལོ1078)ལ་གཤེགས། དེ་ལ་གྲྭ་པ་སུམ་བརྒྱ་ཙམ་འདུས་པའི་ནང་ནས་ངོ་མཚར་བ་ནི། སྟོད་ལུངས་པ་ཆེན་པོ། ལྷབ་མི་ཆེན་པོ། དགེ་བཤེས་མང་ར། རྒྱ་ཡོན་བདག་སོགས་མང་དུ་བྱོན། རྒྱལ་རྗེ་སྣམ་པོ་པས་གདུགས། འདིས་བཀའ་གདམས་ཀྱི་བླ་མ་གཞན་ཡང་མང་དུ་བསྟེན་པས། བཀའ་ཕྱུག་གཉིས་འདྲེས་སུ་གྲགས། དེ་ནི་ས་མོ་ལུག(སྤྱི་ལོ1079)ལ་འཁྲུངས་ནས། བདུན་ཅུ་རྩ་ལྔ་པ་ཆུ་བྱ(སྤྱི་ལོ1153)ལ་གཤེགས། འདིས་བསྟན་རིམ་ཐར་བའི་རྒྱན་མཛད་པའི་ལམ་གྱི་རིམ་པ་ནི། རྣལ་འབྱོར་པ་ཆེན་པོའི་བཞེད་པ་ལྟར་རིགས་ནས་འཁྲིད་དོ། དཔལ་ལྡན་དགོན་པ་བ་ནི། མེའི་ལོ་ཞེས་པ་མེ་ཕོ་འབྲུག(སྤྱི་ལོ1016)ལ་སྐུ་འཁྲུངས། རྭ་སྒྲེང་གདན་ས་ལོ་ལྔ་མཛད། རེ་བདུན་བཞེས་པའི་ཆུ་ཕོ་ཁྱིའི(སྤྱི་ལོ1082)ས་གའི་ཉ་ལ་གཤེགས། དེའི་རྗེས་སུ་པོ་ཏོ་བས་རྭ་སྒྲེང་གདན་ས་ལོ་གཅིག་གམ་གསུམ་གྱི་ལུགས་ཅིག་མཛད། དེ་ནས་བར་སྟོངས་ལོ་སུམ་ ཅུ་ ཙམ་ བྱུང་ རྗེས། མཐའ་ བཞིས་ དབུ་ མཛད་ ལོ་ ཤས་ མཛད། མཚམས་ཤིག་ནས། ཛོག་ལོ་ཆེན་པོ་ལ་དགོན་པ་ཕུལ་བས་བླ་རེ་བླ་གཉིས་ཆོས་བར་གནང་བ་བྱུང་། དེ་ནས་རིམ་པ་བཞིན། ཤ་ར་བ། སྤངས་ཀ་བ། ཞང་སྟོན་དར་མ་གཡུང་དྲུང་། སྣང་ཐང་དཀར་བ། དགོན་འོད་འཇོ་བའོ། འདི་ནས་དགོན་འོད་གཉིས་སུ་གྱེས་ཏེ། དེང་སང་གི་བར

གདན་ས་སོ་སོ་ནས་བསྐོ་བ་ཡིན་ནོ། དགོན་འོད་འཛོམ་བའི་རྗེས་སུ་ཐོན་པའི་
གདན་རབས་ནི། རིམ་པ་བཞིན་དུ། རྒྱ་ཡོན་ཏན་གཞོན་ནུ། གཙང་པ་
ཤེས་རབ་འོད་ཟེར། དར་ཡུལ་བ་ཡོན་ཏན་གཞོན་ནུ། གུར་སྟོན་ཡོན་
ཏན་ཡེ་ཤེས། སྣ་ར་བ་བྱང་ཆུབ་རྡོ་རྗེ། ཆར་རྗེ་ཤཱཀྱ་དབང་ཕྱུག རྣ་
སྒྲེང་པ་གྲགས་པ་གཡུང་དྲུང་། སྨྲ་སྟོན་ཤེས་རབ་རིན་ཆེན། འདུལ་
འཛིན་དཀོན་མཆོག་རྒྱལ་མཚན། མཁན་པོ་དགོན་དར་བའི་བར་རོ།
སྐབས་ཀ་བ་ནས་བཟུང་སྟེ་ཕལ་ཆེར་འོད་འཛོམ་དང་གདན་ས་སྦྲགས་བར་སྐང་
ལ། འོད་འཛོམའི་གནས་དམ་པ་བཅུ་གཅིག་དང་བཅས་པ་གླེགས་བམ་རིན་པོ་
ཆེར་ལུང་བསྟན་པ་ཡང་། དེ་ལ་དར་མ་གྲགས་ཞེས་པ། སྤྱན་རས་
གཟིགས་ཀྱི་སྤྲུལ་པ་ཞིག །ཟབ་གཞུང་མང་པོ་ཐུགས་ཆུད་ནས། །
གནས་དང་གང་ཟག་སྤྲེལ་བ་ནི། །རྒྱལ་བའི་དབེན་གནས་ལྷོ་ནུབ་ཏུ། །
སངས་རྒྱས་བསྟན་པ་འབྱུང་ཚུལ་ནི། །མཐའ་འཁོབ་བྲ་བ་ཏ་ལྟར་རྒྱུག
སྐྱི་བསེར་རླུང་པོ་མདའ་ལྟར་ཚ། །གང་ན་སྐྱེ་བོ་གྲོང་པས་དབེན། །
དབྱར་དགུན་སྟོན་དཔྱིད་དུས་བཞི་རུ། །མི་རྟག་ཐུན་བཞིར་སྟོན་པར་བྱེད།
རྒྱང་བལྟས་རི་རུལ་བཞིན་དུ་སྐྱོ། །ནང་ན་གཞལ་ཡས་བརྩུན་པས་གང་།
དེ་འདྲའི་ཆོས་གྲྭ་དམ་པ་ལ། །ཐ་མལ་སྐྱེ་བོ་ཡིད་མི་ཆགས། ཞེས་དང་
ཡང་། ཆོས་རྒྱལ་ཧྲ་ས་ཀི་ཏྲི་ཡིས། །ཆོས་ཀྱི་རྒྱལ་མཚན་འཛིན་པར་བྱེད།
དེ་ནས་ཞང་ཞེས་མཁས་པ་མཆོག སྟོན་པ་གཉིས་པས་འགྲོ་བ་འཛིན།
ཆགས་པ་མི་མངའ་བློ་མངའ་བ། །བླ་མ་མཆོག་གི་རྒྱལ་ས་སྐྱོང་། གདུང་
པ་མི་མངའ་མཚན་ལྡན་པ། །བཤེས་གཉེན་མཆོག་གིས་འགྲོ་བ་འཛིན།
བརྩོན་ལྡན་ཤཱཀྱའི་སྲས་པོ་མཆོག །ཁྲིམས་ལྡན་མང་པོ་སྡུད་པར་བྱེད།

གཡེང་མེད་ཆོས་ཀྱི་རྒྱལ་པོ་མཆོག །སྐྱེས་བུ་གསུམ་ལ་རྟག་ཏུ་སྦྱོང་། །བློ་གྲོས་ཆེན་པོ་མི་ཕམ་པ། །རྒྱལ་བའི་ཡུམ་ལ་འཇུག་པར་བྱེད། །དགེ་བཤེས་བསྟན་པའི་ཁུར་འཛིན་པ། །སྟོན་པ་མཆོག་གིས་འགྲོ་བ་འཛིན། སྨ་ཞེས་སྐྱེས་བུ་དམ་པ་མཆོག །སངས་རྒྱས་བསྟན་པ་སྨ་མེད་འཛིན། མདོར་ན་ང་ཡི་སྲོལ་འཛིན་པའི། །བཤེས་གཉེན་བཅུ་གཅིག་ལྷག་པར་འོང་། ཞེས་དང་། བདག་གི་གནས་ཆེན་འདི་ལ་ནི། །ཇི་སྲིད་བསྟན་པ་གནས་ཀྱི་བར། བསྟན་པའི་མེ་རོ་བརྟེན་པར་བྱེད། །འདི་ནི་ཇི་ལྟར་རྒྱུད་གྱུར་ཀྱང་། །རེ་རུལ་ཉིད་དུ་འགྲོ་བ་ལས། །སྐྱེ་བོའི་གནས་ཁང་ག་ལ་འཆའ། འདི་ལས་གཞན་དུ་ཟེར་ཞིག་འབྱུང་། །སྒོམ་གྲྭར་མིང་བཏགས་ཐོས་པ་བྲལ། འོན་ཀྱང་རང་ཚུགས་མི་འཆོར་བར། །ཆགས་མེད་བསོད་སྙོམས་རྒྱུ་བར་བྱེད། །དམན་ཆ་བླངས་ཏེ་མཐོ་ས་འཛིན། ཞེས་འབྱུང་བ་སྟེ་ཚིག་དོན་འཁྱེར་བ་གལ་ཆེའོ། །དགོན་པ་བ་དེ་ལ་གྲྭ་པ་སུམ་བརྒྱ་དང་སུམ་ཅུ་ཙམ་འདུས་པའི་ནང་ནས། སྟེའུ་ཟུར་པ་ཡེ་ཤེས་འབར། ཀ་མ་པ་ཤེས་རབ་འོད། འབན་ཚུལ་ཁྲིམས་རྒྱལ་བ། ཞང་སྣ་ནམ་སྟོན་པ་བཞི་ལ་དགོན་གྱི་བུ་བཞི་ཟེར། གཞན་ཡང་ཁ་རག་སྒོམ་ཆུང་དབང་ཕྱུག་བློ་གྲོས། ཕྱོར་ཕུ་བ་སྨྲ་པའི་སེང་གེ། མཐའ་བཞི་དགོན་པ་སོགས་བྱོན། སྟེའུ་ཟུར་པ་ནི་ཕྲུས་སུ་ཆུ་ཕོ་རྟ་(སྤྱི་ལོ1042)ལ་འཁྲུངས། རྗོ་བོ་བོད་དུ་ཕེབས་ལོ་ཡིན། ཚོགས་པ་སྟོང་ཙམ་བྱུང་བར་བཤད། ལམ་གྱི་རིམ་པ་ནི་དགོན་པ་བའི་བཞེད་པ་ལྟར། འཁོར་བ་འཇུག་ལྡོག་ནས་འཁྲིད་པར་མཛད། དོན་བདུན་བཞེས་པའི་ཁྱིའི་ལོ (སྤྱི་ལོ1118) རྟའི་ཟླ་བའི་ཚེས་ཉི་ཤུ་དགུ་ལ་གཤེགས། འདི་ཡང་གླེགས་བམ་དུ་ལུང་བསྟན་པ་ནི། གཞན་ཡང་རི་ཡི་

སྙེའུ་ལ། །མི་གཡོ་བ་དང་དབྱེར་མེད་ཅིང་། །ཡི་དམ་ལྷ་ཡི་དངོས་གྲུབ་བརྙེས། །གདུག་རྩུབ་དམ་པ་འདུལ་བྱེད་པ། །དེས་ན་དེ་ཉིད་སྙེ་ཟུར་ཏེ། སྤྲུལ་པ་དུ་མ་ཤར་ནུབ་ཏུ། །དེས་ཀྱང་དགོན་སྡེ་སྤེལ་བ་ཡིན། །ཞེས་འབྱུང་། དེ་ལ་སྲས་ཡ་མཚན་ཆེ་བ་སྙིར་ཆེན་པོ། མངའ་རིས་པ་དགེ་མཛེས་བྱང་ཆུབ། སྤྱི་བོ་ལྷས་པ་བྱང་ཆུབ་འོད། ཛོ་སྟན་ནག་པོ་དར་ཚུལ། ཀུང་པ་ལྷ་རྗེ། ལྷ་འབྲི་སྒང་བ། མལ་གྲོ་བཀྲ་ཤིས་སྒང་པ། དུམ་བུ་རི་པ་ཟླ་རྒྱལ། ཉི་ཕུག་པ། ཐག་མ་ཀ་བ་དར་སེང་སོགས་བྱོན། མངའ་རིས་པ་ནི། ཤིང་ཕོ་བྱི་(སྤྱི་ལོ1084)བ་ལ་འཁྲུངས། བརྒྱད་ཅུ་རྩ་བཞི་ལ་བྱེས་ཅན་དགོན་དུ་གཤེགས། འདི་ལ་བསྒོར་ཆེན་པོས་གཏུགས་ནས། ཡར་ཀླུངས་ཕྱོགས་སུ་བཀའ་གདམས་དར། སྤྱི་བོ་ལྷས་པ་ལ་ཛེ་བཙུན་ས་པཎ་གྱིས་བཀའ་གདམས་གསན་ཞིང་། ས་པཎ་འདི་ནི་ཆུ་ཕོ་སྟག་(སྤྱི་ལོ1182)ལ་ས་སྐྱར་འཁྲུངས། དགུང་ལོ་རེ་གསུམ་པ་ལ་གོང་དུ་བྱོན། བདུན་ཅུ་པ་ལྕགས་ཕག་(སྤྱི་ལོ1251)ལ་སྤྲུལ་པའི་སྡེར་གཤེགས། དེ་ནས་ལོ་ཉིས་བརྒྱ་དང་བདུན་ཅུ་རྩ་བརྒྱད་སོང་། ཞང་ཀ་མ་བ་ནི། འཕན་ཡུལ་ལན་པ་མེ་མོ་བྱ་(སྤྱི་ལོ1057)ལ་འཁྲུངས། ཚོགས་པ་བདུན་བརྒྱ་ཙམ་བསྡུས། དགུང་ལོ་དོན་ལྔ་བཞེས་པའི་ལྕགས་མོ་ཕག་(སྤྱི་ལོ1131)གི་རྟའི་ཟླ་བའི་ཉེར་གཅིག་ལ་ཀླུངས་ཤོད་ཀ་མར་གཤེགས། དེ་ལ་སྲས་ལུམ་པ་བ་དང་། དེའི་སྲས་རྒྱ་མིག་པའོ། ཁམ་ལུང་པ་ཤཱཀྱ་ཡོན་ཏན་ནི། ཤིང་མོ་གླང་(སྤྱི་ལོ1085)ལ་སྐུ་འཁྲུངས། གྲྭ་པ་བརྒྱད་བརྒྱ་རེ་ཙམ་ཚོགས་པ་བློ་སྦྱོང་ཐུན་བརྒྱད་མས་བསྐྱངས་ཏེ། དགུ་བཅུ་རྩ་གཅིག་བཞེས་པའི་ཤིང་མོ་ལུག་(སྤྱི་ལོ1175)གི་རྟ་ཟླའི་བཅུ་བཞི་ལ་ཁམ་ལུང་དུ་སྐུ་གཤེགས། པོ་ཏོ་

བ་རིན་ཆེན་གསལ་ནི། ཕྲུས་ཀྱི་གྲོའི་ཐང་དུ་རབ་བྱུང་ཞེས་པའི་མེ་མོ་ཡོས(སྤྱི་ལོ་1027)ལ་འཁྲུངས། ལོ་འདི་ལ་ཀྲུ་རོ་བ་གཤེགས་པར་མང་པོ་བཞེད། བཤེས་གཉེན་སྟོན་པ་ལོ་ཏྲེལ་པོ་ལྷ་བསྟེན་ནས་གཞུང་ལུགས་རབ་འབྱམས་ལ་སྦྱངས་ཏེ། མཁར་ཐོག གཞུང་མཁན་གདོང་། སྟག་ལུང་། ཕྲུགས། པོ་ཏོ་སོགས་སུ་བཞུགས་ནས་ཐུགས་དམ་གནང་བས་དགེ་བཤེས་སྟག་ལུང་པ་སོགས་སུ་གྲགས། གདུལ་བྱ་རྗེས་འཛིན་ལོ་ཉེར་ལྷ་མཛད་པའི་ལམ་རིམ་སངས་རྒྱས་རྗེས་དྲན་ནས་སམ། བཤེས་གཉེན་བསྟེན་ཚུལ་ནས་འཁྲིད་པར་མཛད་པ་ལས་བཀའ་གདམས་པ་ཞེས་པའི་སྒྲ་ཆེན་པོ་ཕྱོགས་ཀུན་དུ་བསྒྲགས་ཏེ། དོན་དགུ་བཞེས་པའི་ཤིང་མོ་བྱའི་(སྤྱི་ལོ་1105)ཚུལ་ཞུགས་ཟླ་བའི་ཉེར་དགུ་ལ་པོ་ཏོར་གཤེགས། དེ་ནས་ལོ་བཞི་བརྒྱ་དང་ཉི་ཤུ་རྩ་བཞི་སོང་། འདི་ཡང་གླེགས་བམ་དུ་ལུང་བསྟན་པ་ནི། དེ་ནས་རིན་ཆེན་གསལ་བ་འདིས། །བྲག་གི་སྐྱིབས་ཤིག་བསྟེན་པའི་ཚེ། །གཞུང་གི་མཁན་པོ་ཡོད་ཅེས་གྲག །གནས་དེ་གཞུང་མཁན་གདོང་ཞེས་གྲགས། །དེ་ནས་སྟག་མའི་ལུང་པ་བསྟེན། །དེ་ཚེ་ཕྱོགས་ནས་སློབ་མའི་གཟུགས། ཆོས་པར་སྣོམ་ཅིག་དེར་བྱུང་ནས། །ཆོས་ཉན་དགོན་པ་བླང་ཅིག་ཟེར། མཁྱེན་མོད་ཐུགས་རྗེས་མ་ཆགས་བྱིན། །ཞེས་དང་། དེ་ནས་ཕྲུས་ཀྱི་ནང་དུ་ཕྱིན། །རི་ཆུང་ནོར་བུ་ལྟ་བུ་ཞིག འདུག་པའི་རྩེ་ལ་ཐུགས་དམ་མཛད། དེ་ནས་པོ་ཏོ་བ་ཞེས་གྲགས། །གནས་དེར་དམ་པ་དཔག་མེད་འདུ། །ཞེས་འབྱུང་། སློབ་མའི་གཟུགས་ཆོས་པར་སྣོམ་པ་འདི་ཁ་ཅིག་སྟག་ལུང་ཆོས་རྗེ་ལ་འདོད་པ་ཡོད་ཀྱང་། ཁོང་བྱ་འཆད་ཁ་པའི་གྲྭ་པར་འདུག་པས་དུས་མི་འགྲིག་གོ། པོ་ཏོ་བ་དེ་ལ་གྲྭ་པ་ཉིས་སྟོང་ཙམ་ཚོགས་པའི་ནང་ནས་ངོ་

མཚར་བ་ལ། བཀའ་བབས་ཀྱི་སྲས་བརྒྱུད། གཙང་སྟོད་ནས་བྱ་ཕག་གཉིས། ཉང་སྟོད་ནས་ལྷག་ཤེས་གཉིས། གཡག་སྡེ་ནས་སོག་པོ་བ། གཟང་ནས་དྲུ་གུ་ལུང་བ། ཁ་རག་སྒོམ་ཆུང་། གནས་ཁང་གི་མགོས། ནགས་སྟོད་མཐར་དགའ། སྟོ་སྟོད་པ། ཉང་པོ་རི་ཁ་པ། ཇོ་སྟོན་ཀུ་ཤུ་རི་བ། གྲོག་པ་བརྩོན་སེང་། ཟླ་རེ་བ་མཐའ་བཞི། གཙང་པ་མཁར་སོ་བ། རྒྱལ་གྱི་གོ་དེ་ལུང་པ། དར་ཡུལ་གྱི་གཡང་ངོས་པ། ཡེ་ཤེས་སེང་གེ། སྒྲོའི་སྟག་མགོ་བ། རྒྱལ་གྱི་སྒྲོ་ལག་པ། རྒྱ་ཡི་འབྲོངས་སྟོད་པ། བན་སྡེ་བ་རིན་བྱང་། ཡག་པ་གཉན་ཆུང་། མལ་གྲོ་བ་གླན་སྒོམ། གླང་བྱ་རབ་པ། འབེ་མོན་བུ་ཆུང་པ། ཡར་ཀླུངས་ནས་བསྐོར་ཆེ་ཆུང་གཉིས། སོལ་ནག་ཐང་པོ་ཆེ་བ། དགོན་མེར་བ། གཡུ་གྲོའི་ཞང་ཆེན་པོ། ལ་མོའི་དགེ་སྐྱོང་ཆེན་པོ། མདོ་ལུང་པ། ཞར་དགོན་པ་གོང་འོག་གཉིས། སྐྱུ་སྦྱུངས་དབང་སེང་། བྱར་པ་རིན་གཞོན། སྟོད་ལུངས་པ་དབང་ཕྱུག་གྲགས་ལ་སོགས་པ་མང་དུ་བྱོན། བཀའ་བབས་ཀྱི་སྲས་བརྒྱུད་ནི། ཚུལ་ཁྲིམས་ཀྱི་བཀའ་བབས་ཕོ་བྲང་སྡིངས་པ་གཞོན་ནུ་འོད། མཆོད་པའི་བཀའ་བབས་བྲག་དཀར་སྟག་རྩེ་བ། ལམ་རིམ་གྱི་བཀའ་བབས་སྣང་དྲེའུ་ལྷས་པ་ཡེ་ཤེས་རྒྱལ་མཚན། ལྟ་བའི་བཀའ་བབས་རམ་སྡིངས་མོ་བ་འབྱུང་གནས་རྡོ་རྗེ། མོས་གུས་ཀྱི་བཀའ་བབས་གཉལ་བ་ཆོས་འབར། རྩོད་པའི་བཀའ་བབས་དོལ་པ་དམར་ཞུར་ཤེས་རབ་རྒྱ་མཚོ། གཞུང་བཤད་ཀྱི་བཀའ་བབས་ཞང་ཤ་ར་བ་ཡོན་ཏན་གྲགས། བྱང་ཆུབ་ཐུགས་ཀྱི་བཀའ་བབས་གླང་རི་ཐང་པ་རྡོ་རྗེ་སེང་གེ་རྣམས་སོ།།

དེ་ལ་ཕོ་བྲང་སྡིངས་པ་ནི། གྲབ་ཏུ་འབྲུངས། གྲྭ་པ་སུམ་བརྒྱ་ལྷག་

ཙམ་བསྟུས། པོ་ཏོ་བའི་གསུང་ལས་དཔེ་ཆོས་དང་པོར་བསྡེབས། དྲུག་ཅུ་རྩ་ལྔ་བཞེས་པའི་དཔྱིད་ཟླ་འབྲིང་པོའི་ཉི་ཤུ་ལྔ་ལ་གནས་གསར་དུ་གཤེགས། བྲག་དཀར་བ་ནི། སྤྱིའུ་ལོ་ལ་འཁྲུངས། དཔེ་ཆོས་སྔ་མའི་སྙིང་དུ་པོ་ཏོ་བ་ལ་རང་གིས་ཐོས་པ་རྣམས་བསྣན་ཏེ་ཞིབ་ཏུ་རྒྱས་པ་ཞིག་བསྡེབས། གྲྭ་པ་སུམ་བརྒྱ་ཙམ་བསྟུས། བརྒྱད་ཅུ་བཞེས་པའི་ཡོས་ལོའི་དགུན་ཟླ་ཐ་ཆུང་གི་ཉི་ཤུ་གཉིས་ལ་གཤེགས། དེའི་སྲས་སློབ་དཔོན་འཕན་ཡུལ་བར་གྲགས་པ་བྱང་ཆུབ་སྣང་བ་ལ། སྤྱིལ་སྒོམ་རྫོང་པ་ཤེས་རབ་རྡོ་རྗེས་དཔེ་ཆོས་གསན་ཏེ། ཕོ་བྲང་སྡིངས་པ་ལས་རྒྱས། བྲག་དཀར་བ་ལས་བསྟུས་པའི་དཔེ་ཆོས་འབྲིང་ཞིག་བསྡེབས་པ་ལ་རིན་ཆེན་སྤུངས་པར་གྲགས་སོ། དགེ་བཤེས་དོལ་བ་ནི། རྔོག་ལོ་དང་དགུང་མཉམ་དུ་ས་མོ་ཕག (སྤྱི་ལོ1059) ལ་དོལ་དུ་སྐུ་འཁྲུངས། རྫ་བོ་གཤེགས་ནས་ལོ་ལྔ་སོང་ལོ་དེ་ཡིན། ཉི་ཤུ་པ་ལ་འོན་དུ་དགེ་བཤེས་ལ་མཁན་པོ་ཞུས་ནས་བསྙེན་རྫོགས་མཛད། དམར་པོ་རི་ར་ཁྲུང་པོ་གྲགས་སེལ་དབུ་ཚད་བསླབས་པས་སྟོད་པ་བཟང་བའི་སྙན་པ་ཐོབ། རྒྱ་འདུལ་དབང་ཕྱུག་ཚུལ་ཁྲིམས་ལ་འདུལ་བ་གསན་ནས། ཞར་ཆོས་པའང་མཛད། ཉེར་དྲུག་གི་སྙིང་དུ་རྒྱལ་གྱི་སྒྲོ་ལག་དགོན་པར་པོ་ཏོ་བ་དང་མཇལ་བ་ནས་བཟུང་སྟེ། ལོ་ཉེར་གཉིས་བསྟེན། ཕྱིས་དོལ་དུ་ཐེབས་པ་ན། བཤེས་གཉེན་པའི་གསུང་ལས་བེའུ་བུམ་སྔོན་པོ་བསྡེབས། དོལ་མདར་ཡང་གད་ཅེས་པའི་དགོན་བཏབ་ནས་གྲྭ་པ་སྟོང་ཙམ་བསྟུས་ཏེ། མཐར་དོན་གསུམ་བཞེས་པའི་ལྕགས་མོ་ཕག (སྤྱི་ལོ1131) གི་རྒྱལ་ཟླའི་ཚེས་བདུན་ལ་ཡང་གད་དུ་གཤེགས། དེ་ནས་ལོ་སུམ་བརྒྱ་དང་དགུ་བཅུ་རྩ་དགུ་སོང་། དེ་ལ་སྲས་ལྔ་འབྲི་སྣང་པ། དོན་སྡིངས་པ་ཆེན་པོ། ཕག་མོ་གྲུ་པ་སོགས་མཐའ་ཡས་པ་བྱོན། དགུང

ལོ་ཉི་ཤུ་བསྐྱེན་པར་རྫོགས་པ་སོགས་འདི་ཁོ་ན་སྔོན་གྱི་ཡིག་རྙིང་ལས་འབྱུང་ངོ་། །དེང་སང་ཁ་ཅིག་ཏན་ཞུགས་ཤིག་པོ་ཏོ་བ་ལ་དད་པ་སྐྱེས་ནས་ཕྱག་ཕྱིར་བསྟོད་ཅེས་པའི་གཏམ་རྒྱུད་ནི་རི་བོང་གི་ཅལ་ལྟ་བུ་ཡིན་ལ། ཆོས་འབྱུང་འགའ་ཞིག་ཏུ་ཞོགས་ཡ་གད་བཏབ་པར་བཤད་པ་ཡང་། ཡ་གད་དང་ཡང་གད་ནོར་བས་ནོངས། སྲས་ལྷ་འབྲི་སྒང་པས་བེའུ་བུམ་ལ་འགྲེལ་པ་མཛད་པ་ཡང་དར་རྒྱས་ཆེའོ། །གླང་རི་ཐང་པ་ནི། ཤིང་ཕོ་རྟ(སྤྱི་ལོ1054)ལ་འཁྲུངས། རྗེ་བོ་གཤེགས་པའི་ལོ་དེ་ཡིན། རྟག་ཏུ་འཁོར་བའི་ཉེས་དམིགས་བསམ་པ་དང་། བྱང་ཆུབ་ཀྱི་སེམས་ལ་ཐུགས་དམ་མཐིལ་དུ་མཛད་པས་སྐུའི་རྣམ་པའང་འགྱུར་ནས་གླང་རི་ཐང་པ་ངོམ་ནག་པ་ཞེས་གྲགས་ཏེ། གངས་ཅན་པ་ཀུན་གྱི་རྣ་བའི་རྒྱན་ཞིག་བྱུང་། ཞལ་ནས་ཀྱང་། ཁོ་བོས་ཧི་ཅམ་པའི་མདོ་བསྟན་བཅོས་ཤིག་བལྟས་པ་ཡིན་ཏེ། རྗེ་བོ་སེམས་ཅན་པའི་སྡུག་བསྔལ་རང་གིས་ལེན་པ་དང་། རང་གི་བདེ་དགེ་རྗེ་བོ་སེམས་ཅན་པ་ལ་ཕར་འབུལ་བ་ལས་མ་གོ་གསུངས་སྐད། གླང་ཐང་དགོན་པ་བཏབ་སྟེ། བདུན་ཅུ་བཞེས་པའི་ཆུ་མོ་ཡོས(སྤྱི་ལོ1123)ཀྱི་དཔྱིད་ཟླ་ཐ་ཆུང་ས་གའི་ཉེར་བདུན་ལ་གླང་ཐང་དུ་གཤེགས། དགེ་བཤེས་སྟོན་པ་གཤེགས་ནས་དྲུག་ཅུ་སྐོར་ཅིག་སོང་བ་དེ་ཡིན། དེ་ནས་ལོ་བཞི་བརྒྱ་དང་དྲུག་སོང་། འདིས་གཙོ་བོར་སློ་སྦྱོང་ཚིགས་བརྒྱད་མས་སྨིན་པར་བྱས་པའི་གྲྭ་པ་ཉིས་སྟོང་ཙམ་འདུས་པའི་ནང་ནས་གྲགས་ཆེ་བ་ལ། ཡར་ཀླུངས་ཀྱི་ལྕགས་ཞིང་པ། ཁྱུང་མོ་བ་མདོ་སྡེ། ཞང་བཙུན་གཉན། མགར་ཞང་ཕུང་པ། བྲུང་པོ་རྣལ་འབྱོར། ཤའོ་སྒང་པ། གཡག་འདུལ་འཛིན། མ་ཐང་པ། ཉེ་མལ་བ། གླང་ཐང་ཞང་ལ་སོགས་པ་མང་དུ་བྱོན་ཞིང་། གདན་ས་ནི་ཕྱི་མ

འདིས་མཛད། འདི་ཡང་བཞུགས་གནས་སློབ་མ་དང་བཅས་པ་ལུང་བསྟན་པ་ནི། ད་ནི་རིན་ཆེན་གསལ་མཛད་པས། །ཐུགས་རྗེ་ཆེན་པོར་བྱིན་བརླབས་པའི། །རྡོ་རྗེ་སེང་གེས་གླང་མའི་རི། །འདབས་ཀྱི་ཐང་སྨན་དགྲམ་པ་ལ། །ཐུགས་རྗེས་དགོན་པ་རབ་བཞེངས་ནས། །བྱང་ཆུབ་སེམས་དཔའ་དཔག་མེད་སྤུད། །དེ་ཡིས་མདོ་སྡེར་སློབ་དང་། །ཞང་ཞེས་མདུང་གི་ཕུར་བཞུགས་དང་། །གཞན་ཡང་ཤ་པོ་པ་ཞེས་པ། །བརྩེ་བའི་བརྩེ་མཆོག་སྙིང་རྗེ་ཅན། །དམ་པའང་དགོན་བུར་བཅས་ཏེ་འབྱུང་། ཞེས་འབྱུང་། གླང་ཐང་ཞང་འདི་ལ་ཕག་མོ་གྲུ་པས་གཏུགས་ཤིང་། རྒྱལ་འཁྱོར་ཤེས་རྡོར་སོགས་བཀའ་གདམས་ཀྱི་དམ་པ་གཞན་ཡང་བསྟེན་པས། བཀའ་ཕྱག་གཉིས་འདྲེས་སུ་སྣང་ཞིང་། བསྟན་རིམ་ཞིག་ཀྱང་མཛད། འདི་ནི་ལྕགས་ཕོ་སྟག་(སྤྱི་ལོ1110)ལ་མདོ་ཁམས་སུ་འཁྲུངས། ཕག་མོ་གྲུ་པའི་གདན་ས་བཏབ་སྟེ། རེ་གཅིག་པ་ལྕགས་སྟག་(སྤྱི་ལོ1170)ལ་གཤེགས། དེ་ལ་གྲྭ་པ་བརྒྱད་བརྒྱ་ཙམ་ཚོགས་པའི་ནང་ནས། འཇིག་རྟེན་མགོན་པོ། སྟག་ལུང་རིན་པོ་ཆེ། གླིང་རས་པ། ཕྱར་ཕུ་བ་རྣམས་ལ་སྲས་ཀྱི་ཐུ་བོར་གྲགས། འཇིག་རྟེན་མགོན་པོ་ནི། ཆུ་མོ་ཕག་(སྤྱི་ལོ1143)ལ་མདོ་ཁམས་སུ་འཁྲུངས། གཞོ་སྟོད་དཔལ་གྱི་འབྲི་ཁུང་བཏབ། འཁོར་ལྔ་ཁྲི་ལྔ་སྟོང་བསྡུས་ཏེ། དོན་ལྔ་པ་མེ་གླང་(སྤྱི་ལོ1217)ལ་གཤེགས། འདིས་སྐྱོ་རིན་པོ་ཆེ་དང་། གླང་ལུང་པ་ལ་བཀའ་གདམས་གསན་ཞིང་། སྟག་ལུང་ཆོས་རྗེས་ཀྱང་། འཆད་ཁ་བ་ལ་བཀའ་གདམས་གསན་འདུག་པས། ངེས་པར་བཀའ་ཕྱག་གཉིས་འདྲེས་ཡིན་ནོ། ཤར་བ་པ་ནི་ལྕགས་ཕོ་ཁྱི་(སྤྱི་ལོ1070)ལ་སྐུ་འཁྲུངས། བཅོ་བརྒྱད་ལོན་ཚེ་པོ་ཏོ་

བ་དང་མཇལ། ལོ་བཅོ་བརྒྱད་བསྟེན། གདུལ་བྱ་རྗེས་འཛིན་ལོ་སུམ་ཅུ་རྩ་དྲུག་མཛད་པའི་ལམ་རིམ་དཔལ་འབྱོར་རྙེད་དཀའ་ནས་འཁྲིད། དོན་གཉིས་བཞེས་པའི་ལྕགས་མོ་བྱའི་(སྤྱི་ལོ1141)ཉེར་དྲུག་ལ་པེ་ཡི་ཚེ་བ་ལུང་དུ་གཤེགས། དེ་ནས་ལོ་སུམ་བརྒྱ་དང་བརྒྱད་ཅུ་རྩ་བརྒྱད་སོང་། འདི་ཡང་གནས་དང་བཅས་པ་ལུང་བསྟན་པ་ནི། ཡོན་ཏན་གྲགས་པས་ཟབ་གཞུང་རྣམས། །རྫོགས་པར་མཛད་ནས་དར་ཡུལ་མདར། །དག་སྣང་གང་ཤར་དགོན་པ་བཏབ། དེ་ནས་ཤར་བ་པ་ཞེས་གྲགས། ཞེས་འབྱུང་། ཤར་བ་པ་དེ་ལ་གྲྭ་པ་སུམ་སྟོང་ཙམ་ཚོགས་པའི་ནང་ནས། ངོ་མཚར་བ་ལ། བཀའ་བབས་ཀྱི་སྲས་བཞི། ལྡན་གྱི་བན་ཆེན་སྐྱེས་བུ། པཎྜི་ཏ་ལ། ནགས་ཤོད་དཔེ་སྟོན། བྱ་གྲགས་པ་སེང་གེ། འཛིང་པ་སྤྱི་ལུང་བ། ལས་སྟོད་པ་དབང་ཕྱུག་གྲགས། ཉང་སྨད་ཀྱི་རྩེ་ད་པ། ཤངས་ཀྱི་སྤྱུ་བུག་པ། གཙང་སྟེ་སྒོམ་པ། ཁུ་ལེའི་ཁ་མོ་ཟེ་སྟོན། ཉང་སྟོད་པ་འབེ་དཀར། ཉང་རོ་བ། ཉང་སྟོད་ཀྱི་ཇོ་སྲས། ཤར་པ་བློ་གྲོས་གྲགས། གཙང་པ་རྒྱ་སྟོན། པོ་དོང་བཞད་ཚེས། གཉལ་པ་དགེ་འདུན་སྐྱབས། ཉང་པོ་གཡོར་སྟོན། གཉལ་གྱི་གནོས་སྟོན། གཉལ་པ་དར་རིན། ཇོ་སྲས་གོང་པོ། སྟོ་པ་དར་མ་གྲགས། སོལ་ཐང་བ་མྱང་། ནགས་མོའི་སྒྲ་འདུལ། ཞོགས་པ་ཚུལ་ཤེ། ཞར་སྒོམ་པ་ཕྱི་མ། ཡུང་བ་སྐྱེས་སྟོན། སྟོད་ལུང་མོན་གྲྭ་པ། སྟོ་པ་དར་སྟོན། རྒྱལ་བ་བྱང་གྲགས་ལ་སོགས་པ་མང་དུ་བྱོན། བཀའ་བབས་ཀྱི་སྲས་བཞི་ནི། ཡོངས་སྨྱུད་ཀྱི་བཀའ་བབས་གནོན་ཡི་རྣལ་འབྱོར་ཤེས་རབ་རྡོ་རྗེ། ཕྱིན་ལས་ཀྱི་བཀའ་བབས་སྣབས་ཀ་བ་དར་མ་གྲགས། རྣམ་ཐར་གྱི་བཀའ་བབས་གཏུམ་སྟོན་བློ་གྲོས་གྲགས། བྱང་ཆུབ་

ཐུགས་ཀྱི་བཀའ་བབས་བྱ་འཆད་ཁ་པ་ཡེ་ཤེས་རྡོ་རྗེ་རྣམས་སོ། དེ་ལ་རྣལ་འབྱོར་ཆེན་པོ་ཤེས་རབ་རྡོ་རྗེ་ནི། བཤེས་གཉེན་པ་གཤེགས་པའི་རྗེས་སུ་ཤར་བ་པ་བཞུགས་ནས་ཆོས་གསུངས་པས། ཤར་བ་པ་ཕྱི་མར་གྲགས། འདི་ལ་ཀརྨ་པ་དུས་གསུམ་མཁྱེན་པས་ཀུང་ཆོས་གསན། དུས་གསུམ་མཁྱེན་པ་ནི། ཆུ་མོ་སྦྲུལ་(སྤྱི་ལོ1113)ལ་སྤོ་འབོར་སྨད་དུ་འཁྲུངས། པོ་ཏོ་བ་གཤེགས་ནས་ལོ་བརྒྱད་སོང་ཞིང་ཁོང་གི་སྐུ་ལ་སྐྱེ་བར་ཡང་བྱེད། ཀརྨ་དང་མཚུར་ཕུ་ལ་སོགས་པའི་དགོན་གནས་བཏབ་སྟེ། གྲུ་བཞི་བཞེས་པའི་མེ་ཕོ་འབྲུག་(སྤྱི་ལོ1196)ལ་གཤེགས། (དེའི་འདས་ལོ་ཆུ་གླང་ལོ་(སྤྱི་ལོ1193)ལ་ཡིན་ཤས་ཆེ།) ཕག་མོ་གྲུ་པ་གཤེགས་ནས་ལོ་ཉེར་དྲུག་སོང་ལོ་དེ་ཡིན། (འགྲིག་གམ་དཔྱད་དགོས) དེ་ནས་ལོ་སུམ་བརྒྱ་དང་སུམ་ཅུ་རྩ་གསུམ་སོང་། སྟབས་ཀ་བ་ནི། ཆུ་མོ་ལུག་(སྤྱི་ལོ1103)ལ་གླུངས་ཤོད་དུ་འཁྲུངས། ཤར་བ་པ་འཁྲུངས་ནས་ལོ་སུམ་ཅུ་རྩ་བཞི་སོང་བ་དེ་ཡིན། འོད་འཇོ་ཆོས་ཀྱི་སྒང་། ཁྲ་ཕུ་ལོངས་སྤྱོད་ཀྱི་སྒང་། སྟབས་ཀ་གྲྭ་པའི་སྒང་སྟེ། སྒང་གསུམ་བཟུང་ནས་བསྟན་པ་བསྐྱངས། དོན་གཉིས་བཞེས་པའི་ཤིང་ཕོ་རྟའི་(སྤྱི་ལོ1174)དབྱར་འབྲིང་གི་ཚེས་བཞི་ལ་སྟབས་ཀར་གཤེགས། རྗེ་བོ་གཤེགས་ནས་དྲུག་ཅུ་སྐོར་གཉིས་སོང་བ་དེ་ཡིན། དེ་ནས་ལོ་སུམ་བརྒྱ་དང་ལྔ་བཅུ་རྩ་ལྔ་སོང་། འོད་འཇོའི་གནས་དང་གང་ཟག་ལུང་ཇི་ལྟར་བསྟན་པ་བརྗོད་ཟེར། ཁྲ་ཕུ་དང་སྟབས་ཀ་ལུང་བསྟན་པ་ནི། དེ་ནས་གྲྭ་ཚོགས་དུ་མ་དང་བཅས་ཏེ་ཡུང་བའི་ནང་དུ་བྱོན། དེ་ནས་རི་ཡི་སྒང་ཞིག་ལ། སྤྲུལ་པའི་ཁྱིའུ་དུ་མ་ཞིག །ཡུལ་བའི་ཕྱུགས་མ་སྐྱོང་བཞིན་གདའ། །ཧ་རྨ་ཀི་ཧིས་འདི་སྐད་དུ། །ལུང་པ་འདི་ལ་ཇི་སྐད་ཟེར། །འདི་ལ་ཡུང་བ་

ཞེས་བྱར་གྲགས། །དེ་བཟང་ཉོན་མོངས་ནད་འཛོམས་ཡིན། །འདི་ལ་སྨོས་མིང་ཧི་སྐད་ཟེར། །ཡན་དུ་ཁྲ་ཞེས་བྱ་བར་གྲགས། །དེ་བཟང་ཤེན་ཏུ་དཔའ་བར་མཆིས། །སྨོས་སུ་ཕུ་འདི་ཅི་ཞེས་སྨྲ། །ཡན་དུ་ཁྲ་ཡི་ཕུ་ཞེས་གྲགས། །དེ་བཟང་རུབ་ལ་བཙན་པོར་འོང་། །དེ་ནས་རྫིང་ཞིག་མཆིས་པའི་སར། །རྟེན་འབྲེལ་བཟང་ཞེས་གཟིམས་ཁང་བརྩིགས། །ཕྱོགས་རྣམས་སྤྱིལ་བུ་དུ་མས་བསྐོར། །ཞེས་དང་། དེ་ནས་དར་གྱི་ནང་དུ་ཕྱིན། །ཐང་ཆེན་གསེར་གྱི་མཚལ་འདྲ། །མཛེས་པའི་སྟེང་དུ་ཕྱུགས་ཕབ་སྟེ། །ཞེས་པ་ནས། གྲྭ་པ་ཀུན་ནས་འདི་སྐད་དུ། །དེ་རིང་ཐང་འདི་ཉམས་དགའ་བས། །དགོན་པ་སྟབས་ཀར་ཐོབ་ལ་ཐོང་། །དྷརྨ་ཀིརྟི་མཉེས་གྱུར་ནས། །དེ་བཞིན་མཛོད་ལ་སྤྱིལ་བུ་བརྩིགས། ཞེས་འབྱུང་། སྟབས་ཀ་པ་དེ་ལ་གྲྭ་པ་དྲུག་བརྒྱ་ལྷག་ཙམ་འདུས་པའི་ནང་ནས། སྣང་ཐང་དཀར་བ་རྡོ་རྗེ་རིན་ཆེན། གུ་ར་བ་ཚུལ་ཁྲིམས་རྡོ་རྗེ། སྟབས་ཀའི་རྣལ་འབྱོར་ནམ་རིན། ཁྲ་ཕུ་འདུལ་འཛིན་ཏེ། ཐུགས་སྲས་བཞི་དང་། གཞན་ཡང་། ཞང་སྟོན་དར་མ་གཡུང་དྲུང་། ཞང་བཙོམ་ཐང་པ། ཞང་ཁང་མོ་ཆེ་བ། ཞང་ཤེ་མ་ར་པ་རྣམས་ལ་སྟབས་ཀ་བའི་ཞང་བཞི་ཟེར། གཙུམ་སྟོན་ནི། མེ་ཕོ་ཁྱི་(སྤྱི་ལོ1106)ལ་ཤབ་ཏུ་སྐུ་འཁྲུངས། ཤར་བ་པ་འདས་ནས་ལོ་སྐོར་ལོན་པའི་ཆུ་མོ་བྱ་(སྤྱི་ལོ1153)ལ་དཔལ་སྣར་ཐང་བཏབ་ནས། གདན་ས་ལོ་བཅུ་བཞི་མཛད་པའི་རྗེས་སུ། ཇོས་སྟོན་ཤེས་རབ་གྲགས་གདན་སར་བཏོན་ཏེ། ཁོང་རང་ལས་སྟོད་བྱང་གི་ཆོས་ལུང་དུ་ཕྱིན་ནས། རེ་གཅིག་ལ་སྐུ་གཤེགས་པས་ཆོས་ལུང་སྐུ་གཤེགས་སུ་གྲགས། ཇོས་སྟོན་གྱི་རྗེས་སུ། གདན་ས་རིམ་པར་ཕྱིན་པ་ནི། ཞང་བཙུན་རྡོ་རྗེ

འོད། གྲོ་མོ་བདུད་རྩི་གྲགས། ཞང་སྟོན་ཆོས་ཀྱི་བླ་མ། སངས་རྒྱས་སྒོམ་པ་སེང་གེ་སྐྱབས། མཆིམས་ནམ་མཁའ་གྲགས། སྐྱོ་སྟོན་སྨོན་ལམ་ཚུལ་ཁྲིམས། མཁན་ཆེན་ཉི་མ་རྒྱལ་མཚན། འདུལ་འཛིན་གྲགས་པ་བརྩོན་འགྲུས། མཁན་པོ་གྲགས་ཤེ། མཆིམས་བློ་བཟང་གྲགས་པ། མཁན་ཆེན་ཀུན་དགའ་རྒྱལ་མཚན། མཁན་པོ་གྲུབ་པ་ཤེས་རབ། མཁན་ཆེན་བསོད་ནམས་མཆོག་གྲུབ་ལ་སོགས་པ་རིམ་པར་བྱོན། གདན་ས་པ་དེ་རྣམས་ཀྱི་ནང་ནས། དྲུག་པ་སངས་རྒྱས་སྒོམ་པ་སེང་གེ་སྐྱབས་ཀྱིས་དབེན་གནས་བྱང་ཆུབ་ཆེན་པོའི་ཕོ་བྲང་བཏབ། དེ་ཡང་སྔར་ཐང་གི་གནས་དང་། གང་ཟག་ལུང་བསྟན་པ་ནི། དེ་ནས་ནུབ་ཕྱོགས་མཐའ་འཁོབ་ཏུ། །ཤར་བ་ཙི་འདྲ་རྩ་ཚུ་དང་། །ཤིང་དང་གྲོང་པ་དག་གིས་དབེན། །སྐྱ་བོ་རྒྱ་ཆེན་ཞག་མེད་ཅིག །སྟུམ་ཞིང་སླལ་བཟང་དུ་མ་སྟུད། །གྲགས་དང་གྲགས་དང་ཡང་གྲགས་དང་། །བློ་གྲོས་ཤེས་རབ་གཞན་དུ་གསོལ། །གཞན་ཡང་གྲགས་པའི་མཚན་རབ་ཅན། །མང་པོས་འགྲོ་བའི་བདེ་སྐྱིད་བསྐྲུན། །ཞེས་དང་། ཆོས་དགེ་བ་བཅུ་ཡིས་ཁྱད་འཕགས་པའི། །གླིང་ཕྱུན་སུམ་ཚོགས་པ་འཛམ་བུའི་གླིང་། །སློས་ཉང་ཤབ་ས་ཡི་ལྟེ་བ་འཛིན། །ས་དེ་ཡི་ནང་ནས་ཁྱད་འཕགས་པ། །མཐོ་བཀྲ་ཤིས་བརྟན་པ་ལྷུན་པོའི་འདབས། །ནོར་པདྨ་རཱ་ག་ལྟ་བུར་འདུག །དཔལ་ཆོས་ཀྱི་ཐང་ཞེས་གྲགས་པ་འབྱུང་། ཞེས་དང་། ད་ནི་བཤེས་གཉེན་དམ་པ་མཆོག །གསུམ་གསུམ་དམ་པ་མཆོག་ཏུ་འགྱུར། །ཡོན་ཏན་མཚན་ལྡན་གྲགས་པའི་རྒྱལ །བློ་གྲོས་རྒྱལ་མཚན་མཚུངས་པ་མེད། །ཤེས་རབ་མཚན་ལྡན་ཀུན་ལ་མཁས། །རྡོ་རྗེའི་མཚན་ལྡན་མི་ནུབ་འཛིན། །

བདུད་རྩིའི་མཚན་ཅན་དཔལ་མངའ་བ། །ཆོས་ཀྱི་བླ་མ་ཆོས་ཀྱི་རྗེ། །སེང་གེ་ལྷ་བུར་མི་སྒྲག་པའི། །ཐུགས་རྗེ་ཆེན་པོས་འགྲོ་བ་འཛིན། །ནམ་མཁའ་ལྷ་བུར་ཀུན་ཁྱབ་པའི། །ཀུན་མཁྱེན་གཉིས་པས་འགྲོ་བ་འཛིན། སྨོན་ལམ་དག་ཅིང་ཚུལ་ཁྲིམས་ལྡན། །རྡོ་རྗེ་འཛིན་པ་མཆོག་ཏུ་འབྱུང་། ཚ་ཟེར་དཔལ་ལྡན་མཚན་མངའ་ཞིང་། །གསུམ་ཕྲག་ཐ་མར་འགྲོ་བ་འཛིན། རྩོད་དུས་དགུ་ཡི་ཐ་མ་ལ། །བསོད་ནམས་མཆོག་གི་མཚན་ལྡན་པ། །བསྟན་པའི་མེ་རོ་གསོ་བར་བྱེད། ཅེས་འབྱུང་ཚ་ཟེར་དཔལ་ལྡན་མཚན་མངའ་ཞིང་། ཞེས་གསུངས་པའི་མཁན་ཆེན་ཉི་མ་རྒྱལ་མཚན་ཡན་ཆད་གོ་སླ་ལ། བསོད་ནམས་མཆོག་གི་མཚན་ལྡན་ལ་ཁ་ཅིག་འདུལ་འཛིན་གྲགས་པ་བརྩོན་འགྲུས་ལ་ཡོངས་སྦྱོད་ཆེན་པོ་བྱུང་བས། དེའི་སྐོ་ནས་བསྙད་པ་ཡིན། ཞེས་ཟེར་མོད་ཀྱང་། བར་གྱི་གདན་རབས་ལྷ་དོར་ནས་མཁན་ཆེན་བསོད་ནམས་མཆོག་གྲུབ་པའི་ལུང་བསྟན་དུ་མཁན་པོ་གྲུབ་པ་ཤེས་རབ་བཞེད་པ་ལྟར་བྱའོ། ཡང་དབེན་གནས་བྱང་ཆེན་གང་ཟག་དང་བཅས་པ་ལུང་བསྟན་པ་ནི། གནས་དེ་ནས་བྱང་རི་ལྗུན་པོ་ལ། །ཆོས་དགེ་བའི་འོད་ཟེར་རབ་འཕྲོད་པས། །གནས་གཡེང་མེད་བསམ་གཏན་འཕེལ་བའི་གནས། དེ་བྱང་ཆུབ་གནས་ཞེས་གྲགས་པ་ཡིན། །ཀྱེ་དེ་ཡང་རྒྱལ་བའི་གནས་ཆེན་ཡིན། །ཞེས་དང་། གངས་རི་ལྗུན་པོ་བརྟན་པའི་རྩེར། །བྱང་ཆུབ་གནས་ཤེས་གྲགས་པའི་སར། །བདག་གིས་བྱིན་བརླབས་སེང་གེའི་སྒྲ། །སྒྲ་གདུང་དམ་པ་དེར་གནས་ཏེ། །ཐུགས་རྗེའི་འོད་ཟེར་ཕྱོགས་བཅུར་འཕྲོ། །དད་ལྡན་བརྒྱ་ཕྲག་དུ་མ་སྨྲུད། །ཤུགས་རིངས་འདོན་ཞིང་མཆི་མ་འཁྱིན། །དེ་ནི་རྡོ་རྗེའི་གདན་དང་མཚུངས། གང་

ནས་བསྔས་ཀྱང་ལྷང་ངེར་གསལ། །བདག་གི་སྤྲུལ་པ་དམ་པ་ཞིག །རེས་འགའ་དགེ་སློང་ཉིད་དུ་སྟོན། །དེས་ནི་གནས་དེ་སྐྱོང་བར་བྱེད། །རེས་འགའ་བྱིས་པའི་གཟུགས་སུ་འོང་། །རེས་འགའ་དབུལ་ཕོངས་སྤྲང་པོའི་གཟུགས། །རེས་འགའ་བྱོལ་སོང་བྱ་ཁྱིའི་གཟུགས། །རེས་འགའ་གསོལ་འདེབས་དབྱངས་ཀྱི་གཟུགས། །རེས་འགའ་ཡིག་འབྲུ་གཟུངས་ཀྱི་གཟུགས། །གྲགས་པ་ཅན་ནི་དགེ་སློང་ངོ་། །བསྟན་གནས་བར་དུ་ཡང་ཡང་འོང་། །ཞེས་འབྱུང་། དེ་ཡང་སེང་གེའི་སྒྲ་ཞེས་པ་བྱང་ཆེན་འདེབས་པ་པོ་སངས་རྒྱས་སྒོམ་པའི་མཚན་ལ་སེང་གེ་སྐྱབས་ཟེར་བས་དེ་ལ་དགོངས་པ་དང་། གྲགས་པ་ཅན་ནི་དགེ་སློང་ངོ་། ཞེས་པ་ཡང་། གནས་དེར་བཤེས་གཉེན་སྟོན་པའི་སྤྲུལ་པ་བརྒྱུད་མར་འབྱུང་བ་རྣམས་ཀྱི་ནང་ནས་དགེ་སློང་གི་རྟེན་བཟུང་བའི་ཚེ་གཞན་ལ་ཅུང་ཟད་གྲགས་ཏེ་མཆོད་གནས་བྱེད་པ་འོང་ཞེས་པའི་དོན་ཡིན་གྱི། གཞན་དུ་འཆད་པ་ནི་རྒྱུས་ཆུང་བའི་སྐྱོན་ཏེ། དཔལ་སྣར་ཐང་བཏབ་ནས་དེང་སང་གི་ས་མོ་གླང་ཡན་ལ་ལོ་སུམ་བརྒྱ་དང་བདུན་ཅུ་རྩ་བདུན། གཏུམ་སྟོན་གཤེགས་ནས་སུམ་བརྒྱ་དང་དྲུག་ཅུ་རྩ་གསུམ། ཇོ་བོ་གཤེགས་ནས་སྣར་ཐང་བཏབ་པའི་བར་ལ་ལོ་དགུ་བཅུ་རྩ་དགུ་སོང་བ་ཡིན་ནོ་ཞེས་ཤེས་པར་བྱའོ། འཆད་ཁ་པ་ནི། ལྕགས་མོ་སྦྲུལ་(སྤྱི་ལོ1101)ལ་ལོ་རོར་སྐུ་འཁྲུངས། རང་ལོ་སུམ་ཅུ་པ་ལ་ཤར་བ་པ་དང་མཇལ་ལོ་དགུ་ཕྱིལ་པོ་བསྟེན། སྤྱིར་བྱ་ཡུལ་བ་སོགས་བླ་མ་ལྔ་བཅུ་རྩ་བརྒྱད་ལ་མདོ་སྔགས་ཀྱི་ཆོས་མང་དུ་གསན་ཞིང་། བདག་པས་གཞན་གཅེས་པའི་བྱང་ཆུབ་ཀྱི་སེམས་རིན་པོ་ཆེའི་བཀའ་བབས། འཆད་ཁ་སྙིང་མ་བཏབ་སྟེ། དོན་ལྔ་བཞེས་པའི་ཤིང་མོ་ལུག་གི་(སྤྱི་ལོ1175)མགོ་ཟླའི་ཚེས་ལྔ་ལ

མལ་གྲོའི་མཐའ་ཕྱུར་གཤེགས། སྐབས་ཀ་གཤེགས་པའི་ཕྱི་ལོ་དེ་ཡིན། དེ་ནས་ལོ་སུམ་བརྒྱ་དང་ལྔ་བཅུ་རྩ་བཞི་སོང་། འདི་ཡང་གླིགས་བམ་དུ། བོད་ཀྱི་བྱང་ཆུབ་སེམས་དཔའ་ཞིག་གིས་ཡུལ་མལ་གྲོའི་ནང་དུ་ཕྱིན་ཏེ། འཆད་པ་ཆེན་པོ་ཞིག་གི་སྟེང་དུ་བློ་སྦྱོང་བསྒོམ་ཞིང་། ཞེས་གསུངས་པ་རྣམས་ཀྱིས་ལུང་བསྟན། འཆད་ཁ་པ་དེ་ལ་གྲྭ་པ་བརྒྱད་བརྒྱ་ཙམ་འདུས་པའི་ནང་ནས། ཇོ་མཚར་ཆེ་བ་ལ་སེ་སྤྱིལ་བུ་བ་ཆོས་ཀྱི་རྒྱལ་མཚན་དང་། རྔོང་པོ་བྱང་ཆུབ་སེམས་དཔའ། ཁ་རུའི་སངས་རྒྱས་གནའ་པ་ད་རེ། གྲོ་སའི་རྣལ་འབྱོར་བྱང་སེང་། རན་ཚ་རབ་ཀྱི་རྣལ་འབྱོར་བྱང་ཡེ། རྒྱ་སྟང་ས་ཐང་པ་ཉི་མ་དབང་ཕྱུག་སོགས་བྱོན། སེ་སྤྱིལ་ནི། གཉལ་སྟོད་དར་མ་སྣང་དུ་ལྕགས་མོ་གླང་(སྤྱི་ལོ1121)ལ་འཁྲུངས། འཆད་ཁ་པ་འཁྲུངས་ནས་ལོ་ཉི་ཤུ་རྩ་གཅིག་སོང་བ་དེ་ཡིན། འཆད་ཁ་གསར་མ་དང་། སྤྱིལ་བུ་བཏབ་ནས་གདུལ་བྱའི་དོན་མཐའ་ཡས་པ་མཛད་ཅིང་། ཇོ་བོ་སེ་བཙུན་གྱི་སྐུའི་སྐྱེ་བར་ཡང་གྲགས། རི་དགུ་བཞེས་པ་ས་མོ་བྱའི་(སྤྱི་ལོ1189)དབྱར་ཟླ་ར་བའི་ཚེས་བཅུ་གསུམ་ལ་སྤྱིལ་བུར་གཤེགས། དེ་ལ་སྲས་ལྷ་ལུང་གི་དབང་ཕྱུག་འོད་ཟེར་བླ་མ། ལྷ་དགེ་འདུན་སྣང་པ། ཉན་ལྷ་སྡིངས་པ་སོགས་ཀྱིས་ཐོག་དྲངས་པའི་སུམ་བརྒྱ་ཙམ་འདུས། ལྷ་ལུང་ནི་ས་ཕོ་སྟག(སྤྱི་ལོ1158)ལ་སྐུ་འཁྲུངས། དོན་ལྔ་པ་ཆུ་ཕོ་འབྲུག(སྤྱི་ལོ1232)གི་ཚེ་འཕྲུལ་ཟླ་བའི་བཅོ་ལྔ་ལ་གཤེགས། དེའི་དབོན་སྲས་ལྷ་འགྲོ་བའི་མགོན་པོ་དབང་ཕྱུག་འོད་ཟེར་ནི། མེ་ཕོ་རྟ(སྤྱི་ལོ1186)ལ་འཁྲུངས། དོན་བཞི་པ་ས་མོ་ལུག(སྤྱི་ལོ1259)གི་ལོ་ལ་སྤྱིལ་བུར་གཤེགས། དེ་ནས་རིམ་པ་བཞིན་ལྷ་ཐག་ཁ་པ། ལྷ་ཟུར་ཁང་པ། ལྷ་བློ་གྲོས་འོད། ལྷ་རིན་ཆེན

སེང་གེ། ལྷ་ཤཱཀྱ་བསོད་ནམས། ལྷ་བསོད་ནམས་ལྷུན་གྲུབ། ལྷ་བསོད་རྒྱལ་བ། ལྷ་ཤཱཀྱ་བ། ལྷ་དཔལ་ལྡན་བཟང་པོ། ལྷ་སྙན་གྲགས་པ། ལྷ་བཤེས་གཉེན་བཟང་པོ། ལྷ་བསོད་ནམས་རྒྱལ་མཚན། ལྷ་ཆོས་རྒྱལ་དཔལ་བཟང་། ལྷ་ངག་དབང་རྒྱལ་མཚན་ཏེ། ཡར་ཀླུངས་རྗེ་བོའི་གདུང་བརྒྱུད་ཀྱིས་འཛིན་པའོ། སྤྱིལ་ཕུའི་གནས་འདི་ཡང་གླིགས་བམ་དུ། ངའི་རྣ་སྒྲིང་དང་འདྲ་བར། གཡའི་འོད་ཟེར། ནགས་ཀྱི་འོད་ཟེར། སྤང་གི་འོད་ཟེར། ཆུའི་འོད་ཟེར། ཐང་གི་འོད་ཟེར། བཀྲ་ཤིས་པ། ལྷ་བྱ་ལྡིང་བའི་མགུལ། ལུང་སྟུལ་དུ་མའི་མདོའི་སྟེང་། བྱ་དང་རི་དྭགས་བག་ཕེབས་པར་རྒྱུ་བ། ཞེས་ལུང་བསྟན་ཅིང་། གདན་སར་ལྷ་ན་རིམ་འཁྲོན་པ་ལུང་བསྟན་པ་ཡང་། དེར་ནི་ལྷ་ཆེན། ལྷ་བཙུན་ལྷ། ལྷའི་ལྷ། ལྷའི་ཞིང་ཕུན་སུམ་ཚོགས་པར་བྱེད་པའོ། ཞེས་འབྱུང་། ལྷ་དེ་རྣམས་ནི། བྱང་ཆུབ་ཀྱི་སེམས་རིན་པོ་ཆེ་ལ་ཐུགས་དམ་གྱི་མཐིལ་དུ་མཛད་པས། འདས་རྟགས་སུ་དུང་དཀར་གཡས་སུ་འཁྱིལ་བ་བྱོན་པ་ཤ་སྟག་སྟེ། མུ་ཏིག་གི་ཕྲེང་བ་སྒྲིགས་པ་བཞིན་སྤྱིལ་ཕུའི་རྟེན་གྲལ་ན་བཞུགས་ཡོད་དོ། ལྷ་བྲག་ཁ་པ། ཟུར་ཁང་པ། ཀློ་གྲོས་འོད་གསུམ་གྱིས་ནི། སྤས་པ་སྟོན་གཞོན་ལ་ཆོས་གསན། སྤས་པ་ཡང་། གླིགས་བམ་རིན་པོ་ཆེར་ལུང་བསྟན་པའི་སྐྱེས་བུ་ཞིག་སྟེ། གདུང་རབས་ཀྱིས་དེང་སང་གི་བར་དུ་ཡང་མཁན་རྒྱུད་འཛིན་པ་ཡིན་ནོ། ལྷ་འགྲོ་མགོན་ལ་ཟགས་ཆེན་པ་དར་མ་བསོད་ནམས་ཀྱིས་བཀའ་གདམས་གསན། དེ་ལ་མཚོ་སྣ་པ་ཤེས་རབ་བཟང་པོ། རྗེ་དཀར་བ། དར་མ་སྙིང་པ། བྱར་ཁང་པ་སྟེ་བཞིས་བཀའ་གདམས་གསན་པ་ལ་ཟགས་ཆེན་པའི་བུ་བཞིར་གྲགས། མཚོ་སྣ་པ་ལ་མོན་གྲྭ་པ་ཚུལ་ཁྲིམས

བཀྲ་ཤིས་དང་། དེ་ལ་མཁན་ཆེན་ཆོས་སྐྱབས་བཟང་པོས་བཀའ་གདམས་གསན། འཚད་སྤྱིལ་གྱི་བཀའ་རྒྱུད་ལ་བློ་སྦྱོང་གི་བཀའ་བབས་པས། དེའི་བླ་མ་བརྒྱུད་པ་བྱུང་ཚུལ་བཤད་ན། ཉན་ལྷ་སྡིངས་པ་ཡན་ཆད་སྔར་བཤད་པས་ཤེས་ཤིང་། དེ་ནས་རིམ་པ་ལྟར། ལྷ་སྡིངས་དཔོན། མཁན་པོ་ཡོན་ཏན་དཔལ། མཁན་པོ་བདེ་བ་དཔལ། མཁན་པོ་དཀའ་བཞི་བ། མཁན་པོ་བསོད་གྲགས་པ། མཁན་པོ་བསོད་བཟང་པ། རྒྱལ་སྲས་ཐོགས་མེད་པ། རྗེ་བཙུན་རེད་མདའ་བ། རྗེ་རིན་པོ་ཆེ། ཧོར་སྟོན་ནམ་མཁའ་དཔལ། རྗེ་དགེ་འདུན་གྲུབ་པ། འདུལ་འཛིན་བློ་གྲོས་སྦས་པ། སློབ་དཔོན་རིན་པོ་ཆེ་ཀུན་དགའ་རྒྱལ་མཚན་བའི་བར་རོ། ཧོར་སྟོན་པ་དང་། རྗེ་དགེ་འདུན་གྲུབ་གཉིས་ཀྱིས། ལྷ་བསོད་ནམས་ལྷུན་གྲུབ་ལའང་གསན་ཞིང་། ཧོར་སྟོན་པས་ཡིག་ཆ་ཁྱད་པར་འཕགས་པ་ཞིག་ཀྱང་མཛད། ཡང་རྒྱལ་སྲས་པ་ལ། བུ་སྟོན་རིན་པོ་ཆེས་གསན་པ་དང་། ཚུལ་ཁྲིམས་དཔལ་པས་གསན་པ་སྟེ་བརྒྱུད་པ་མང་དུ་གྱེས། ཕྱི་མ་འདི་ལ་བྱང་སེམས་གཞོན་ནུ་རྒྱལ་མཆོག་པས་གསན་ནས་ཡིག་ཆ་འང་མཛད། རྒྱལ་སྲས་པ་ནི་ཤིང་མོ་ལུག་(སྤྱི་ལོ1295)ལ་སྐུ་འཁྲུངས། བུ་སྟོན་རིན་པོ་ཆེ་འཁྲུངས་ནས་ལོ་དྲུག་སོང་བ་དེ་ཡིན། ཟབ་ཆོས་སྣ་ཚོགས་ཞུས་པའི་ཡོངས་འཛིན་བཅུ་ཕྲག་གཅིག དག་སྣང་རྒྱ་ཆེན་འཕྲོངས་པའི་བཤེས་གཉེན་བཅུ་ཕྲག་གཅིག འགྲན་ཟླ་མེད་པའི་རིན་ཆེན་རྣམ་གཉིས་སོགས་བསྟེན་ནས་གསན་པ་མཛད་ཅིང་ཐུགས་ཉམས་སུ་བཞེས་པས། རྒྱལ་སྲས་པ་ཞེས་སྐྱེ་འགྲོ་ཡོངས་ཀྱི་རྣ་བའི་རྒྱན་དུ་གྱུར། དགུང་ལོ་རེ་འདུན་བཞེས་པའི་ཚེ། གོང་མ་ཏའི་སིས་ཡར་ཀླུངས་སུ་སྤྱན་དྲངས་ནས་ཆོས་འཁོར་བསྐོར། དོན་ལྔ་པ་ས་མོ་བྱ་

(སྤྱི་ལོ1369)ལ་དངུལ་ཆུའི་ཆོས་རྫོང་དུ་གཤེགས། དེ་ལ་སྲས་འཇམ་དབྱངས་དོན་ཡོད་རྒྱལ་མཚན། ཀུ་ཤྲཱི་ཀུན་དགའ་ལེགས་པའི་རྒྱལ་མཚན། དཔལ་ལྡན་བླ་མ་དམ་པ། སྒྲ་སྒྱུར་བྱང་རྩེ། མཁས་བཙུན་དཀོན་མཆོག་རྒྱལ་མཚན། འགྲོ་མགོན་ཡེ་ཤེས་དཔལ། རྒྱ་མ་པ་ཡོན་ཏན་འོད། བླ་མ་ཚུལ་ཁྲིམས་དཔལ་པ། རྗེ་བཙུན་རེད་མདའ་བ། ཉན་པོ་བ། དཔལ་རིན། ཤངས་པ་ཀུན་མཁྱེན། འཇམ་དབྱངས་རིན་རྒྱལ་བ། ཚལ་མིན་རིན་པོ་ཆེ་བསོད་བཟང་བ་སོགས་མཁས་གྲུབ་མཐའ་ཡས་པ་བྱོན། བུ་སྟོན་རིན་པོ་ཆེ་ནི། ཤུགས་ཕོ་སྟག་ལ་སྐུ་འཁྲུངས། ཕག་མོ་གྲུ་པ་གཤེགས་ནས་ལོ་བརྒྱ་བརྒྱད་ཅུ་དང་། ས་པཎ་གཤེགས་ནས་སུམ་ཅུ་རྩ་དགུ་སོང་བ་དེ་ཡིན། སྐྱེང་པ་ལོ་ཙྪ་བ་དང་། ཀུན་མཁྱེན་འཕགས་འོད་སོགས་བསྟེན་ནས་མདོ་སྔགས་ལ་མཁས་པར་སྦྱངས་པས། བསྟན་པ་རིན་པོ་ཆེའི་བདག་པོར་མངའ་གསོལ་ཏེ། སྤྱིར་མདོ་སྔགས་ཀྱི་བསྟན་བཅོས་མང་པོ་དང་། ཇོ་བྲག་ཏུ་ཆོས་འབྱུང་གསུང་རབ་རིན་པོ་ཆེའི་མཛོད་སོགས་རྩོམ་པ་མང་དུ་མཛད་པས་བཀའ་དྲིན་མཆོག་ཏུ་ཆེ། མཐར་དོན་ལྔ་བཞེས་པ་ཤིང་ཕོ་འབྲུག(སྤྱི་ལོ1364)ལ་ཞ་ལུར་སྐུ་གཤེགས། དེ་ནས་ལོ་བརྒྱ་དང་དྲུག་ཅུ་རྩ་ལྔ་སོང་། དེ་ལ་སྲས་སྒྲ་ཚད་པ་རིན་ཆེན་རྣམ་རྒྱལ། བླ་མ་ཆོས་ཀྱི་དཔལ་བ། དཔལ་ལྡན་བླ་མ་དམ་པ། ཁྱུང་པོ་ལྷས་པ་སོགས་མང་དུ་བྱོན། རེད་མདའ་བ་ནི། ས་མོ་གླང་(སྤྱི་ལོ1349)ལ་གཙང་དུ་སྐུ་འཁྲུངས། རྒྱལ་སྲས་པ་འཁྲུངས་ནས་ལོ་ལྔ་བཅུ་རྩ་ལྔ་སོང་བ་དེ་ཡིན། དང་པོར་ཡོངས་འཛིན་ཟི་ཙམ་བསྟེན་པ་ནི། ཉིད་ཀྱི་ཞལ་ནས། སྐྱེ་དགུའི་གཙུག་རྒྱན་ཆོས་རྗེ་བསོད་རྒྱལ་དང་། །རྒྱལ་བའི་སྲས་པོ་ཐོགས་མེད་བཟང་པོ་དཔལ། །མ་ཏི་པཎ་ཆེན་བྱང་རྩེ

དང་། །མཁས་པའི་དབང་པོ་ཉ་དཔོན་ཀུན་དགའ་སོགས། །བཀའ་དྲིན་ཅན་གྱི་བླ་མ་བཅུ་ཕྲག་གཅིག །ཡུན་རིང་འབད་དེ་གུས་པའི་གཙུག་གིས་བསྟེན། །ཅེས་གསུངས། གསན་པ་ཇི་ལྟར་མཛད་པ་ནི། རྩ་འཇུག་བཞི་གསུམ་ཐེག་ཆེན་རྒྱུད་བླ་དང་། །ཆོས་མངོན་མཛོད་དང་དཔལ་ལྡན་འདུས་པ་སོགས། །གཞན་ཡང་བོད་དུ་འགྱུར་བའི་བསྟན་བཅོས་འགའ། །མདོ་དང་སྦྱར་བའི་འགྲེལ་པ་ཕལ་ཆེར་བལྟས། །ཞེས་གསུངས། སྦྲུས་ཇི་ཙམ་ཐོན་པ་ནི། ཀུན་མཁྱེན་ཤེར་འོད་བློ་བཟང་གྲགས་པ་སོགས། །རབ་འབྱམས་ཤེས་པའི་བཤེས་གཉེན་དམ་པ་བདུན། །དཀའ་བཅུ་ལེགས་པར་སྨྲ་བ་བཅུ་ཕྲག་གཅིག །ཕར་ཚད་ཤེས་པའི་གྲྭ་པ་བརྒྱ་ཕྲག་བཅལ། །ཞེས་གསུངས། ཐུགས་ཉམས་སུ་ཇི་ལྟར་བཞེས་པ་ནི། ཆོས་ཀུན་སྟོང་པར་རྟོགས་པའི་ཤེས་རབ་དང་། །འགྲོ་དྲུག་ཕ་མར་ཤེས་པའི་སྙིང་རྗེ་གཉིས། །རེས་འགའ་རེས་འཛོམ་རེས་འགའ་ཟུང་འབྲེལ་བསྒོམས། །འོན་ཀྱང་སྒོམས་ལས་མི་ཡོའི་དབང་དུ་ཐལ། །ཞེས་གསུངས། མཐར་རེ་བཞི་པ་ཆུ་ཕོ་འབྲུག་(སྤྱི་ལོ1412)ལ་གངས་བུ་ལེར་སྐུ་གཤེགས། དགེ་ལྡན་བཏབ་ནས་ལོ་བཞི་སོང་བ་དེ་ཡིན། རྗེ་བོ་བཀའ་གདམས་པ་རྣམས་འཕགས་པའི་གནས་བརྟན་བཅུ་དྲུག་ཆོས་སྐྱོང་བའི་ལྷ་ཉིད་དུ་མཛད་པས། དེའི་འདྲ་འབག་གི་བྱུང་ཚུལ་ནི། རྒྱ་ནག་གི་རྒྱལ་པོ་འཛམ་དབྱངས་ཀྱི་སྤྲུལ་པ་ཞིག་གིས་བློན་པོ་དབང་ཏྭ་ཤང་པོ་ཉར་མངགས་ཏེ། དབྱར་གནས་ལ་སྤྱན་དྲངས། དགག་དབྱེ་གྲོལ་ནས་རང་གནས་སོ་སོར་གཤེགས་རྗེས། འདྲ་འབག་བཅུ་དྲུག་བཞེངས་པའི་དཔེ། སྐུ་མེས་འབྲོམ་ཚང་གིས་རྒྱ་ནག་ཏུ་ཏལ་ཏེ་ཕྱིན་ནས། རས་བྲིས་སུ་བྱས་པ་ཡེར་པར་གདན་

དྲངས་པ་ལ་བརྟེན་ནས་འཕེལ། བླ་མ་བརྒྱུད་པའི་དབང་དུ་བྱས་ན། ཇོ་བོ། སེམས་ཙམ་པ་ཊ་ཆུང་། རྔོག་བྱང་ཆུབ་འབྱུང་གནས། པོ་ཏོ་བ། ཤར་བ་པ། རྒྱ་བྲུག་པ་ཅན་པ། ཞང་དགུ་ཚིགས་པ། གཞུ་པ་རག་སྟོན། སངས་རྒྱས་སྒོམ་པ། མཆིམས་ནམ་མཁའ་གྲགས། སྐྱོ་སྟོན་པ། རྒྱང་རོ་བྱང་འབུམ། མཆིམས་བློ་བཟང་གྲགས། མཁན་པོ་ཀུན་རྒྱལ། མཁན་པོ་གྲུབ་པ་ཤེས་རབ། མཁན་པོ་བསོད་ནམས་མཆོག་གྲུབ་སྟེ། སྣར་ཐང་དུ་དར་ཞིང་། མཆིམས་ནམ་མཁའ་གྲགས་ཀྱིས་སྒྲུབ་ཡིག་རྒྱས་པ་ཞིག་དང་། མཆིམས་བློ་བཟང་གིས་བསྡུས་པ་ཞིག་མཛད་སྣང་ངོ་། ཕུ་ཆུང་བ་ནི་རྒྱལ་གྱི་སྐྱི་ར་རྫིང་ཁར་ལྕགས་མོ་ལུག་སྤྱི་ལོ1031)ལ་སྐུ་འཁྲུངས། བཤེས་གཉེན་སྟོན་པ་ལོ་བཅུ་གཅིག་བསྟེན་ཅིང་། ལམ་རིམ་རྟེན་འབྲེལ་བཅུ་གཉིས་ཀྱི་འཁོར་ཚུལ་བསྟན་པ་ནས་འཁྲིད། རོན་དྲུག་པ་མེ་ཕོ་ཁྱི(སྤྱི་ལོ1106)ལ་རྒྱལ་གྱི་དོ་པོ་དགོན་དུ་སྐུ་གཤེགས། པོ་ཏོ་བ་གཤེགས་པའི་ཕྱི་ལོ་དེ་ཡིན། ཆོས་འབྱུང་འགའ་ཞིག་ཏུ་ཕུ་ཆུང་དུ་གཤེགས་པར་བཤད་པ་ནི། བེའུ་བུམ་སྔོན་པོར། དོ་བོར་སྐུ་ཡལ་ཞལ་ནས་འདི་སྐད། ཅེས་འབྱུང་བ་མ་མཐོང་བར་ཟད་དོ། དེ་ལ་སྤྲུས་རྣམ་གྲོལ་དོན་གཉེར་ཉི་ཤུ་ཙམ་འདུས་པའི་ནང་ནས། ངོ་མཚར་ཆེ་བ། སྤྱིངས་པ་ཤེས་རབ་རྒྱ་མཚོ། ཞོགས་ཀྱི་ཀར་མ་གྲག་པ། ཤ་བོ་སྒང་པ་པདྨ་བྱང་ཆུབ། འབན་སྒོམ་ལ་སོགས་པ་བྱོན། ཤ་བོ་སྒང་པ་ནི་མེ་མོ་ལུག(སྤྱི་ལོ1067)ལ་རྒྱལ་དུ་སྐུ་འཁྲུངས། ཐང་རི་ཐང་པ་འཁྲུངས་ནས་ལོ་བཅུ་གསུམ་སོང་བ་དེ་ཡིན། ཤ་བོ་སྒང་བཏབ་ནས་གྲྭ་པ་སྟོང་ཕྲག་ཏུ་ཚང་བ་བསྡུས་པ་ལ་བློ་སྦྱོང་དང་ཆོས་བཞིའི་གདམས་པས་སྨིན་པར་མཛད་དེ། རེ་ལྷ་བཞེས་པའི་ལྕགས་མོ་ཕག(སྤྱི་ལོ1131)གི

དབྱར་རའི་ཆོས་བཅུ་དགུ་ལ་ཤ་བོ་སྒང་དུ་གཤེགས། དེ་ནས་ལོ་སུམ་བརྒྱ་དང་དགུ་བཅུ་རྩ་བརྒྱད་སོང་། འོ་ན་ཤ་བོ་སྒང་པའི་བློ་སྦྱོང་ཆོས་བཞི་པོ་ཇི་ལྟར་ཡིན་ཞེ་ན། བེའུ་བུམ་ཁྲ་བོ་ཞེས་གྲགས་པ་གཙོ་བོར་གླང་རི་ཐང་པ་དང་། ཤ་བོ་སྒང་པ་རང་གི་གདམས་པ་བསྲེས་པ་ཞིག་མཆིས་པ་འདི་ཤ་བོ་སྒང་པའི་བློ་སྦྱོང་དང་། འདི་ལ་དགོངས་ནས་སངས་རྒྱས་དབོན་སྟོན་གྱིས། ཤ་བོ་སྒང་པའི་བློ་སྦྱོང་ཡང་ལམ་གྱི་རིམ་པའི་ལེ་ལག་ཡིན། ཞེས་གསུངས་པ་ཡིན་ནོ། ཞེས་བདག་གི་བླ་མ་ཨ་ནནྟ་བཞེད། ཆོས་བཞི་ནི། ཚང་ཉོན་མོངས་པའི་རྩ་བ་ཡིན་པས་ཤི་ཡང་མ་འཐུང་། བུད་མེད་ཉོན་མོངས་པའི་རྩ་བ་ཡིན་པས་མིག་མ་བལྟ། འཛིན་ཆགས་ཉོན་མོངས་པའི་རྩ་བ་ཡིན་པས་གསོག་འཇོག་མ་བྱེད། འགྲོ་འདུག་ཉོན་མོངས་པའི་རྩ་བ་ཡིན་པས་རྒྱུ་འགྲུལ་མ་མང་། ཞེས་པ་བཞིའོ། འབན་སྒོམ་འདི་ཡང་། ཚེ་འདི་བློས་བཏང་བའི་སྐྱེས་བུ་དམ་པ་ཞིག་སྟེ། ཉིན་རེ་བཞིན་དགེ་བའི་བློ་སྐྱེས་པ་ན་རྡེའུ་དཀར་པོ་རེ་དང་། མི་དགེ་བའི་བློ་སྐྱེས་པ་ན་རྡེའུ་ནག་པོ་རེ་འཇོག དགོངས་ཁར་དེ་གཉིས་སོ་སོར་བགྲངས་པའི་ཚེ་དཀར་པོ་མང་བ་ན། བདག་ཉིད་ལ་བསྔགས་པ་བརྗོད་ཅིང་། ནག་པོ་མང་བ་ན་བདག་ཉིད་ལ་མང་ན་བགྲང་བ་ཡིན་སྐད། རྒྱལ་དུ་འབྲི་གོ་དེ་ལུང་གི་དགོན་པར་བཞུགས་ནས། ཐུགས་དམ་མཛད་པས་གོ་དེ་ལུང་བ་ཞེས་གྲགས་སོ། སྐུ་མཆེད་གསུམ་གྱི་ནང་ནས། ཕུ་ཆུང་བ་ཉིད་ལ་སྤྲས་ཆོས་གླེགས་བམ་རིན་པོ་ཆེའི་བཀའ་བབས་པར་བཤད། གླེགས་བམ་འདི་ལ་ཡང་ཆོས་ཚན་ལྔ་བཅུ་རྩ་བཞི་སྟེ། སྟོན་པ་རིན་པོ་ཆེས་ལོགས་སུ་ནན་གྱིས་བསྟན་པའི་བཀའ་རྒྱ། རང་རྒྱུད་ལ་སྐྱུལ་མ་འདེབས་པ་དད་པའི་ལྗོན་ཤིང་། ལོ་རྒྱུས་ངོ་མཚར་རྨད་དུ་བྱུང་བའི་

དཔལ་འབྱོར། ཟུང་འཇུག་ཉི་མའི་ཐིག་ལེ་སྟེ་ཆོས་ཚན་བཞི། བླ་མ་རྣམས་ལ་ཕྱག་འཚལ་ལོ། ཞེས་པ་ནས། གཅིག་ཕུར་འདུག་ཚེ་སེམས་ལ་བཏག ཅེས་པའི་བར་ལེའུ་ཉི་ཤུ་རྩ་གསུམ་དུ་བསྡུས་ནས་གསུངས་པའི་སྙིང་དུ་བཀའ་རྒྱ། མ་འོངས་ལུང་བསྟན། འཆི་མེད་རྡོ་རྗེའི་གླུ་གསུམ་བསྟན་པས་ཕ་ཆོས་ཉི་ཤུ་རྩ་དྲུག ཐེ་ཚོམ་ཐམས་ཅད་སྤྱང་བྱ་ཞིང་། ཞེས་པ་ལས་འཕྲོས་ཏེ། རྫོག་ཆོས་ཉི་ཤུ་དང་། ཁྲ་ཆོས་གཉིས་ཏེ། བུ་ཆོས་ཉི་ཤུ་རྩ་གཉིས། ཁ་སྐོང་ལེའུ། རྒྱལ་བ་ཡབ་སྲས་ཀྱི་བཀོད་པ་ཕུན་སུམ་ཚོགས་པའི་གཏེར་རྣམས་སོ། དེ་ཡང་དང་པོ་བཞི་སྦྱོར་བའི་ཆོས་ཚན་དང་། ཐ་མ་ཕྱིས་སྟར་ཐང་དུ་བྲིས་པར་སྣང་བས། གླེགས་བམ་དངོས་གཞི་ལ་ནི། ཆོས་ཚན་བཞི་བཅུ་རྩ་དགུའོ། ཕ་ཆོས་བུ་ཆོས་ཞེས་པ་ཡང་ཕ་སྟོན་པ་རིན་པོ་ཆེས་རྗེ་བོ་ལ་ཞུས་པའི་ཆོས་ཚན་ལ་ཕ་ཆོས་དང་། བུ་ཁྲ་རྫོག་གཉིས་ཀྱིས་རྗེ་བོ་ལ་ཞུས་པའི་ཆོས་ཚན་ལ་བུ་ཆོས་ཞེས་བྱ་སྟེ་ཞུ་བ་པོའི་ངོས་ནས་ཕྱེ་པའོ། གལ་ཏེ་རྫོག་ཆེན་པོ་བཤེས་གཉེན་སྟོན་པའི་སྲས་ཡིན་ཡང་། ཁྲ་ཉིད་སྟོན་པའི་སྲས་མ་ཡིན་པས། ཇི་སྐད་བཤད་པའི་ཕ་ཆོས་བུ་ཆོས་ཀྱི་འཇོག་མཚམས་མི་འཐད་དོ་སྙམ་ན། རྣམ་ཐར་ཐུན་མོང་བ་ལྟར་ན་དེ་ལྟར་ཡིན་ཡང་། ཐུན་མོང་མ་ཡིན་པ་ལྟར་ན་ཁྲ་ཆེན་པོས་ང་རྒྱལ་གྱི་རི་བསྐྱིལ་ཏེ། སྟོན་པ་རིན་པོ་ཆེའི་ཞབས་ལ་གཏུགས་པར་ཁྲ་དང་དག་སྣང་འགྲེལ་བའི་ཚོམས་ལས་གསལ་ལོ། བླ་མ་བརྒྱུད་པའི་དབང་དུ་བྱས་ན། རྗེ་བོ་ཡབ་སྲས། རྫོག མངའ་རིས་པ་ཤེས་རབ་རྒྱལ་མཚན། ཕུ་ཆུང་པ་གཞོན་ནུ་རྒྱལ་མཚན། ཀ་མ་བ་རིན་ཆེན་རྒྱལ་མཚན། སྣབས་ཀ་བ་དར་མ་རྒྱལ་མཚན། སྣབས་ཀ་བ་བྱང་ཆུབ་བཟང་པོ། སྣབས་ཀ་བ་ནམ་རིན། འབྲོམ་གཞོན་

ནུ་བློ་གྲོས། མཁན་ཆེན་ཉི་མ་རྒྱལ་མཚན། རིན་ཆེན་བྱང་ཆུབ། རིགས་ཀྱི་བདག་པོའི་དཔལ། བྱང་ཆུབ་དཔལ། བླ་མ་བསོད་ནམས་འོད་ཟེར། མཁན་ཆེན་སངས་རྒྱས་བཟང་པོ། བྱ་བྲལ་བ་བསོད་ནམས་བཟང་པོ། ཁུ་ཡུག་པ་བླ་མ་དཔལ་འབྱོར། སྟག་ཚང་ལོ་ཙཱ་བ་སེང་གེ་རྒྱལ་མཚན། སྐད་གཉིས་སྨྲ་བ་ཐུགས་རྗེ་དཔལ། རྗེ་དགེ་འདུན་གྲུབ། རྗེ་སྨོན་ལམ་དཔལ་ཏེ་འདིས་དགེ་ལྡན་འབྲས་སྤུངས་གཉིས་ཀར་གསུངས་པ་དང་། ཡང་རྗེ་དགེ་འདུན་གྲུབ་ལ་ཆོས་རྗེ་ཡེ་རྟེ་བ་དང་། དེ་ལ་ཐམས་ཅད་མཁྱེན་པ་དགེ་འདུན་རྒྱ་མཚོའི་ཞལ་སྔ་ནས་ཀྱིས་གསན་ཏེ་དབུས་གཙང་གི་སའི་མཐིལ་དང་། གཉལ་དྭགས་ཀོང་སོགས་ཐ་གྲུ་ཀུན་ཏུ་སྐལ་བ་དང་ལྡན་པའི་གདུལ་བྱ་རྣམས་ལ་གླེགས་བམ་རིན་པོ་ཆེའི་ཆོས་ཀྱི་ཆར་ཆེན་པོ་ཕབ། ཡང་བྱང་སེམས་བློ་གྲོས་རྒྱལ་མཚན་གྱིས་གཙང་དུ་གསན་ནས་ཕྱིས་སྟོད་ཕྱོགས་སུ་གསུངས་པ། གནས་བརྟན་བྱང་རྒྱལ་བ་དང་གནས་བརྟན་བསོད་བཀྲས་པ་སོགས་མང་པོས་གསན། བྱང་རྒྱལ་པས་ཀ་ཚལ་བཟུང་ནས་བཀའ་གདམས་གསུངས་ཤིང་། བསོད་བཀྲས་པས་ཀྱང་ཡར་ཀླུངས་ཕྱོགས་སུ་གླེགས་བམ་གསུངས། སྤྱན་སྔ་བ་ནི་ཉན་གྱི་སྣང་ར་སྐད་དུ་ཆུ་མོ་བྱ་(སྤྱི་ལོ1033)ལ་སྐུ་འཁྲུངས། ཉེར་ལྔ་པ་ལ་བཤེས་གཉེན་སྟོན་པ་དང་མཇལ་ནས་ལོ་བརྒྱད་བསྟེན། ལམ་གྱི་རིམ་པ་ནི་བདེན་བཞི་ནས་འཁྲིད། ལོ་དགོན་པ་བཏབ་སྟེ་དོན་གཅིག་བཞེས་པའི་ཆུ་མོ་ལུག་(སྤྱི་ལོ1103)གི་རྒྱལ་ཟླའི་ཉེར་གཅིག་ལ་སྣུབ་ཏུམ་དུ་སྐུ་གཤེགས། དེ་ནས་ལོ་བཞི་བརྒྱ་དང་ཉི་ཤུ་རྩ་དྲུག་སོང་། དེ་ལ་གྲྭ་པ་བདུན་བརྒྱ་ཙམ་འདུས་པའི་ནང་ནས། གྲགས་ཆེ་བ་ལ། གུར་སྟོན། མཆོར་སྟོན། ཐང་འདུལ། འབྲོམ་འདུལ་ཏེ་འདུལ་འཛིན་བཞི། ཟར་བའི་ཕག་སྒོམ།

ཆེད་ཆེར་བ་གཡེ་སྒོམ་པ། རུག་པའི་རྒྱ་སྒོམ། མང་ར་སྒོམ་པ་སྟེ་སྒོམ་ཆེན་བཞི་དང་། གཞན་ཡང་། ཨུ་ཡུག་ཨ་མི། རྒྱ་ཅེ་སྒྲོ་བ། སྐུ་སྲུང་ས་སྟོན་པ། རལ་པ་ཞེས་རབ་འབུམ། ཟུར་པ་ཇོ་བཙུན། ཨེའི་སྒྲོ་པ་ཆེན་པོ། ཕན་ཡུལ་བ་རྒྱ། ཡུལ་ཚོས་པ་ལྷ་བཟོ། སྟོད་ལུང་ས་པ་ཆེན་པོ་རིན་ཆེན་སྙིང་པོ། ཁྱུང་ཁམ་པོ་ཆེ། སྟོ་བྲག་པ་ཆེན་པོ་དབས་སྟོན། གཙང་པ་ཇོ་པད། སྤྲུལ་སྐུ་གཞོན་ནུ་འོད་ལ་སོགས་པ་མང་དུ་བྱོན། མང་ར་སྒོམ་པ་བརྩོན་འགྲུས་འབར་ནི། ཆུ་ཕོ་རྟ་(སྤྱི་ལོ1042)ལ་སྐུ་འཁྲུངས། སྟུག་རུམ་དུ་བཞུགས་པས་སྟུག་རུམ་པ་ཆེན་པོར་གྲགས། ཐང་སྐྱའི་དབུ་རྩེ་གསར་མ་བཞེངས་ཏེ་རི་བརྒྱུད་བཞེས་པའི་ས་མོ་གླང་(སྤྱི་ལོ1109)གི་ས་ག་ཟླ་བའི་ཚེས་བརྒྱད་ལ་ཐང་སྐྱར་གཤེགས། དེ་ནས་ལོ་བཞི་བརྒྱ་དང་ཉི་ཤུ་སོང་། འདི་ལ་གྲྭ་པ་བརྒྱད་བརྒྱ་ཙམ་རེ་ཚོགས། སྟོད་ལུང་ས་པ་ཆེན་པོ་ནི། ཆུ་ཕོ་སྤྲེའུ་ལ་(སྤྱི་ལོ1032)སྟོད་ལུང་ལྷུང་མ་བྲག་ཏུ་སྐུ་འཁྲུངས། དེའི་ཚེ་ཇོ་བོས་དགུང་ལོ་ལྔ་བཅུ་རྩ་གཅིག་བཞེས། འདིས་བཅུ་གཅིག་ལོན་དུས་དབུས་ཀྱི་དགེ་འདུན་ཀུན་དྲིལ་ནས་སྙེ་ཐང་དུ་ཇོ་བོ་ལ་འབུལ་ཆེན་ཕྱས་པའི་སྐྱེང་དུ་ཤམ་ཐབས་ཁྲལ་གསེར་ཞོ་གང་བསྟུས་ཞེས་གྲག ཨོན་ཀྱང་སློན་ལམ་གྱི་དབང་གིས་ཇོ་བོ་དང་ཞལ་མ་མཇལ་བས་ཕྱིས་འགྱོད་པ་ཆེན་པོ་མཛད་པ་ཡིན་སྐད། རྒྱ་མཚན་དེས་ན་དེང་སང་གདམ་རྒྱུད་གཅིག་ལ་སྟོད་ལུང་ས་པས་རྒྱ་གར་གསེར་འདོད་པོ། ཞེས་ཇོ་བོ་ལ་སྐུར་པ་བཏང་ཏེ་ཚོས་མ་གསན་ཞེས་སྨྲ་བ་ནི་མ་དག་ཁོ་ན་ཡིན་ནོ། ཉེར་གསུམ་ལོན་དུས་ཇོ་བོ་གཤེགས། ཕྱིས་རྣལ་འབྱོར་པ་ཆེན་པོ་དང་། སྤྱན་སྔ་ལ་གཏུགས་ཏེ་བཀའ་གདམས་གསན། ཙན་སྒྲོ་དགོན་པ་བཏབ་སྟེ་གྲྭ་པ་སུམ་བརྒྱ་ཙམ་བསྟུས་ནས་ལམ་རིམ་དང་།

བདེན་གཉིས་ཀྱི་ཆོས་སྐོར་གསུངས། ཁོང་བདེན་གཉིས་ལ་མངའ་བརྙེས་པར་ཡང་གྲགས་ཤིང་། ལྟ་བ་ནི་སྟོན་པ་རིན་པོ་ཆེའི་ལྟ་བ་ལ་གཙོ་བོར་མཛད། སྟོན་པའི་ལྟ་བ་ཡང་ཉིད་ཀྱི་ཞལ་ནས། ཁོ་བོའི་ལྟ་བུ་ནི་ཅི་ཡང་མ་ཡིན་ཞེས་བྱ་བ་ཡིན། ཞེས་གསུངས་ལ། ཅི་ཡང་མ་ཡིན་པ་ཡང་ཤེས་རབ་སྒྲོན་མེར་ཅི་ཡང་མ་ཡིན་པ་ཞེས་བྱ་བ་ནི་མེད་པར་དགག་པའི་ཐ་ཚིག་གོ ཞེས་འབྱུང་བས་ཀླུ་སྒྲུབ་ཡབ་སྲས་ཀྱིས་བཀྲལ་བ་ལྟར་བཞེད་དོ། མཐར་ཀྱཱ་ལྔ་བཞེས་པའི་མེ་ཕོ་སྤྲེའུའི་ལོ(སྤྱི་ལོ1116)མངོན་པར་བྱང་ཆུབ་པའི་ཆོས་བརྒྱད་ལ་ཅན་སྒྲོར་གཤེགས། དགེ་བཤེས་སྤྱན་སྔ་འདས་ནས་ལོ་བཅུ་གསུམ་སོང་བ་དེ་ཡིན། དེ་ནས་ལོ་བཞི་བརྒྱ་དང་བཅུ་གཅིག་སོང་། བྱ་ཡུལ་བ་ནི། ཤིང་མོ་ཡོས(སྤྱི་ལོ1075)ལ་སྟོད་ལུངས་སུ་སྐུ་འཁྲུངས། སྤྱན་སྔ་འཁྲུངས་ནས་ལོ་བཞི་བཅུ་རྩ་གསུམ་སོང་བ་དེ་ཡིན། སྤྱན་སྔ་རིན་པོ་ཆེ་ལོ་དགུ་བསྟེན། ཉེར་དགུ་ལོན་དུས་སྤྱན་སྔ་གཤེགས། བྱ་ཡུལ་བདག་སྟེ། རེ་བཞི་བཞེས་པའི་ས་ཕོ་རྟའི་(སྤྱི་ལོ1138)ཏ་དྲུག་ཟླ་བའི་ཚེས་བཅོ་བརྒྱད་ལ་བྱ་ཡུལ་གཟིམས་ཆུང་དུ་གཤེགས། སྟོད་ལུངས་པ་གཤེགས་ནས་ལོ་ཉེར་གཅིག་སོང་བ་དེ་ཡིན། དེ་ནས་ལོ་སུམ་བརྒྱ་དང་དགུ་བཅུ་རྩ་གཅིག་སོང་། དེ་ལ་གྲྭ་པ་སྟོང་ཙམ་འདུས་པའི་ནང་ནས། ངོ་མཚར་ཆེ་བ་ལ། ཏིང་ངེ་འཛིན་སྐྱེས་པ་ལྔ་བརྒྱ། དགེ་བའི་བཤེས་གཉེན་ཕྱག་རྩེ་འཆའ་བ་བརྒྱ་དང་བཅུ། དེའི་ནང་ནས་ཕྱིའི་ཆེན་པོ་བརྒྱད། བར་གྱི་ཆེན་པོ་བརྒྱད། ནང་ཐུགས་ཀྱི་སྲས་གསུམ་རྣམས་ཡོད་པ་ལས་ཕྱིའི་ཆེན་པོ་བརྒྱད་ནི། ཁམས་ནས་རབ་ཁབ་ཆེན་པོ་དང་ངང་ཚང་བ་ཆེན་པོ། དྭགས་པོ་ནས་པོ་ཐང་བ་ཆེན་པོ་དང་། ཤ་བ་གླིང་བ་ཆེན་པོ། གཙང་ནས་འོམ་ཐང་བ་ཆེན་པོ་དང་།

ཕུས་སྨན་ཆར་ཆེན་པོ། སྐྱོད་ལྡུངས་ནས་རྣམ་པར་པ་ཆེན་པོ་དང་། ཉམས་དགའ་མོ་བ་ཆེན་པོའོ། བར་གྱི་ཆེན་པོ་བརྒྱད་ནི། བཀྲ་ཤིས་སྣང་བ་ཆེན་པོ། འཕན་ཡུལ་ནས་དགོན་ཆེན་པོ། ཆག་མཁལ་བ་ཆེན་པོ། དབུར་སྐྱོད་ནས་སྐྱེར་ཆེན་པོ། ཁྲིམ་ཤེར་ཆེན་པོ། བ་དར་བ་ཆེན་པོ། སྦྲུལ་བ་ཆེན་པོ། ཀུན་འཛོལ་བ་ཆེན་པོའོ། ནང་ཐུགས་ཀྱི་སྲུས་གསུམ་ནི། ཕྲིན་ལས་ལ་མངའ་བརྙེས་པ་སྟུབས་མཆོད་གནས། བྱིན་རླབས་ལ་མངའ་བརྙེས་པ་གཙང་པ་རིན་པོ་ཆེ་ནམ་མཁའ་རྡོ་རྗེ། རྟོགས་པ་ལ་མངའ་བརྙེས་པ་རྒྱ་རི་མོ་ཅན་པའོ། གཞན་ཡང་། གཉལ་པ་རབ་སྟོན། གཙང་པ་འབའ་རིལ། གཙང་པ་ཀེ་ཏུ། སྒོ་པ་བཀྲ་ཤིས་སྣང་བ། དུར་བ་གཡུང་ཤེ། གྲུབ་ཀྱི་ཕག་ཚང་བ། ཞོགས་ཀྱི་ན་འོ་པ། བ་ལམ་པ་བླ་མ། ལ་མོ་བ། ཉང་སྐྱོད་ཀྱི་འབའ་ལེ། གཡེར་པོ་ཀེ་ཏུ། ངོལ་བ་ཤཱཀ་གཞོན། གཡུ་ལུང་པ་ལ་སོགས་པ་མང་དུ་བྱོན། སྤྱན་སྔའི་རྗེས་སུ་ལོའི་གདན་རབས་ནི། དགེ་བཤེས་གནས་བརྟན། སྤིངས་མོ་བ། སྨོན་ལམ་བློ་གྲོས་པ། སླར་ཡང་སྤིངས་མོ་བ། གཙང་པ་རིན་པོ་ཆེ། གླང་ལུང་པ་སྟེ་འདིས་བྱ་ཡུལ་དང་གཉིས་ཆར་མཛད། དེ་ནས་སེ་རྣལ་འབྱོར་པས་གདན་ས་མཛད་དེ། གྲོག་ཏུ་གཡུ་བུ་དགོན་པའང་བཏབ། དེ་ནས་རིམ་པ་བཞིན་སངས་རྒྱས་སྒོམ་པ་རྡོ་རྗེ་གཞོན་ནུ། གཙང་པ་རྗོ་སྲུས། ཟེམ་ཚེ་རིང་པོ་བ། ཁམས་ལུང་པ། གཙང་སྟོན། སངས་རྒྱས་རྗོ་བོ། སངས་རྒྱས་སྟོན་པ། སངས་རྒྱས་སྒོམ་པ། སངས་རྒྱས་དབོན། རིན་པོ་ཆེ་ཚུལ་མགོན་པ། སྤྱན་སྔ་གནམ་གང་བ། སྤྱན་སྔ་ཆོས་རྗེར་བ། བཅོ་བརྒྱད་པ་བློ་གྲོས་རིན་ཆེན། སྤྱན་སྔ་རིན་ཆེན་རྒྱལ་མཚན་བ། མཁས་པ་ཚུལ་དར། སྤྱན་སྔ་བསོད་

ནམས་སྣའི་དབང་པོ། སྨྲན་སྐྲ་བསོད་རྒྱལ་བ། སྨྲན་སྐྲ་ཆོས་གྲགས་པའི་བར་རོ། བྱ་ཡུལ་དུ་སྤྲུལ་པའི་སྐུའི་རྗེས་སུ། དགེ་བཤེས་རྒྱ་སྤྲེའུ་ལོ་པ། དེ་ནས་དགེ་བཤེས་མཚོད་གནས། དེ་ནས་གླང་ལུང་པའོ། དེ་ཡང་ལོའི་གནས་གང་ཟག་དང་བཅས་པ་ལུང་བསྟན་པ་ནི། བདུན་ན་ བྲག་གདོང་འཇུག་པ་འདྲ་བ་མཐོང་། ཅུང་ཟད་རྩོད་པ་འོང་སྐེ་བཟོད་པ་སྒོམ་པའི་གནས་སུ་བཟང་། མདའ་དོག་སྐེ་ཆོས་བཀའ་དོག ཕུ་ཡངས་ཏེ་འབྲས་བུ་བཟང་། ལོ་ཅུང་ཟད་འདོད། དེ་ལ་བརྟེན་པའི་དགོན་པའང་འབྱུང་ཞེས་དང་། བསྟན་པ་ཉིད་དང་གཞོན་ནུ་དང་། །རྒྱལ་དང་རྒྱལ་བས་བྱིན་བརླབས་དང་། །ཡོན་ཏན་ཕུན་ཚོགས་དམ་པ་འབྱུང་། །བ་གླིང་དུ་མའི་ཐ་མར་ཡང་། །བསྟན་པ་གཉེར་ཆེན་དམ་པ་འབྱུང་། །གཙང་དྭངས་ཚེ་རིང་ནད་མེད་པ། །དེ་ཡང་དམ་པ་ཉིད་དུ་བཟང་། །བྱ་ཡི་ནང་ནས་ཁྲ་ཞེས་པ། །ནམ་མཁའ་རྣམ་དག་དྭངས་པའི་དབྱིངས། །གསེར་གདོང་ཤེས་རབ་མཚུངས་མེད་པ། །ཐ་མར་བསྟན་པའི་མེ་རོ་དག གྲགས་པའི་དབང་གིས་གསོ་བར་བྱེད། །དུ་མའི་ཕན་བདེ་སྨྲན་བྱེད་པ། །དེ་ཡང་གནས་མཆོག་དམ་པ་ཡིན། །ཞེས་འབྱུང་། བྱ་ཡུལ་གྱི་གདན་རབས་ནི་གླང་ལུང་པ་ནས། དེང་སང་གི་བར་དགོན་པ་གཉིས་ཆར་སྤྲགས་པ་ཤ་སྟག་བྱུང་བ་སྐྲ་མའི་ལུང་བསྟན་གྱིས་གོ་ནུས་ལ། དགོན་གནས་ནི་བྱ་གནས་པའི་ཡུལ་དེར་དགོན་པ་བཏབ་ཅེས་པ་དང་། ལུས་ལས་ཡན་ལག་རྒྱས་བྱ་བའི་ལུགས་ཡིན། ཞེས་གསུངས་པ་རྣམས་ཀྱིས་བསྟན་པར་བྱ་དགོས་པ་འདྲ། དགེ་བཤེས་མཚོད་གནས་ཀྱིས་གླུང་ཤོད་ཁྲབ་ཁའི་དགོན་བཏབ་ཅིང་། ཟེམ་གྱི་སློབ་མ་བཤེས་གཉེན་རིན་ཆེན་སེང་གེས་ཞོགས་ཕུར་འོད་གསལ་དགོན་

བཏབ། གཙང་པ་རིན་པོ་ཆེ་ནི། མེ་མོ་སྦྲུལ (སྤྱི་ལོ 1077) ལ་སྐུ་འཁྲུངས། དང་པོར་རྗོག་ལོ། གཉན་ལོ། བ་རི་ལོ་ཙཱ། བཙན་ཁ་བོ་ཆེ་སོགས་བསྟེན་ནས་མདོ་སྔགས་ཀྱི་ཆོས་མང་དུ་གསན་པས། མཁས་པ་ཆེན་པོར་གྱུར་བ་ཞིག་སྟེ། ཡེར་པ་དང་། ཚུར་བོ་རི་གཉིས་སུ་སྒྲུབ་པ་མཛད་པའི་དགོངས་པས་དབུས་སུ་ཕྱིན་པ་ན། བྱ་ཡུལ་བ་ལ་བླ་མའི་བྱིན་རླབས་ཞུགས་ཟེར་བའི་སྐད་པ་གསན་ཏེ་ཁོང་འཁྲོམ་དུ་བཞུགས་དུས་མཇལ། ཞལ་མཐོང་བ་ཙམ་གྱིས་མཆི་མ་འཁྲུག་པའི་དད་པ་སྐྱེས། ཡུན་དུ་བསྟེན་ནས་གདམས་ངག་མ་ལུས་པར་ཞུས། མཐར་ཀྱ་ལྷ་བཞེས་པའི་ལྕགས་མོ་སྦྲུལ (སྤྱི་ལོ 1161) གྱི་ལོ་ལ་གཤེགས། ས་འབྲུག་ལ་འཁྲུངས་ནས་ཆུ་འབྲུག་ལ་གཤེགས་པའི་ལུགས་ཀྱང་སྣང་། གཙང་སྟོན་གྱིས་བྱ་ཡུལ་གྱི་གདན་ས་ལོ་གསུམ་བྱས་པའི་ཤེང་བྱ་ལ་འབྲི་ཁུང་པས་གཟིམས་ཚུང་མ་གཏོགས་གླིང་ཐམས་ཅད་མེས་བསྲེགས། དེ་ནས་ལོ་ལྔ་སོང་བའི་ལྕགས་སྟག་ལ་དཔོན་ཆེན་ཨག་ལེན་གྱིས་སསྐྱའི་ཁྲི་དམག་དྲངས་ཏེ་འབྲི་ཁུང་གི་གླིང་བཙོམ། ལོ་འདི་བུ་སྟོན་རིན་པོ་ཆེའི་འཁྲུངས་ལོ (སྤྱི་ལོ 1290) ཡིན། དགེ་བཤེས་དབང་ཕྱུག་རྒྱལ་མཚན་གྱིས་ནི། སྦྲུལ་ཕུར་རྒྱ་སྟེངས་དགོན་པ་བཏབ་སྟེ་བདུན་ཅུ་རྩ་བདུན་ལ་འཇོལ་མོ་འདིའི་ལྷ་ཁང་དུ་གཤེགས། ཁྲོམ་གཤེར་ཆེན་པོ་རིན་ཆེན་འོད་ནི་ལྕགས་ཕོ་འབྲུག་གི་ལོ (སྤྱི་ལོ 1100) ལ་ཚུམས་སུ་སྐུ་འཁྲུངས། བར་བར་དང་ཀམ་ཀམ་བཏབ་སྟེ། བདུན་ཅུ་བཞེས་པའི་ལྕགས་ཕོ་སྟག (སྤྱི་ལོ 1170) གི་ལོ་ས་ག་ཟླ་བའི་ཚེས་བཅུ་ལ་ཀམ་ཀམ་དུ་གཤེགས། དེ་ལ་གྲྭ་པ་ཉིས་བརྒྱ་ཙམ་འདུས། གདན་རབས་ནི་རིམ་པ་བཞིན་སྐྱོ་རིན་པོ་ཆེ་བྱང་ཆུབ་རིན་ཆེན། ཇོ་སྲས་རིན་ཆེན་སེང་གེ ཞིག་པོ་འདུལ་གྲགས། བསོད་

ནམས་རིན་ཆེན་པ། ཁྲོམ་གཞེར་རིན་གཞོན། ཁྲོམ་གཞེར་རིན་ཆེན་སེང་གེ སངས་རྒྱས་འོད་ཟེར་པ། མཁན་ཆེན་བརྩོན་བཟང་བ། མཁན་ཆེན་དོན་གྲུབ་དཔལ་བ་སོགས་སོ། སྦྱོར་ཆེན་པོ་གཞོན་ནུ་གྲགས་ནི་ལྕགས་ཕོ་སྟག་<ཧ>(སྤྱི་ལོ1090)ལ་སྟོན་དུ་སྐུ་འཁྲུངས། རིན་ཆེན་སྣང་བཏབ་སྟེ། གྱ་གཉིས་བཞེས་པའི་ལྕགས་ཡོས(སྤྱི་ལོ1171)ཀྱི་དགུན་རའི་ཉེར་དགུ་ལ་རིན་ཆེན་སྣང་དུ་གཤེགས། དེ་ནས་ལོ་སུམ་བརྒྱ་དང་ལྔ་བཅུ་རྩ་ལྔ་སོང་། སྦྱོར་འདིས་ཕྱིས་སྣེའུ་ཟུར་པ་ལོ་དགུ་བསྟེན་པ་ལས་མི་ཕྱེད་པའི་དད་པའི་དད་པ་ཐོབ་ཅིང་། བསྟན་རིམ་ཀྱང་དེའི་ལུགས་ལ་གཙོ་བོར་མཛད་པ་སྣང་། དེ་ལ་གྲྭ་པ་བརྒྱད་བརྒྱ་ཙམ་འདུས་པའི་ནང་ནས་དཔོན་གཞོན་ནུ་འབྱུང་གནས་ནི་ས་ཕོ་རྟ(སྤྱི་ལོ1138)ལ་བ་རབ་ཏུ་འཁྲུངས། སྦྱོར་ཆེན་པོ་ལོ་བཅོ་བརྒྱད་བསྟེན། སོ་བཞི་ལོན་དུས་སྦྱོར་གཤེགས། རིན་ཆེན་སྣང་གི་མཆོད་ཁང་གསར་མ་བཞེངས་ཏེ། དོན་གསུམ་བཞེས་པའི་ལྕགས་ཕོ་རྟ(སྤྱི་ལོ1210)ལ་འཁོར་ངན་འགའ་ཞིག་གིས་ཐུགས་སུན་ཕྱུང་བ་ལ་བརྟེན་ནས་འཕོ་བ་མཛད་དེ་གཤེགས། འདི་ནི་བྱང་ཆུབ་སེམས་དཔའ་སྐལ་ལྡན་ཤིང་རྟའི་སྤྲུལ་པ་དང་། བྱ་ཡུལ་བའི་སྐུའི་སྐྱེ་བར་གྲགས་ཤིང་། ཁ་ཆེ་པཎ་ཆེན་ལའང་གདམས་ངག་གསན། པཎ་ཆེན་དེ་ཉིད་ཀྱིས་བཀའ་གདམས་ཀྱི་བླ་མ་སུ་གང་ལ་ཆོས་གསན་པ་མི་སྣང་ཡང་། ཇོ་བོའི་བཀའ་བརྒྱུད་ལ་ཐུགས་མོས་ཆེན་པོ་ཡོད་པ་ལས་ན། དཱི་པཾ་ཀཱ་ར་ཤྲཱི་ཛྙཱ་ནའི་གདན་ས་པ་ལྟར་འགྲོ་གསུངས་ནས་རྭ་སྒྲེང་གི་གནས་མཇལ་མཛད་པ་ཡིན་སྐད། དེ་ནི་ཇོ་བོ་འདས་ནས་ལོ་བདུན་ཅུ་རྩ་གསུམ་ལོན་པའི་མེ་མོ་ལུག(སྤྱི་ལོ1127)ལ་སྐུ་འཁྲུངས། བདུན་ཅུ་རྩ་བརྒྱད་པ་ཤིང་བྱི(སྤྱི་ལོ1204)ལ་བོད་དུ

ཕེབས། དེའི་ཚེ་དཔོན་སློབ་ཀྱི་རེ་བདུན་དང་། ས་པཎ་གྱི་ཉེར་གསུམ་ལོན། ཆུ་བྱའི་བར་ལོ་བཅུ་བོད་དུ་བཞུགས་ནས། སླར་ཁ་ཆེར་ཕེབས་ཏེ་དགུ་བཅུ་རྩ་དགུ་པ་ཤིང་བྱ་(སྤྱི་ལོ1225)ལ་ཁ་ཆེར་གཤེགས། རྣམ་ཐར་དཔག་བསམ་ཁྲི་ཤིང་ལས། ཐུབ་དབང་ཡོངས་འདས་ལོ་སྟོང་ཕྲག་གཅིག་དྲུག་བཅས་དགུ་བཅུ་རྩ་གཉིས་མཐར་སོང་ཚེ། ལོ་བརྒྱའི་བསྟན་སྲོག་ངུར་སྨྲིག་འཛིན་པའི་གཙོར། འབྲུངས་གྱུར་དྲང་སྲོང་དེ་ཡི་རྣམ་ཐར་བྲི། ཞེས་འབྱུང་བའི་ འབྲུངས་ཞེས་པ་ལ་ཚོས་འབྱུང་ཁ་ཅིག་ཏུ་ཡུམ་གྱི་མངལ་ནས་འབྲུངས་པའི་འབྲུངས་ལོ་ལ་བྱས་ནས། ས་མོ་སླུལ་ལ་འབྲུངས་ཏེ། དོན་བརྒྱད་པ་ལ་གཤེགས་པར་འཆད་པ་ནི། རྣམ་ཐར་ལས། གཅིག་གིས་མ་ཚང་ལོ་བརྒྱའི་དུས། །ཕྱི་ལོ་སྨྲིག་ལྷའི་དཀར་ཕྱོགས་ཀྱི། །སྨིན་པའི་ཉི་མའི་ཚེས་ལྔ་ལ། །འགྲོ་བའི་ཉི་མ་ནུབ་པར་བསྟན། །ཞེས་གསུངས་པ་དང་དངོས་སུ་འགལ་བའོ། པཎ་ཆེན་དེའི་རྣམ་ཐར་འཛིན་པའི་སྲས། རྡོ་རྗེ་དཔལ་དང་། བྱང་ཆུབ་དཔལ་གཉིས་ཀྱིས་སྨན་ཅིག་གི་བརྟུལ་ཞུགས་ལ་གནས་པའི་ དགེ་ འདུན་ གྱི་ སྡེ་ གཉིས་ བཙུགས་ པ་ ལ་ ཚོགས་ ཆེན་ པ་ དང་། ཚོས་ལུང་ པ་ ཞེས་ གྲགས། སྦུ་ མ་ ལས་ བྱི་ རྫིང་ བ་ དང་། ཕྱི་ མ་ ལས་ དགེ་འདུན་སྒང་པ་གྱེས་ཏེ་ཚོགས་པ་སྡེ་བཞིར་གྲགས་པ་ཉིད་ཀྱིས་དེང་སང་ས་སྐྱོང་བློན་པོར་བཅས་པ་རྣམས་ཀྱི་མཆོད་གནས་མཛད་པ་ཡིན་ནོ། སངས་རྒྱས་དཔོན་དེ་ལ་སྲས་མང་དུ་འདུས་པ་རྣམས་ཀྱི་ནང་ནས་གྲགས་ཆེ་བ། ལ་མོ་བ། ནགས་མོ་བ། བཟང་མོ་བ། ཟུང་འཇུ་མོ་བ། ལྷ་འཕྲང་ཕུ་བ། སྟོ་པ་རྣམ་རྒྱལ་རྣམས་ལས། བཟང་ མོ་ བས་ བསམ་ ཡས་ བཟང་ དགོན་ བཏབ། མཉམ་མེད་ངམ་ཤོད་པར་གྲགས། ཟུང་འཇུ་མོ་བས་འཕན་ཡུལ་དུ་ཟུང་འཇུ

མོའི་དགོན་བདག། ཕྱིས་སྤྱོས་པ་གསལ་ཁང་ཡིན། འཕྲང་ཕུ་བས། ངམ་ཤོད་བསྒྲགས་ཀྱི་ཕུར་རི་ཟབ་རྟོག་གི་དགོན་བདག། རྣམ་རྒྱལ་ལ་རང་གི་དཔོན་སེང་གེ་བཟང་པོ་དང་། དེ་ལ་མཁན་ཆེན་རྒྱལ་སྲས་པ་དང་། དེ་ལ་མཁན་ཆེན་ནམ་མཁའ་རྒྱལ་མཚན་པས་བཀའ་གདམས་གསན། མཁན་ཆེན་པ་ནི་མེ་ཕོ་སྟག་(སྤྱི་ལོ1326)ལ་སྟོད་བྲག་ཏུ་སྐུ་འཁྲུངས། བདུན་ཅུ་པ་ལ། རྗེ་རིན་པོ་ཆེ་དང་མཇལ་ནས་དབྱངས་ཅན་མའི་རྗེས་གནང་དང་། བསླབ་བཏུས། སེམས་བསྐྱེད་སོགས་གསན་ཞིང་། རྗེ་ཉིད་ལ་ཕར་ཡང་བཀའ་གདམས་གདམས་ངག་པའི་ཆོས་སྐོར་གསུངས། སྲས་ཀྱི་དབང་དུ་བྱས་ན། དད་པ་ཐོབ་པ་འབུམ་ཚོ་གཅིག་ངེས་པར་གྲོལ་བ་ལྔ་བཅུ་སྟེ། །རྟོད་མེད་གྲུབ་ཐོབ་བརྒྱད་དུ་ངེས། །འགྲན་གྱི་ཟླ་མེད་བློ་བཟང་ཡིན། །ཞེས་གསང་བདག་གིས་ལུང་བསྟན་པ་ལྟར་ཡིན་ལ། གྲུབ་ཐོབ་བརྒྱད་ནི་རྗེ་རིན་པོ་ཆེ། གྲགས་པ་བློ་གྲོས། སེམས་དཔའ་ཆེན་པོ་ཀུན་བཟང་བ། སྨན་དོར་རྒྱ་པོ། སྐྱེ་མཆོག་སློབ་ལམ་པ། གུ་རུ་གཞན་ཕན་རྡོ་རྗེ། མོན་པ་ཨ་ཡུ། ཆོས་རྗེ་སྒྲོལ་མ་བའོ། གསང་བདག་གི་ཞལ་གཟིགས་པས་གྲུབ་ཆེན་དུ་གྲགས་ཤིང་། འདས་མ་འོངས་ཀྱི་ལུང་བསྟན་མང་པོ་ཡང་མཛད། མཐར་དགུང་ལོ་དོན་དྲུག་བཞེས་པའི་ལྕགས་མོ་སྦྲུལ་(སྤྱི་ལོ1401)ལ་སྐུ་གཤེགས། དེ་ནས་ལོ་བརྒྱ་དང་ཉི་ཤུ་རྩ་བརྒྱད་སོང་། སངས་རྒྱས་དཔོན་སྟོན་གྱི་རྗེས་སུ། རིན་ཆེན་སྒང་གི་གདན་སའི་རིམ་པ་ནི། བླ་མ་སངས ཡོན་པ། གཞོན་ནུ་སེང་གེ་པ། སྐམ་དགོན་པ་གཞོན་ནུ་འབུམ། སངས རྒྱས་འོད་འབྱུང་། སངས་རྒྱས་གཞོན་འོད། བཀྲ་ཤིས་རྒྱལ་མཚན་པ། གཞོན་ནུ་སེང་གེ ཀུན་བཟང་པ། བསོད་ནམས་རྒྱལ་མཚན་པ། སང་

ཡོན་པ། སྨིན་སྡེ་སངས་རྒྱས་པ། སྨིན་སྡེ་ཀུན་བློ་བ། སྨིན་སྡེ་གཞོན་འོད་པ། བྱང་སེམས་བློ་གྲོས་རྒྱལ་མཚན་སྐམ་དགོན་པ། བློ་གྲོས་རྒྱལ་མཚན་གཉིས་པ། བློ་གྲོས་འཇིགས་མེད་པ། དེང་སང་གི་སྨིན་སྡེའི་བར་རོ། སངས་རྒྱས་དཔོན་སློན་གནས་དང་བཅས་པ་གླེགས་བམ་དུ་ལུང་བསྟན་པ་ཡང་། རིན་པོ་ཆེ་ཡི་སྣང་ཞེས་པ། །དཔོན་ཞེས་ལྷ་ཡི་སྤྲུལ་པ་ཞིག་འགྲོ་བ་མང་པོ་བདེ་བཀོད་ནས།། གནས་དེར་དམ་པ་མང་པོ་སྤེལ། །ཆོས་སྤྱོད་དགེ་བ་འཕེལ་ན་ཡང་། །ཕྱི་མར་བར་གཅོད་བག་རེ་མཆི། ཞེས་དང་། ད་དུང་འབར་བའི་མཚན་ལྡན་པས། །ཆུ་མེད་གནས་སུ་དགོན་པ་འདེབས། །ཞེས་འབྱུང་བ་སྟེ། ཚོག་རྐང་ཐ་མ་གཉིས་ཀྱིས་སྐམ་དགོན་ལུང་བསྟན་པའོ། ཡང་སྟེའུ་ཟུར་པའི་སློབ་མ་ཐག་མ་པ་ལ། སྟོ་གྲག་པ་ནམ་སེང་གིས་བཀའ་གདམས་གསན། དེ་ལ་དཔོན་རྣམ་རྒྱལ་དང་། དེ་ནས་རིམ་གྱིས་མཁན་ཆེན་ནམ་མཁའ་རྒྱལ་མཚན་པ་ལ་བརྒྱུད་པའི་རིམ་པ་ཡོད་དོ། ཇོ་བོ་བཀའ་གདམས་པ་རྣམས་སྨྱུང་གནས་ལ་ཐུགས་དམ་མཛད་པ་མང་བས། དེའི་བླ་མ་བརྒྱུད་པ་ཡང་། དགེ་སློང་མ་དཔལ་མོ། ཡེ་ཤེས་བཟང་པོ། ཟླ་བ་གཞོན་ནུ། ཇོ་བོ་ལྷ་ཅིག དེ་ལ་ལྷ་བྱང་ཆུབ་འོད་ཀྱིས་གསན་པ་ནས་བརྒྱུད་པ་ནི། བཀའ་བརྒྱུད་འདིའི་དབང་དུ་བྱས་ལ། བརྒྱུད་པ་གཞན་ནི་ཟླ་བ་གཞོན་ནུ། བྱང་སེམས་ཟླ་རྒྱལ། ཉི་ཕུག་པ། གྲང་ཕུ་བ་གྲགས་པ་ཚུལ་ཁྲིམས། སྐྱེ་མཆོག་ལྷུ་སྒྲུབ། དཀོན་མཆོག་གཞོན་ནུ། དོན་ཞབས་པ་ཆེ་བ་ཤེས་རབ་ཚུལ་ཁྲིམས། ཆུང་བ་སངས་རྒྱས་རིན་ཆེན་སོགས་ལས་བརྒྱུད་དོ། དེ་ལྟར་ན་ཇོ་བོ་མར་མེ་མཛད་ཀྱི་རིང་ལ་བཀའ་གདམས་རིན་པོ་ཆེའི་དབུ་བརྙེས། སྟོན་པ་རིན་པོ་ཆེའི་རིང་ལ་སྲོལ་གཏོད།

སྐུ་མཆེད་གསུམ་གྱི་རིང་ལ་དར་ཞིང་རྒྱས་ཞེས་འབྱུང་བ་དང་། སླང་ཤར་གཉིས་དང་བྱ་ཡུལ་བ་སོགས་ཀྱི་རིང་ལ་དེ་བས་ཀྱང་རྒྱས་པར་གྱུར། ས་ཕྱོགས་ཀྱང་རྟེན་འབྲེལ་གྱི་ཆོས་ཉིད་ལས། དབུ་རུ་བྱང་གི་ཡུལ་ལྗོངས་འདི་ཁོ་ནར་རྒྱས་པ་བྱུང་སྣང་། དེ་ཡང་བཀའ་གདམས་རིན་ཆེན་གསེར་གྱི་ཕྲེང་བ་ལ། འགྲོ་བ་གང་གིས་བགྲངས་པ་དོན་ཡོད་འགྱུར། ཞེས་བསྟན་པ་འདི་དང་འཕྲད་པ་མཐའ་དག་སྐལ་པ་བཟང་པོར་གསུངས། དེ་ལྟ་མོད་ཀྱི་ཡིད་བཞིན་གྱི་ནོར་བུ་རིན་པོ་ཆེ་ལ་དགྲ་མང་བ་ལྟར། གནས་གཞི་མང་པོ་ལ་ཕ་རོལ་གྱི་དམག་ཚོགས་ཀྱིས་གནོད་པ་སོགས་ཀྱི་རྐྱེན་ལས་ཉམས་པར་གྱུར་པའི་དུས་སུ། རྗེ་བཙུན་ཙོང་ཁ་པ་ཆེན་པོས་ཇོ་བོའི་གདམས་པ་སྐྱེས་བུ་གསུམ་གྱི་ལམ་གྱི་རིམ་པའི་སྒོ་ནས་སྐལ་ལྡན་གྱི་གདུལ་བྱ་དཔག་ཏུ་མེད་པ་སྨིན་པར་མཛད་དེ། བཀའ་གདམས་གཉིས་པ་ཞིག་གིས་བོད་གངས་ཅན་གྱི་སའི་ཁྲོན་འདི་དཀར་ལམ་གྱིས་མཛད་དོ་ཞེས་ཤེས་པར་བྱ་ལ། ཇི་ལྟར་མཛད་པའི་ཚུལ་ནི་འཆད་པར་འགྱུར་རོ། བགྲང་ཡས་གདུལ་བྱའི་བསོད་ནམས་འཛིན་མའི་གཞིར། །ལྷ་ཅིག་ཇོ་བོ་ཡབ་སྲས་དཔག་བསམ་འཁྲུངས། །ངོ་མཚར་བཀའ་གདམས་འབྲས་བུའི་རོ་མཆོག་གི །ཆ་ཤས་ཙམ་ཞིག་མྱངས་པའང་སྐལ་བ་བཟང་། །དེ་ཕྱིར་རྣམ་ཐར་ལང་ཚོ་མཛེས་མའི་ལུས། །ཆོས་འབྱུང་མེ་ལོང་ངོས་འདིར་གསལ་བ་ལ། །རྣམ་དཔྱོད་ཡངས་པའི་མིག་གིས་ལྟོས་ཤིག་དང་། །དད་པའི་སྤྲོ་ལོང་ཅི་ཡང་གཡོ་བར་འགྱུར། །བཀའ་གདམས་སྙིང་མ་པ་རྣམས་ཀྱི་ཡ་མཚན་པའི་གཏམ་རགས་པ་ཙམ་ཞིག་བརྗོད་ཟིན་ཏོ།།

ད་ནི་བཀའ་གདམས་གཞུང་པར་གྲགས་པའི་གཞུང་སྲོལ་ཞིང་།

གདམས་ངག་པའི་མན་ངག་གིས་བརྒྱན་པ་རྗེ་ཉིད་ཀྱི་བཀའ་བརྒྱུད་ལས་བཙམས་པའི་རྣམ་པར་ཐར་པ་བརྗོད་པར་བྱའོ། དེ་ཡང་སངས་རྒྱས་མྱ་ངན་ལས་འདས་ནས་ལོ་ཉིས་སྟོང་བརྒྱ་དགུ་བཅུ་རྩ་གཅིག་དང་། ཛོ་ཐོ་གཞིགས་ནས་སུམ་བརྒྱ་དང་གཉིས་འདས་པ། གསེར་འཕྱུང་ཞེས་པ་མེ་མོ་བྱའི་ལོ(སྤྱི་ལོ 1357)ལ། ཡུལ་ཙོང་ཁ་ཞེས་བྱ་བར་ཡབ་ཀླུ་འབུམ་དགེ་དང་། ཡུམ་ཤིང་ཟ་(བཟའ་)ཨ་ཆོས་གཉིས་ཀྱི་སྲས་སུ་རྗེ་ཐམས་ཅད་མཁྱེན་པ་ཉིད་སྐུ་འཁྲུངས། འོ་ན། ཕྲུལ་བྱུང་ནས་ནི་སུམ་བརྒྱ་བཅུ། ཞེས་གསུངས་པ་དང་ཇི་ལྟར་མི་འགལ་ཞེ་ན། མི་འགལ་བ་ནི་ཛོ་ཐོ་ཆུ་རྟ་ལ་འཁྲུངས་པ་ལྟར་ན། རེ་དྲུག་པ་མེ་ཕག་ལ་སྙེ་ཐང་དུ་བུམ་ཆུ་ཕྱིན་པ་དང་། ལྕགས་རྟ་ལ་འཁྲུངས་པ་ལྟར་ན། བདུན་ཅུ་པ་ས་ཡོས་ལ་བུམ་ཆུ་ཕྱིན་པ་གོང་དུ་བཤད་པ་ལྟར་ངེས་ལ། ཕྱི་མ་ལྟར་ན་བུམ་ཆུ་ཕྱིན་པའི་ཕྱི་ལོ་ས་ཕོ་བྱི་བ་ནས། རྗེ་འཁྲུངས་པའི་མེ་བྱའི་བར་ལ་ལོ་གྲངས་སུམ་བརྒྱ་དང་བཅུར་ཚང་བ་ལ་དགོངས་པ་དང་། ཕྱི་མ་ལྟར་ན་བུམ་ཆུ་ཕྱིན་པའི་ཕྱི་ལོ་ལྕགས་འབྲུག་ནས། འོ་ལ་ཁར་བུམ་ཆུ་ཕྱིན་པའི་ས་སྣང་གི་ལོ་བར་ལོ་གྲངས་སུམ་བརྒྱ་དང་བཅུར་ཚང་བ་ལ་དགོངས་པ་ཡིན་ནོ་ཞེས་དུས་མཐར་སྐྱེས་བའི་ལོ་རྒྱུས་མཁན་ཞིག་མགྲིན་པ་ཅང་ཟད་བཏེག་སྟེ་སྨྲའོ། དགུང་ལོ་གསུམ་པ་ལ་ཆོས་རྗེ་[ཀརྨ]རོལ་པའི་རྡོ་རྗེ་ལ་དགེ་བསྙེན་དང་། བདུན་པ་ལ་ཆོས་རྗེ་དོན་གྲུབ་རིན་ཆེན་གྱིས་མཁན་པོ་དང་། གཞོན་ནུ་བྱང་ཆུབ་ཅེས་པས་སློབ་དཔོན་མཛད་ནས་རབ་བྱུང་དགེ་ཚུལ་བཞེས་ཏེ་མཚན་བློ་བཟང་གྲགས་པ་ཞེས་གསོལ། བཅུ་བདུན་བཞེས་པ་ན་ཆོས་རྗེ་དོན་གྲུབ་རིན་ཆེན་གྱིས་བདག་རྐྱེན་མཛད་ནས་དབུས་སུ་བརྫངས་པ། ལོ་དེ་ཀའི་སྟོན་དུས་འབྲི་ཁུང་དུ་ཕེབས་སྨན་སྟ་ཉེར་གཉིས་པ

ལ་ཐུགས་བསྐྱེད་དང་། ཕྱག་ཆེན་ལྔ་ལྡན་དང་། ཟུར་ཆོས་པ་ཀུན་གློ་བ་ལ་དབང་རྫོགས་ཁྲིད་གསན། དེ་ནས་སྤྱི་ཤོད་ལ་བཏེག་པ་གྲུང་ཐང་དུ་གསོ་བ་རིག་པའི་སློབ་གཉེར་ཟླ་ཤས་ཤིག་མཛད་ནས་བདེ་བ་ཅན་དུ་ཕྱིན། སློབ་དཔོན་ཡོན་རྒྱམ་པ་དང་། དབུ་རྒྱན་པ་གཉིས་ལ་མངོན་པར་རྟོགས་པའི་རྒྱན་རྩ་འགྲེལ་དང་། བླ་མ་འཇམ་རིན་པ་ལ་བྱམས་ཆོས་ཕྱི་མ་རྣམས་གསན་ཞིང་། གདན་ས་བ་དགེ་སྐྱོངས་པ་དང་། ཀུན་སྤྱངས་བཀྲ་ཤིས་སེང་གེ་གཉིས་ལའང་ཆོས་འབྲེལ་ཞུས། དུས་དེར་ཆོས་རྗོང་དུ་དཔལ་ལྡན་བླ་མ་ལ་དབང་བཀའ་རྗེས་གནང་ཁ་ཡར་གསན། དགུང་ལོ་བཅུ་དགུ་པ་ལ་གསང་ཕུར་ཕར་ཕྱིན་རྒྱུད་པའི་གྲྭ་སྐོར་དང་། གཙང་ལ་ཕྱིན་ཏེ་ལོ་ཙཱ་བ་རིན་ཆེན་རྣམ་རྒྱལ། ས་བཟང་པཎ་ཆེན། ཇོ་ནང་པ་ཕྱོགས་ལས་རྣམ་རྒྱལ། སྤྱི་བོ་ལྷས་པའི་མཁན་པོ་རྣམས་ལ་ཆོས་བཀའ་ཅི་རིགས་གསན་ཞིང་། ས་སྐྱ་བཟང་ལྡན། ངམ་རིངས། མགར་རོང་ཆོས་སྡེ། བོ་དོང་ཨེ་རྣམས་སུ་པར་ཕྱིན་གྱི་གྲྭ་སྐོར་མཛད། སྨར་ཐང་དུ་ཕྱིན་ཏེ་ལོ་ཙཱ་བ་དོན་བཟང་ལ་མཛོད་ཀྱི་བཤད་པ་གསན་པས་ཐུགས་མ་ཁེངས་པར་རྩེ་ཆེན་དུ་འཕྱིན་བཞེད་པས། ཡར་ལམ་གནས་སྙིང་དུ་ཕར་ཕྱིན་གྱི་གྲྭ་སྐོར་མཛད་ནས། རྩེ་ཆེན་དུ་ཕེབས་ཏེ་ཉ་དབོན་ལ་ཕར་ཕྱིན་གྱི་གཟབས་བཤད་ཚར་གཅིག་དང་། མཁས་པ་གཞོན་ནུ་བློ་གྲོས་ལ། མཛོད་གསན་པས་ཐུགས་བསྐྱེད་ཆེ་ཞིང་། བླ་མ་གཉིས་ཆར་ཐུགས་མོས་ཆེན་པོའང་འཁྲུངས་སྐད། དབུས་སུ་ཕྱིན་ཏེ་ལོ་ཙཱ་བ་བྱང་རྩེ་པ་ལ་ཆོས་འབྲེལ་དང་། སྐྱོར་མོ་ལུང་དུ་མཁན་ཆེན་དཀའ་བཞི་བ་བློ་གསལ་ལ་མདོ་རྩ་འགྲེལ་གསན། སླར་ཡང་གཙང་ལ་འཕྱིན་པར་ཆས་ནས། ཉང་སྟོད་བརྒྱུད་དེ་གནས་སྙིང་དུ་ཕེབས་པ་ན། མངོན་པ་ཀུན

ལས་བཏུས་རྩལ་བཤད་མཛད་པ་སྟེ། གདུལ་བྱ་ལ་ཆོས་བསྟན་པའི་ཐོག་མ་ཡིན་པ་འདྲ། ས་སྐྱུར་ཕྱིན་ནས་ཇོ་བཙུན་ལ་མངོན་པ་ཀུན་ལས་བཏུས་དང་། ཚད་མ་རྣམ་འགྲེལ་གྱི་བཤད་པ་དང་། བཀའ་བསྟན་བཅོས་མང་པོའི་ལུང་ཡང་ཞུས་ཤིང་། བླ་མ་རྗོར་རིན་པ་ལ་བརྟག་གཉིས་ས་ལུགས་ཀྱི་བཤད་པ་དང་། མཁན་པོ་ཀུན་རྒྱལ་བ་ལ་རིགས་ཚོགས་ཀྱི་ལུང་གསན། དེ་ནས་དབུས་སུ་ཕེབས་ཏེ་མལ་གྲོ་ལྷ་ལུང་དུ་བླ་མ་བསོད་གྲགས་པ་ལ་ཆོས་ལུང་མང་པོ་གསན་ལ། འདི་རེས་ནས་མདོ་སྨད་ལ་མི་ཕེབས་པའི་ཐག་ཆོད་ཀྱང་མཛད། ཡང་གཙང་ལ་ཕྱིན་ཏེ་སྣར་ཐང་དང་ས་སྐྱུར་རྣམ་འགྲེལ། མདོ་རྩ། མངོན་པ་གོང་འོག་གཉིས་ཏེ་དཀའ་ཆེན་བཞིའི་གྲྭ་སྐོར་མཛད། ལོ་ཙཱ་བ་ནམ་མཁའ་བཟང་པོ་ལ་སྙན་ངག་མེ་ལོང་དང་། ཇོ་བཙུན་ལ་འདུལ་བ། དབུ་ཚད་སོགས་དང་ཕར་ཕྱིན་ཀྱང་གཟབས་བཤད་ཞུས་པ་ཏེ། གསེར་ཕྲེང་དུ། ཐོག་མཐའ་བར་གྱི་ཡོངས་འཛིན་རྣམ་པ་བཞི། སྤྱི་གཙུག་རྒྱན་དུ་བསྟེན་པའི་མཐུ་ལས་སོ། ཞེས་རྗེ་ཉིད་ཀྱིས་ཡུམ་དོན་གསན་པའི་ཡོངས་འཛིན་བཞི་གསུངས་པའི་ཐ་མ་འདི་ལ་དགོངས་པས་སོ། ཡང་དབུས་སུ་ཕེབས་ཏེ་གསང་ཕུ། གུང་ཐང་། རྩེ་ཐང་རྣམས་སུ་དཀའ་བཞིའི་གྲྭ་སྐོར་མཛད་པས་སྙན་གྲགས་ཕྱོགས་ཀུན་ཏུ་ཁྱབ་པ་བྱུང་། དེའི་མོད་ལ་རྣམ་རྒྱལ་དུ་ཚོགས་ཆེན་མཁན་པོ་ཚུལ་རིན་པས་མཁན་པོ། ཁྲི་ཟིང་མཁན་པོ་ཤེར་མགོན་པས་ལས་སློབ། དགེ་མཛད་བསོད་ནམས་རྗེ་རྗེས་གསང་སྟོན་མཛད་དེ་བསྙེན་པར་རྫོགས། དེ་ནས་རིམ་པ་བཞིན་གདན་ས་ཐེལ་དུ་ཕྱིན་ནས། སྤྱན་སྔ་རིན་པོ་ཆེ་གྲགས་བྱང་པ་ལ་ནཱ་རོ་ཆོས་དྲུག་སོགས་གསན་པ་དང་། ལྷ་ཁང་གེ་ཏུར་ཚ་ཁོ་དཔོན་པོ་སོགས་མང་པོ་ཞིག་ལ་དཀའ་ཆེན་གྱི་བཤད་པ

མཛད་པ་དང་། སྐྱེ་ཤོད་དུ་ཕྱིན་ནས་ཚལ་དུ་བཀའ་འགྱུར་གཟིགས་པ་དང་། ལྷ་སར་ཐུགས་རྗེ་ཆེན་པོའི་དྲུང་དུ་སྨྱུང་གནས་ཀྱི་ཐུགས་པ་དམ་པ་དང་། བདེ་བ་ཅན་དུ་གསུང་ཆོས་མང་པོའི་གསུང་བ་དང་། སྐྱོར་མོ་ལུང་གི་བྲག་ཏུ་རྫོགས་ལྡན་ཡེ་ཤེས་རྒྱལ་མཚན་ལ་དུས་འཁོར་འགྲེལ་ཆེན་གྱི་བཤད་པ་གསན་པ་དང་། དབུ་སྟོད་བྱ་ཡུལ་དང་། རིགས་ལྡེ་ལྷ་ཁང་དང་། ཡར་ཀླུང་སྨོན་མཁར་སོགས་སུ་ཕེབས་ནས་ཆོས་གསུངས། ཁྱད་པར་མོན་མཁར་བཀྲ་ཤིས་གདོང་དུ་རྒྱ་གར་སྐད་བཅོ་ལྔའི་དབུ་དུས་གཅིག་ཏུ་བཙུགས་ནས་ཐུགས་བཤད་མཛད་པ་སྟེ། ཐུན་མོང་པའི་རྣམ་པར་ཐར་པ་གཅིག་ལ་འདི་ཁོ་ན་འགངས་ཆེ་བར་བྱེད། དེ་ནས་གཙང་ལ་ཕེབས་ཏེ་གུང་གསུམ་བདེ་ཆེན་པ་ཆོས་དཔལ་བ་ལ་དུས་འཁོར་རྒྱུད་འགྲེལ་གྱི་བཤད་པ་དང་། ཁྱུང་པོ་ལྷས་པ་ལ་གསང་བ་འདུས་པའི་དབང་སོགས་བཀའ་ལུང་དཔག་ཏུ་མེད་པ་དང་། ཡོ་ག་པ་རྒྱལ་མཚན་གྲགས་པ་ལ་ཡོ་གའི་རྒྱ་གཞུང་མཐའ་ཡས་པའི་ལུང་དང་། ཡོ་ག་པ་མགོན་བཟང་ལ་ཡོ་གའི་ཕྱག་ཁྲིད་དང་། འཇག་ཆེན་བྱམས་པ་དཔལ་ལ་མགོན་པོ་སྐོར་དང་། ཚོགས་མཁན་པོ་གྲགས་པ་བཤེས་གཉེན་ལ་ཆོས་བཀའ་ཅི་རིགས་པ་དང་། རྗེ་བཙུན་པའི་དྲུང་དུ་དཔལ་གསང་བ་འདུས་པའི་རྩ་རྒྱུད་ཀྱི་བཤད་པ་དང་། བླ་མ་དབུ་མ་བ་ལ་འཇམ་དབྱངས་ཆོས་སྐོར་གསན་པ་སོགས་གནང་། དེ་ནས་དགུང་ལོ་སུམ་ཅུ་རྩ་དྲུག་བཞེས་པ་ན་རྗེ་བཙུན་འཇམ་པའི་དབྱངས་ཀྱི་བཀའ་བསྐུལ་བ་ལས། འཁོར་དག་པ་རྣམ་བརྒྱད་ཁྲིད་དེ་བྱ་བྲལ་ལ་ཐེགས། འོལ་ཁར་ཕེབས་པ་ཐུགས་དམ་ཤིན་ཏུ་འཕེལ་བར་བྱུང་ཞིང་རྫིང་བྱིའི་ཞིག་གསོས་མཛད་པ། རབ་ཏུ་གནས་པའི་དུས་སངས་རྒྱས་རབ་བདུན་དངོས་སུ་ཕྱིན་པ་བྲིས་སྐུ་ལ་ཐིམ་པ་སོགས་ངོ་

མཚར་བའི་ལྟས་བྱུང་འདི་རེས་ནས་ཇོང་དཔོན་བཀྲ་ཤིས་རྒྱལ་མཚན་པས་ཞབས་སྤྱི་ཕོར་བླངས་ཏེ་སྦྱིན་བདག་གི་མཐིལ་མཛད་པ་ཡིན་ནོ། སོ་དགུ་བཞེས་པ་ན། མཁན་ཆེན་ནམ་མཁའ་རྒྱལ་མཚན་པ་ལ་ཐག་མ་པ་ནས་ནམ་སེང་ལ་བརྒྱུད་པའི་སྣེའུ་ཟུར་པའི་བསྟན་རིམ། སངས་རྒྱས་དཔོན་ནས་ནམ་རྒྱལ་ལ་བརྒྱུད་པའི་རྒྱ་མ་བའི་བསྟན་རིམ། གསང་བདག་གི་ཆོས་སྐོར་རྣམས་རྫོགས་པར་གསན། མཁན་ཆེན་ཆོས་སྐྱབས་པ་ལ་ཤར་བའི་ལམ་རིམ། བེའུ་བུམ་སྔོན་པོ་རྩ་འགྲེལ། སྤྱོད་འཇུག་བློ་སྦྱོང་ལ་སོགས་པ་གསན། དེ་ནས་མཁན་པོས་སྤྱན་དྲངས་ཏེ་རྣ་ཕྲོང་དུ་དབྱར་བཞུགས་མཛད། རྒྱལ་ཚབ་རིན་པོ་ཆེ་དང་དཔོན་སློབ་དང་པོར་མཇལ་བའི་གནས་ཀྱང་འདི་ཡིན། དེ་རེས་ནས་གཉལ་གྱི་ཆོས་འཁོར་ཆེན་པོར་གྲགས་པ་འདིའི་སྲོལ་བཏོད་པ་མཛད་དོ། དྭགས་པོ་ལྷ་སྡིངས་སུ་ཕེབས་པ་ན་བླ་མ་དང་ཡི་དམ་དབྱེར་མེད་དུ་བྱས་ནས་གསོལ་བ་བཏབ་པས། མནལ་ལམ་དུ་འཕགས་པ་ཡབ་སྲས་ལྔ་ཟབ་མོ་སྟོང་པ་ཉིད་ལས་བརྩམས་པའི་འབེལ་གཏམ་མཛད་ཀྱིན་འདུག་པའི་ནང་ནས། སློབ་དཔོན་སངས་རྒྱས་བསྐྱངས་ཡིན་ཟེར་བའི་པཎྜི་ཏ་ཞིག་གིས་དབུ་མའི་རྒྱུ་དཔེ་ཉིད་ཀྱི་དབུ་ཕོག་བཞག་པའི་མཚན་མ་བྱུང་བ་ལ་བརྟེན། འགྲེལ་བ་བུདྡྷ་པཱ་ལི་ཏ་གཟིགས་པས་ཐལ་འགྱུར་བའི་ལྟ་བའི་གནད་ལ་ངེས་པ་གཏིང་ཚུགས་པ་འཁྲུངས་པ་ཡིན་སྐད། དེ་ཡང་ཕྱོགས་འདིར་ལོ་ཙཱ་བ་དཔོན་སློབ། སྐྱ་པ་ཡབ་སྲས། འབའ་ར་བ། འཇིག་ཆེན་པ། མཁས་པ་གཞོན་ནུ་བློ་གྲོས་སོགས་སུ་གང་གིས་ཀྱང་ཇི་ལྟ་བ་བཞིན་མ་ཐོན་པའི་ཐལ་འགྱུར་པའི་ལྟ་བ་ཟབ་མོ་བླ་མ་འཇམ་པའི་དབྱངས་ཀྱི་དྲིན་ལས་རྙེད་ཅེས་པ་ཡིན་ནོ། འདི་ཡིན་པ་ལས་ན། དྭགས་པོ་བཀའ་བརྒྱུད། ཤངས་པ་བཀའ་བརྒྱུད།

དཔལ་ལྡན་ས་སྐྱ་པ་རྣམས་ཀྱི་ལྟ་བ་དང་། རང་རེའི་དབུ་མའི་ལྟ་བ་ལ་དམན་མཆོག་གི་ཁྱད་པར་ལེགས་པར་གྲུབ་པ་ཡིན་ནོ། དེ་ནས་ཉང་པོ་འདང་མདོར་ཕེབས་ཏེ། ཐུགས་དམ་མཛད་པའི་སྐབས་སུ་ཆོས་རྒྱལ་ནམ་མཁའ་བཟང་པོས། ཆོས་རྗེ་དཀོན་མཆོག་ཚུལ་ཁྲིམས་ངོ་ཆེན་ལ་སྤྲན་ཏེ། ཞུས་པས་སྐྱི་ཤོད་དུ་ཕེབས་པ་ནས། ཆོས་ཀྱི་འཁོར་ལོ་རྒྱ་ཆེན་པོ་བསྐོར་ཞིང་། ལོ་ཙཱ་བ་སྐྱབས་མཆོག་དཔལ་བཟང་དང་། བླ་མ་རྗེ་བཙུན། ཆོས་རྗེ་རྣམ་གསུམ་ལྷན་གཅིག་པར་གནམ་ཅོང་ལྷེང་དུ་སོ་སོ་ཐར་པའི་བསླབ་ཁྲིམས་ལས་བརྩམས་པའི་བསྟན་པ་རིན་པོ་ཆེའི་དག་ཐེར་ཡང་མཛད། དེ་ནས་རིམ་པ་བཞིན་ར་སྒྲེང་། ལྷ་ཕུ་དགོན་གསར། འོན་གྱི་བདེ་ཆེན་སྟེངས། འོལ་ཁའི་བྱམས་པ་གླིང་། སེ་ར་ཆོས་སྡིངས་སོགས་སུ་ཕེབས་ནས་མདོ་སྔགས་ཀྱི་ཆོས་དཔག་ཏུ་མེད་པ་གསུངས། ཁྱད་པར་ཆོས་སྡིངས་ཀྱི་དགག་དབྱེ་ཐོན་པ་ན། གཟད་ཀྱི་དྲུམ་བུ་ལུང་དུ་ཕེབས་ཏེ། དགེ་འདུན་སྟོང་ཙམ་ལ་གཙོ་བོར་མ་རྒྱུད་ཀྱི་ཆོས་སྐོར་གསུངས། དེར་དགུན་ཆོས་བཞུགས་ཐོག་ནས་ལྷ་སར་སྨོན་ལམ་ཆེན་མོ་མཛད་པའི་རྩིས་ཀྱིས། མིའི་དབང་པོ་གྲགས་པ་རྒྱལ་མཚན་དང་། དྲུང་ཆེན་ནམ་མཁའ་བཟང་པོ་དཔོན་སློབ་གཉིས་ཀྱིས་གཙོས་པའི་སྦྱིན་བདག་རྣམས་ལ་དད་འབུལ་དགོས་པའི"ཞལ་ཏ་གནང་ནས། ས་ཕོ་བྱིའི་ལོ(སྤྱི་ལོ1408)ཡི་ཧོར་ཟླ་བཅུ་གཉིས་པའི་སྨད་ལ་ལྷ་སར་ཕྱུགས་པབ། དགེ་འདུན་སྟོང་ཕྲག་བརྒྱད་ལྷག་ཙམ་ལ་བསྙེན་བཀུར་རྒྱ་ཆེན་བཤམས་ནས་སྟན་གསན་གྱི་མཆོད་པ་མཛད། ཧོར་ལོ་གསར་བའི་མེ་མོ་གླང(སྤྱི་ལོ1409)གི་ཟླ་བ་དང་པོའི་ཚེས་གཅིག་ནས་བཅོ་ལྔའི་བར་དུ། ཆོ་འཕྲུལ་ཆེན་པོའི་དུས་ཀྱི་མཆོད་པ་དངོས་གཞི་མཛད་པ་ལ། རྗེ་བོ་རིན་པོ་

ཆེའི་དྲུང་དུ་རིན་པོ་ཆེའི་དབུ་རྒྱན། གོས་དར་གྱི་ན་བཟའ། འདོད་ཡོན་ལྷ་དང་། ཉེར་སྤྱོད་ལྷའི་མཆོད་པ་ལྷ་མི་ཐམས་ཅད་ཀྱི་བསམ་པའི་ཡུལ་ལས་འདས་པ། བདེ་སྟོང་དབྱེར་མེད་ཀྱི་རྒྱས་བཏབ་ནས་མཆོད་པར་མཛད་ཅིང་། དགེ་འདུན་ཁྲི་ར་ཅན་ཙམ་རེ་ལ། ནང་རེ་བཞིན་བསྙེན་བཀུར་དང་མང་ཇ་གནང་། དཔོན་སློབ་ཐམས་ཅད་ཀྱིས་ཕན་བདེ་མ་ལུས་པའི་འབྱུང་གནས། བསྟན་པ་རིན་པོ་ཆེ་ཕྱོགས་ཀུན་དུ་དར་ཞིང་རྒྱས་པ་དང་། རིགས་དྲུག་གི་འགྲོ་བ་ཀུན་བདེ་བ་ཅན་དུ་འདྲེན་པ་ལ་དམིགས་ཕྱུག་པའི་སྨོན་ལམ་མཛད། སྐུ་སེར་མཐའ་དག་ཐུབ་པའི་དབང་པོ་ལ་གུས་པ་བསྐྱེད་པའི་ཆེད་དུ། ཉིན་རེ་བཞིན་སྐྱེས་རབས་སུམ་ཅུ་པའི་ཆོས་ཐུན་རེ་གསུང་བ་དང་། འདུལ་བ་གནས་མལ་གྱི་གཞི་ལས། སྟོན་པའི་སྐུ་གཟུགས་ཀྱིས་གྲོང་ཁྱེར་གྱི་མཐའ་བསྐོར་བར་གསུངས་པ་ལྟར་བྱམས་པ་ཕྱི་སྐོར་ལ་གདན་འདྲེན་པའི་ཕྱག་ལེན་འཛུགས་པ་མཛད། འདི་ཡང་རྒྱལ་པོ་བཀའ་ཆེམས་ལས། དེ་ནས་ཁྱད་པར་བསྙེན་བཀུར་ཆེར་མཛད་པ། །དགེ་སློང་བྱང་སེམས་ཤར་ཕྱོགས་སུ་སྐུ་འཁྲུངས་པ། །གསང་སྔགས་འཆང་ཞིང་རྣལ་འབྱོར་ཆེན་པོ་ནི། སྙིང་པོའི་མཐའ་རྟེན་སྐྱེས་ཆེན་དམ་པ་ནི། ཞལ་ཡང་བསྒྱུར་ཞིང་བསྙེན་བཀུར་དམ་པ་མཛད། །དེ་ལ་བསྙེན་བཀུར་ཆེར་བྱེད་དེ་དག་ནི། །འཕགས་པའི་གང་ཟག་དགེ་སྦྱོང་ཤ་སྟག་གོ །ཞེས་གསལ་བར་ལུང་བསྟན་ཞིང་། ཞལ་བསྒྱུར་ཞེས་པ་ཇོ་བོ་རིན་པོ་ཆེ་སྔར་དབུ་རྒྱན་དང་མི་ལྡན་པ་ལ་དབུ་རྒྱན་བསྐྲུན་པ་དེ་ལ་དགོངས་པའོ། དེའི་དཔྱིད་ཀ་ཟླ་དང་པོ་ནས་ལུང་བསྟན་པའི་གནས། དགེ་ལྡན་རྣམ་པར་རྒྱལ་བའི་གླིང་འདེབས་པའི་ས་གཞི་བྱིན་བརླབས་རྗེ་ཉིད་ཀྱིས་གནང་ནས། དགོན་གནས་འདེབས་པའི་ཐུགས་ཁུར་

ངོ་བོ་སྲས་ཀྱི་ཐུ་བོ་གཉིས་ཀྱིས་ཐོག་དྲངས་པའི་དགེ་འདུན་རྣམས་ཀྱིས་བཞེས། རྗེ་ཉིད་ནི་ཟངས་རིའི་ཆི་ལས་དང་། འོལ་ཁ་བསམ་གཏན་གླིང་སོགས་སུ་ཕེབས་ནས་འགྲོ་བའི་དོན་མཛད། བསམ་གཏན་གླིང་འདིར་དཀྱིལ་འཁོར་གྱི་བདག་པོས་བྱམས་འཇམ་དབྱངས་ཆོས་ཀྱི་བགྲོ་བ་མཛད་པའི་བུམ་ཆུ་ཅིན་པ་སོགས་ངོ་མཚར་བའི་མཚན་མ་མཐའ་ཡས་པ་གཟིགས། དགོན་གནས་ལྷ་དང་བླ་མས་ལུང་བསྟན་པ་ཡང་། གསང་བདག་གིས་མཁན་ཆེན་ནམ་མཁའ་རྒྱལ་མཚན་པ་ལ་གསུངས་པ་ལས། དབང་བསྒྱུར་རི་ཡི་ལྷེབས་དག་ཏུ། །བཙན་མོ་སྤྲིངས་ཀྱི་ངོས་ཕྱོགས་སུ། །དགེ་འདུན་དཔག་མེད་འདུ་བར་འགྱུར། །རི་ནི་གང་ཡིན་འཇམ་དཔལ་འཆད། །དབུས་གཙང་མདོ་ཁམས་རྒྱ་ཡུལ་གྱི། །མཆོད་གནས་དམ་པ་ཚོགས་གསོག་རྟེན། །མངའ་རིས་བྱང་ཁམས་ཀུན་གྱི་སྐྱབས། །ཕྱོགས་བཅུར་སྡེ་དགོན་རྒྱས་པར་འབྱུང་། ཞེས་གསུངས་ཤིང་། རི་འཇམ་དཔལ་འཆད་ནི་འགོག་པ་རིར་གྲགས་པ་འདི་འོ། དེའི་ཕྱི་ལོ་ལྕགས་ཕོ་སྟག་(སྤྱི་ལོ 1410)གི་ཟླ་བ་གཉིས་པའི་དཀར་ཆོས་ལ་དགེ་ལྡན་དུ་ཕྱོགས་ཕབ་ནས་ལོ་སྤྲེལ་གྱི་(སྤྱི་ལོ1416)བར་དུ་ལམ་རིམ་དང་གསང་འདུས་ལ་སོགས་པའི་ཐེག་པ་ཆེན་པོའི་ཆོས་མང་དུ་གསུངས། ཆུ་འབྲུག་ལ་སྐུ་ཚེའི་གེགས་ཆེན་པོ་ཡོད་པ་ཐུགས་དམ་ཟབ་མོའི་སྟོབས་ཀྱིས་བཟློག དེའི་ཕྱི་ལོ་ནས་ཟབ་ཅིང་རྒྱ་ཆེ་བའི་ཆོས་ཀྱི་འཁོར་ལོ་དཔག་ཏུ་མེད་པ་བསྐོར། ཤིང་ལུག་ལ་གོང་མ་ཆོས་རྒྱལ་ཆེན་པོས་འོན་མདའ་བཀྲ་ཤིས་དོ་ཁར་སྤྱན་དྲངས། མདོ་རྒྱུད་ཀྱི་ཆོས་མང་པོ་གསུངས་པ་ན་ཐེལ་ནས་སྤྱན་སྔ་རིན་པོ་ཆེ་རྣམ་པས་གཙོས་པའི་ཆོས་སློབ་རི་དགེ་དང་བཅས་པ། རྩེ་ཐང་ནས་གདན་ས་རིན་པོ་ཆེས་གཙོས་པའི་ཆེན་པོ་གཞུང་

ལས་དགེ་འདུན་དང་བཅས་པ། སྔེ་གདོང་རྩེ་ནས་གོང་མ་ཆེན་པོ་དཔོན་སློན་དང་བཅས་མཐའ་དག་གིས་གསན་པས་དད་པའི་སྤྲུ་ཡོང་ཆེས་ཆེར་གཡོས་ཤེང་། ཐུགས་ཐག་པ་ནས་ངོ་མཚར་བའི་བསྔགས་པ་བརྗོད་པར་བྱེད། རྣམ་ཐར་ཆེན་མོ་ནི་ཆུ་སྦྲུལ་(སྤྱི་ལོ1413)ལ་བཀྲ་ཤིས་དོ་ཁར་ཕེབས་པར་བཤད་དེ་པར་མ་དག་པ་འདྲའོ། གནས་དེར་ཟླ་བ་གསུམ་མ་ལོངས་ཙམ་བཞུགས་ནས་སླར་དགེ་ལྡན་ཉིད་དུ་ཕེབས་ཏེ་རྟེན་བཞེངས་མང་པོ་གནང་ཞིང་། གསུང་ཆོས་དཔག་ཏུ་མེད་པ་དང་། ཁྱད་པར་རྣམ་འཕྲུང་ཞེས་པ་ས་ཕོ་ཁྱིའི་ལོའི་དཔལ་དུས་ཀྱི་འཁོར་ལོའི་འགྲེལ་ཆེན་དྲི་མ་མེད་པའི་འོད་ཆ་ལག་དང་བཅས་པ་རྫོགས་པར་གསུངས། བསྟན་པའི་བདག་པོ་ཡིན་པའི་ཕྱིར་གཞན་གྱི་བཤད་པ་བརྒྱ་ཚར་བས་རྗེ་བླ་མ་འདིའི་བཤད་པ་ལན་རེ་ཡང་མི་ཐུབ་པའི་རྒྱུ་མཚན་དུ་གྱུར་ཏོ" ཞེས་སེམས་དཔའ་ཆེན་པོ་ཀུན་བཟང་པ་གསུང་པར་དེབ་སྔོན་ལས་འབྱུང་། ལེགས་བཤད་ཀྱི་རྩོམ་པ་ཡང་། བྱང་ཆུབ་ལམ་གྱི་རིམ་པའི་བསྟན་བཅོས་ཆེ་ཆུང་གཉིས། ཚུལ་ཁྲིམས་ལེའུའི་རྣམ་བཤད་བྱང་ཆུབ་གཞུང་ལམ། དྲང་ངེས་རྣམ་པར་འབྱེད་པ་ལེགས་བཤད་སྙིང་པོ། རྩ་ཤེའི་རྣམ་བཤད་རིགས་པའི་རྒྱ་མཚོ། འཇུག་པའི་རྣམ་བཤད་དགོངས་པ་རབ་གསལ། མངོན་པར་རྟོགས་པའི་རྒྱན་འགྲེལ་པ་དང་བཅས་པའི་ལེགས་པར་བཤད་པ་གསེར་གྱི་ཕྲེང་བ་ལ་སོགས་པ་མདོ་ཕྱོགས་ཀྱི་སྐོར་དང་། སྔགས་ཕྱོགས་ལ་བླ་མ་ལྔ་བཅུ་པའི་རྣམ་བཤད། རྩ་ལྟུང་རྣམ་བཤད། རྣམ་བཞག་རིམ་པའི་ཊཱི་ཀ། རྡོ་རྗེ་འཆང་ཆེན་པོའི་ལམ་གྱི་རིམ་པ། རྡོ་རྗེ་འཇིགས་བྱེད་ཀྱི་སྒྲུབ་ཐབས་རིན་པོ་ཆེའི་ཟ་མ་ཏོག་དཀྱིལ་ཆོག་དང་བཅས་པ། དེའི་སྦྱིན་སྲེག་དངོས་སུ་རྒྱ་མཚོ། གསང་འདུས་མི་བསྐྱོད་པའི་མངོན་རྟོགས

དཀྱིལ་ཆོག་དང་བཅས་པ། བཤད་རྒྱུད་ལྷ་མོ་བཞིས་ཞུས་དང་། ཡེ་ཤེས
རྡོ་རྗེ་ཀུན་ལས་བཏུས་གཉིས་ཀྱི་རྒྱ་ཆེར་བཤད་པ། རིམ་ལྔ་གདན་རྫོགས
དང་། དེའི་ངོ་སྤྲོད་རིམ་ལྔ་གསལ་བའི་སྒྲོན་མེ། རྒྱུད་འགྲེལ་གྱི་མཚན་བུ།
མཐའ་དཔྱོད་བསྡུས་དོན་དང་བཅས་པ་གསང་བ་འདུས་པའི་སྐོར་རྣམས་དང་།
བདེ་མཆོག་གི་སྐོར་ལ་ལཱུ་ཨི་པའི་མངོན་རྟོགས། དེའི་རྣམ་བཤད་འདོད་པ
འཇོ་བ། ཆོས་བཅུའི་ལག་མཆོད། རྫོགས་རིམ་རྣལ་འབྱོར་བཞི་ལྡན་གྱི
ཁྲིད་ཡིག་ཆེ་ཆུང་། དྲིལ་བུ་པའི་ལུས་དཀྱིལ་གྱི་མངོན་དཀྱིལ། དྲིལ་བུ
རིམ་ལྔའི་ཊཱི་ཀཱ། རྩ་རྒྱུད་ཊཱི་ཀ་ཆེན་སོགས་དང་། གཞན་ཡང་འཕོ་ཊཱི་ཀ
གསེར་གྱི་སྒོ་འབྱེད། ནཱ་རོ་ཆོས་དྲུག་གི་ཁྲིད་ཡིག་ཡིད་ཆེས་གསུམ་ལྡན།
བཀའ་འབུམ་ཐོར་བུ་བར་འབྱུང་བ་རྣམས་བཀའ་སྩལ་ཏོ། དེ་ལྟར་ཇི་སྐད
བརྗོད་པ་རྣམས་ནི། གདུལ་བྱ་ལ་ཐུན་མོང་དུ་བསྟན་པར་བྱ་བའི་རྣམ་པར
ཐར་བ་ཡིན་ལ། ངེས་པ་དོན་དུ་ན། གསང་བདག་གིས་མཁན་ཆེན་ལས
ཀྱི་རྡོ་རྗེ་ལ་གསུངས་པ་ལས། ང་ལག་ན་རྡོ་རྗེས་ཀྱང་མ་ཏི་རཏྣའི་ཡོན་ཏན
གྱི་མཐའ་རྟོགས་པར་མི་ནུས་སོ་ཞེས་པ་དང་། བློ་བཟང་གྲགས་པ་འགྲན་ཟླ
ཀུན་དང་བྲལ། །ཤཱཀྱའི་རྒྱལ་པོའི་དྲུང་དུ་ཐུགས་མཆོག་བསྐྱེད། །ཞིང་
འདིར་མདོ་དང་སྔགས་ཀྱི་གཞུང་ལུགས་སྤེལ། །འདི་ནས་འཕོས་ཏེ་དགའ་
ལྡན་གནས་སུ་འགྲོ །འཇམ་དཔལ་སྙིང་པོ་བྱམས་པའི་སྲས་མཆོག་དེ།
སླར་དུ་འཚང་རྒྱ་དེ་བཞིན་གཤེགས་པར་འགྱུར། །ཞེས་དང་། པད་མ
ཐང་ཡིག་ལས། དགེ་ལྡན་ཞེས་བྱའི་དགོན་གནས་དམ་པ་རུ། །མཁས
པའི་མཆོག་ཉིད་མདོ་རྒྱུད་ཀུན་ལ་མཁས། རྡོ་རྗེ་འཆང་སྤྲུལ་གསང་སྔགས
བཀའ་སྒོ་འབྱེད། །འགྲོ་བའི་དེད་དཔོན་ལམ་སྟོན་ས་མཁན་འདྲེན། །

གློ་དང་བཟང་གི་མཚན་ཅན་སྐྱེས་བུ་འབྱུང་། ། གསང་མཚན་ལས་རབ་རྡོ་རྗེ་བདེ་བ་སྒྲུལ། ། ཞེས་སོགས་འབྱུང་ཞིང་། དེར་མ་ཟད་ཇོ་བོ་རྗེ་དང་ཐུགས་རྒྱུད་གཅིག་པར་ཡང་བདག་གི་བླ་མ་ཐམས་ཅད་མཁྱེན་པ་ཉིད་བཞེད་པ་ལས་ན་ཤིན་ཏུ་མཐོ་བའི་གོ་འཕང་བརྙེས་པ་ཞིག ཞིང་འདིར་སེམས་ཅན་གྱི་དོན་དུ་ཕྱིན་ནོ་ཞེས་བྱ་བར་ངེས་སོ། དེ་ནས་དགུང་ལོ་རེ་གསུམ་བཞེས་པ་ས་མོ་ཕག་(སྤྱི་ལོ1419)གི་ལོའི་སྟོན་དུས་སུ་ཕྱིན་པ་ན། དོན་གྱི་གཙོ་བོ་རྗེ་བོ་རིན་པོ་ཆེའི་དྲུང་དུ་སྐུའི་ཕྱི་ཕྱག་བྱ་བར་བཞེད་པ་དང་། སྐྱེ་བོ་མཐའ་ཡས་པ་ལ་ལེགས་པར་བཤད་པའི་གསུང་གི་ཐ་མ་སྒྲུལ་བར་བཞེད་པ་ཡིན་ནའང་། ཆབ་ཚན་ལ་སྐྱིད་བཏགས་ཏེ་སྟོད་ལུངས་ཕུར་ཕེབས། ཆབ་ཚན་གྱིས་ཞབས་ལ་བདུག་པ་ཙམ་མཛད། ཡར་ལམ་འབྲས་སྤུངས། ལྷ་ས། སེ་ར་ཚོས་སྡིངས། བདེ་ཆེན་རྩེ་སོགས་སུ་རིམ་གྱིས་ཕེབས་ནས་གསུང་གི་ཐ་མས་སྐྱེ་སེར་ཐམས་ཅད་ཚིམ་པར་མཛད་དེ། དགེ་ལྡན་དུ་ཕེབས་པ་ན། ད་ནི་ཡང་ཡང་མི་འོང་གསུངས་ནས་ཡངས་པ་ཅན་ལ་སོགས་པའི་གཙུག་ལག་ཁང་རྣམས་སུ་མཆོད་གཏོར་དང་གསོལ་བཏབ་མང་དུ་མཛད། འདུ་ཁང་དུའང་ཚོགས་ཀྱི་དབུ་ལ་ཕེབས་ཏེ། བསྔོ་བ་མཛད་པའི་མཇུག་ཏུ་ཞུ་བ་པོ་སུ་ཡང་མེད་པར་བདེ་བ་ཅན་གྱི་སྨོན་ལམ་ཤིས་བརྗོད་དང་བཅས་པ་མཛད། དེ་ནས་གཟིམས་ཁང་དུ་ཕེབས་པ་ན། རང་རེའི་དགོན་པ་རང་དབང་ཐོབ་པ་འདིར་སླེབ་བྱུང་བས་བློ་བདེ་གསུངས། དེ་ཉིད་ཀྱི་ནུབ་མོ་ནས་སྐུ་ཚུང་ཟད་བསྙུང་པའི་ཚུལ་བསྟན་ནས། སྨྱུར་བྱེད་ཅེས་པ་ས་མོ་ཕག་(སྤྱི་ལོ1419)གི་ལོ་ཧོར་ཟླ་བཅུ་པའི་ཉི་ཤུ་ལྔའི་སྤྲ་དྲོའི་ཆ་ལ་སྐུ་ན་ཚོད་ལོ་བཅུ་དྲུག་ལོན་པ་ལྔ་བུའི་ཉམས་ཅན། ཞལ་གྱི་དཀྱིལ་འཁོར་འོད་ཟེར་སྟོང་གིས་འཁྱུད་པ་གདུལ

བྱ་རྣམས་ཀྱིས་མཐོང་བའི་སྨོད་ལ་དག་པའི་དབྱིངས་སུ་གཤེགས་སོ། དེ་ནས་དེང་སང་གི་ས་མོ་གླང་འདི་ཡན་ལ་ལོ་བརྒྱ་དང་བཅུ་སོང་། དགེ་ལྡན་བཏབ་ནས་བརྒྱ་དང་ཉི་ཤུ་རྩ་གཅིག་སོང་། རྒྱས་པར་ནི་མཁས་གྲུབ་ཐམས་ཅད་མཁྱེན་པས་མཛད་པའི་རྣམ་ཐར་ཐུན་མོང་དང་ཐུན་མོང་མ་ཡིན་པ་དག་ལས་མཁྱེན་པར་འཚལ་ལོ།།

རྗེ་དེ་ཉིད་ལ་སྲས་སྡེ་སྣོད་འཛིན་པ་ནམ་མཁའ་སྐར་ཚོགས་ཀྱིས་གང་བའམ། སྔོན་ཤིང་འབྲས་བུའི་ཁུར་གྱིས་བརྫེད་པའམ། མཚོ་ལ་པདྨ་བརྒྱན་པ་ལྟ་བུ་བསམ་གྱིས་མི་ཁྱབ་པ་ཞིག་བྱོན་པའི་ནང་ནས་ངོ་མཚར་བ་འགའ་ཞིག་བརྗོད་ན། བླ་མ་དབུ་མ་པ། མཁན་ཆེན་ཕྱུག་རྡོར་པ། རྗེ་བཙུན་རེད་མདའ་པ་སྟེ་བླ་མས་ཆོས་འབྲེལ་གསན་པ་གསུམ། ཚ་ཁོ་དཔོན་པོ་ངག་དབང་གྲགས་པ། མདོ་སྡོད་པ་གྲགས་པ་བློ་གྲོས། སྔོངས་སྟོན་རྣ་ན་ཤྲཱི། དགེ་བཤེས་སྟོན་པ་སྟེ་བྱ་བྲལ་ལ་མ་ཐེགས་གོང་གི་སྤྱི་ཚར་བཞི། འཇམ་དཀར་བ། བཟང་སྐྱོང་བ། རིན་རྒྱལ་བ། བྱང་སེང་བ་སྟེ་དབུས་པ་བཞི་དང་། རྟོགས་ལྡན་འཇམ་དཔལ་རྒྱ་མཚོ། ཤེས་རབ་གྲགས་པ། འཇམ་དཔལ་བཀྲ་ཤིས། དཔལ་སྐྱོང་བ་སྟེ་མདོ་སྨད་པ་བཞི་དང་བརྒྱད་ནི་བྱ་བྲལ་ལ་ཐེགས་དུས་ཀྱི་སྲས་བརྒྱད། རྒྱལ་ཚབ་འདུལ་འཛིན་གཉིས་ནི་སྲས་ཀྱི་ཐུ་བོ་གཉིས། དེའི་སྟེང་དུ་འཇམ་དཀར་བ་དང་གསུམ་ནི་གསང་བདག་གིས་ལུང་བསྟན་པའི་འཁོར་ཁྱད་པར་དུ་འཕགས་པ་གསུམ། མཁས་གྲུབ་ཆོས་རྗེ་ནི་ནང་ཐུགས་ཀྱི་སྲས་གཅིག་བུ། འཇམ་དབྱངས་ཆོས་རྗེ་བཀྲ་ཤིས་དཔལ་ལྡན། མཚུངས་མེད་ཆོས་རྗེ་རྒྱལ་མཚན་བཟང་པོ། རྗེ་བཙུན་ཤེས་རབ་སེང་གེ ཐམས་ཅད་མཁྱེན་པ་དགེ་འདུན་གྲུབ་དང་བཞི་ནི་ཕྱིན་ལས

མཁའ་དང་མཉམ་པའི་སྨྲས་ཆེན་བཞི། ཆོས་རྗེ་དཀོན་མཆོག་ཚུལ་ཁྲིམས། མཁས་པ་རྒྱལ་དབང་ཁ་ཆེ། གཉལ་རྒོད་རིན་བསམ། མཁྱེན་རབ་གྲགས་བཟང་པ། གཉལ་ཆེན་ཤེས་རབ་རྒྱལ་མཚན། ཧོར་སྟོན་ནམ་མཁའ་དཔལ། ཆོས་རྗེ་བློ་གྲོས་སྐྱོང་བ། ཆོས་རྗེ་ཆོས་རྒྱལ་བ། ཆོས་རྗེ་དཔལ་སེང་བ། སྣར་ཐང་བ་རབ་མཆོག་དང་བཅུ་ནི་དབུས་གཙང་བསྟན་པའི་སྣང་བྱེད་སྒྲོན་མེ་བཅུ། བྱང་སེམས་ཤཱཀྱ་བསོད་ནམས། བྱང་སེམས་ཀུན་དགའ་བཟང་པོ། བྱང་སེམས་བློ་གྲོས་རྒྱལ་མཚན། བྱང་སེམས་ཚུལ་ཁྲིམས་དཔལ་བཟང་། བྱང་སེམས་གཞོན་ནུ་རྒྱལ་མཆོག བྱང་སེམས་རྒྱལ་མཚན་གྲགས་བཟང་དང་དྲུག་ནི་གཞན་དོན་ལྷུན་གྱིས་གྲུབ་པའི་སེམས་དཔའ་དྲུག བྱམས་ཆེན་ཤཱཀྱ་ཡེ་ཤེས་དང་། བྱང་དར་མ་གཉིས་ནི་མི་དབང་གཙུག་ན་མཛེས་པའི་ཏི་ཤྲཱི་གཉིས། མ་གཅིག་དཔོན་པོ་ནམ་མཁའ་དཔལ་དང་། ཡར་རྒྱབ་དཔོན་པོ་བསོད་ནམས་རྣམ་པར་རྒྱལ་བ་གཉིས་ནི་རྒྱ་ཆེན་མང་དུ་ཐོས་པའི་དཔོན་སྲས་གཉིས། ཞ་ལུ་བ་བཀྲ་ཤིས་རྒྱ་མཚོ་དང་། ཆོས་རྗེ་ལེགས་པ་རྒྱལ་མཚན་གཉིས་ནི་སྦྱངས་པའི་ཡོན་ཏན་འཛིན་པའི་ཚོག་ཆེ་ཚུང་གཉིས། སུ་ཏྲད་པ་བློ་གྲོས་རིན་ཆེན་སེང་གེ་དང་། ཞང་ཞུང་ཆོས་དབང་གྲགས་པ་གཉིས་ནི། རྣམ་དཔྱོད་ཡུལ་དུ་བྱུང་བའི་མཁས་པ་གཉིས། སྟོད་ཤེར་བཟང་། སྨད་ཤེར་བཟང་། གུ་གེ་ངག་དབང་གྲགས་པ། སྟོ་པ་རྒྱལ་མཚན་སེང་གེ བླ་མ་དཔལ་ལྡན་ཤེས་རབ། ལྡན་མ་ཡོན་ཏན་དཔལ་བ་སྟེ་དྲུག་ནི། བསྟན་པ་ཕྱོགས་མཐར་སྐྱོང་བའི་དར་ཆེན་དྲུག འགོས་ལོ་ཙྪ་བ་གཞོན་ནུ་དཔལ་དང་། སྟག་ལུང་ལོ་ཙྪ་བ་གཉིས་ནི་སྐད་གཉིས་སྨྲ་བའི་ལོ་ཙྪ་བ་གཉིས། རིན་པོ་ཆེ་དཔལ་ལྡན་བཟང་པོ། རིན་པོ་

ཆེ་བསོད་ནམས་བཟང་པོ། རིན་པོ་ཆེ་བྱང་ཆུབ་རྡོ་རྗེ། རིན་པོ་ཆེ་བསོད་ནམས་རྒྱལ་མཚན། འབྲི་ཁུང་རིན་པོ་ཆེ་དོན་གྲུབ་རྒྱལ་པོ། སྟག་ལུང་རིན་པོ་ཆེ་བཀྲ་ཤིས་དཔལ་འོད་དང་དྲུག་ནི་ས་སྐྱོང་མིའི་ཆོས་རྗེ་དྲུག ཆོས་རྗེ་ཤེར་འབྱུང་བ། རྒྱལ་བ་རིན་བསམ། བྱང་གླིང་པ་གྲགས་རིན། མངའ་རིས་པ་བསོད་རིན། འཇམ་དབྱངས་རིན་རྒྱལ། ཀུ་གེ་སངས་རྒྱས་རྒྱལ་མཚན། འཇམ་དབྱངས་རིན་ཆེན་གྲགས་པ། རྒྱལ་སྲས་བདེ་འབྱུང་བ་དང་བརྒྱད་ནི་གསུང་རབ་མང་དུ་མཁྱེན་པའི་བསྟན་འཛིན་བརྒྱད། མདོ་སྨད་པ་འོད་ཟེར། མདོ་སྨད་པ་ལེགས་བཟངས། མདོ་སྨད་པ་བསོད་ཤེ། རོང་པོ་ལྷེ་ནག་དང་བཞི་ནི་མདོ་རོང་གི་མཁས་པ་བཞི། སྤྲེ་ཞིང་རིན་པོ་ཆེ་བྱང་དཔལ་བ་དང་། རིན་ཆེན་དཔལ་གཉིས་ནི་མཁའ་སྤྱོད་གྲུབ་པའི་གདུང་བརྒྱུད་གཉིས། སྐྱེས་མཆོག་སྨོན་ལམ་པ་དང་། རི་མི་འབབ་པ་བསོད་ནམས་རིན་ཆེན་གཉིས་ནི་ཡ་མཚན་ཅན་གྱི་སྐྱེས་བུ་གཉིས། སྤྱན་སྔ་ཀུན་བློ་བ། སྤྱན་སྔ་གཞོན་འོད་པ། སྤྱན་སྔ་བློ་གྲོས་རྒྱལ་མཚན་པ། སྤྱན་སྔ་དཔལ་བཟང་པ། སྤྱན་སྔ་ནམ་རྒྱལ་བ། སྤྱན་སྔ་བསོད་ནམས་ལྷུན་གྲུབ་པ། སྤྱན་སྔ་རིན་རྒྱལ་བ། སྤྱན་སྔ་རིན་ཆེན་འཕེལ་བ་དང་བརྒྱད་ནི་སྐྱེ་དགུའི་གཙུག་རྒྱན་སྤྱན་སྔ་པ་བརྒྱད། ཀུང་ཐང་པ་ཆོས་རྗེ་མཛེས་པ་དཔལ། བླ་ཆེན་ཉན་ཤཱཀ་པ། སྟག་ཕུ་ཀུ་ཤྲཱི་དཔལ་ལྡན་དོན་གྲུབ། ཏེའུ་ར་པ་ཆོས་རྗེ་ཡེ་ཤེས་དཔལ་དང་བཞི་ནི་ཁྲི་སྡེངས་མཛེས་པའི་བླ་ཆེན་བཞི། མཁན་ཆེན་ཆོས་རྒྱལ་དཔལ་བཟང་། མཁན་ཆེན་རྒྱལ་བཟང་པ། མཁན་ཆེན་ཀུན་རྡོར་བ། མཁན་ཆེན་བྱང་དཔལ་བ་དང་བཞི་ནི་ཚོགས་པ་སྐྱོང་བའི་མཁན་པོ་བཞི། ཆེན་པོ་གྲགས་བཟང་། ཆེན་པོ་དགས་པོ། ཆེན་པོ་བློ

འཕེལ། ཆེན་པོ་ཀུན་རྒྱལ། ཆེན་པོ་བཀྲ་ཤིས་རྒྱལ་མཚན་དང་ལྷ་ནི་སྡེ
དགོན་ཁྲ་མོའི་ཆེན་པོ་ལྷ། གདན་སའི་ཆོས་བསྒྲོ་པ་འཇམ་དབྱངས་ཁ་ཆེ
དང་། འབྲི་ཁུང་ཆོས་བསྒྲོ་པ་བཀྲ་ཤིས་རིན་ཆེན་གཉིས་ནི་དབང་བཞི
བསྐུར་པའི་ཆོས་བསྒྲོ་བ་གཉིས། དཀའ་བཅུ་བ་དར་བཟང་དང་། འབབ
སེར་དཀའ་བཅུ་བ། བཙོ་ཙ་དཀའ་བཅུ་བ་ཡོན་ཏན་རྒྱལ་མཚན། ཟླུ་ལ
དཀའ་བཅུ་བ་དང་བཞི་ནི་ལུང་རིགས་སྨྲ་བའི་དཀའ་བཅུ་བ་བཞི། མཐིལ
ཚུང་དཀའ་བཞི་བ་དོན་ཡོད། བྲག་དགོན་དཀའ་བཞི་བ་རིན་ཆེན་དཔལ།
རྒྱལ་བ་དཀའ་བཞི་བ་རིན་ཆེན་ཆོས་རྒྱལ། གྱེ་རེ་དཀའ་བཞི་བ་སངས་རྒྱས
དབང་ཕྱུག སྟག་ཕུ་དཀའ་བཞི་བ་སངས་རྒྱས་བཟང་པོ། གཡག་སྡེ
དཀའ་བཞི་བ་བསོད་ནམས་བཟང་པོ། གྲོ་ས་དཀའ་བཞི་བ། མཚུར་ཕུ
དཀའ་བཞི་བ། དཀའ་བཞི་བ་ཆོས་སེང་། དཀའ་བཞི་བ་གྲགས་པ་རྒྱལ
མཚན་དང་བཅུ་ནི་ཚིག་དོན་འཛིན་པའི་དཀའ་བཞི་བཅུ། ཇོ་སྟན་ཟླ་བ་བློ
གྲོས། ཇོ་སྟན་བསོད་ནམས་ལྷུན་གྲུབ། ཇོ་སྟན་ལེགས་རིན་པ། ཀོང་པོ
ཇོ་སྟན་དང་བཞི་ནི་བརྟུལ་ཞུགས་འཛིན་པའི་ཇོ་སྟན་བཞི། གནས་བརྟན
ཆོས་བཟང་པ། གནས་བརྟན་རྒྱལ་སྟེངས་པ་དོན་གྲུབ་དཔལ། གནས
བརྟན་རྒྱ་མ་བ་དགེ་འདུན་རྒྱལ་པོ། གནས་བརྟན་འོད་ཟེར་བཀྲ་ཤིས།
གནས་བརྟན་གཞོན་ནུ་སངས་རྒྱས། གནས་བརྟན་ཀུན་དགའ་འབུམ་དང
དྲུག་ནི་ཚུལ་ཁྲིམས་རྣམ་པར་དག་པའི་གནས་བརྟན་དྲུག ཐུ་<ཀུ>ཙར
རྟོགས་ལྡན་སངས་རྒྱས་དཔལ་བཟང་། རྟོགས་ལྡན་ནམ་མཁའ་ཤེ་རེ།
ཀོད་ཕྱུག་ཆོས་རྗེ་གྲགས་པ་འབྱུང་གནས། རྟོགས་ལྡན་རལ་ཞིག་པ། ཐུ
ལེ་བ་རྣལ་རྒྱལ་དང་ལྔ་ནི་ཚེ་བློས་བཏང་གི་རྟོགས་ལྡན་ལྔ། གཞན་ཡང་ལྷ

གཟིགས་གྲགས་པ་རྒྱ་མཚོ། རྒྱ་སྟོན་བློ་བཟང་གྲགས་པ། དྲུང་གཞོན་ནུ་དཔལ་བ། མཁན་པོ་བསམ་རྒྱལ་བ། བླ་མ་གསེར་ཐུབ་པ། ཡང་སྙིངས་རིན་པོ་ཆེ། ཞི་བློ་དཔོན་པོ། དྲུང་ནམ་མཁའ་བ། བླ་མ་མགོན་པོ་བྱང་ཆུབ། བླ་མ་བསོད་རིན། དྲུང་ཆོས་འཕགས་པ། བླ་མ་ཤཱཀ་རིན་པ། བླ་མ་ཟླ་བ་བཟང་པོ། བླ་མ་ཆོས་རྒྱལ་མཚན། རྒྱ་ར་སངས་རྒྱས་ཡེ་ཤེས་ལ་སོགས་པ་མཐའ་ཡས་པ་ཞིག་བྱོན།།

དེ་ལ་སྲས་སྒྲ་ཚར་གྱི་ཚ་ཁོ་ནི། ཚ་ཁོ་རྒྱལ་པོའི་རིགས་སུ་འཁྲུངས། དབུས་གཙང་དུ་གསུང་རབ་ལ་སྦྱངས་བས་མཁས་པའི་གྲགས་པ་ཐོབ་པ། རྒྱལ་ཚབ་ཆོས་རྗེར་འོས་པ་ཞིག་སྟེ། ཤར་རྒྱལ་མོ་རོང་དུ་དགོན་སྡེ་མང་པོ་བཙུགས་ནས་བསྟན་པ་རིན་པོ་ཆེ་རྒྱས་པར་མཛད་ཅིང་། རྗེ་ཉིད་ཐུགས་དགྱེས་པ་ཞིག་སྟེ། ཁོ་བོས་སྨྲས་པའི་རྗེས་སུ་ཞུགས་ཤིག་དང་། །ཚེ་རབས་ཀུན་དུ་སྤྱོད་དང་སྨོན་ལམ་ཀུན། །མཚུངས་པར་སྤྱོད་དེ་ནམ་ཞིག་སངས་རྒྱས་ཚེ། །བདུད་རྩིའི་བགོ་བཤའ་ཐོག་མར་སྦྱིན་པར་བྱ། །ཞེས་ཞལ་བཞེས་ཆེན་པོ་མཛད་སྣང་ངོ་། མདོ་སྟོད་པ་གྲགས་པ་བློ་གྲོས་ནི། མཁན་ཆེན་ཤུག་རྡོར་བའི་སྲས་ཀྱི་ཐུ་བོ་བརྒྱད་ཀྱི་ནང་ཚན་གཅིག་ཀྱང་ཡིན། གྲགས་པ་བློ་གྲོས་ཡོན་ཏན་རྨད་དུ་བྱུང་། རང་ཉིད་སྨིན་གྲོལ་ཐེག་ཆེན་ས་རུ་འཛོག ཅེས་གསང་བདག་གིས་ལུང་བསྟན་པའི་བདག་ཉིད་ཆེན་པོ་ཞིག་ཡིན་ནོ།།

བྱ་བྲལ་ལ་ཐེགས་དུས་ཀྱི་སྲས་རྣམས་ལས། འཇམ་དཀར་བ་དཔལ་ལྡན་བཟང་པོ་ནི། དང་པོར་སྐྱུར་མོ་ལུང་པའི་དགེ་བཤེས་འདུལ་བ་འཛིན་པ་ཞིག་ཡིན་ཏེ། བྱ་བྲལ་གྱི་ཕྱུག་ཕྱིར་བྱོན་ནས་གདམས་པ་ཉམས་སུ་བཞེས

པར་སྣང་ཞིང་། ཇོའི་བུ་སློབ་ཕལ་ཆེ་བའི་བླ་མ་མཛད་ནས། བསླབ་བྱ་སྟོན་པར་མཛད་དེ། འདིའི་གསུང་ལ་གནས་བརྟན་བཟང་སྐྱོང་བས་ཟིན་བྲིས་མཛད་པའི་དགེ་སློང་གི་བསླབ་བྱ་ཞིག་ཀྱང་སྣང་། དགེ་ལྡན་འདི་བས་པའི་ཕྱི་རོལ་ཙམ་དེར། རྒྱལ་སྲེ་ཛ་དགར་གྱི་རི་ཁྲོད་དུ་མྱ་ངན་ལས་འདས་ཞེས་གྲགས།།

བཟང་སྐྱོང་བ་ནི་འབྲུངས་ཡུལ་མལ་གྲོ་བ། ཇོ་མྱ་ངན་ལས་འདས་ནས་འོལ་ཁར་ཉི་མ་གླིང་བཏབ་སྟེ། ཇོང་ཕྱིའི་གདན་ས་དང་གཉིས་ཆར་སྲུགས་པ་སྣང་ཞིང་། ཨེ་ཕྱོགས་སྲུའང་ཕྱིན་ནས་འགྲོ་བའི་དོན་མཛད། སློབ་མའི་དབང་དུ་བྱས་ན། ཆོས་རྗེ་ནམ་མཁའ་བློ་གྲོས། མཁས་པ་ཆོས་གྲགས། དཔོན་པོ་ལྷུན་གྲུབ་རྒྱ་མཚོ་སོགས་ཡོན་ཏན་གྱིས་བརྒྱན་པ་མང་དུ་བྱུང་། ནམ་པས་ནི་རྩེ་ཐང་གི་ཁྲ་མོའི་གཟིམས་སྤྱིལ་བཞུང་ནས། འདུལ་བ་མདོ་རྩ་བ་ལ་སོགས་པའི་གསུང་ཆོས་གསུངས་ཤིང་། དྭགས་པོ་བཀའ་བརྒྱུད་ཀྱི་ཆོས་སྐོར་ཡང་གདུལ་བྱ་ལ་འདོམས་པར་མཛད་པ་སྟེ། བཀའ་དགེ་འགལ་མེད་ཀྱི་སྐྱེས་བུ་དམ་པ་ཡ་མཚན་ཅན་ཞིག་ཡིན་སྣང་། ཕྱིས་ཡར་རྒྱབ་ཏུ་ཕེབས་ནས་སྐུ་གཤེགས། ལྷུན་རྒྱམ་བ་ནི་གྲ་ཕྱུག་པ་བའི་དཔོན་པོ་ཡིན་ཞིང་། སྐུ་ན་ཚོད་གཞོན་ནུ་ནས་དུས་འཁོར་གྱི་རྩིས་ལ་སྦྱངས་པས་ཤིན་ཏུ་མཁས་པ་ཞིག་སྟེ། པད་དཀར་ཞལ་ལུང་གི་ཡིག་ཆ་ཁྲིད་པར་ཅན་འདིའི་རྩོམ་པ་པོ་ཡིན་ནོ།།

རིན་རྒྱལ་བ་ནི་འབྲུངས་ཡུལ་སྟོད་ལུངས་པ། ལུང་རྟོགས་ཀྱི་ཡོན་ཏན་དུ་མ་མངའ་བའི་འཕགས་པའི་གནས་བརྟན་ཆེན་པོ་ཞིག་སྟེ། གཟིམས་ཁང་ཤར་དུ་བཞུགས་པས་ཤར་པ་རིན་པོ་ཆེར་གྲགས། རྟོགས་ལྡན་པ་ནི་

ཙོང་ཁའི་ཡུལ་དུ་མེ་ཕོ་སྤྲེའུ་ལ་འཁྲུངས། རྗེ་འཁྲུངས་པའི་སྤྱི་ལོ་དེ་ཡིན། དགུང་ལོ་བཅོ་བརྒྱད་ཙམ་ལ་དབུས་སུ་ཕེབས་ཏེ། སྤྱིར་བླ་མ་ཚོ་ལུང་མཚོ་ཁ་བ། སྣག་ལུང་ལོ་ཙཱ་བ། སློབ་དཔོན་དཀོན་མཆོག་སེང་གེ སྲག་ཚབ་མཁན་པོ་དགེ་འདུན་རིན་ཆེན་སོགས་བསྟེན་ནས། གཞུང་གདམས་ངག་མང་དུ་གསན་ཞིང་། ཁྱད་པར་རྗེ་ཉིད་རྩ་བའི་ཡོངས་འཛིན་དུ་མཛད་ནས་གདམས་པ་ཡོངས་སུ་རྫོགས་པར་ཞུས་ལ། རྗེ་བཙུན་འཇམ་པའི་དབྱངས་ཀྱི་སྐུ་དང་གསུང་གི་སྣང་བ་ནམ་འདོད་དུ་ཡོང་བ་ཞིག་བྱུང་། ཕྱིས་སྤྱང་སར་ཐུགས་དམ་ཉག་གཅིག་ལ་གཞོལ་བས་མངོན་པར་རྫོགས་པའི་ཡོན་ཏན་མང་པོ་འཁྲུངས་ཤིང་། ཆོས་བརྒྱད་ཀྱི་འཁྲི་བ་ཆོད་པ་སྟེ། གོང་མ་གྲགས་པ་རྒྱལ་མཚན་ལྟ་བུས་ཏི་ཤྲཱི་སྦྱིན་བྲང་ས་པ་ལ་ཡང་། དགོས་པ་མེད་གསུངས་ནས་ཕེབས་མ་གསན་པ་ཡིན་སྣང་། མཐར་དོན་གསུམ་བཞེས་པ་ས་ཕོ་སྤྲེའུ་ལ་དཔེན་གནས་སེ་བ་རོང་དུ་གཤེགས། རྗེ་གཤེགས་ནས་ལོ་དགུ་སོང་བ་དེ་ཡིན། དེའི་ཚེ་ངོ་མཚར་བའི་ལྟས་མང་དུ་བྱུང་ཞིང་། སྐུ་གདུང་ནི་དད་པའི་རྟེན་དུ་བཞུགས་ཡོད་དོ།།

ཆོས་རྗེ་འདུལ་བ་འཛིན་པ་ནི། དབུ་སྟོད་སྤང་དུ་ཀུན་དགའ་ཞེས་པ་ཤིང་ཕོ་སྟག（སྤྱི་ལོ1374）གི་ལོ་ལ་སྐུ་འཁྲུངས། རྗེ་འཁྲུངས་ནས་ལོ་བཅོ་བརྒྱད་དང་། རྒྱལ་ཚབ་ཆོས་རྗེ་འཁྲུངས་ནས་བཅུ་གཅིག་སོང་བ་དེ་ཡིན། དང་པོར་འབྲི་ཁུང་ཉེར་གཉིས་རིན་པོ་ཆེ་བསྟེན་ནས་ཆོས་གསན། དེ་ནས་སྲག་ཚབ་ཏུ་འདུལ་ལ་མཁས་པར་སྦྱངས་ཤིང་། གསང་སྔགས་ཀྱི་བླ་མ་ཡང་ཁ་ཡར་བསྟེན་པས། བུ་སྟོན་རིན་པོ་ཆེའི་སྔགས་གཞུང་མཐའ་དག་མི་མཁྱེན་པ་མེད་པ་ལྟ་བུ་ཡིན་སྣང་། ཕྱིས་རྗེ་ཐམས་ཅད་མཁྱེན་པའི་ཞབས་ལ

གཏུགས་པས་ལུང་དང་མངོན་པར་རྟོགས་པའི་ཡོན་ཏན་མཐའ་ཡས་པ་ལ་དབང་འབྱོར་བའི་བདག་ཉིད་ཆེན་པོར་གྱུར་བ་སྟེ། བསླབ་བྱ་ཆེན་མོ་གསུང་དུས་ཤིག་འདུལ་འཛིན་འདི་ལྟ་བུ་རྒྱ་གར་ནའང་དཀོན་ཞེས་རྗེ་རིན་པོ་ཆེས་བསྔགས་པ་ཆེན་པོ་མཛད་པ་ཞིག་གོ ། སྲས་ཀྱི་དབང་དུ་བྱས་ན་རྗེ་ཉིད་དང་ཐུན་མོང་དུ་གྱུར་བས་བགྲང་བར་མི་ནུས་ལ། གསུང་རབ་ཀྱི་རྩོམ་པའི་གྲངས་ནི། དགེ་སློང་གི་བསླབ་བྱ་ཆེན་མོ། དག་ཚུལ་གྱི་བསླབ་བྱ། གཞི་གསུམ་ཆོ་ག གླིང་འབུམ་སྟེ་འདུལ་བའི་སྐོར་དང་། སྔགས་ལ་རྗེའི་སྒྲུབ་དཀྱིལ་རྣམས་ལ་ལྷན་ཐབས། རབ་གནས་ཀྱི་ཆོ་ག འཁོར་ལོ་སྡོམ་པའི་ཕྱི་རོལ་མཆོད་པ། གསང་འདུས་མི་བསྐྱོད་པའི་ཆོས་བྱ་ལ་བརྟེན་པའི་མདུན་བསྐྱེད་ཀྱི་མཆོད་ཐབས། དྲིལ་བུ་ལྷ་ལྔའི་སྒྲུབ་ཐབས་ལྟུ་ཨི་པའི་དཀྱིལ་ཆོག དམར་ནག་གི་སྒྲུབ་ཐབས། རྡོར་དབྱིངས་ཀྱི་དཀྱིལ་ཆོག ཀུན་རིག་རྣམ་པར་སྣང་མཛད་ཀྱི་ཆོ་ག སྦྱོད་རྒྱུད་ཀྱི་རྣམ་བཤད། བྱ་རྒྱུད་རིགས་གསུམ་ལ་བརྟེན་པའི་ཆོ་གའི་ལག་ལེན་སོགས་མཛད་ཅིང་། བཙུན་མོ་ཚལ་དུ་དགེ་འདུན་གྱི་སྡེ་བསྐྲུངས་ཏེ། རེ་གཅིག་པ་ཤིང་སྟག (སྤྱི་ལོ 1434) ལ་ཆོས་ཀྱི་དབྱིངས་སུ་གཤེགས། ལོ་འདི་ལ་སྤྱན་སྔ་པ་རིན་པོ་ཆེ་བསོད་ནམས་རྒྱལ་མཚན་ཡང་གཤེགས། མཁས་གྲུབ་ཆོས་རྗེ་དགུང་ལོ་ལྔ་བཅུར་ཕེབས།།

རྒྱལ་ཚབ་རིན་པོ་ཆེ་ནི་ཁྲོ་མོ་ཞེས་པ་ཤིང་ཕོ་འབྲུག (སྤྱི་ལོ 1364) ལ་གཙང་སྟོད་དུ་སྐུ་འཁྲུངས། བུ་སྟོན་རིན་པོ་ཆེའི་གཤེགས་ལོ་དང་། རྗེ་འཁྲུངས་ནས་ལོ་བརྒྱད་སོང་བ་དེ་ཡིན། གནས་སྙིང་དུ་མཁན་པོ་རིན་ཆེན་རྒྱལ་མཚན་པ་ལ་རབ་ཏུ་བྱུང་སྟེ་མཚན་གསོལ། དུས་དེ་ན། ང་ཡང་ན

གནས་སྙིང་ལྟུགས་སྒྲོག་རིའི་ནང་འདི་ན་ཕྱུག་ཟེར་བ་ཞིག་བྱེད། ཡང་ན་མཁས་ཟེར་བ་ཞིག་བྱེད། ཅི་དགར་མི་སྨོད་ཅེས་སྙིང་སྟོབས་མཚོན་པའི་གསུང་ཕྱིན་པར་སྣང་། དང་པོར་གངས་ཅན་ཀུན་དགའ་དཔལ། དཀའ་བཞི་བ་རིན་ཆེན་རྡོ་རྗེ། རྗེ་བཙུན་རེད་མདའ་པ་སོགས་བསྟེན་ནས་བཀའ་བསྟན་བཅོས་ལ་སྦྱངས་པས་ལུང་རིགས་སྨྲ་བའི་མཁས་པ་ཆེན་པོར་གྱུར། བསྟེན་པར་རྫོགས་པའི་མཁན་པོ་ནི་ཕྱལ་ཆེར་བླ་མ་རྗེ་བཙུན་ཡིན་པར་མཛད། ཁ་ཅིག་ལྷོག་ལོད་པ་ཆེན་པོ་ཞེས་ཀྱང་ཟེར། ས་སྐྱ། གསང་ཕུ། རྩེ་ཐང་རྣམས་སུ་དཀའ་བཅུའི་གྲྭ་སྐོར་གནང་སྟེ། མཁས་པ་རྣམས་ལེགས་བཤད་ཀྱིས་ཡིད་འཕྲོག་པ་དང་། རིགས་པས་དཔའ་སྐྱོང་བ་ལྷན་ཅིག་ཏུ་མཛད། དེ་ཡང་གསང་ཕུར་ཕྱིན་པའི་དུས་སུ། རོང་སྟོན་སྨྲ་བའི་སེང་གེ་དང་། ཐེག་གསུམ་རྣམ་གཞག་གི་ཐད་དུ་བཀལ་བརྟག་མཛད་པ་ལ། རོང་སྟོན་པས། རྩོད་པ་ངས་སོང་ཞེས་སྤྲོབས་པ་བསྐྱེད་པ་ན། རིན་པོ་ཆེ་འདི་བས་སོང་བར་ཞལ་གྱིས་བཞེས་ལ། གྲྭ་པ་མི་མང་རྣམས་ཀྱིས་མ་སོང་ཞེས་སྨྲས་པའི་ཚེ། རོང་སྟོན་པས། ཇོ་བོ་དེ་ཁྱེད་བཟང་། སྟོན་པ་དེ་ང་བཟང་། སྟག་དང་སེང་གེ་འཐབ་པའི་བར་ན་ཁྲི་ཀན་འགའ་ཉལ་ཐལ། ཞེས་ཀུ་རེ་མཛད་ཟེར་བ་ཞིག་གྲགས་ཀྱང་། རྩོད་ཡིག་གཟིགས་པའི་རང་གཞན་གྱི་མཁས་པ་མཐའ་དག་རྩོད་པ་དེ་མ་སོང་པར་ཐག་གཅོད་པར་སྣང་། རྩེ་ཐང་དུ་གྲྭ་སྐོར་གནང་ཚར་བའི་མོད་དེ་གར། རྗེ་རིན་པོ་ཆེ་ཉིད་གཉལ་ཊ་གྲོང་ན་བཞུགས་པ་ལ། རྩོད་པ་མཛད་པའི་དགོངས་པས་མཇལ་བར་ཕྱིན་པ་ན། སྤྱིར་སྐུ་གསུང་ཐུགས་ཀྱི་ཡོན་ཏན་བསམ་གྱིས་མི་ཁྱབ་པར་དགོངས་ཤིང་། སྒོས་སུ་རྟེན་པ་བཞིའི་བཤད་པ་ཡིད་འཕྲོག་པ་ཞིག་གནང་བ་གསན་པས་ཐུགས་མོས་ཚད་མེད་

པ་འབྲུངས་ཏེ། ཞབས་ཕྱིར་རྒྱུན་འཕྱུད་ནས་མདོ་སྔགས་ཀྱི་གསུང་རབ་མཐའ་ཡས་པ་གསན་པའི་ཞར་ལ། རྗེའི་དྲུང་དུ་བསྙེན་པའི་སྡེ་སྣོད་འཛིན་པ་ཕལ་ཆེར་ལེགས་བཤད་ཀྱིས་སྐྱོང་བར་མཛད་ཅིང་། ངོ་བོ་ལུང་དང་མངོན་པར་རྟོགས་པའི་ཡོན་ཏན་མཐའ་ཡས་པའི་གཏེར་དུ་གྱུར་པས་འགྲན་ཟླ་ཐམས་ཅད་དང་བྲལ་བ་འདི་གཟིགས་ནས། རྗེ་ཉིད་ཞིང་གཞན་དུ་གཤེགས་པར་ཉེ་བ་ན་ན་བཟའ་པེར་ཐུལ་དང་དབུ་ཞྭ་ཞིག་གནང་སྟེ་དོན་གྱིས་གོ་བར་མཛད་པ་བཞིན། ཞི་བར་གཤེགས་པའི་ས་ཕག་དེ་གའི་མཇུག་ལ། འདུལ་འཛིན་རིན་པོ་ཆེས་ཐོགས་དྲངས་པའི་དགེ་འདུན་རྣམས་ཀྱིས། བཞུགས་གདན་སེང་གེའི་ཁྲིའི་སྟེང་དུ་སྤྱན་དྲངས་པ་ལས། རྒྱལ་ཚབ་ཆོས་རྗེ་ཞེས་སྙན་གྲགས་ཀྱིས་ཚངས་པའི་འཇིག་རྟེན་མན་ཆད་ཁྱབ་སྟེ། ཡོན་ཏན་གྱི་རྒྱ་མཚོ་ལ་མཁས་མང་གི་དེད་དཔོན་འཁོར་ནས། ལེགས་བཤད་ནོར་བུའི་བགོ་སྐལ་རྒྱུན་ཆགས་སུ་ལེན་པར་གྱུར་ཏོ། མཁའ་ལ་ཉི་མ་ནུབ་པ་ན། །ཟླ་བའི་དཀྱིལ་འཁོར་ཤར་བ་བཞིན། །རྒྱལ་བ་ཞིང་གཞན་ལ་གཤེགས་ན་ཡང་། རྒྱལ་ཚབ་ཕྱོན་པས་མགོན་དང་བཅས། །རྒྱལ་བ་ཀུན་དང་འགྲན་བཟོད་པའི། །རྒྱལ་ཚབ་འདི་འདྲ་ཡོད་བཞིན་དུ། །རྒྱལ་བ་ང་ནི་མི་དགོས་ཞེས། འོག་མིན་གནས་སུ་གཤེགས་སམ་སྙམ། །དེ་ཡང་གཙོ་བོར་དགེ་ལྡན་ཉིད་དུ་ཐུགས་ཕབ་ནས། བཤད་སྒྲུབ་ཀྱིས་རྗེའི་དགོངས་པ་རྫོགས་པར་མཛད་ཅིང་། སྐབས་འགར་འོལ་ཁ་དང་གནས་སྙིང་སོགས་སུ་ཕེབས་ནས་ཀྱང་གསུང་ཆོས་གསུངས། ཁྱད་པར་ལྕུགས་ཕག་ལ་གདན་ས་ཆེན་པོ་དེར་གཞི་ཆགས་ཀྱི་སྡེ་སྣོད་འཛིན་པ་སྟོང་ཙམ་ལ་གཞུང་ཆེན་མོ་རྣམས་ཀྱི་དཀའ་གནད་ལ་རྟོགས་དཔྱོད་དང་། རྣམ་འགྲེལ་གྱི་ཞིབ་བཤད་བཀའ་དྲིན་བསྐྱངས། སླར་

མཁས་གྲུབ་རིན་པོ་ཆེ་ཞབས་ཕྱིར་ཁྲིད་ནས་དགེ་ལྡན་དུ་ཐེབས་པ། བཞུགས་གདན་ནོར་བུའི་ཁྲི་ལ་བཀོད་དེ། ཉིད་རང་དཔོན་གནས་རྒྱལ་ཁང་རྩེར་ཐུགས་དམ་ཟབ་མོ་ལ་བཞུགས། སྐུ་ཆེ་བའི་ཡོན་ཏན་ཡང་། འཕྲུལ་གྱི་མཛད་པའི་དབང་དུ་བྱས་ན། སྲིད་པའི་ཕུན་ཚོགས་མཐའ་དག་ལ་ཐུགས་ལོག་པས་ལོངས་སྤྱོད་ཀྱི་ཡོ་ལང་དང་འཇིག་རྟེན་གྱི་མཐུན་འཇུག་ལ་མི་དགྱེས་ཤིང་། ཉིན་མཚན་ཁོར་ཡུག་ཏུ་བཤད་སྒྲུབ་ཀྱི་མཛད་པ་ལ་སྐད་ཅིག་ཀྱང་མི་གཡེལ་བ། ལུང་གི་ཡོན་ཏན་གྱི་དབང་དུ་བྱས་ན། མདོ་སྔགས་ཀྱི་བཀའ་བསྟན་བཅོས་མང་པོའི་གཞུང་ཚིག་ཞལ་ཏོན་དུ་བསླུག་ཅིང་། གཞུང་དོན་གདམས་པར་ཤར་བ། རྟོགས་པའི་ཡོན་ཏན་གྱི་དབང་དུ་བྱས་ན། སྡོམ་པ་གསུམ་དང་འགལ་བའི་བཅས་རང་གི་ལྟུང་བ་ཕྲ་མོའི་ཡང་དྲི་མ་མེད་པས། ཚུལ་ཁྲིམས་ཀྱི་དྲི་ངད་བཟང་པོ་དཔག་ཚད་ཀྱི་ཕྱོགས་ཙམ་དུ་ལྡང་བ། སེམས་ཅན་སྡུག་བསྔལ་གྱིས་མནར་བ་ཤས་མི་བཟོད་པའི་སྙིང་རྗེའི་དབང་གིས་སྤྱན་ཆབ་ངང་གིས་འཁྱུད་ཞིང་། དྲུང་ན་འཁོད་པ་དག་ཀྱང་བློ་སྣ་སྐད་ཅིག་ལ་སྒྱུར་ནུས་པ། ཐུན་མོང་བ་ཟབ་མོའི་ལྟ་བ་རྣམ་པར་དག་པ་དང་། ཐུན་མོང་མ་ཡིན་པ་བསྐྱེད་རྫོགས་ཀྱི་ཏིང་ངེ་འཛིན་ཟབ་མོ་མངའ་བས་སྲིད་པ་གསུམ་ཐྲིལ་གྱིས་གནོན་པ། ལེགས་བཤད་ཀྱི་རྩོམ་པ་མཛད་པའི་དབང་དུ་བྱས་ན། ཚད་མ་རྣམ་འགྲེལ་གྱི་རྣམ་བཤད་ཐར་ལམ་གསལ་བྱེད། རྣམ་ངེས་ཀྱི་རྣམ་བཤད་ཆེན་མོ་རྒྱལ་བའི་དགོངས་པ་རབ་གསལ། རིགས་ཐིག་གི་ཊཱིཀྐ་རིན་པོ་ཆེའི་གཏེར་མཛོད། མདོའི་ཊཱིཀྐ་མཐར་འཛིན་གྱི་གདུང་སེལ། རྣམ་འགྲེལ་གྱི་ས་བཅད་ཆེན་མོ། རིགས་གཏེར་གྱི་ཊཱིཀྐ། མངོན་པར་རྟོགས་པའི་རྒྱན་འགྲེལ་པ་དང་བཅས་པའི་རྣམ་བཤད་སྙིང་པོ་རྒྱན། མངོན

པར་རྟོགས་པའི་ལམ་བསྒྲིགས། རྒྱུད་བླ་མའི་ཊཱི་ཀ་ཆེན། དབུ་མའི་རིན་ཆེན་ཕྲེང་བའི་ཊཱི་ཀཱ། རྣལ་འབྱོར་སྤྱོད་པ་བཞི་བརྒྱ་བའི་ཊཱི་ཀཱ། སྤྱོད་འཇུག་གི་ཊཱི་ཀཱ་རྒྱལ་སྲས་འཇུག་ངོགས། མངོན་པ་ཀུན་ལས་བཏུས་ཀྱི་ཊཱི་ཀཱ། ཕུང་པོ་གསུམ་པའི་མདོའི་ཊཱི་ཀཱ་ཡེ་ཤེས། སྙིང་པོའི་བདེན་གཉིས་ཊཱི་ཀཱ། གསང་འདུས་འཇམ་རྡོར་གྱི་མངོན་དཀྱིལ། སྦྱོར་བ་ཡན་ལག་དྲུག་གི་ཁྲིད་ཡིག་སོགས་བཀའ་སྣུལ། གསུང་ལས་སྐྱེས་པའི་སྲས་ཀྱི་དབང་དུ་བྱས་ན། ཕལ་ཆེར་ནི་རྗེ་ཉིད་དང་ཐུན་མོང་དུ་གྱུར་ལ། ཐུན་མོང་མ་ཡིན་པ། མཁས་པ་བློ་གྲོས་མགོན། གླིང་སྟོད་དཔལ་སེང་པ་དཔོན་སློབ། གླིང་སྨད་ཡོན་རྒྱམ་པ་དཔོན་སློབ། མཁས་པ་རཏྣ་ཤྲཱི། མཁས་པ་བློ་གྲོས་བརྟན་པ། ཆེན་པོ་རིན་ཆེན་བྱང་བ། ཆེན་པོ་སངས་རྒྱས་བཟང་པོ་བ། འདུལ་འཛིན་གྲགས་པ་དཔལ་ལྡན། འདུལ་འཛིན་བསམ་འཕེལ་བ། ཆོས་རྗེ་བྱམས་པ་གླིང་པ། གནས་ཕུ་དཀའ་བཅུ་བ། དཀའ་བཅུ་བ་དཔལ་ལྡན་བཟང་། དཀའ་བཅུ་བ་དོན་བགྲུས། དཀའ་བཞི་བ་ཀུན་དགའ་དཔལ། བླ་མ་གྲགས་བགྲུས་པ་སོགས་སྡེ་སྣོད་འཛིན་པ་གྲངས་ལས་འདས་པ་མཚོ་ལ་ངང་མོ་བཞིན་དུ་འཁོར། དེ་ནས་སྐུ་སྨྱུ་ངན་ལས་འདའ་བར་ཉེ་བ་ན། དོན་གྱི་གཙོ་བོ་ལྷས་པོ་ཏ་ལ་ཉིད་སལ་གནས་པའི་འོག་མིན་གཉིས་པར་མཛད་བཞེད་པ་ཡིན་ནའང་། རིམ་པས་གནས་སྙིང་དང་། ངམ་རིང་ཆོས་སྡེར་ཕེབས་པ་ལ་སྐད་བཏགས་ཏེ། གཞུང་ཀོ་གནང་ནས་པོ་ཏ་ལར་ཕེབས་མ་ཁད། སྐུ་ཅུང་ཟད་བསྙུང་པའི་ཚུལ་བསྟན་ཏེ། དགུང་ལོ་རེ་དགུ་བཞེས་པའི་ཡོངས་འཛིན་ཞེས་པ་ཆུ་པོ་བྱི་(སྤྱི་ལོ1432)བ་ལོའི་ཧོར་ཟླ་ལྔ་པའི་ཡར་ཚེས་བརྒྱད་ལ་ཆོས་ཀྱི་དབྱིངས་སུ་གཤེགས། དེ་ནས་ལོ་དགུ་བཅུ་རྩ་བདུན་སོང་། སྐུ

གདུང་རིན་པོ་ཆེ་དགེ་ལྡན་དུ་སྤྱན་དྲངས་པའི་ལམ་བར་མེ་ཏོག་སྣ་ལྔའི་ཆར་ཆེན་པོས་གཡོགས་པར་གྱུར་ཅིང་། ཞུགས་སུ་ཕུལ་བས་རིང་བསྲེལ་ཁ་དོག་ཤིན་ཏུ་འཚེར་བ་དཔག་ཏུ་མེད་པ་བྱོན་པ་སྟེ། དེང་སང་ཡང་རྒྱལ་ཚབ་ཆོས་རྗེའི་རིང་བསྲེལ་ཞེས་མང་པོ་ཞིག་གི་ལག་ཏུ་བརྒྱུད་པ་མཐོང་ངོ་༎

མཁས་གྲུབ་རིན་པོ་ཆེ་ནི། ཁྲོ་མོའི་ལོ་ཞེས་པ་ཤིང་མོ་གླང་(སྤྱི་ལོ་1385)ལ། ལས་སྟོད་ཕྱང་དུ་སྐུ་འཁྲུངས། རྗེ་འཁྲུངས་ནས་ལོ་ཉི་ཤུ་རྩ་དགུ་དང་། རྒྱལ་ཚབ་ཆོས་རྗེ་འཁྲུངས་ནས་ཉེར་གཉིས་ལོན་པ་དེ་ཡིན། དང་པོར་ལམ་འབྲས་པ་ཡེ་ཤེས་དཔལ་བ་དང་། ཀུན་དགའ་རྒྱལ་མཚན་པ་དང་། རྗེ་བཙུན་རེད་མདའ་བ་སོགས་བསྟེན་ནས། མདོ་རྒྱུད་མཐའ་དག་ལ་སྦྱངས་པས་མཁས་པ་ཆེན་པོར་གྱུར་ཅིང་། མཁས་གྲུབ་ལྷ་དབང་བློའི་སྐུའི་སྐྱེ་བ་ཡིན་པས་མཁས་གྲུབ་ཆོས་རྗེ་ཞེས་ཕྱོགས་ཀུན་ཏུ་གྲགས། རྗེ་བཙུན་རེད་མདའ་བ་ལ་མཁན་པོ་ཞུས་ནས་བསྙེན་པར་རྫོགས། དེ་ནས་དབུས་སུ་ཕེབས་ཏེ། རྗེ་ཐམས་ཅད་མཁྱེན་པ་དང་སེ་ར་ཆོས་སྡིངས་སུ་དང་པོར་མཇལ་བ་ནས་ཡུན་རིང་མི་རིང་བ་ཞིག་བསྟེན་པས་ཀུང་གསུང་མ་ལུས་པ་བུམ་པ་གང་བྱོར་གྱུར་ཅིང་། གསང་བདག་གིས་ལུང་བསྟན་པའི་འཁོར་གསུམ་ལའང་ཆོས་མང་དུ་གསན། སླར་གཙང་ལ་བྱོན་ནས། ཉང་སྟོད་ལྷུང་རའི་གདན་ས་མཛད་པས། ལྷུང་ར་དཀའ་བཅུར་གྲགས། དེ་ནས་བདག་པོ་རབ་བརྟན་འཕགས་པ་དང་ཡོན་མཆོད་རྣམ་པ་གཉིས་ཀྱིས། དཔལ་འཁོར་བདེ་ཆེན་གྱི་ཆོས་གྲྭ་ཆེན་པོ་བཏབ་སྟེ། ནོར་བུ་དགའ་ལྡན་པ། བྲང་པོ་ཆེ་བ། ལེགས་གྲུབ་པ། ཞི་གནས་པ། གསེར་ཁང་གོང་འོག་སོགས་དགེ་ལྡན་པའི་གྲྭ་ཚང་མང་པོའི་གཞི་བཙུགས་ཤིང་། སྡེ་སྣོད་འཛིན

པ་རྣམས་མི་རྟོག་ལ་བྱུང་བ་བཞིན་དུ་འཁོར་ནས་གཙང་ཕྱོགས་སུ་རྗེ་ཐམས་ཅད་མཁྱེན་པའི་བསྟན་པ་གསལ་བའི་སྣང་བྱེད་ཉིད་དུ་གྱུར་པ་སྟེ། འགྲོ་མགོན་འཕགས་པ་དང་གོང་མ་སེ་ཆེན་བཞིན་དུ་མཆོད་ཡོན་གཉིས་ཞེས་ལྷ་དང་བཅས་པས་ཤེས་པར་བརྗོད་པའི་སྐབས་སུ་བར་ཆད་ཀྱི་རྣམ་པ་ཉུང་ཟད་མངོན་དུ་གྱུར་ཏེ། བདག་པོ་རབ་བརྟན་པས་མཁྱེན་བཞིན་དུ་ན་ལེནྡྲ་ནས་ཆོས་རྗེ་རོང་ཆེན་པ་གདན་དྲངས། རིན་པོ་ཆེ་པ་དང་རྟོད་པ་མཛད་པར་དྲིལ་བསྒྲག་པ་མཛད་ཅིང་རིན་པོ་ཆེ་བས་ཀྱང་ཞལ་གྱིས་བཞེས་པའི་གཏམ་གྲགས་པ་ལས། ཆོས་སྡེ་རྣམས་ནས་མཁས་པ་མང་པོ་དཔང་པོར་ལྷགས་པར་གྱུར། དེའི་ཚེ་ཡོན་མཆོད་གཉིས་ཐུགས་འགྱུར་ནས་འཛོལ་ཐབས་མཛད་པ་ན། རིན་པོ་ཆེའི་ཞལ་ནས། ཐེག་མཆོག་རིགས་ཀྱི་ནུས་པ་མི་དམན་ཚོགས་གཉིས་རིན་ཆེན་ཁམས་ལས་གྲུབ།

། རྣམ་དཔྱོད་མགྱོགས་འགྲོའི་རྟ་ལྗང་གིས་དྲངས་ཤེས་བྱའི་མཁའ་ལ་ཐོགས་མེད་ཅིང་།
། གསུང་རབ་རྒྱ་མཚོའི་གོས་ཅན་མ་ལུས་རིགས་པའི་ཟེར་གྱིས་སྣང་བྱེད་པ།
། སྤྲིན་མེད་ནམ་མཁའི་ནོར་བུ་དེ་དང་མི་ཁྱིར་ལྷན་ཅིག་ཇི་ལྟར་བགྲོད།
། འོན་ཀྱང་རོང་སྐྱེས་ཤཱཀྱ་ཡི། བསྟན་ལ་སྡང་བའི་ཡིད་ལྡན་ཞིང་།
། གཤེན་རབ་གཞུང་ལུགས་རྒྱལ་མཚན་འཛིན།
། བྱིས་པ་མཁས་པར་རློམ་པ་གང་།
། རིང་ན་གནས་ཚེ་ཁོ་བོ་དང་།
། ལྷན་ཅིག་བརྒལ་ལན་བྱའོ་ཞེས།
། གྱ་གྱུའི་ཡིད་ལྡན་དྲང་སྲོང་གི་སྨོད་པའི་ཚིག་བཞིན་ཡང་ཡང་བསྒྲགས།
། དེ་ནས་ནམ་ཞིག་འདིར་ཕྱིན་ཚེ།
། ཞུམ་པ་བཞིན་དང་སྐྲག་པ་བཞིན།
། གནོང་བ་བཞིན་དང་འཁྱོད་པ་བཞིན།
། སྐྱབས་མེད་བཞིན་དུ་སྐྱབས་འཚོལ་བྱེད།
། དཔལ་ལྡན་ཟླ་བའི་འོད་དཀར་ལ།
། གླགས་འཚོལ་འདོད་པའི་མུན་ཅན་དེ།

ཀོ་བོའི་རིགས་རྩལ་རྡོ་རྗེ་ཡིས། །གཞོམ་པར་བྱ་ཞེས་མངོན་དུ་སྨྲས། །བླ་མའི་ལེགས་བཤད་ཉིན་བྱེད་ཟེར། །སྒྲིབ་བྱེད་ཕྲག་དོག་རྐང་འཕྲུང་རྒྱས། ཉེས་བཤད་ནགས་རྩལ་འཁྲིགས་པ་ཁྱོད། །ད་ལྟ་ཐལ་བར་བྱ་ཞེས་སྨྲས། དེ་ཚེ་སྐྲག་པའི་ཡིད་ལྡན་དེས། །དེ་དག་བདག་གིས་མ་བཀག་ཅེས། །གཉོལ་མེད་གྱུར་བའི་ཚིག་སྨྲ་ཞིང་། །རྫུན་གྱི་ཁྲུང་བུར་ཡང་ཡང་བྲོས། །ཁྲེལ་ཡོད་ངོ་ཚའི་གོས་དང་བྲལ། །སྡོམ་པའི་སྐ་རགས་སློད་བ་ཅན། །བླུན་རྨོངས་སློབ་མའི་ཚིག་ངན་གྱི།། ཡོལ་བས་བསྒྲིབས་པའི་ཕག་ཏུ་འཆེལ། ཕྱོགས་འདིར་མཁས་པའི་དཀའ་མཆིད་དག །བྱ་བར་འོས་པ་མིན་ཞེས་པའི། །སྤྱིན་བདག་ཚིག་ལ་སྐྱབས་བཅས་ནས། །བདག་ལ་བཀའ་དྲིན་ཆེ་ཞེས་སྨྲས། །ལུང་རིགས་རླབས་ཕྲེང་རོལ་པ་ཅན། །སྡེ་ཆེན་རྒྱ་མཚོ་སོ་སོ་ནས། །མཁས་པ་གདེངས་ཅན་དུ་མ་དག གནས་འདིར་དཔང་པོར་ལྷགས་པ་ཡང་། །དེ་ཡིས་གང་ལ་མགོན་བཅས་པ། །དེ་ཉིད་ཚིག་གིས་རང་རང་གི། །ཆུ་གཏེར་གནས་སུ་བསྒྲད་བྱས་ནས། །རྒོལ་བའི་དཀྱིལ་འཁོར་རྫོགས་མ་གྱུར། །འདི་ལྟར་མངོན་དུ་མ་ནུས་པའི། །ཕྱམ་ཚིག་སྨྲས་པ་དྲན་ཕྱོས་ལ། །ཕྱི་ནས་མཁས་པའི་ལེགས་བཤད་ལ། །སྐྱག་ཏུ་ངན་སྨྲས་མ་བྱེད་ཅེས། །བདག་གིས་གདམས་ཤིང་ཚར་བཅད་ནས། །བདེན་མིན་སྨྲ་བ་ལྷུར་ལེན་ཅིང་། །ངོ་ཚས་གཉོལ་མེད་གྱུར་དེ་དག །ལུག་བོང་བཞིན་དུ་མཁས་རྣམས་སྒྲོགས། །བདེ་གཤེགས་བསྟན་པ་གངས་རིའི་སྲུལ་ན་གནས། གཞུང་ལུགས་འབུམ་ཕྲག་རལ་པའི་ཁུར་གྱིས་བརྗིད། རིགས་པའི་མཆེ་སྡེར་མི་བཟད་སྟོབས་ལྡན་པ། །མཁས་མཆོག་གདོང་ལྔའི་དབང་པོ་ཁོ་བོ་ཅམ། །དྲི་མེད་རིགས་པའི་གད་བརྒྱངས་གཅིག་གིས་ཀྱང་།

དྲེགས་ལྡན་ཕས་རྒོལ་གླང་པོ་སྟོང་གི་སྙིང་། །སྙིགས་མར་ཕྱིན་པའི་འཛིགས་སྙེར་དགེ་ལེགས་དཔལ། །བཟང་པོ་ལས་གཞན་སླ་བའི་སེང་གེ་གང་། །ཞེས་མི་འཛིགས་པའི་གསུང་ཕྱིན་པར་སྣང་། དེ་ལྟར་བདག་པོ་རབ་བརྟན་པའི་སྒོ་གསུམ་གྱི་རྣམ་འགྱུར་ལེགས་བཤད་དངོས་སུ་གདམས་པའི་ཡུལ་མིན་པ་འདི་དགོངས་ནས། སྨུམ་ཟད་མར་མེ་ལྟ་བུའི་བསྟན་པ་འདི། །ཁོ་བོའི་ལེགས་བཤད་གོ་ཆ་བློ་གྲོས་ཀྱིས། །རྫོགས་ལྡན་བཞིན་དུ་བྱ་བར་ནུས་ན་ཡང་། །སྐལ་ངན་རྣམས་ཀྱིས་ས་འོག་གཏེར་བཞིན་སྦས།། ད་ནི་དུས་ལ་སྟོད་པ་མེད་པ་དང་། །ལང་ཚོའི་དཔལ་ཡང་སྟོན་ཀའི་སྤྲིན་ལྟར་གཡོ། །སྐྱེ་བོ་ཕལ་ཆེར་སྐལ་བ་མེད་མཐོང་ནས། །མང་ཐོས་བདག་ནི་གཅིག་པུར་ཆོས་དོན་སེམས། །ཞེས་རང་གི་རྟོགས་པ་བརྗོད་ནས། དབེན་གནས་རི་པོ་གདངས་ཅན་ཉིད་དུ་ཕྱུགས་ཕབ་སྟེ་ཐུགས་དམ་ཉག་གཅིག་ལ་གཞོལ་བར་མཛད། དེའི་ཚེ་བདག་པོ་ཆེན་པོ་ཉིད་རིན་པོ་ཆེ་པ་ཕྱོགས་གཞན་དུ་ཐེགས་ཏོགས་ཏེ། ཉེ་གནས་ཆེན་པོ་ལ་ཕྱག་ཏུ་གསེར་གྱི་བྱ་དགའ་སྟེར་བ་སོགས་ཐབས་སྣ་ཚོགས་ཀྱིས་ཡར་ཕེབས་ཨེ་ཐུབ་གཟིགས་ཀྱང་། མཆེ་བ་མི་བཟད་སྲར་མོའི་ཤུགས་འཚང་བ། །གངས་རི་འཛིན་པའི་གདོང་ལྔའི་དབང་པོ་དེ། །ཞུགས་ཀྱིས་བཅིངས་ནས་བཙོག་ཆུས་འཚོ་བ་ཡི། །སྙོ་ཁྲིར་འདོད་པ་མཁས་པའི་བཞད་གད་ཡིན། །ཞེས་གསུངས་ནས་མ་ཕེབས། ཞུགས་མོ་ཕག་གི་ལོ(སྤྱི་ལོ1431)ལ་གནས་སྙིང་དུ་རྒྱལ་ཚབ་རིན་པོ་ཆེ་མཇལ་བར་ཕྱིན་པ་ན། སེང་གེའི་ཁྲི་ཆེན་པོ་ལ་དབང་བསྐུར་བའི་ཞལ་ཏ་གནང་བ་སྤྱི་བོས་ནོད་དེ་ཕྱག་ཕྱིར་དབུས་སུ་གདན་བཏེག སྐྱི་ཤོད་དུ་ཕེབས་པ་ན་ཆོས་རྒྱལ་དུ་དཔེན་ཤཱ་སྐྱ་མཆེད་ཀྱིས་རྗེ་ཡབ་སྲས་གཉིས་ལ་གུས་འདུད་བྱེད་པ་ཇི་ལྟ

པ་བཞིན་དུ་མོས་པ་ཆེན་པོས་ཞབས་སྤྱི་བོར་བླངས། འབྲས་སྤུངས་དང་སེ
རར་ཕེབས་པའི་ཚེ་ཚོགས་པ་ཟུང་འབྲེལ་གྱིས་ཆོས་འབྲེལ་ཞུས་ཤིང་། འཇམ
དབྱངས་ཆོས་རྗེས་གུས་པའི་ཕྱག་དང་། མཚུངས་མེད་ཆོས་རྗེས་ས་གསུམ
མའི་ལུང་ཞུས། དགེ་ལྡན་དུ་ཕེབས་པ་ན། ཤར་ནས་འཕགས་པའི་གནས
བརྟན་ཆེན་པོ་རིན་རྒྱལ་བས། ལ་བྲང་ཉམས་སུ་ཕྱིན་ནས་དར་ཆེན་ཡུག
གཅིག་རྟེན་དུ་མཇལ་དེ་ཕྱག་ཕུལ་ལ། དགེ་འདུན་རྣམས་ཀྱིས་ཀྱང་།
གཙང་ལ་སྤྱུར་དུ་ཕེབས་དགོས་ཏེ། དབང་ལུང་རྗེས་གནང་མན་ངག་སོགས
ཞུས་ནས་ཞལ་སློབ་ཏུ་གྱུར། ལོ་དེ་ལ་ཆོས་ཀྱི་གདན་སར་ཕེབས་ཏེ་ཞྭ་གསེར
མདོག་ཅན་པའི་རབ་བྱུང་བྱེ་བ་ཕྲག་བརྒྱའི་གཙུག་རྒྱན་དུ་མཛེས་པ་ན།
ལས་ཐབས་སུ་རྗེ་བླ་མའི་གསུང་རབ་ཀྱི་སྒྲ་ཆེན་པོ་བསྒྲགས་པས། དཀར
པོའི་སྡེ་རིས་ཐམས་ཅད་དར་ཆེན་འཕྱུར་ཞིང་། ནག་ཕྱོགས་པ་རྣམས་མིང
གི་ལྷག་མ་ཙམ་དུ་གྱུར། སྙན་པ་འདི་ལས་དང་། ཕྱིར་ཡང་རིན་པོ་ཆེའི
རྣམ་ཐར་དྲན་ནས། བདག་པོ་རབ་བརྟན་པ་ཉིད་ཐུགས་འགྱོད་ཆེན་པོ་སྐྱེས
པ་ཡིན་སྣང་། ས་ཡི་བདག་པོ་མཁྱེན་པའི་སྤྱན། །ཡངས་ཞེས་སྙན་པ
ཆེར་གྲག་ན། །དམ་པ་བསྟེན་ཚུལ་འདི་ལས་ནི། །མཁྱེན་པའི་ཚད་ཀྱང
ཙང་ཟད་དཔོགས། །ཡང་ན་མགོན་འདིས་ནུབ་ཀྱི་ཕྱོགས། །ཡོངས་སུ
བཏང་ནས་དགེ་ལྡན་དུ། །རྒྱལ་ཚབ་ཆོས་རྗེར་གཤེགས་པ་ཡི། །འགྱོད
དལ་ཕྲོད་ལ་ཅི་བྱར་ཡོད། སྐུ་ཆེ་བའི་ཡོན་ཏན་ཡང་། བཀའ་བསྟན
བཅོས་ཀྱི་འཇམ་བཤད་མཛད་པའི་དབང་དུ་བྱས་ན། ཐོགས་མེད་སྐུ་མཆེད
ཆོས་མངོན་པ་འཆད་པ་ལ་ཞུགས་པ་ལྟ་བུ་སྟེ། ཁ་བ་རི་པ་མཐའ་དག་གིས
འགྲན་དུ་མེད་པའི་སྨྲ་བའི་ཁྱུ་མཆོག་ཏུ་གྱུར་པ། མཁས་པའི་འདུན་སར

རྩོད་པ་མཛད་པའི་དབང་དུ་བྱས་ན། ཕྱོགས་གླང་ཆོས་གྲགས་མུ་སྟེགས་ཀྱི་སྟོན་པ་འཛོམས་པ་ལ་འཆས་པ་ལྟ་བུ་སྟེ། པཎ་ཆེན་ཕྱོགས་ལས་རྣམ་རྒྱལ་ལྟ་བུ་ཡང་དངོས་སྟོབས་ཀྱི་རིགས་པས་ཕམ་པར་མཛད་པ། རྩོམ་པ་སྙན་དངགས་ཀྱི་སྡེབ་སྦྱོར་སྤྲེལ་པའི་དབང་དུ་བྱས་ན། མཁས་མཆོག་དཔའ་བོའི་སྡེ་བཙོམ་ལྡན་འདས་ཀྱི་ཡོན་ཏན་བརྗོད་པ་ལ་ཞུགས་པ་ལྟ་བུ་སྟེ། ཉིད་ཀྱི་སྙན་ངག་གི་ཡ་མཚན་གཟིགས་པའི་མཁས་པ་མཐའ་དག་ང་རྒྱལ་ཆག་ཅེས་གྲགས། ལྷ་དང་བླ་མའི་གཟིགས་སྣང་གི་དབང་དུ་བྱས་ན། རྗེ་བཙུན་འཇམ་དཔལ་དབྱངས། ལྷ་མོ་དབྱངས་ཅན་མ། ཡི་དམ་རྡོ་རྗེ་འཇིགས་བྱེད། ཡེ་ཤེས་མགོན་པོ་ཕྱག་དྲུག་པ། ཞལ་བཞི་པ་རྣམས་གཟིགས་པ་དང༌། ཆོས་སྐྱོང་རྣམས་ཀྱིས་ཆོས་སྨྲ་བའི་མཆོག་ཏུ་བསྔགས་ཤིང༌། སྨི་ལམ་དུ་རྗེ་བཙུན་ཙོང་ཁ་པ་ཆེན་པོས་འོད་སྤུངས་ལེའུ་གསུངས་པས་ལྟ་ངན་པས་དྲི་མ་བསལ་ནས་ཆོས་ཉིད་མངོན་དུ་གྱུར་བ། དངོས་གྲུབ་མཆོག་བརྙེས་པའི་དབང་དུ་བྱས་ན་རིགས་ལྡན་འཇམ་དཔལ་གྲགས་པ། སློབ་དཔོན་ལེགས་ལྡན་འབྱེད། རིག་པའི་ཁུ་བྱུག ཨ་ཤྭ་ག་ར། རྗེ་འགོས་རྣམས་དང་ཐུགས་རྒྱུད་གཅིག་པ་སྟེ། སོ་སོ་སྐྱེ་བོ་མཐའ་དག་གི་བསམ་པའི་ཡུལ་ལས་འདས་པ། གསུང་རབ་ཀྱི་རྩོམ་པ་མཛད་པའི་དབང་དུ་བྱས་ན། ཚད་མ་རྣམ་འགྲེལ་གྱི་ཊཱི་ཀ་ཆེན་རིགས་པའི་རྒྱ་མཚོ། དཀའ་འགྲེལ་ཡིད་ཀྱི་མུན་སེལ། ཚད་དབྲས་ཀྱི་བཤད་པ་ཆེན་མོ། ཕར་ཕྱིན་གྱི་ཊཱི་ཀཱ། སྡོམ་པ་གསུམ་གྱི་རྣམ་པར་བཞག་པ་ཐུབ་བསྟན་རིན་པོ་ཆེའི་བྱི་དོར། དབུ་མའི་སྟོང་ཐུན་སྐལ་བཟང་མིག་འབྱེད། དུས་ཀྱི་འཁོར་ལོའི་ཊཱི་ཀ་ཆེན་དེ་ཁོ་ན་ཉིད་སྣང་བ། དུས་ཀྱི་འཁོར་ལོའི་སྒྲུབ་དཀྱིལ། འདུས་པའི་སྒྲུབ་ཐབས་ཀྱི་

རྣམ་བཤད་དངོས་གྲུབ་རྒྱ་མཚོ། བརྟག་གཉིས་ཀྱི་རྣམ་བཤད་ཆེན་མོ། ཀྱཻ་རྡོ་རྗེའི་སྒྲུབ་དཀྱིལ་མཆོད་ཕྲེང་དང་བཅས་པ། ལཱུ་ཨི་པའི་དཀྱིལ་ཆོག་ཐུགས་རིམ་གྱི་ལྷན་ཐབས་རྣལ་འབྱོར་རོལ་བའི་དགའ་སྟོན། ཡེ་ཤེས་མགོན་པོའི་གཏོར་ཆོག་རྣམ་བཤད་དང་བཅས་པ། གཞན་གྱི་ལོག་རྟོགས་སེལ་བྱེད་གནམ་ལྕགས་འཁོར་ལོ། རྗེའི་རྣམ་ཐར་ཆེ་ཆུང་། རྩ་ལྟུང་རྣམ་བཤད། དྲིས་ལན་འགའ་ཟུང་། ལྷ་དང་བླ་མའི་བསྟོད་པ་སོགས་གསུང་འབུམ་ཐོར་བུ་བར་འབྱུང་བ་རྣམས་བཀའ་སྩལ། སྐུ་གསུང་ཐུགས་ཀྱི་ཡོན་ཏན་ལ་འཁོར་བའི་སློབ་མའི་དབང་དུ་བྱས་ན། མཁན་ཆེན་བསོད་ནམས་མཆོག་གྲུབ། ཀུན་མཁྱེན་འཕགས་འོད། གསང་མདའ་བ་ཆོས་ལྡན་རབ་འབྱོར། ལྷའི་བཙུན་པ་རིན་ཆེན་རྒྱ་མཚོ། སྤྱན་སྔ་བློ་གྲོས་རྒྱལ་མཚན་པ། ཤར་ཁ་དཔོན་པོ། ཚ་ཁོ་དཔོན་པོ་ཆོས་ཀྱི་གྲགས་པ། རོང་སྟོན་བློ་བཟང་གྲགས་པ། པཎ་ཆེན་ཤཱཀྱ་ཤྲཱི། ལོ་ཆུང་དགའ་བཞི་པ། དྭགས་པོ་ཀུན་བཀྲས་པ། ཤར་པ་ཟླ་གྲགས། ཉི་གྲགས། སློབ་དཔོན་སངས་རྒྱས་རྒྱལ་མཚན། གཙང་པ་བླ་མ་སངས་རྒྱས་དཔལ། བླ་མ་ཞི་རྒྱས་པ། དར་ཐུལ་བ་དཔལ་ལྡན་བཟང་པོ། སྟོན་པ་དཔལ་ལྡན་པ། ཆོས་རྗེ་དོན་གྲུབ་དཔལ་བ། བླ་མ་ཡར་འབྲོག་པ། བླ་མ་ཆོས་གྲགས་པ། སྒྲ་པ་ཆོས་རྒྱལ་པ། ཆོས་རྗེ་ཀུན་ལེགས་པ། གནས་བརྟན་ཆོས་སྐྱོང་བ་སོགས་ཏེ་ཟུར་ཙམ་མོ། དེ་ལྟར་བསྟན་པ་རིན་པོ་ཆེའི་རྒྱལ་མཚན་ཕྱོགས་ཐམས་ཅད་ལས་རྣམ་པར་རྒྱལ་བ་བཙུགས་ཏེ། དགུང་ལོ་ང་བཞི་པ་ས་ཕོ་རྟའི་(སྤྱི་ལོ1438)ལོ་ཆོ་འཕྲུལ་ཟླ་བའི་ཉེར་གཅིག་ལ། རྗེ་བཙུན་ཙོང་ཁ་པ་ཆེན་པོ་གང་དུ་གཤེགས་པའི་མཁའ་སྤྱོད་ཆོས་ཀྱི་ཕོ་བྲང་དུ་གཤེགས་སོ། དེ་ནས་ལོ་དགུ་བཅུ་རྩ་གཅིག

སོང་། དེ་ཡང་སྐུ་ཚེ་མཐར་མ་ཕྱིན་པ་དང་། གསུང་རབ་ཀྱི་རྩོམ་པ་འགའི་འགྲོ་ལུས་པ་ལྟར་བསྟན་པ་ནི། དགོས་པའི་དབང་གིས་གདུལ་བྱའི་སྣང་ངོ་ཙམ་དུ་ཟད་ཀྱི། དངོས་པོ་ལ་ཞིང་འདིར་སྐུ་དངོས་ཀྱི་གདུལ་བྱ་རྫོགས་ཤིང་། དཔའ་བོ་གཡུལ་ལས་རྒྱལ་བའམ། ཚོང་པ་ཁེ་སྤོགས་ཡོན་པ་བཞིན་དུ་བཞེད་པའི་དོན་ཐམས་ཅད་གྲུབ་པ་ཡིན་ནོ་ཞེས་ཤེས་པར་བྱའོ།།

མཁན་ཆེན་པ (བསོད་ནམས་མཆོག་གྲུབ) ནི་ས་མོ་ཡོས (སྤྱི་ལོ 1399)ལ་ཤབ་ཏུ་འཁྲུངས། མཁན་ཆེན་གྲུབ་པ་ཤེས་རབ་པའི་དབོན་པོ་ཡིན། མཁན་ཆེན་པ་ཉིད་དང་མཁས་གྲུབ་རིན་པོ་ཆེ་སོགས་བསྟེན་ནས་གསུང་རབ་ལ་གསན་པ་མང་དུ་མཛད། སྣར་ཐང་གདན་སར་ཕེབས་པ་སྟོད་དབོན་དང་མ་མཐུན་ནས་གདན་ས་མཐིལ་དུ་སྤྱན་སྔ་ཉེར་གཉིས་རིན་པོ་ཆེ་ལ། སྣར་ཐང་སྡེ་མ་ལག་དང་བཅས་པ་ཕུལ་ཏེ། ཉིད་རང་མཐིལ་གྱི་མཁན་པོར་བཞུགས། རྩེ་ཐང་དང་ཆབ་བརྗེ་ལེན་གནང་ཞིང་གདན་ས་ཕན་ཚུན་དུ་ཆོས་མང་དུ་གསུངས་པས། ཆོས་རྗེ་ནམ་པ། ཆོས་རྗེ་ལོ་ཆེན། བླ་མ་དོན་གྲུབ་དཔལ་བ། བླ་མ་འདུས་པ་བ། བླ་མ་དགེ་འཕེལ་བ་སོགས་ཡོན་ཏན་ལ་འཁོར་བའི་ཞལ་སློབ་མང་དུ་བྱུང་། གོང་དུ་བརྗོད་པ་ལྟར་གླིགས་བམ་རིན་པོ་ཆེའི་ལུང་བསྟན་གྱིས་ཀྱང་ཟིན་པ་ཞིག་སྟེ། མཐར་ང་ལྔ་པ་ཆུ་ཕོ་སྤྲེའུ་(སྤྱི་ལོ1452)ལ་གཤེགས། དེའི་ཕྱི་ལོ་ཆུ་བྱ་(སྤྱི་ལོ1453)ལ་སྤྱན་སྔ་རིན་པོ་ཆེ་དཔལ་ཆོས་ཀྱི་གྲགས་པ་འཁྲུངས། རྒྱུ་མཚན་འདི་ལས་དང་། མཁན་ཆེན་པ་ཞི་བར་གཤེགས་ཀའི་གསུང་ངག་འགའ་ཞིག་ལ་དཔགས་ནས་སྤྱན་སྔ་རིན་པོ་ཆེ་འདི་པ་མཁན་ཆེན་པའི་སྐུའི་སྐྱེ་བ་ཡིན་ཞེས་ཆོས་རྗེ་དོན་གྲུབ་དཔལ་གསུང་སྐད། འཕགས་འོད་པ་ནི་ས་སྐྱ་པའི་བཤེས་གཉེན་ཆེན་པོར་

གྱུར་པའི་སྟེང་ནས། སི་ཏུ་བསོད་ནམས་དཔལ་དང་། བདག་མོ་ཤཱཀྱ་དཔལ་ཡབ་ཡུམ་གྱི་བླ་མ་མཛད་པ་ཞིག་སྟེ། ཡབ་ཡུམ་གྱིས་རྗེ་བཙུན་ཤེས་རབ་སེང་གེ་སྤྱན་དྲངས་པའི་དུས་སུ་ཞབས་ལ་གཏུགས་ནས། རྗེའི་ལུགས་ཀྱི་གསང་སྔགས་ཀྱི་ཆོས་རྫོགས་པར་ཞུས་ཤིང་། དཔལ་འཁོར་བདེ་ཆེན་དུ་མཁས་གྲུབ་རིན་པོ་ཆེ་ལའང་གསུང་ཆོས་གསན་ནས་དགེ་ལྡན་པའི་བསྟན་འཛིན་ཆེན་པོར་ཞལ་གྱིས་འཆེས་ཏེ་ལྷུན་པོ་རྩེའི་ཆོས་སྡེར་རྗེ་ཡབ་སྲས་ཀྱི་སྒྲུབ་དཀྱིལ་གྱི་ཕྱག་ལེན་དང་། རྒྱུད་ཀྱི་བཤད་རྒྱུན་འཛུགས་པར་མཛད་པ་དེང་སང་ཡང་མཆོག་ཏུ་རྒྱས་པར་མཆིས་སོ། ལྷ་བཙུན་པ་ནི། འབྲོང་རྩེ་བའི་ཞལ་ངོར་འཁྲུངས་ནས། མཁས་གྲུབ་རིན་པོ་ཆེ་ལ་ཡོན་ཏན་བུམ་པ་གང་བྱོར་ཞུས་ཤིང་། བདག་པས་གཞན་གཅེས་པའི་བྱང་ཆུབ་ཀྱི་སེམས་རིན་པོ་ཆེ་བཅོས་མ་མ་ཡིན་པ་འཁྲུངས་པ་ཞིག་སྟེ། ཇོ་བོའི་བླ་མ་ཤ་ཅིན་བཞིན་དུ། གཞན་གྱི་ནད་དྲག་པོ་དངོས་སུ་ལེན་པ་མཛད་ཅེས་ཡོངས་འཛིན་དམ་པ་ཨ་མོ་གྷས་གསུངས། ཆོས་ལྡན་པ་ནི། གངས་བུ་ལེའི་མགུལ་དུ་གདམས་པ་ཐུགས་ཉམས་སུ་བསྐྱར་བས་སྲིད་གསུམ་སྒྱུ་མ་ལྟ་བུར་རྟོགས་ཤིང་། ནང་རྩ་དང་རླུང་གི་རྟེན་འབྲེལ་གྱིས་ཕྱི་རྒྱ་བོད་ཐམས་ཅད་གཟིགས་པ་དང་། རླུང་སྟོབས་ཀྱིས་ནམ་མཁའ་ལ་འཕུར་ནུས་པའི་ཡ་མཚན་ཅན་ཡིན་སྣང་། དོན་གྲུབ་དཔལ་བས་ཀྱང་ནང་པ་ཚ་བ་གྲུ་བས་སྦྱིན་བདག་མཛད་དེ་རི་བོ་ཆོས་གླིང་བཏབ་ཅིང་། ནང་སོ་འཕྱོས་པས་སྤྱན་དྲངས་ནས་རི་བོའི་ཡང་གདན་ས་མཛད་པའི་སྟེང་ནས་ཐུན་མོང་བ་བྱང་ཆུབ་ལམ་རིམ་དང་། ཐུན་མོང་མ་ཡིན་པ་གསང་སྔགས་ཀྱི་ཆོས་མང་དུ་གསུངས། དེང་སང་ཡར་ཀླུངས་ཀྱི་སའི་ཐིག་ལེ་དེ་ཉིད་དུ་རྗེའི་བསྟན་པའི་མེ་རོ་ཙམ་འདི་བླ་མ་དེའི་ཕྱག་རྗེས་ཡིན་ནོ།

སངས་རྒྱས་དཔལ་བས་ཀྱང་སྤྱི་འབོར་བའི་ཡུལ་དུ་ཌྷི་ཏི་སྐར་གི་ཆོས་སྡེ་བཏབ་ནས་བསྟན་པ་བསྐྱངས། དེ་རྗེས་ཉིད་ཀྱི་གཙུང་པོ་བླ་མ་ཀུན་རྒྱལ་བ་གསང་ཕུ་དཀྱིལ་ཁང་པའི་སློབ་དཔོན་མཛད་པའི་མོད་ལ་གདན་དྲངས་པ་དཀའ་བཞི་དགོན་སོགས་སུ་འང་ཕྱིན་ནས་རྗེའི་བསྟན་པ་ལ་བྱ་བ་མཛད་པའི་རྒྱུན་དེང་སང་ཡང་མཆིས།།

ཆོས་རྗེ་ལེགས་རྒྱལ་བ་ནི། སྲིན་པོ་ཞེས་པ་ཤིང་མོ་ཡོས（སྤྱི་ལོ་1375）ལ་གཙང་དུ་སྐུ་འཁྲུངས། འདུལ་འཛིན་པ་འཁྲུངས་པའི་ཕྱི་མོ་ཡིན། ཞ་ལུར་རབ་ཏུ་བྱུང་ཞིང་རྗེའི་ཞབས་ཕྱིར་ཡུན་འཕྱུད་ནས་ཕྱིན་ཏེ། དགེ་ལྡན་གྱི་དབུ་མཛད་གནང་བཞིན་པའི་སྐབས་ནས། དགུང་ལོ་དྲུག་ཅུ་རྩ་བཞི་པ་ས་རྟ་ལ（སྤྱི་ལོ1438）གདན་སར་ཕེབས། སྣང་ཚུལ་ལ་མཁྱེན་རབ་ཏ་ཙང་ཆེ་བར་མ་གྲགས་ཀྱང་། དོན་དུ་རྣལ་འབྱོར་གྱི་དབང་ཕྱུག་ཆེན་པོ་ཡིན་པའི་དོན་གྱིས་སྡེ་སྣོད་འཛིན་རྣམས་ཧེ་གུས་ཧེ་གུས་དང་། སྐྱེ་བོ་མི་བསྲུན་པ་རྣམས་ཧེ་སྐྲག་ཧེ་སྐྲག་ཏུ་སོང་ནས་བཞུགས་གདན་སེང་གེའི་ཁྲི་ནོན་ངོ་ཤེས་པ་ཞིག་བྱུང་། མཐར་དོན་དྲུག་བཞེས་པ་ལྕགས་ཕོ་རྟའི（སྤྱི་ལོ1450）ཧོར་ཟླ་གཉིས་པའི་ཉེར་བཞི་ལ་གཤེགས། ལོ་འདི་ལ་མཚུངས་མེད་ཆོས་རྗེ་གཤེགས་ཤིང་ཞལ་སྔ་ནས་མངོན་དགའ་བ་འཁྲུངས། དེ་ནས་ལོ་བདུན་ཅུ་ཙ་དགུ་སོང་། ལོ་དུས་ཀྱི་འདས་མཆོད་ནི་འཕྱོང་རྒྱས་ནང་སོ་ནས་རྒྱུན་ཆགས་སུ་གནང་བ་ཡིན་ནོ།།

ཆོས་རྗེ་བློ་གྲོས་པ་ནི། དཀར་པོ་ཞེས་པ་ས་མོ་སྦྲུལ（སྤྱི་ལོ1389）ལ་གཡག་སྡེར་སྐུ་འཁྲུངས། མཁས་གྲུབ་ཆོས་རྗེ་འཁྲུངས་པའི་ལོ་ལྔ་པ་ཡིན། ཆོས་ལུང་ཚོགས་པ་ལ་རབ་བྱུང་ཞུས་ཤིང་། རྗེ་ཡབ་སྲས་གསུམ་ག་དང་།

ཁྱད་པར་མཁས་གྲུབ་ཆོས་རྗེ་བསྟེན་ནས་གསུང་རབ་ལ་སྦྱངས། དྲུག་ཅུ་ཙ་གཉིས་པ་ལྕགས་རྟ་(སྤྱི་ལོ1450)ལ་གདན་སར་ཕེབས་ཏེ། གཙོ་བོར་དུས་འཁོར་གྱི་འགྲེལ་ཆེན་དྲི་མེད་འོད་དང་བཅས་པ་སྐོར་ཆགས་སུ་གསུངས་ཤིང་། ཊཱི་ཀ་ཆེན་གྱི་མཇུག་རྫོགས་པའི་རྩོམ་པ་དང་མཆོད་ཁང་གསར་མ་བཞེངས་པ་གནང་། དོན་ལྔ་པ་ཆུ་ལུག་(སྤྱི་ལོ1463)ལ་ཀུན་སྤངས་མཛད་དེ། གཟིམས་སྤྱིལ་དུ་ཕེབས་པ་ལོ་དེ་གའི་ཧོར་ཟླ་དགུ་པའི་ཚེས་བཅོ་ལྔ་ལ་སྐུ་གཤེགས། དེ་ནས་ལོ་དྲུག་ཅུ་ཙ་དྲུག་སོང་། ལོ་ཟླ་གཉིས་ཀའི་འདས་མཆོད་ནི་ཆག་མེད་སྐོར་ཆགས་སུ་བཟང་བར་ཡོད་དོ།།

ཞལ་སློབ་མང་དུ་བྱོན་པ་ལས་སྐབས་གཞན་དུ་མ་གླེངས་པའི་བླ་མ་གསུམ་གྱི་རྣམ་ཐར་ཟུར་ཙམ་བརྗོད་ན། འཕགས་པ་ལྷ་ནི་ས་མོ་ལུག་(སྤྱི་ལོ1439)ལ་ལོང་པོའི་སའི་ཆར་སྐུ་འཁྲུངས། དབུས་སུ་བྱོན་ནས་ཆོས་རྗེ་བློ་གྲོས་པ། བྱམས་པ་གླིང་པ། སེམས་དཔའ་ཆེན་པོ་སོགས་བསྟེན་ནས། གཞུང་གདམས་ངག་མང་དུ་གསན་ཞིང་། གཟིམས་ཁང་ནས་ཆོས་རྗེ་བ་སོ་བས་མཁན་པོ། རོང་སྟོན་བློ་བཟང་པས་ལས་སློབ། རྒྱུད་པ་བཀྲས་རྒྱལ་བས་གསང་སྟོན་མཛད་དེ་བསྙེན་པར་རྫོགས། ཉང་ལོང་གོང་གསུམ་དང་། མདོ་ཁམས་སྟོད་ཕྱོགས་ཕལ་ཆེ་བར་ཕེབས་ནས་གསུང་ཆོས་གསུངས་པས་སྐྱེ་སེར་མཐའ་དག་གི་ཅོད་པན་དུ་གྱུར་པ་སྟེ། དེང་སང་གི་བར་དུ་ཡང་ཞལ་སྔ་བཀའ་རྒྱུད་ཅེས་རྒྱུན་དུ་འཛིན་པ་ཡིན་སྐད། དེ་མོ་ལ་ཙ། ཆོས་ཁྲི་ཐང་། བཀྲ་ཤིས་ཆོས་ལུང་སོགས་དགེ་ལྡན་པའི་ཆོས་སྡེ་མང་པོའི་གཞི་གདིང་བ་དང་། ཞྭ་ཡང་གསེར་གྱི་མདོག་ཅན་ཁོ་ན་ལ་བརྟགས་པར་མཛད་པ་སྟེ། ཞྭ་འདི་གང་གིས་གྱོན་པ་ཕལ་ཆེར་མཁས། ཞྭ་འདི་གང་གིས་གྱོན་པ་ཕལ་ཆེར་

བཙུན། ཞྭ་འདི་གང་གིས་སློད་པར་བྱེད་པ་དེ། ཞྭ་ཡོང་བཞིན་དུ་རང་ཉིད་ཉམས་པར་འགྱུར། ཞེས་གསུངས། མཐར་ཞེ་དགུ་བཞེས་པ་མེ་མོ་ལུག་(སྤྱི་ལོ1487)ལ་སྐུ་གཤེགས། དེ་ནས་ལོ་བཞི་བཅུ་རྩ་གཉིས་སོང་། སྐུ་སྐྱེ་ཞིག་ སྤྱི་ གོང་ ནས་ འཁྲུངས་ པ་ ཡིན་ འདུག་ ཀྱང་། བར་ སྐབས་ སུ་ མི་གསལ་བ། དེང་སང་སྐྱེ་བོ་ཡོངས་ལ་གྲགས་ཏེ་གདུལ་བྱའི་དོན་མཛད་པར་ཡོད་སྣང་། བླ་ མ་ དེ་ ལ་ རྣམ་ ཐར་ སྐྱོང་ བའི་ དགོན་ དཀོན་ མཆོག་ འབྱུང་གནས་དང་། སངས་རྒྱས་དཔལ་འབྱོར་ཏེ་གཉིས་ཅྱིན་པའང་གཞན་དོན་མཛད་པའི་སྐོད་ལ་གཤེགས། ཆོས་གྲགས་པ་ནི་གཙང་སྟོད་དུ་སྐུ་འཁྲུངས། རྩེ་ཐང་དུ་ས་སྐྱ་པའི་ཡོངས་འཛིན་བསྟེན་ནས་གསུང་རབ་ལ་སྦྱངས་པས་མཁས་པར་གྱུར་ཏེ། ཕུ་གུ་རྫོ་པའི་བཤད་ཉན་མཛད་པ་ན། དགོན་ས་གྲགས་པ་འབྱུང་གནས་པ་ཐུགས་ཤིན་ཏུ་དགྱེས་པ་ཞིག་བྱུང་བ་བཞུགས་མི་སྤྲོ་པའི་རྐྱེན་དུ་སོང་ནས། འོལ་ཁར་ཕེབས་ཏེ། རིན་ཆེན་སྒང་དུ་ཐུགས་དམ་བཟབ་མོ་ལ་གཞོལ་བའི་ངང་ནས། རྗེ་ཐམས་ཅད་མཁྱེན་པའི་གསུང་རབ་ལ་ཞིབ་ཏུ་གཟིགས་པས་གདམས་པར་ཤར་ཏེ། ཐུགས་བདེ་ནས་ཉམས་དབྱངས་སྐྱིད་པའི་རྒྱང་གླུ་ཞེས་པའི་གསུང་མགུར་ཞིག་ཀྱང་གསུངས། དང་པོར་མཁས་གྲུབ་རིན་པོ་ཆེ་གཞིས་ཁ་སྟག་རྩེར་ཕེབས་པ་ལ་གསུང་ཆོས་ཞུ་བར་བརྩམས་ཀྱང་མི་དགྱེས་པ་ཙུང་ཟད་ཡོད་པའི་དོན་གྱིས་མ་གནང་། ཆོས་རྗེ་བློ་གྲོས་པ་གཞིས་ཁར་ཕེབས་དུས་དང་། བཟང་སྐྱོང་བ་ལ་གསུང་ཆོས་གསན་ནས་དགེ་ལྡན་པའི་བཤེས་གཉེན་ཆེན་པོར་ཀུན་ལ་གྲགས་པ་སྟེ། དཔེན་གནས་དེ་ཉིད་དུ་སྐུ་གཤེགས། ནོར་བཟང་རྒྱ་མཚོ་བ་ནི་མཛེས་བྱེད་ཅེས་པ་ཆུ་མོ་ཡོས་(སྤྱི་ལོ1423)ལ་ཧ་ནག་ཏུ་སྐུ་འཁྲུངས། རྗེ་གཤེགས་པའི་ལོ་བཞི་པ་ཡིན།

རིམ་པས་གྲྭ་ཚང་ཆེན་མོར་མཁྱེན་རབ་པ། བཀྲ་ཤིས་ལྷུན་པོར་ཐམས་ཅད་མཁྱེན་པ། གསང་ཕུ་ཀུན་མཁྱེན་པ་སོགས་བསྟེན་ནས་མདོ་ཕྱོགས་ཀྱི་གསུང་རབ་མཐའ་ཡས་པ་དང་། གྲགས་བཟང་པ་ལ་རིམ་ལྔ་གསལ་སྒྲོན་སོགས་སྔགས་ཆོས་ཀྱང་གསན། ཆོས་འཁོར་སྒང་དུ་ལོ་ཙཱ་བ་ཤེས་རིན་པ། དགེ་ལྡན་དུ་རིན་པོ་ཆེ་བློ་གྲོས་པ། རིན་ཆེན་སྒང་དུ་ཆོས་རྗེ་ཆོས་གྲགས་པ་རྣམས་ལ་དཔལ་དུས་ཀྱི་འཁོར་ལོ་དང་། ཁྱད་པར་རིན་པོ་ཆེ་བ་ལ་རྗེའི་གསུང་རབ་མཐའ་དག་གི་བཤད་ལུང་གསན། གཟིམས་ཁང་ནས་ཆོས་རྗེ་རིན་པོ་ཆེ་ལ་མཁན་པོ་དང་། པཎ་ཆེན་ཤཱཀྱ་ཤྲཱི་དང་། རོང་སྟོན་བློ་བཟང་པ་ལ་ལས་སློབ་གསང་སྟོན་ཞུས་ནས་བསྙེན་པར་རྫོགས་པའང་མཛད། དེ་དུས་བཤད་ཉན་གྱི་ཞུ་བ་འབུལ་མི་གཅིག་གཉིས་བྱུང་བ་ཡིན་འདུག་ནའང་། ཏ་ཐཱ་ག་ཏའི་བསྟན་ལ་ཕན་བསམས་ཀྱང་། ཐ་མའི་དུས་འདིར་བཤད་པས་ཕན་པར་དཀའ། ད་ལྟ་རང་དབང་ཡོད་དུས་སེམས་བཏུལ་ནས། ན་ཀ་འཆི་ཚེ་འགྱོད་མེད་བྱས་ན་ལེགས། གསུངས་ནས་རིན་ཆེན་སྒང་དུ་ཐེབས་པ་ཕོ་བྲང་ཨོལ་ཁ་སྟག་རྩེ་ནས་སྦྱིན་བདག་གི་མཐིལ་ལེན་མཛད་དེ། སྒྲུབ་པའི་རྒྱལ་མཚན་བཙུགས་པས། ཐུན་མོང་བ་སྟོང་ཉིད་སྙིང་རྗེའི་སྙིང་པོ་ཅན་དང་། ཐུན་མོང་མ་ཡིན་པ་བདེ་སྟོང་གི་ཏིང་ངེ་འཛིན་ཟབ་མོ་མངོན་དུ་གྱུར་ཅིང་། གཞན་ཡང་འཇམ་དབྱངས་གཞོན་ནུ་ཞལ་གཟིགས་པ་དང་། ཐག་རིང་པོའི་སྒྲ་གསན་པ་སོགས་གྲུབ་པའི་རྟགས་མང་དུ་ཤར་བ་སྟེ། བསྟོད་པར། ཆོས་འཁོར་ལྷ་སར་རོལ་མོ་དཀྲོལ་བའི་སྒྲ། །ཨོལ་ཁའི་གནས་འདིར་བདག་གིས་གསལ་བར་ཐོས། །རྟོག་བཏགས་རྟེན་འབྲེལ་སྣང་བ་མཚར་ཆེ་ཞེས། དགྱེས་བཞིན་འཁོར་ལ་བཀའ་སྩལ་གསོལ་བ་འདེབས། །ཞེས་འབྱུང་།

གསུང་རབ་གདམས་པར་ཤར་བའི་འབྲས་རྟགས་སུ་ལེགས་བཤད་ཀྱི་རྩོམ་པ་ཡང་དུས་ཀྱི་འཁོར་ལོའི་སྤྱི་དོན། འཁྲུལ་སེལ་བ་འགོག་པའི་རྩིས་ཀྱི་ཡིག་ཆ། གསང་བ་འདུས་པའི་ལམ་རིམ་པ་གཉིས་ཀྱི་བཤད་པ། གཞན་ལ་མ་གྲགས་པའི་གྲུབ་མཐའི་སྲོལ་བཀོད་པའི་དབུ་མའི་ཡིག་ཆ་ཆེ་ཆུང་སོགས་མཛད། གཞན་དོན་ཕྲིན་ལས་ནི་གོང་དུ་བརྗོད་པ་ལྟར་དགེ་འདུན་གྱི་ཚོགས་མ་བསྡུས་ཀྱང་། མང་མི་གཙོ། ཁྲུ་གཙོ་ཞེས་པའི་ལོ་རྒྱུས་བཞིན། ཞལ་སྔ་ནས་ཐམས་ཅད་མཁྱེན་པ་ལྷ་བུ་དང་། སློབ་དཔོན་ཐོས་འཛིན་པ་སློབ་དཔོན་ཀུན་རྒྱལ་བ། བཤེས་གཉེན་བྲའོ་དཀའ་བཅུ་བ་སོགས་གཞལ་སློབ་དུ་ཕྱིན་པ་དང་། མཁས་གྲུབ་ཀྱི་སྙན་གྲགས་ཆེན་པོ་དགེ་ལྡན་པའི་རྒྱུན་དུ་ཆེ་བ་ལ་དཔགས་ན་དངོས་རྒྱུད་གཉིས་ཀའི་སློ་ནས་རྗེ་བཙུན་ཙོང་ཁ་པ་ཆེན་པོའི་བསྟན་པ་ལ་མཛད་པ་གཞན་དང་མི་མཉམ་པ་མེད་པ་ཞིག་སྟེ། མཐར་དགུང་ལོ་དགུ་བཅུ་རྩ་གཅིག་བཞེས་པ་ཆུ་མོ་བྱའི་（སྤྱི་ལོ1513）ལོ་ཧོར་ཟླ་དྲུག་པའི་ཉེར་ལྔ་ལ་དབེན་གནས་དེ་ཉིད་དུ་སྒྱུ་ངན་ལས་འདས། དེ་ནས་ལོ་བཅུ་དྲུག་སོང་། དེའི་ཚེ་ནམ་མཁའ་ལ་འཇའ་ཁ་དོག་སྣ་ལྔ་པའི་གུར་དང་། མེ་ཏོག་གི་ཆར་ཆེན་པོ་བབས་ཤིང་གདུང་ལ་རིང་བསྲེལ་མང་དུ་ཕྱིན་པ་སྟེ། གདུང་ཐལ་ལས་བཞེངས་པའི་སྐུ་འདྲ་ལ་དེང་སང་ཡང་རིང་བསྲེལ་འཛུགས་པ་ཡོད་པར་སྣང་།།

ཆོས་རྗེ་ཆོས་རྒྱལ་བ་ནི་སྟ་ཚོགས་ཞེས་པ་ཆུ་ཕོ་རྟ་（སྤྱི་ལོ1402）ལ་སྐུ་འཁྲུངས། མཁས་གྲུབ་ཆོས་རྗེའི་གཅུང་པོ་ཡིན། རྗེ་ཡབ་སྲས་ཀྱི་ཞབས་ལ་གཏུགས་ཏེ་མདོ་སྔགས་ཀྱི་གསུང་རབ་ལ་སྦྱངས། དང་པོར་གསང་ཕུ་ར་བ་སྨད་པའི་འཆད་ཉན་ཞིག་མཛད་པ་ཐུགས་ཀྱིས་བོར་ནས། ལྷན་པ་སོང་

གདམས་པ་ཉམས་སུ་བསྐར་བས་ཐུན་མོང་མ་ཡིན་པའི་བདེ་སྟོང་གི་ཧིང་ངེ་འཛིན་ཟབ་མོ་ཐུགས་ལ་འཁྲུངས་ཤིང་། ཞལ་སློབ་ནང་དག་པ་ལ་དེ་ཁའི་ཞལ་བཞེས་ཀྱང་མཛད་པ་ཡིན་སྐད། དེ་ནས་ཆོས་རྗེ་བློ་གྲོས་པའི་རྗེས་སུ་གདན་སར་རྗེ་དགེ་འདུན་གྲུབ་སྤྱན་འདྲེན་དུ་བཏང་བ་ན། འམ་བུ་དགྲ་མཁར་དགྲའི་ས་ཆར་བསྒྲིག་དགོས་པ་ཡོད་གསུངས་ནས། རྗེ་འདི་ཉིད་ལ་ལུང་བསྟན་མཛད་པ་ལྟར་གདན་དྲངས། དགུང་ལོ་རེ་གཉིས་པ་ཆུ་ལུག་ལ(སྤྱི་ལོ1463)གདན་སར་ཕེབས། མདོ་སྔགས་ཀྱི་ཆོས་མང་དུ་གསུངས་པའི་ཞར་ལ་དུས་འཁོར་གྱི་བསྐྱེད་རྫོགས། དབུ་མའི་ལྟ་ཁྲིད་ཆེན་མོ། སྙིང་པོ་དོན་གསུམ་གྱི་ཁྲིད་ཡིག་སོགས་ལེགས་བཤད་རྩོམ་པ་དང་། དྲི་གཙང་ཁང་དུ་རྒྱལ་བ་སེང་གེའི་ང་རོའི་གསེར་སྐུ་ཡ་མཚན་ཅན་བཞེངས་པའང་མཛད། དེ་ལྟར་བསྟན་པ་རིན་པོ་ཆེའི་མཛད་པ་བསྐྱངས་པས། འཁོར་ལོ་བཞི་ལྡན་གྱི་དགེ་སློང་མང་པོ་མེ་ཏོག་ལ་བུང་བ་བཞིན་འཁོར་ཞིང་། བ་སོ་ཆོས་རྗེ་ཞེས་སྙན་གྲགས་ཀྱིས་དབུས་གཙང་ཁྱབ་པར་གྱུར་པའི་མོད་ལ། ཀླུང་གི་རྒྱ་ཚུལ་ལོག་པ་དགོངས་ནས་ཀུན་སྤངས་མཛད་དེ། དོན་གཉིས་བཞེས་པ་ཆུ་མོ་སྦྲུལ་གྱི(སྤྱི་ལོ1473)དགུན་དུས་ཞིག་བྱུང་གླིང་དུ་སྐུ་གཤེགས། དེ་ནས་ལོ་ལྔ་བཅུ་རྩ་དྲུག་སོང་། དགུང་ཞག་གི་རིང་འོད་གསལ་ལ་བཞུགས་ཤིང་མེ་ཏོག་འཁྲུངས་པ་སོགས་ལྟས་བསམ་གྱིས་མི་ཁྱབ་པ་འབྱུང་སྐད། ཆོས་རྗེ་དེ་ཉིད་ཀྱི་སྲས་རྣམས་ལས་དམ་པ་གསུམ་གྱི་ལོ་རྒྱུས་ཟུར་ཙམ་རེ་བརྗོད་ན། གཙང་གི་ཁྱུང་པོ་བྱ་ཐལ་བ་དགེ་འདུན་བཟང་པོ་ནི་མེ་མོ་བྱ་(སྤྱི་ལོ1417)ལ་ཁྱུང་པོའི་རིགས་སུ་སྐུ་འཁྲུངས། རྗེའི་དགུང་ལོ་རེ་གཅིག་པ་ཡིན། དབུས་སུ་བྱོན་ནས་རིན་པོ་ཆེའི་དྲུང་དུ་མདོ་སྔགས་ཀྱི་ཆོས་མང་པོ་

གསན་ཞིང་འཕྲུལ་འཕྲུལ་ཐུགས་སུ་བཞེས་པའང་མཛད། དེ་ནས་གཙང་ལ་ཕེབས་ཏེ། རྗེ་དགེ་འདུན་གྲུབ་ཡབ་སྲས་ལ་ལམ་རིམ་ཞུས་ནས་དྲང་སྲོང་ཆེན་པོ་ཕྲུ་ཆུང་བ་བཞིན་དུ་སྐྱེ་བོས་དབེན་པའི་ཡུལ་ལྗོངས་མང་པོར་བྱོན་ཏེ། བསྒོམས་པས་མངོན་པར་རྟོགས་པའི་ཡོན་ཏན་ཇེ་མཐོ་ཇེ་མཐོར་རྒྱས་པའི་ནང་གི་ཉེར་ལེན་གྱིས་རང་དབང་མེད་པར་སྣང་གྲགས་ཅུར་ནས། གནས་སྙིང་རིན་པོ་ཆེ་ཁྲུ་དགོན་དང་། བདག་ཆེན་སོགས་དང་འཕགས་པ་སོགས་བླ་ཆེན་དང་མི་ཆེན་མང་པོའི་དབུ་གཙུག་གིས་ཞབས་ལ་རེག་ཅིང་སྐྱ་སེར་གྲངས་མེད་པ་འདུས་པ་ལ་ལས་འབྲས་ཟབ་མོའི་ཆོས་ཀྱི་ཆར་ཕབ་པས། ས་ཐུལ་རྗེ་ཐུལ་གྱི་རྣམ་པར་གྱུར་ནས་རབ་ཏུ་བྱུང་བ་རྣམས་བསླབ་པ་རིན་པོ་ཆེ་ལ་གཅེས་སྤྲས་དང་། ཁྱིམ་པ་རྣམས་དགེ་སྡིག་བླང་དོར་ལ་ནན་ཏན་ལྷུར་བྱེད་པ་ཉིད་དུ་སོང་བས། བྱ་བཏང་སེམས་དཔའ་ཆེན་པོ་ཞེས་མཚན་ཐོས་ཚད་དད་པའི་སྤྱི་ཡོང་གཡོ་བ་ཞིག་སྟེ། མཐར་དོན་དགུ་བཞེས་པ་ཤིང་མོ་ཡོས (སྤྱི་ལོ 1495)ལ་ངོ་མཚར་བའི་ལྟས་བསྟན་ཏེ་གནས་སྙིང་གི་རྒྱབ་རིར་མྱ་ངན་ལས་འདས། དེ་ནས་ལོ་སུམ་ཅུ་རྩ་བཞི་སོང་། སྐུ་གདུང་རིན་པོ་ཆེ་བཞུགས་པའི་རྟེན་བཞེངས་ཀྱི་ཐུགས་ཁུར་སོགས་ནི། ཆོས་རྗེ་འཇམ་དཔལ་སྙིང་པོ་དཔོན་སློབ་ཀྱིས་མཛད་པར་སྣང་། དབུས་ཀྱི་ཁྲུང་པོ་བྱ་བྲལ་བ་དགེ་ལེགས་བཤེས་གཉེན་ནི། སྔ་པའི་སའི་ཆར་རྔོང་པོའི་རིགས་སུ་འཁྲུངས། དབུས་སུ་བྱོན་ནས་སེ་འབྲས་གསང་གསུམ་དུ་མདོ་ཕྱོགས་ལ་གསན་པ་རྒྱ་ཆེར་མཛད་ཅིང་། རིན་པོ་ཆེ་བ་སོ་བ་ལ་གསང་སྔགས་ཀྱི་ཆོས་མང་པོའང་གསན། དེ་ནས་མདོ་ཁམས་ལ་འབྱོན་པ་དང་། དགེ་འདུན་གྱི་ཚོགས་བསྡུ་བའི་ཐུགས་ཀྱི་འཁྲི་བ་ནི་བཅད། ཚེ་འདིའི་འདུན་གྲོས་ཀྱི་འགོང་པོ་ནི་འོག་ཏུ་མནན།

རྣམ་གྲོལ་དོན་གཉེར་གྱི་སྙིང་རུས་ནི་ཁོག་ཏུ་བཙུག་སྟེ། ངག་ཏུ། མི་ལུས་རིན་པོ་ཆེ་ལན་ཅིག་ཐོབ་པ་འདི་དོན་མེད་དུ་ཡེངས་ན་ཅི་རུང་གསུངས་ནས། དང་པོར་མལ་གྲོའི་ཚུལ་ཁྲིམས་དྲི་ཞིང་དང་། ཕྱིས་སྐམ་ཐག་ཏུ། བསམ་གཏན་གྱི་ཟས་ལ་རྩེ་གཅིག་ཏུ་རོལ་པར་མཛད་པས། སློབ་དཔོན་ཀླུ་སྒྲུབ་ཞལ་གཟིགས་པ་དང་། ཐུན་མོང་དང་ཐུན་མོང་མ་ཡིན་པའི་མངོན་རྟོགས་ཀྱི་ཡོན་ཏན་བཟང་པོ་ཐོབ་པ་བཞིན་དུ་ཐུགས་ལ་འཁྲུངས། ཞལ་ནས་ཀྱང་། གནས་མི་མེད་ཁྲི་མེད་ཀྱི་ལུང་སྟོངས་སུ། །ང་ཕ་མེད་མ་མེད་ཀྱི་རྣལ་འབྱོར་པ། །ལུས་དཔོན་མེད་གཡོག་མེད་ཀྱི་འདུག་ལུགས་གསལ། །སེམས་སྤྲོས་བྲལ་སྟོང་པའི་ངང་དུ་ཉལ། །མི་གཞན་དག་གི་སྐུ་གཟུགས་ཕྱི་རུ་བཞེང་། །ང་རྣལ་འབྱོར་གྱི་སྐུ་གཟུགས་ནང་དུ་བཞེང་། །ཀློ་སྦུར་མགྱོགས་ཀྱི་ལྷ་བཟོ་ཕྲུབས་ཤིང་ཡོད། །བྱིན་གང་ལེགས་ཀྱི་ལྷད་མོ་བལྟ་རྒྱུ་ཡིན། །ཞེས་གདེང་ཐོབ་པའི་གསུང་བྱིན་པར་སྣང་། འཕྲུལ་གྱི་མཛད་པ་རྣམ་ཐར་ནི་གསུང་རབ་ཀྱི་འཕེལ་གཏམ་ལ་བསྙད་པ་མ་གཏོགས་མཁས་པ་སུ་ལ་ཡང་གསུང་ཆོས་གསུང་བའི་མིང་མི་འདོགས། གསང་སྔགས་ཀྱི་འཕེལ་གཏམ་མི་མཛད་ཅིང་རྡོར་དྲིལ། བགྲང་ཕྲེང་སོགས་ཕྱག་མཚན་གང་ཡང་ཕྱིར་མི་མངོན། ཆོས་དང་མི་མཐུན་པའི་སྐྱ་སེར་གྱི་གསུང་གླེང་བྱུང་བ་ན་བཀའ་བསྐྱོན་ཆེ་ཆེ་ལྟར་མཛད། སྡོམ་པ་གོང་མ་བླངས་པ་དང་། ཐོས་པ་མང་མང་པོ་ལ་བརྟགས་པ་མི་མཛད་པར་དགེ་ཚུལ་གྱི་རྟེན་བཟུང་ནས་ཉམས་ལེན་བྱེད་པ་ཁོ་ན་ལ་དགྱེས། ངེད་རང་དགེ་ལྡན་པ། ཁོང་བཀའ་བརྒྱུད་པ་དང་ས་སྐྱ་པ་ཞེས་ཆོས་གྲུབ་མཐའི་ཐུགས་རུས་གཞན་དང་མི་མཉམ་པ་ལྟར་མཛད་པ་ཞིག་སྟེ། མཐར་དགུང་ལོ་བརྒྱད་ཅུ་ཐོན་པ་ན་དབེན་གནས་དེ་

ཉིད་དུ་སྦྱངས་ལས་འདས། ཡ་མཚན་པའི་ལྟས་སུ། དུང་དཀར་གཡས་སུ་འཁྱིལ་བ་དང་། གདུང་ལ་རྡོ་རྗེ་རྣལ་འབྱོར་མའི་སྐུ་དང་། རིང་བསྲེལ་མང་དུ་བྱོན་པ་ད་ལྟ་ཉི་སྟེངས་ན་བཞུགས་ཡོད་དོ། གནས་སྙིང་རིན་པོ་ཆེ་ཀུན་དགའ་བདེ་ལེགས་རིན་ཆེན་རྒྱལ་མཚན་དཔལ་བཟང་པོ་ནི། མེ་ཕོ་སྟག་(སྤྱི་ལོ1446)ལ་ལ་སྟོད་དུ་སྐུ་འཁྲུངས། ཡོངས་འཛིན་དམ་པ་ཨ་མོ་ཀྵ་འཁྲུངས་པའི་ལོ་ལོ་ཡིན། རྗེ་དགེ་འདུན་གྲུབ་ལ་ཐུན་མོང་པ་ཐར་ཕྱིན་ཐེག་པའི་གཞུང་དང་། རིན་པོ་ཆེ་བ་ལ་ཐེག་པ་ཆེན་པོ་གསང་སྔགས་སྐོར་ཞིབ་ཏུ་ཞུས་པ། ཐུགས་མོས་ཀུང་མཆོག་ཏུ་ཆེ་བ་འཁྲུངས་པ་སྟེ། ཁོ་བོ་ལ་གནས་སྙིང་པའི་རིགས་སུ་སྐྱེས་སྣམ་པའི་རྣམ་པ་ནི་ཡེ་མེད། བ་སོ་ཆོས་རྗེའི་གྲྭ་པ་ཡིན་སྣམ་པའི་ཁེངས་པ་ནི་ཡོད་ཅེས་གསུངས་བ་ཡིན་སྣང་། ཆོས་རྗེ་ཐམས་ཅད་མཁྱེན་པས་མཁན་པོ་དང་། ཆོས་རྗེ་འདུལ་དཀར་བས་ལས་སློབ་གནང་ནས་བསྙེན་པར་རྫོགས་པའང་མཛད། དེ་ནས་གནས་སྙིང་གི་གདན་ས་ཆེན་པོར་ཐེབས་ཏེ། བྱང་ཆུབ་ལམ་རིམ་ལ་སོགས་པའི་གསུང་རྒྱུན་དུ་གསུངས་བ། དགེ་འདུན་གྱི་བཙའ་ཁྲིམས་ལ་གནོན་པ། བཀྲ་ཤིས་ལྷུན་པོ་བ་དཔོན་སློབ་ཀྱི་ཆོས་གཞི་འདེགས་པ། ཐུགས་དམ་གོས་སྐུ་ཆེན་མོ་བཞེངས་པ་སོགས་བསྟན་པའི་བྱ་བ་རྒྱ་ཆེར་མཛད་པའི་མོད་ལ། ཆོས་རྗེ་འཇམ་དཔལ་སྙིང་པོ་ཁྲི་ཐོག་ཏུ་བཏོན་ནས། ཉིད་རང་ཐུགས་དམ་གང་འཕེལ་གྱི་དགོངས་པས་འགོལ་ས་སྙིག་པ་ཁད་ཉེར་གཞིས་ཁ་སྟེའུ་ནས་སྤྱན་དྲངས་པར་ནང་སོ་སྐུ་མཆེད་ཀྱིས་ཐོག་དྲངས། སྐྱེ་ཤེད་ཀྱི་རབ་བྱུང་སྐྱེ་བོའི་ཚོགས་མང་པོའི་དོན་མཛད་ཅིང་། ར་སྒྲེང་དང་། དགེ་ལྡན་མཇལ་བར་ཐེབས་པ་ནའང་། གུས་པ་དང་ལྡན་པའི་དགེ་འདུན་རྣམས་གསུང་ཆོས་ཀྱིས་ཚིམས་པར་མཛད།

སྐྱེ་ཤོད་དུ་བཞུགས་དུས་དེ་ཁར་ནུབ་ཅིག་མནལ་ལམ་དུ་གནས་རྙིང་གི་རྒྱབ་རི་ལ་རྗེ་བཙུན་ས་པཎ་གྱི་སྐུ་འདྲ་འབུར་དུ་དོད་པ་ཞིག་གཟིགས་པ་རྨིས་པ་ན། སློབ་བུར་དུ་གཅང་ལ་བཏེག་སྟེ། གནས་རྙིང་གླིང་གི་ཁོ་ར་ཁོར་ཡུག་ཏུ་རྗེ་ཡབ་སྲས་ཀྱི་མཚན་རྣམས་རྡོ་ལ་བྲིས་ནས། བསྟན་པ་རིང་དུ་གནས་པ་དང་གཞན་དུ་མི་འགྱུར་བའི་རྟེན་འབྲེལ་བསྒྲིག་པ་མཛད། སླར་དབུས་སུ་ཕྱིན་ནས་ནང་སོ་དཔོན་སློབ་གྱིས་གུས་མཆོད་སྔར་བཞིན་དང་། ཐམས་ཅད་མཁྱེན་པའི་སྐུ་སྐྱེ་རིན་པོ་ཆེ་བསྙེན་པར་རྫོགས་པའི་མཁན་པོའང་གནང་། དགེ་ལྡན་དུ་ཕེབས་ནས་དཔྱལ་གདུང་རིན་པོ་ཆེའི་དྲུང་དུ་བསྟན་པ་རིན་པོ་ཆེ་རྒྱས་པའི་སྨོན་ལམ་དང་། མགོན་ཁང་དུ་ཆོས་སྐྱོང་རྣམས་ལ་བསྟན་དགྲ་བསྣུག་པའི་འཕྲིན་ལས་འཆོལ་བ་སོགས་མཛད། སླར་ཡང་གཅང་ལ་ཕེབས་ཏེ་གནས་རྙིང་རི་ཕུག་ཏུ་ཐུགས་དམ་འཕེལ་བར་བཞུགས། སྐུ་ཆེ་བའི་ཡོན་ཏན་ཡང་ཐུགས་སྐྱོ་ཤས་ངེས་འབྱུང་ཆེ་བས། མི་མ་རུངས་པ་ཅི་འདྲ་ཞིག་ཀྱང་བློ་སྣ་སྒྱུར་ནུས་པ་སྡོམ་པ་གསུམ་གྱི་ཚུལ་ཁྲིམས་མཆོག་ཏུ་གཙང་བས། དེའི་དྲི་ངད་ཞིམ་པོས་ཙན་དན་གྱི་དྲི་བཟང་པོ་ཡང་ཟིལ་གྱིས་གནོན་པ། བྱང་ཆུབ་ཀྱི་སེམས་རིན་པོ་ཆེ་འབྱོངས་པས་གཞན་སྡུག་བསྔལ་པ་གསན་པ་ན། སྐུ་ལུས་འདར་བ་དང་སྤྱན་ཆབ་ངང་གིས་འབྱུང་བ། གསང་སྔགས་ཀྱི་གདམས་པས་ཐུགས་རྒྱུད་གཏམས་པར་མཛད་པ་མ་གཏོགས་སྟོད་མེད་ལ་དུས་ནམ་ཡང་མི་འདོམས་པ། རྗེ་བཙུན་ཙོང་ཁ་པ་ཆེན་པོའི་བསྟན་པ་ཁོ་ན་ཐུགས་ལ་བཅངས་ནས་ཅི་ཕན་མཛད་པ་སོགས་ཏེ་ངོ་མཚར་མཆོག་ཏུ་ཆེ་བ་ཞིག་གོ། མཐར་དགུང་ལོ་ལྔ་བཅུ་རྩ་གཅིག་པ་མེ་ཕོ་འབྲུག་(སྤྱི་ལོ1496)ལ་རི་ཕུག་ཏུ་སྐུ་གཤེགས། བྱ་བཏང་ཆེན་པོ་གཤེགས་པའི་ཕྱི་ལོ་ཡིན། དེ་

ནས་ལོ་སུམ་ཅུ་རྩ་གསུམ་སོང་། ཡ་མཚན་པའི་རྟགས་སུ་དབུ་ཐོད་ལ་ཐུབ་དབང་གི་སྐུ་དང་། བདེ་མཆོག་ལྷན་སྐྱེས་ཀྱི་སྐུ་གསལ་བར་བྱོན་དེའི་དབོན་འཇམ་དཔལ་སྙིང་པོ་བ་དང་། དེའི་དབོན་རིན་ཆེན་རྡོ་རྗེ་བ་ཡང་རིན་པོ་ཆེ་པའི་རྣམ་ཐར་ཇི་ལྟ་བ་བཞིན་སྐྱོང་ཞིང་བསྟན་པ་འདིའི་རྒྱན་དུ་ཆེ་བ་ཞིག་སྟེ། ཐམ་དགུང་ལོ་སུམ་ཅུ་མ་ཟིན་ཙམ་དང་ཕྱི་མ་སུམ་ཅུ་རྩ་ཐོན་པ་ན་གཤེགས། འདས་རྟགས་སུ་ཐམ་མའི་མས་སོ་ལ་དུང་གཡས་འཁྱིལ་རིང་བསྲེལ་གྱིས་བརྒྱན་པ་དང་། ཕྱི་མའི་ཞུན་ཐིག་ལ་བཅོམ་ལྡན་རྣམ་པར་རྒྱལ་མའི་སྐུ་ཞལ་ཕྱག་ཡོངས་རྫོགས་བྱོན། ད་ལྟ་དབོན་ཁྲི་ཐོག་པ་འདི་ལས་གཞན་པའི་གདུང་རྒྱུད་གཉིས་པ་མ་མཆིས་ཀྱང་། རྒྱ་འཇམ་དཔལ་སེང་གེས་སྤྱན་རས་གཟིགས་ཀྱི་སྤྲུལ་པ་བརྒྱད་ཅུ་རྩ་བརྒྱད་འབྱོན་པར་ལུང་བསྟན་པ་ལྟར་ན། འདི་པ་ཞེ་བདུན་པ་ཡིན་སྣང་བས། གདུང་རྒྱུད་ཀྱི་ཕྲེང་བ་ཆད་པར་མི་འགྱུར་རམ་སྙམ།།

ཆོས་རྗེ་བློ་གྲོས་བརྟན་པ་ནི་(སྤྱི་ལོ1402)གཙང་སྟོད་དུ་སྐུ་འཁྲུངས། ཆོས་རྗེ་བ་སོ་དང་འཁྲུངས་ལོ་གཅིག གནས་སྙིང་དུ་རབ་ཏུ་བྱུང་། སྤྱིར་རྗེ་ཡབ་སྲས་གསུམ་ག་དང་། སྒོས་སུ་རྒྱལ་ཚབ་རིན་པོ་ཆེ་བསྟེན་ནས་གསུང་རབ་ལ་སྦྱངས་པས་མང་དུ་ཐོས་པའི་མཁས་པ་ཆེན་པོར་གྱུར། དང་པོར་གསང་ཕུ་ཁྲ་སྒྲི་གྲྭ་ཚང་གི་འཆད་ཉན་མཛད་པ། ཆགས་སྡང་འཕེལ་བའི་དབང་གིས་བཞུགས་མ་སྦྲོ་བར། ཡར་སྟོད། ཨེ་དྭགས་སོགས་སུ་བྱ་བྲལ་འཆད་ཉན་འཕེལ་བར་མཛད། དེ་ནས་བྱང་རྩེར་ཕེབས་པ། བྱམས་ཆོས་སོགས་གཞུང་ཆེན་མོའི་བཤད་པ་རྒྱ་ཆེར་མཛད་ཅིང་། བྱམས་ཆོས་ཕྱི་མ་བཞིའི་ཊཱི་ཀཱ་དང་། རྣམ་འགྲེལ་གྱི་ལམ་བསྒྲིགས་སོགས་ལེགས་བཤད་ཀྱི་རྩོམ

པ་མང་དུ་མཛད་པས། མཁས་གྲགས་ཇེ་འཕེལ་ཇེ་འཕེལ་དུ་སོང་། ང་ཤི་ན་ལམ་རིམ་དང་བྱམས་ཆོས་ཤི་ཞེས་ཞལ་པོའང་མཛད་སྐད། དགུང་ལོ་དོན་གཉིས་པ་ཆུ་སྦྲུལ་(སྤྱི་ལོ1473)ལ་གདན་སར་ཕེབས། དོན་བདུན་པ་ས་ཕོ་ཁྱི་(སྤྱི་ལོ1478)ལ་ཡ་མཚན་པའི་ལྟས་བསྟན་ཏེ་སྐུ་གཤེགས། ས་ཁྱི་འདི་རྗེ་ཐམས་ཅད་མཁྱེན་པས་དུས་འཁོར་འགྲེལ་ཆེན་གསུངས་ནས་དྲུག་ཅུ་སྐོར་གཅིག་སོང་བ་དེ་ཡིན། དེ་ནས་དེང་སང་ཡན་ལ་ལོ་ལྔ་བཅུ་རྩ་གཅིག་འདས། རྗེ་དེ་ལ་སྲས། གཡའ་བཟང་སྤྱན་སྔ་རྡོ་རྗེ་རིན་ཆེན། དྭགས་པོ་དཀའ་བཅུ་པ་མཐའ་ཡས་གཉིས། མཁན་ཆེན་ངག་དབང་པ་སོགས་གཞན་ཕན་ནུས་པ་མང་དུ་བྱོན། སྤྱན་སྔ་འདི་པ་ནང་སོ་བསམ་སྡེ་བའི་ཞལ་ངོ་ཡིན་པ་སོགས་ནས་ཞབས་བརྟན་ན་ཡར་སྟོད་དུ་དགེ་ལྡན་པའི་བསྟན་པ་རྒྱས་པ་ཞིག་འོང་རྒྱུ་ཡིན་ནའང་སྐུ་ཚེས་མ་ཟིན། བློ་གྲོས་མཐའ་ཡས་བས་དྭགས་སྨད་དུ་གཞན་དོན་མཛད། གྲགས་པ་མཐའ་ཡས་པས་གཞུང་བཤད་མ་མཛད་ཀྱང་། གོང་མ་ཆེན་པོའི་ཏི་ཤྲཱི་ཐོབ་པས་བསྟན་པ་སྤྱི་ཁོག་ལ་ངང་གིས་ཕན་པར་གྱུར། མཁན་ཆེན་པས་སྡེ་པ་ལྷ་རྒྱ་རི་བ་ལ་སྦྱིན་བདག་བྱས་ནས་ཨེ་དྭགས་ཕྱོགས་སུ་ཕར་ཕྱིན་གྱི་བཤད་པ་བཙུགས། སྐུ་གཤེགས་ནས་འགྲིབ་པ་ན་བཤེས་གཉེན་ཆོས་ཀྱི་དཔལ་བས་སླར་ཡང་བཤད་གྲྭ་བཟུང་ནས་བསྟན་པ་རིན་པོ་ཆེ་ལ་བྱ་བ་མཛད། དེ་ནས་རིམ་པ་བཞིན་དཀའ་བཅུ་བ་བསོད་ནམས་ལྷུན་གྲུབ། ཁྱུང་རིགས་སྨྲ་བ་བློ་གྲོས་འཕེལ་བ། དཔོར་པ་ཆོས་མཛད་བློ་གསལ་བཤེས་གཉེན། གཙང་པ་སློབ་དཔོན་དགེ་ལེགས་པའི་བར་བྱོན་ཏེ། ཆོས་འཁོར་རྒྱལ་གྱི་གཙུག་ལག་ཁང་དང་། ཨེ་དྭགས་ཀྱི་ཡུལ་ལྗོངས་ཀུན་བརྒྱུས་ནས་བཤད་ཉན་འཕེལ་མུས་སུ་ཡོད་དོ།།

ཆོས་རྗེ་སྨོན་ལམ་དཔལ་བ་ནི། རྒྱལ་བ་ཞེས་པ་ཤིང་ཕོ་རྟ (སྤྱི་ལོ 1414)ལ་གཡས་རུ་བྱང་གི་སའི་ཆར་སྐུ་འཁྲུངས། དགེ་ལྡན་བཏབ་ནས་ལོ་དྲུག་སོང་བ་དེ་ཡིན། རྗེ་དགེ་འདུན་གྲུབ་རྩ་བའི་ཡོངས་འཛིན་དུ་བསྟེན་ནས། བདེ་བར་གཤེགས་པའི་གསུང་རབ་མཐའ་ཡས་པ་དང་། རྗེ་བཙུན་ཤེས་རབ་སེང་གེ་ལ་གསང་འདུས་ཀྱི་རྒྱུད་འགྲེལ་གསན། རྩེ་ཐང་དུ་པོ་ཏི་སུམ་ཅུ་རྩ་དྲུག་གི་གྲྭ་སྐོར་གནང་བས། མཁས་པའི་བྱ་བ་རྣམ་པ་གསུམ་གྱི་ཆ་ནས་གཞན་དང་མི་མཉམ་པའི་སྙན་པ་འུར་ཞིང་། བྱམས་ཆེན་རབ་འབྱམས་པ་དང་། གཞུ་བསྐོད་པ་ཐལ་འགྱུར་གྱིས་བཅོམ་པས་ཀྱང་སྙན་གྲགས་ཆེར་སོང་། དེ་ནས་གསང་ཕུར་ཆོས་རྗེ་ཡོན་རྒྱམ་པ་དང་། འབྲས་སྤུངས་སུ་འཇམ་དབྱངས་ཆོས་རྗེ་གཉིས་ལ་གསུང་ཆོས་ཀྱི་འབྲེལ་བ་རེ་ཞུས་ནས་གཙང་ལ་བཏེག རིམ་པས་གཙང་པོ་སྟོའི་གྲྭ་ཚང་ཆེན་མོ། བཀྲ་ཤིས་ལྷུན་པོ། གསེར་ཁང་གོང་རྣམས་སུ་བཤད་ཉན་མཛད། སླར་དབུས་སུ་ཕེབས་ཏེ་སེ་རའི་རྒྱུ་གྲྭ་ཚང་། ཤར་གྱི་མཚན་ཉིད་ཁང་། ཐང་སྐྱ་སོགས་སུ་འཆད་ཉན་མཛད་པས། ཆོས་རྗེ་མདར་བ། ཆོས་རྗེ་ནེ་ཙོ་བ། དཀའ་བཅུ་བ་བློ་གྲོས་འཇམ་དཔལ། ལས་ཆེན་བསོད་དཔལ་བ་སོགས་གསུང་ལས་སྐྱེས་པའི་སྲས་མང་དུ་བྱུང་ཞིང་། རྣམ་འགྲེལ་གྱི་ཊཱིཀྐ་ལེགས་པ་ཞིག་ཀྱང་མཛད། དེ་ཁའི་མོད་ལ་ཤར་དུ་ཕེབས་པ་གྲྭ་ཚང་ལུགས་གཉིས་ཀའི་སྒོ་ནས་བསྐྱངས། སླར་ཡང་གཙང་ལ་ཕེབས་ཏེ་ཆོས་རྗེ་ཐམས་ཅད་མཁྱེན་པའི་དྲུང་དུ་གླེགས་བམ་རིན་པོ་ཆེ་ཆ་ལག་དང་བཅས་པ་གསན་ནས། དགེ་ལྡན་དུ་གསུངས་ཤིང་ཁྲུ་ཆེན་པོ་ཡིན་པའི་ཞལ་བཞེས་ཀྱང་དོན་གྱིས་མཛད། དེ་ནས་ས་ཕག་དེ་རྗེ་ཉིད་ཞིང་གཞན་དུ་གཤེགས་ནས་དྲུག་ཅུ་སྐོར་གཅིག་ལོན་པའི་ཀག་ཡིན་པས་རྩེ་

ཤར་གྱི་རྩོད་པ་དེ་བྱུང་། དེ་ཞི་བའི་དགུང་ལོ་རེ་བདུན་པ་ལྕགས་ཕོ་བྱི་(སྤྱི་ལོ་1480)ལ་གདན་སར་ཕེབས་ཤིང་། དེའི་ཕྱི་ལོ་ལྕགས་མོ་གླང་ལ་(སྤྱི་ལོ་1481)འབྲས་སྤུངས་ཀྱི་གདན་སར་ཡང་ཕེབས་པ། གདན་ས་གཉིས་ཀར་མདོ་རྒྱུད་ཀྱི་གསུང་རབ་རྒྱ་ཆེར་གསུངས་ཤིང་། མཐུ་སྟོབས་དང་བྱིན་རླབས་ཕུན་སུམ་ཚོགས་པའི་སྒོ་ནས་དགེ་འདུན་རྣམས་མཆོག་ཏུ་གུས་པའི་མོད་ལ་གཞིས་ཀ་བྲག་དཀར་སོགས་ཀྱིས་མཐུན་རྐྱེན་སྦྱར་ནས་རྒྱལ་བ་བྱམས་པའི་ཕོ་བྲང་བཞེངས་ཏེ། ཀུན་སྤངས་མཛད་པའི་མཐར། དགུང་ལོ་དོན་བརྒྱད་བཞེས་པ་ལྕགས་མོ་ཕག་(སྤྱི་ལོ་1491)གི་ལོ་ཧོར་ཟླ་བཅུ་གཅིག་པའི་ཉེར་གཉིས་ལ་ངོ་མཚར་བའི་ལྟས་བསྟན་ཏེ་ལྷ་ས་པོ་ཏ་ལར་སྐུ་གཤེགས། དེ་ནས་ལོ་སུམ་ཅུ་རྩ་བརྒྱད་སོང་།།

ཆོས་རྗེ་བློ་བཟང་ཉི་མ་ནི་དོན་གྲུབ་ཅེས་པ་ས་མོ་ལུག་(སྤྱི་ལོ་1439)ལ་ཙོང་ཁའི་ཡུལ་དུ་སྐུ་འཁྲུངས། རྗེའི་དཔོན་པོ་ཞིག་གི་སྲས་ཡིན། སྐུ་གཞོན་ནུ་ནས་དབུས་སུ་བྱོན་ཏེ་མཁས་པ་མུ་ཏྲད་པ། བླ་མ་རྟག་ལེབ་བྱང་རྒྱལ། སློབ་དཔོན་གྲགས་འོད་པ་སོགས་ལ་གཏུགས་ཏེ་གསུང་རབ་ལ་སྦྱངས་པས། ལུང་རིགས་ཀྱི་གནས་ཐོགས་པ་མེད་པར་མཁྱེན། གསང་ཕུར་པོ་ཏི་ནི་ཤུ་རྩ་གཉིས་ཀྱི་གྲྭ་སྐོར་མཛད་ཅིང་། སློབ་དཔོན་རྣམས་ཚོགས་པའི་སར་བགྲོ་གླེང་མཛད་པས་སློབ་དཔོན་རྩེ་ཞག་པ་བཙེམས། དེའི་ཕྱི་ལོ་ར་བ་སྟོད་ཀྱི་འཆད་ཉན་མཛད་དེ་ཆེན་པོའི་གོ་སར་ཡང་ཕེབས། དེ་ནས་བཀྲ་ཤིས་ལྷུན་པོར་བྱོན་ཏེ་ཆོས་རྗེ་ཐམས་ཅད་མཁྱེན་པའི་དྲུང་དུ་མདོ་སྔགས་ཀྱི་ཆོས་མང་དུ་གསན། སླར་དབུས་སུ་ཕེབས་ཏེ་འབྲས་སྤུངས་ཀྱི་གདན་སར་མཛད་དེ་ལོ་ཤས་ཚོགས་པ་བསྐྱངས། དེ་ནས་ཚལ་གུང་ཐང་དུ་དཔེན་དགོན་ཞིག

བཏབ་ནས་བཞུགས་པ་ལ་ཆུ་མིག་རང་རྫོལ་དུ་བྱུང་བས་སྐྱེ་བོ་ཀུན་ངོ་མཚར་སྐྱེས། དབུ་རུ་ཀྵྀ་བྱུང་། ཨེ་ག་ཉལ་དྭགས་གསུམ། ཡར་ཀླུངས་སྟོད་སྨད་རྣམས་སུ་ཕེབས་ནས་ཆོས་གསུངས་པས་མཐོ་དམན་མེད་པ་ཀུན་གུས་པར་གྱུར། དེ་ནས་གསང་ཕུ་གླིང་སྨད་ཀྱི་གདན་སར་ཕེབས་ཏེ། གཙོ་བོར་དྲང་ངེས་རྣམ་འབྱེད་གསུང་བ་གནང་ཞིང་རང་རྒྱུད་པ་ཡན་ཆད་ཀྱི་ཊཱིཀྐ་ཞིག་ཀྱང་མཛད། ལྕགས་ཁྱི་(སྤྱི་ལོ1490)ལ་དགེ་ལྡན་ཁྲི་ཐོག་ཏུ་ཕེབས་པར་དུས་ཆོས་གསུང་བ་དང་གདངས་སྙན་པོའི་བསྔོ་གཏམ་གྱི་ཕྲེང་བས་གདུལ་བྱ་ཡིད་འཕྲོག་པར་མཛད་དེ། ང་བཞི་བཞེས་པ་ཆུ་བྱི་ལོ་(སྤྱི་ལོ1492)ལ་གཟིམས་ཁང་ཉིད་དུ་སྐུ་གཤེགས། དེ་ནས་ལོ་སུམ་ཅུ་རྩ་བདུན་སོང་།།

ཆོས་རྗེ་ཡེ་ཤེས་བཟང་པོ་ནི་སྒྲུབ་བྱེད་ཅེས་པ་ཤིང་མོ་ལུག་(སྤྱི་ལོ 1415)ལ་ལྷན་སྨད་དུ་སྐུ་འཁྲུངས། ཆོས་རྗེ་རབ་འབྱམས་པ་འཁྲུངས་པའི་ཕྱི་ལོ་ཡིན། དབུས་སུ་བྱོན་ནས་འབྲས་སྤུངས་སུ་མཁན་ཆེན་དཔལ་བཟང་པོ་ལ་ཕར་ཚད་རིགས་ཚོགས་སོགས་དང་། འདུལ་འཛིན་དགེ་ལེགས་དཔལ་བ་ལ་འདུལ་བ་མདོ་རྩ་བ་གསན་པ་སོགས་ལས་མཁས་པར་གྱུར་ཏེ་ཕར་ཚད་ཀྱི་གླིང་བསྐྲེ་བ་མཛད། གླིང་བསྐྲེ་བྱེད་པའི་སྒྲོལ་བཟང་པོ་ཡང་དེ་ནས་ཚུགས། འཇམ་དབྱངས་ཆོས་རྗེ་ཉིད་ལ་མཁན་པོ་ཞུས་ཏེ་བསྙེན་པར་རྫོགས། དེ་ནས་ཀློ་གསལ་གླིང་གི་འཆད་ཉན་ཐོག་ཏུ་ཕེབས་པ། བར་ཚད་དུ་སྐུ་མཐེའི་རྣམ་པ་ཞིག་བྱུང་ཡང་ཐུགས་དམ་ཟབ་མོས་སྦྱངས་ནས་སླར་ཡང་བཤད་ཉན་ཡུན་རིང་དུ་མཛད་པས་འཕྲིན་ལས་དབྱར་དུས་ཀྱི་ཆུ་བོ་བཞིན་འཕེལ་བ་སྟེ། མི་གཞན་རྣམས་གསེར་ཟངས་ལ་བྱམས་པ་བཞིང་། ང་མི་ལ་བྱམས་པ་བཞིང་ སཞེས་ཞལ་ངོ་མཛད་པའང་ཡིན་སྐད། ཉན་བཤད་འཕེལ་བ་དེ་ཁའི་མོད

ལ་ཤར་དུ་ཕེབས་ཏེ། དབུ་ཕར་ལམ་རིམ་སོགས་གསུང་བ་གནང་། དེ་ནས་དགུང་ལོ་དོན་དགུ་བཞེས་པ་ཆུ་གླང་(སྤྱི་ལོ1493)ལ་གདན་སར་ཕེབས་ནས་དུས་ཆོས་གསུངས་བ་དང་། ཐུགས་དམ་བྱམས་པའི་བཞེངས་སྐུ་ཁྲིད་པར་ཙན་གྲུབ་པ་མཛད་དེ་གྱ་བཞི་བཞེས་པའི་ས་རྟ་(སྤྱི་ལོ1498)ལ་སྐུ་ཞི་བར་གཤེགས། དེ་ནས་ལོ་སུམ་ཅུ་རྩ་གཅིག་སོང་། ཆོས་རྗེ་དེ་ལ་གསུང་ལས་སྐྱེས་པའི་སྲས་མང་དུ་མཆིས་པ་ལས་འབྲས་སྤུངས་སུ་འཁོད་པའི་ཞལ་སློབ་རགས་རིམ་བརྗོད་ན། རྗེ་མཁས་བཙུན་རིན་པོ་ཆེ། སྡེ་སྣོད་འཛིན་པ་སངས་རྒྱས་བཟང་པོ། རམ་སྟོན་ཚུལ་ཁྲིམས་རྒྱལ་མཚན། མཁན་ཆེན་དབང་དཔལ་བ། རབ་འབྱམས་པ་རིན་བཟང་། མཁན་རིན་པོ་ཆེ་རིན་ཆེན་ཆོས་བཟང་། འཕྱོངས་རྒྱས་དཀའ་བཅུ་བ་ཆོས་འཕེལ་རྒྱལ་མཚན། ཀོང་པོ་དཀའ་བཅུ་བ་བློ་གྲོས་དབང་པོ། མཁན་ཆེན་སངས་རྒྱས་ཚུལ་ཁྲིམས། གོ་བོ་རབ་འབྱམས་པ་སྤྲ་མ། ཚ་བ་བསམ་གཏན། ཉག་རེ་བསམ་གཏན། ལྷུན་མ་བསམ་གཏན་ཏེ་བསམ་གཏན་གསུམ། ཨར་དགེ་བླ་མ་ཆོས་སྐྱབས་པ། དྭགས་པོ་དཀའ་བཅུ་བ་ཆོས་དཔལ། ཞུ་རི་དཀའ་བཅུ་བ་ཤེས་རབ་དཔལ། ཞུ་རི་བླ་མ་འོད་སྲུངས་པ། འཕན་པོ་དཀའ་བཅུ་བ་རབ་གསལ་ཟླ་བ། འཕན་པོ་དཀའ་བཅུ་བ་ལེགས་གྲུབ། འཕན་པོ་དཀའ་བཅུ་བ་བཀྲ་ཤིས་རབ་བརྟན། དཀའ་བཅུ་འཛིན་པ་གཞོན་ནུ་མཛེས་པ་སོགས་མང་དུ་བྱོན། དེ་རྣམས་ལས་འཕྱོང་རྒྱས་དཀའ་བཅུ་པས་ནི་ཆོས་རྗེ་ཉེ་ཁྲི་པའི་རྗེས་སུ་རི་བོ་སྡེ་ཆེན་གྱི་གདན་ས་མཛད་དེ། ལམ་རིམ། དབང་ལུང་མན་ངག རྗེས་གནང་སོགས་ཀྱི་སྒོ་ནས་ཁྲིད་ལས་བསྐྱངས་ཤིང་། ཆོས་རྒྱལ་རྡོ་རྗེ་ཚེ་བརྟན་ཁུ་དཔོན་གྱིས་བླ་མར་ཁུར། བློ་གྲོས་དབང་པོ་བས

བཀྲ་ཤིས་རབ་བརྟན་དུ་རྩ་འཇུག་གི་བཤད་པ་མཛད། དེའི་རྗེས་སུ་དཀའ་བཅུ་བ་དཔལ་བློ་དང་། ད་ལྟ་དཀའ་བཅུ་བ་རིན་ཆེན་འོད་འཕྲོས་བཤད་པ་མཛད་པའི་སྐབས་ན་ཡོད། ཀོ་བོ་རབ་འབྱམས་པ་སྟོ་མས་ལྷན་མའི་ཡུལ་དུ་ཕར་ཕྱིན་གྱི་བཤད་ཉན་འཕེལ་པོ་མཛད། ལེགས་གྲུབ་པས་གསང་ཕུ་དཀྱིལ་ཁང་། བཀྲ་ཤིས་རབ་བརྟན་པས་གསང་སྔགས་མཁར་དུ་བཤད་པ་བྱས། བྱང་གཞོན་མཛེས་ཀུང་ཚ་དཀར་ཆོས་སྡེར་ཕར་ཕྱིན་གྱི་བཤད་པ་མཛད་པས། གཞན་ཕན་ཆེན་པོ་བྱུང་། དེ་ནས་དཀའ་བཅུ་བ་བློ་གྲོས་དཔལ་ལྡན་པ་དང་། དཀའ་བཅུ་བ་ཤེས་རབ་འཕེལ་བ་རིམ་པས་བསྐོས་པའང་བཤད་ཉན་ཤིན་ཏུ་འཕེལ་བར་ཡོད་དོ།།

ཆོས་རྗེ་བློ་བཟང་པ་(འདར་སྟོན་བློ་བཟང་གྲགས་པ་)ནི་ཞི་བ་ཞེས་པ་ས་མོ་བྱའི་ལོ་(སྤྱི་ལོ1429)ལ་གཙང་སྟོད་མདར་དུ་སྐུ་འཁྲུངས། ལོ་འདི་ལ་མཁས་པ་ལེགས་ཆོས་པ་དང་། རྩེ་པ་ཤར་བཟང་པ་གཉིས་ཀྱང་འཁྲུངས། ཆོས་རྗེ་གཉལ་བ་འཁྲུངས་ནས་ལོ་གསུམ་དང་། ཆོས་རྗེ་ཡེ་ཤེས་བཟང་པོ་འཁྲུངས་ནས་བཅོ་ལྔ་སོང་། དེ་ནས་ལོ་གཉིས་འདས་པའི་ལྕགས་ཕག་(སྤྱི་ལོ1431)དེ་མཁས་གྲུབ་ཆོས་རྗེ་ཁྲི་ཐོག་ཏུ་ཕེབས་ལོའང་ཡིན། མདར་ཆོས་སྡོང་དུ་རབ་ཏུ་བྱུང་ནས་གཞུང་འཛིན་པ་དང་། བཀལ་བརྟག་བསྡོ་བ་སོགས་མཛད། དབུས་སུ་སྤྱན་ང་མཁན་ཆེན་དཔལ་བློ་བ། ཆོས་རྗེ་རབ་འབྱམས་པ། མཁས་པ་ཀུན་ལེགས་པ། ཆོས་རྗེ་བ་སོ་བ། ཆོས་རྗེ་ཤར་འབྱུང་བ་སོགས་བསྟེན་ནས་མདོ་སྔགས་ལ་གསན་པ་རྒྱ་ཆེར་མཛད། རིམ་པས་ཐང་སྐྱ་དང་། གསང་སྔགས་མཁར་དུ་རྣམ་འགྲེལ་གཙོ་བོར་གྱུར་པའི་བཤད་ཉན་མཛད་ཅིང་། ཤར་དུ་ཕེབས་པ་ནའང་མདོ་སྔགས་གཉིས་ཀའི་

ཆོས་གསུངས་པས་སྲས་མང་དུ་གསན་པ་དུ་མ་བྱུང་ཞིང་། ས་སྐྱ་པའི་སློབ་དཔོན་འབུམ་རབ་འབྱམས་པ་རིན་ཆེན་ཆོས་དབང་གིས་དྲང་ངེས་རྣམ་འབྱེད་གསན་ལ། ཕོ་བོས་ཀུང་འཛམ་དབྱངས་ཆོས་སྐོར་གྱི་བཀའ་དྲིན་ནོད་པ་ཡིན་ནོ། དེ་ནས་དགུང་ལོ་དོན་གཉིས་པ་ལྕགས་སྤྲེལ་（སྤྱི་ལོ 1500）ལོ་ལ་གདན་སར་ཕེབས་ཏེ། དུས་ཆོས་གསུངས་བ་དང་མཁའ་འགྲོ་ཆོས་སྐྱོང་སྐུ་ལ་འཕོར་བའི་སྣན་པ་རྒྱས་པའི་མདོ་ལ་རྒྱལ་བ་འོད་དཔག་མེད་ཀྱི་གསེར་སྐུ་ཡ་མཚན་ཅན་བཞེངས་ཏེ། གྱ་གསུམ་བཞེས་པ་ལྕགས་མོ་ལུག（སྤྱི་ལོ 1511）གི་ཧོར་ཟླ་གཉིས་པའི་ཉེར་གཉིས་ལ་གཟིམས་ཁང་ཉིད་དུ་སྐུ་གཤེགས། ལོ་འདི་ལ་རྗེ་ཛེའི་སློབ་དཔོན་ཆོས་ལྡན་བློ་གྲོས་པའང་གཤེགས། དེ་ནས་ལོ་བཅོ་བརྒྱད་སོང་། འདས་རྟགས་སུ་དགུང་ཞག་གི་རིང་གསེར་གྱི་མེ་ཏོག་ཚོད་མེད་བབས་པར་སྣང་།།

ཞལ་སྔ་ནས་ཤེས་རབ་དར་ལེགས་པའི་བློ་གྲོས་ནི། རབ་འབྱོར་ཞེས་པ་ལྕགས་པོ་རྟའི་（སྤྱི་ལོ 1450）ལོ་ལ་ཨེའི་འབྱོར་སུ་སྐུ་འཁྲུངས། བླ་འབྲིང་ཆོས་སྡེར་བླ་མ་བསོད་ནམས་རྒྱ་མཚོའི་བློ་གྲོས་ལ་རབ་ཏུ་བྱུང་། གསང་ཕུར་སློབ་དཔོན་བཀྲས་པ་ལ་ལུང་ཆོས། བཀྲ་ཤིས་ལྷུན་པོར་ཐམས་ཅད་མཁྱེན་པ་ལ་བྱམས་ཆོས་སྡེ་ལྔའི་ལུང་། སློབ་དཔོན་ཆོས་འབྱོར་པ་ལ་རྣམ་འགྲེལ། ཆོས་རྗེ་གནས་བརྟན་པ་ལ་འདུལ་བའི་མདོ། བླ་མ་སྟོན་པ་དང་རྩེ་པ་བཀྲས་རྒྱལ་པ་ལ་དབང་ལུང་རྗེས་གནང་། རྒྱུད་པ་ཤེས་བཟང་པ་ལ་གསང་འདུས་ཀྱིས་གཙོས་པའི་བསྐྱེད་རྒྱུད་རྣམས་གསན་ཞིང་། སྟོན་པ་དཔལ་ལྡན་པས་མཁན་པོ། བྱང་རྩེ་ནས་ལས་སློབ། རྒྱུད་ཁང་ནས་གསང་སྟོན་མཛད་དེ་བསྙེན་པར་རྫོགས། དེ་ནས་ཉི་མ་ཐང་དུ་ལོ་ཉི་ཤུ་ལྷག་པར་གཞུང་ལུགས་ཀྱི་

བཤད་པ་མཛད་པས་མཁས་གྲགས་ཀྱིས་དབུས་གཙང་ཁྱབ་སྟེ། ཀུང་རུ་རབ
འབྱམས་པ་གཞོན་བྱང་། དཀའ་བཅུ་བ་བསོད་ནམས་བཟང་པོ། དཀའ་
བཅུ་བ་ཤཱཀ་བཀྲས། རབ་འབྱམས་པ་བཀྲས་བསམ། དཀའ་བཅུ་བ་ཤེས་
བཟང་། སློག་པ་ཆོས་མཛད་པ་སོགས་བཤེས་གཉེན་མང་དུ་ཐོན། ང་
བདུན་པ་མེ་སྟག་(སྤྱི་ལོ1506)ལ་བྱང་རྩེ་དང་། རེ་གཉིས་པ་ལྕགས་ལུག་
(སྤྱི་ལོ1511)ལ་གདན་སར་ཕེབས་པ་གཉིས་ཆར་དུ། མདོ་སྔགས་ཀྱི་ཆོས་
སྐོར་ཚགས་སུ་གསུངས་པ་ལས་སྐབས་ཡང་སྡེ་སྣོད་འཛིན་པ་མང་པོ་འདུས།
ཁོ་བོས་ཀྱང་འདུས་པའི་རྒྱུད་སྒྲོན་མ་གསལ་བ་དང་བཅས་པ། བཤད་རྒྱུད་
ཡེ་ཤེས་རྡོ་རྗེ་ཀུན་ལས་བཏུས་དང་། ལྷ་མོ་བཞིས་ཞུས་གཉིས་ཊཱི་ཀཱ་དང་
བཅས་པ། རིམ་ལྔ་གསལ་སྒྲོན། རྣམ་གཞག་གི་ཊཱི་ཀཱ། བསྐྱེད་རིམ་ཊཱི་ཀཱ།
རིམ་ལྔ། མདོར་བྱས། མདོ་བསྡུ། རྡོ་རྗེ་སེམས་དཔའི་སྒྲུབ་ཐབས།
བདེ་དགྱེས་ཀྱི་རྒྱུད་གཉིས་ཊཱི་ཀཱ་དང་བཅས་པ། སྔགས་རིམ་ཆེན་མོ། དྲིལ་
བུ་རིམ་ལྔའི་ཊཱི་ཀཱ། རྗེ་ཡབ་སྲས་ཀྱི་བཀའ་འབུམ། ཀརྨ་ཤ་ཏམ། ཀྱེ་རྡོ་
རྗེའི་དབང་སོགས་ཆོས་ཀྱི་རྣམ་གྲངས་མང་པོ་ཞིག་བཀའ་དྲིན་ཞུས། བསྟན་
པའི་མཛད་པ་རྒྱ་ཆེར་བསྐྱངས་པའི་མཐར་ཐུགས་དམ་ཐུབ་དབང་གི་གསེར་སྐུ་
གྲུབ་པ་གནང་སྟེ། རེ་བདུན་པ་མེ་བྱི་(སྤྱི་ལོ1516)ལ་ཀུན་སྤངས་མཛད་
ནས་མངོན་དགའ་ཉིད་དུ་ཞབས་བརྟན་པར་བཞུགས། སྲས་རྣམས་ལས།
ཀུང་རུ་རབ་འབྱམས་པས། འོལ་ཁ་བསམ་གླིང་དུ་ཕར་ཕྱིན་གྱི་བཤད་པ་
མཛད། སློབ་ཚུང་དུ་དཀའ་བཅུ་བ་ངག་དབང་བསྔོས་པ་གཤེགས་ནས་
ད་ལྟ་དཀའ་བཅུ་བ་རང་བྱུང་བཤད་ཉན་འཕེལ་བར་བཞུགས་སོ།།

ཞལ་སྔ་ནས་རཏྣ་མི་ཏྲ་ནི་དཔལ་གདོང་ཞེས་པ་ཆུ་མོ་བྱ་(སྤྱི་ལོ1453)

ལ་སྟོད་ཁུངས་མདར་སྐུ་འཁྲུངས། དགེ་ལྡན་དུ་སློབ་དཔོན་ཆོས་གྲགས་དཔལ་ལ་རབ་ཏུ་བྱུང་སྟེ་མཚན་གསོལ། དེ་འཕྲུལ་གཙང་ལ་ཕྱིན་ཏེ། རྗེ་དགེ་འདུན་གྲུབ་མཇལ་བས་བསྟན་པའི་རྒྱལ་མཚན་འཛིན་ཞེས་པ་མཚན་གྱི་མཇུག་ཏུ་འདོགས་པར་མཛད་དེ་དབུས་སུ་བརྫངས། འབྲས་སྤུངས་སུ་སློབ་དཔོན་ཡེ་བཟང་པ། སློབ་དཔོན་ལེགས་ཆོས་པ། དྲུང་དཔལ་ལྡན་རྒྱལ་མཚན་རྣམས་ལ་དཀའ་ཆེན་གསན་པས་མཁས་པར་གྱུར། འབྲས་རྟགས་སུ་རྩེ་ཐང་དུ་པོ་ཏི་ཉི་ཤུ་རྩ་གྲངས་ཀྱི་གྲྭ་སྐོར་གནང་བ་ལུང་རིགས་འཛིན་པ་རྣམས་མཆོག་ཏུ་དགྱེས་པ་ཞིག་བྱུང་། རྗེ་སྨོན་ལམ་དཔལ་ཡབ་སྲས་གཉིས་ཀྱི་དྲུང་དང་། རྒྱུད་ཀྱི་ཕྲུག་ཕྱིར་ཕེབས་ནས་གསང་སྔགས་གསན་ཞིང་། སྟག་ལུང་ཆོས་རྗེ་ངག་དབང་གྲགས་པ་ལ་སྒྲ་མདོ་གསན་པས་ཀུང་ལེགས་པར་དགོངས། ཆོས་རྗེ་གནས་བརྟན་པས་མཁན་པོ། འཇམ་དབྱངས་དགའ་བའི་བློ་གྲོས་ཀྱིས་ལས་སློབ། དྲུང་དཔལ་ལྡན་རྒྱལ་མཚན་པས་གསང་སྟོན་མཛད་དེ་བསྙེན་པར་རྫོགས། དེ་ནས་ཤག་སྐོར་གྲྭ་ཚང་བཟུང་ནས་མདོ་ཕྱོགས་ཀྱི་བཤད་པ་མཛད་པ་ན་གསུང་རབ་ཀྱི་དགོངས་པ་བཞིན་རྣམ་པར་ཕྱེ་བས་བློ་གསལ་རྣམས་བློ་སྐྱེད་གོང་འཕེལ་དུ་མཛད་ཅིང་། སློབ་དཔོན་རྣམས་ཚོགས་པའི་སར་ཆོས་རྣམ་པར་གཏན་ལ་ཕབ་པ་སོགས་ལས་མཁས་པའི་སྙན་གྲགས་ཀྱིས་རྒྱལ་ཁམས་ཁྱབ་པར་གྱུར་པའི་མོད་ལ། མཚན་ཉིད་ཁང་བརྒྱུད་དེ་ལྟ་བཅུ་པ་ཚུ་ཁྲི་ལ་ཤར་དང་། རེ་བཞི་པ་མེ་བྱི་(སྤྱི་ལོ1516)ལ་གདན་སར་ཕེབས་པ་གཉིས་ཆར་དུ་མདོ་སྔགས་ཀྱི་ཆོས་རྒྱུན་ཆགས་སུ་གསུངས་པས་སྡེ་སྣོད་འཛིན་པ་ལྷ་དབང་དཔལ་འབྱོར། ལུང་རིགས་སྨྲ་བ་རིན་ཆེན་བྱང་ཆུབ། རབ་འབྱམས་སྨྲ་བ་བློ་གྲོས་ལྷུན་གྲུབ། བླ་མ་འཇམ་དབྱངས་བློ་གྲོས་དང་

བསམ་གཏན་ཤེས་རབ་གཉིས། སློབ་དཔོན་དགེ་ལེགས་བཟང་པོ། དཔོན་རབ་འབྱམས་པ་དཀོན་མཆོག་དར་དང་དཔོན་རབ་འབྱམས་པ་ངག་དབང་ཆོས་ཀྱི་གྲགས་པ་གཉིས་སོགས་ལེགས་བཤད་ལ་འདུས། ཁོ་བོས་ཀྱང་སྦྱོར་བ་ཡན་ལག་དྲུག་གི་ཁྲིད་དང་། གྲུབ་རྒྱལ་ལུགས་ཀྱི་ཚེ་དབང་སོགས་ཞུས། དེ་ལྟར་བསྟན་པ་རིན་པོ་ཆེ་གསལ་བར་མཛད་པའི་མཐར། བདུན་ཅུ་བཞིས་པའི་ཆུ་རྟ་(སྤྱི་ལོ 1522)ལ་ཀུན་སྤངས་མཛད་ནས་བདེ་བ་ཅན་ཉིད་དུ་ཞབས་བརྟན་པར་བཞུགས།།

ཞལ་སྔ་ནས་རཏྣའི་མཚན་ཅན་ནི་སྟོད་ལུངས་སུ་སྐུ་འཁྲུངས། རྗེ་རྟྨ་མི་ཏྲ་དང་འཁྲུངས་ལོ་གཅིག འཐུས་སྤྱངས་སུ་ཆོས་རྗེ་རིན་བྱང་པ་ལ་རབ་བྱུང་ཞུས་ནས་མཚན་གསོལ། སློབ་དཔོན་ཡེ་བཟང་པ་ཡབ་སྲས་གསུམ་བསྟེན་ནས་དཀའ་ཆེན་དང་རྒྱུད་པ་ཚུལ་བཟང་པའི་དྲུང་དུ་འདུས་པ་རྩ་བཤད་ཀྱི་རྒྱུད་གསན་པས་མདོ་སྔགས་ཟུང་འབྲེལ་གྱི་མཁས་པ་ཆེན་པོར་གྱུར། ཉི་ཕྱིངས་སུ་དྲུང་གཟིམས་ཆེན་པོས་མཁན་པོ། འོད་སྤྱངས་པས་ལས་སློབ། གློ་གྲོས་ཆོས་དབང་པས་གསང་སྟོན་མཛད་ནས་བསྙེན་པར་རྫོགས། ཞི་དྲུག་པ་ས་རྟ་(སྤྱི་ལོ1498)ལ་རྒྱུད་ཀྱི་བཤད་ཉན་དང་། ང་དགུ་པ་ལྕགས་ལུག་(སྤྱི་ལོ 1511)ལ་བྱང་རྩེར་བྱོན་ནས་གྲྭ་ཚང་གཉིས་ཀྱི་དར་རྒྱས་སྤེལ། བདུན་ཅུ་པ་ཆུ་རྟ་(སྤྱི་ལོ1522)ལ་གདན་སར་ཕེབས་ཏེ་དུས་ཆོས་ཆག་མེད་དུ་གསུངས་བ་དང་མཁས་བཙུན་བཟང་གསུམ་གཞི་གཅིག་ཏུ་འདུས་པའི་གཟི་བྱིན་གྱིས་གདན་ས་ཆེན་པོ་འདི་བསྐྱངས་ཤིང་། རྒྱལ་བ་འོད་དཔག་མེད་ཀྱི་གསེར་སྐུ་རྒྱབ་མཐོ་བཅུ་དྲུག་པ་གྲུབ་པ་མཛད་དོ། ས་མོ་གླང་(སྤྱི་ལོ 1529)འདིའི་ཚུལ་ཞུགས་ཟླ་བ་ལ་དངོས་ཅག་བཞུགས་གདན་ལ་བཀོད་ནས

ཀུན་སྤྱང་ས་གནང་བ་ཡིན་ནོ། ཞལ་སློབ་ཀྱང་ཡོངས་ཀྱི་བཤེས་གཉེན་དུ་འོས་པ་མང་པོ་ཞིག་སྟེ་རྒྱུད་ཀྱི་བཤད་ཉན་མཛད་པའི་དུས་དར་ཆོས་རྗེ་ཆོས་གྲུམ་པ་སོགས་དགེ་བཤེས་ཕལ་ཆེར་ཞབས་ཕྱིར་བསྙགས་པར་སྣང་ངོ། ཁོ་བོས་ཀྱང་ཟབ་ལམ་བླ་མའི་རྣལ་འབྱོར་ཞིག་གི་མོས་འབྲེལ་ཞུས་པ་ཡིན་ནོ། དེའི་རྗེས་སུ་ཀོ་བོ་ལ་ནི། བླ་མ་གོང་མ་རྣམ་པའི་ཡོན་ཏན་གྱི་ཆ་ཙམ་ཡང་མེད་པས་སེམས་མཆོག་ཏུ་ཞུམ་པར་ཡོད་ཀྱང་། མཁས་པའི་བྱ་བ་རྣམ་པ་གསུམ་གྱིས་བསྟན་པ་འདི་ལ་བྱ་བ་ཉུང་ཟད་བགྱིས་པ་དང་གཙོ་བོར་བླ་མ་ཡི་དམ་གྱི་ཐུགས་རྗེའི་ཤུགས་ལས། དགེ་འདུན་རྣམས་ཐུགས་དགྱེས་བཞིན་དུ་གཟིམས་ཁང་དུ་སྐྱིབས་པ་ལགས།།

རྗེ་ཤར་གྱི་བླ་རབས་ཀྱི་དབང་དུ་བྱས་ན། རྟོར་སྟོན་པ་ཉིད་ཚུ་གླང་(སྤྱི་ལོ1373)ལ་མལ་གྲོར་སྐུ་འཁྲུངས། བྱང་རྩེ་བརྩིགས་ཏེ་བླ་ས་བཟུང་ནས་གཞུང་ལུགས་ཀྱི་བཤད་མང་དུ་མཛད་པས། རྗེ་དགེ་འདུན་གྲུབ་སོགས་སྡེ་སྣོད་འཛིན་པ་མང་པོ་མཁས་གྲགས་ལ་ཡོངས་ཞིང་། མངོན་པར་རྟོགས་པའི་ཡོན་ཏན་གྱིས་ཀྱང་ཕྱུག་པ་ཞིག་ཡིན་སྣང་ངོ། འགོལ་གནས་སུ་ཡང་དཔེན་བཏབ་སྟེ། དོན་ལྔ་པ་མེ་ཡོས(སྤྱི་ལོ1447)ལ་སྐུ་གཤེགས། དེ་ནས་རིམ་པ་བཞིན་དྭགས་པོ་ཀུན་དགའ་བཀྲ་ཤིས་པ། ཆོས་རྗེ་བློ་བརྟན་པ། ཏྲེའོ་བཀྲས་རྒྱལ་པ། སློབ་དཔོན་ཤེར་བཟང་པ། ཆོས་རྗེ་ཚུལ་བཟང་པ། ཞལ་སྔ་ནས་ཤེས་རབ་དར་བ། ཞལ་སྔ་ནས་རིན་ཆེན་འོད་ཟེར་བ། དཔྲ་ཆོས་རྗེ་ཆོས་སྐྱོང་རྒྱ་མཚོ་བའི་བར་རོ། ཤར་དུའང་ཤར་པ་རིན་རྒྱལ་པའི་རྗེས་སུ། དཔོན་བླ་གྲགས་ཉི་གྲགས་གཉིས་ཀྱིས་ཤར་བཟུང་། དེ་ནས་རིམ་པ་བཞིན་དྲུང་ཆོས་དཔལ་རྒྱལ་མཚན་པ། ཆོས་རྗེ་རབ་འབྱམས་པ།

ཆོས་རྗེ་ལྡན་མ། ཞལ་སྔ་ནས་བློ་བཟང་པ། ཞལ་སྔ་ནས་ཆོས་ཀྱི་བཤེས་གཉེན་པ། ཆོས་ཀྱི་པཎྜི་ཏ་བཟང་པོ། དེའི་རྗེས་སུ་ཁོ་བོ། ད་ལྟ་ཆོས་རྗེ་དཀོན་མཆོག་དར་བའོ། པཎྜི་ཏ་པ་ནི་ལོ་ཆུང་དཀའ་བཞི་པའི་སྐུ་སྐྱེ་ཡིན་ཞིང་མཁས་བཙུན་བཟང་གསུམ་འཛོམས་པ་ཞིག་སྟེ། སྐུ་གཤེགས་པ་ན་ཡང་ངོ་མཚར་བའི་ལྟས་བཟང་པོ་བྱུང་ངོ་། མཚན་ཉིད་གྲྭ་ཚང་བྱུང་ཚུལ་ནི། མཁས་གྲུབ་རིན་པོ་ཆེའི་བཀས། པཎ་ཆེན་པ། སྟོན་པ། ཡར་འབྲོག་པ། ཆོས་གྲགས་དཔལ་བ་དང་བཞི། མཚན་ཉིད་བཤད་ཉན་ལ་བསྐོས་པ་ཕྱིས་གཉིས་སུ་འདྲིལ་ནས་རྩེ་ཕྱོགས་ལ་ཉན་པོ་བ་ཆོས་དབང་དང་། ཤར་ཕྱོགས་ལ་ཆོས་རྗེ་རབ་འབྱམས་པ་གཉིས་ཀྱིས་བཤད་ཉན་མཛད། བླ་མ་གཉིས་ཀྱི་རྗེས་སུ། ཆོས་རྗེ་གཞལ་པ་དང་ཚེ་མ་དབང་རྒྱལ་བ་གཉིས་བསྐོས་པ་ནས་དེང་སང་གི་བར་སྐར་ཆགས་སུ་ཡོད་དོ།།

རྒྱུད་ཀྱི་གྲྭ་ཚང་བྱུང་ཚུལ་ནི། རྗེ་བཙུན་ཤེས་རབ་སེང་གེ་ཉིད་ཡུལ་གཙང་སྟོད་དུ་སྐུ་འབྱོངས་ཤིང་། སྨར་ཐང་དུ་རབ་བྱུང་མཛད། དང་པོར་མཁན་ཆེན་གྲུབ་པ་ཤེས་རབ། ཤངས་པ་ཀུན་མཁྱེན་ཕྱི་མ། རོང་སྟོན་ཆོས་རྗེ་སོགས་བླ་མ་ཁ་ཡར་དང་། ཕྱིས་ནི་རྗེ་ཡབ་སྲས་གཉིས་ཀྱི་ཞབས་ལ་གཏུགས་ཏེ། བདེ་བར་གཤེགས་པའི་གསུང་རབ་མཐའ་ཡས་པ་དང་། སྔགས་སུ་རྒྱུད་ཐམས་ཅད་ཀྱི་རྒྱལ་པོ་དཔལ་གསང་བ་འདུས་པའི་རྩ་བཤད་འགྲེལ་པ་དང་བཅས་པ་གསན་པས་རྒྱུད་དོན་ལ་ནང་བྱང་ཆུབ་པའི་མཁས་པར་གྱུར། དེ་ཡང་རྗེ་རིན་པོ་ཆེ་ཉིད་ཀྱིས་སྲས་རྣམས་ལ་འདུས་པའི་རྒྱུད་ཀྱི་བཤད་སྲོལ་འཛིན་ནུས་པ་ཡོད་དམ། ཞེས་པའི་བཀའ་ལན་གཅིག་གཉིས་སུ་ཕེབས་པ་ལ། མཁས་པ་སུས་ཀྱང་གསུང་ལན་འབུལ་མ་སྤོབས་པའི་ཚེ། བླ་མ་འདིས་ཁོ

བོས་བྱ་ཞེས་བཀའ་སྤྱི་བོས་ནོད་པ་ལགས་པར་གདའ། དེ་ནི་སྟོན་འབྱུང་བ་འདས་པའི་དུས་སུ་དེ་བཞིན་གཤེགས་པ་དབང་པོའི་ཏོག་གིས་བྱང་ཆུབ་སེམས་དཔའི་འཁོར་རྣམས་ལ་སྙིགས་མའི་དུས་སུ་ལུས་སྲོག་ལ་མི་ལྟ་བར་ཐེག་པ་ཆེན་པོ་གསང་སྔགས་ཀྱི་ཆོས་ཟབ་མོ་སྟོན་པར་ནུས་པ་ཡོད་དམ་ཞེས་བཀའ་སྩལ་པ་ན། བྱང་ཆུབ་སེམས་དཔའ་གཞན་རྣམས་ཀྱིས་ཞུ་བའི་སྐབས་མ་རྙེད་པ་ལ། རྗེ་རིན་པོ་ཆེ་ཉིད་དང་ཐུགས་རྒྱུད་གཅིག་པའི་བྱང་ཆུབ་སེམས་དཔའ་སྙིང་སྟོབས་ཆེན་པོ་ཞེས་བྱ་བས་ཁོ་བོས་བགྱིའོ་ཞེས་ཞུས་པ་དང་ཚུལ་མཐུན་ཞིང་རྒྱུ་མཐུན་པའི་འབྲས་བུའང་ཡིན་ནོ། དེ་ཡང་དང་པོར་གསང་ཕུ་མཐོང་སྨིན་གྲྭ་ཚང་གི་འཆད་ཉན་དང་། དེ་ནས་གཙང་ལ་ཐེབས་ཏེ་མདོ་ཕྱོགས་ཀྱི་བྱ་བྲལ་འཆད་ཉན་ཞིག་མཛད་པ་ཤིན་ཏུ་འཕེལ་བར་བྱུང་ནའང་། སྤྲ་གོང་རྗེ་རིན་པོ་ཆེའི་དྲུང་དུ་གཡར་དམ་ཕུལ་བ་ཐོལ་སྐྱེས་སུ་དྲན་པ་བཞིན་མཛད་ནས། རྗེ་དགེ་འདུན་གྲུབ་ལ་གྲྭ་ཚང་གཏད་དེ། གསང་བ་འདུས་པའི་རྒྱུད་ཀྱི་བཤད་གྲྭ་འཛུགས་པར་མཛད་པ་ལ་གཙང་རྒྱུད་ཅེས་གྲགས། བླ་རབས་ཀུན་རིམ་པ་བཞིན་འདུལ་ནག་པ་དཔལ་ལྡན་བཟང་པོ། རོག་ཚོ་ཆོས་མཛད། བླ་མ་དགེ་འཕེལ་བ། རབ་འབྱམས་པ་ཆོས་དབྱིངས། བླ་མ་བཀྲས་འཕགས་པ། དེང་སང་གི་རྒྱུད་པ་བསམ་གྲུབ་རྒྱ་མཚོ་བའི་བར་རོ། གྲྭ་ཚང་འདུལ་ནག་པ་ལ་གཏད་པའི་མོད་ལ་རྗེ་བཙུན་ཉིད་སྣར་དབུས་སུ་ཐེབས་ནས་རྒྱུད་ཀྱི་རྒྱལ་པོའི་བཤད་གྲྭ་བཙུགས་ཏེ། ཕྱོགས་ཕྱོགས་སུ་ཆོས་གཞི་བཏེག་པ་ལ་དབྱར་སོས་རྒྱུད་འགྲེལ་གྱི་བཤད་པ་དང་། སྟོན་དུས་རིམ་ལྔའི་དམར་ཁྲིད། སྦྱོར་བ་ཡན་ལག་དྲུག་གི་ཁྲིད། ནཱ་རོ་ཆོས་དྲུག་གི་ཁྲིད། ལཱུ་དྲིལ་གཉིས་ཀྱི་ཁྲིད། ཡི་དམ་གྱི་ཁྲིད་རྣམས་གདབ་པར་མཛད་དེ།

འདི་ལ་ཁྲིད་ཆེན་དྲུག་ཅེས་གྲགས་ཤིང་། དབུ་མའི་ལྟ་ཁྲིད་དང་། ལམ་རིམ་གྱི་ཁྲིད་ཀྱང་འདེབས་ཏེ་བརྒྱད་དུ་འང་འགྱུར་རོ། དེ་ལྟར་ན་གཙང་རྒྱུད་དབུས་རྒྱུད་གཉིས་ཆར་འཛུགས་པ་གནང་ཞིང་། བཀྲ་ཤིས་ལྷུན་པོའི་མཚན་ཉིད་ཀྱི་བཤད་གྲྭ་ཆེན་མོའི་འང་གཞི་བཟུང་བ་དང་། ཞལ་སློབ་ཏུ་རྗེ་དགེ་འདུན་གྲུབ། ཀུན་མཁྱེན་འཕགས་འོད། རྡོ་རྗེ་འཛིན་པ་སྦྱིན་པ་དཔལ། རྗེ་སྟོན་ལམ་དཔལ། བྱང་སེམས་འདུལ་དཀར་ནག་གཉིས། རྒྱུད་པ་གྲགས་བཟང་པ། དྣགས་པོ་བཀྲས་རྣམ་པ། ཆོས་རྗེ་བཟང་བཀྲས་པ། ཆོས་རྗེ་གྲགས་བསམ་པ། ཆོས་རྗེ་བློ་རྒྱལ་བ། མཁས་པ་རིན་ཤཱཀ་པ། དྲུང་སངས་བསམ་པ་སོགས་བྱོན་པ་ལས་ན། ཡིད་བཟང་རྩེ་བས་བསྡུགས་པ་ལྟར། བླ་མ་ཉིད་རྣམ་པར་དཀར་པའི་འཕྲིན་ལས་རྒྱ་ཆེ་ཞིང་རྒྱུན་ཆགས་པ་ཡིན་ནོ་ཞེས་ཤེས་པར་བྱའོ། མཐར་སློབ་དཔོན་སྦྱིན་པ་བ་ལ་རྒྱུད་ཀྱི་བཤད་ཉན་གཏད་དེ། ཤིང་མོ་གླང་ (སྤྱི་ལོ 1445) གི་ལོ་ཟླ་བ་བཞི་པའི་ཉེར་བརྒྱད་ལ་དགེ་ལྡན་དུ་ཞི་བར་གཤེགས། མཁས་གྲུབ་ཆོས་རྗེ་འཁྲུངས་ནས་ལོ་དྲུག་ཅུ་སྐོར་གཅིག་དང་གཤེགས་ནས་ལོ་བདུན་སོང་བ་དེ་ཡིན། སྐུ་གདུང་ཞུགས་སུ་ཕུལ་བས་རིང་བསྲེལ་ཤཱ་རི་རམ་ཡ་མཚན་ཅན་ཞིག་བྱོན་པ་བཀྲ་ཤིས་ལྷུན་པོའི་ཐུབ་ཆེན་གྱི་ནང་དུ་བཞུགས་ཤིང་། དགེ་ལྡན་དུ་ཐུགས་དགོངས་རྫོགས་ཐབས་འོས་པ་ནི་གཙང་པོ་སྟོ་ཁའི་གྲྭ་ཚང་ཆེན་མོ་ནས་བསྒྲུབས་པར་སྣང་། སྦྱིན་པ་དཔལ་པས་ཀྱང་རྒྱུད་ཀྱི་བཤད་པ་ལེགས་པར་མཛད་པས་གསང་བ་འདུས་པའི་ཚིག་དོན་འཛིན་པའི་དགེ་འདུན་གྱིས་བོད་ཁམས་འདི་གང་བ་ཙམ་དུ་མཛད་ཅིང་། འགོས་ཆེ་བ་ཡང་། ཧོར་བཀྲས་རྒྱལ་བ། རྒྱུད་པ་ཀུན་དགའ་དོན་གྲུབ་པ། རྡོ་རྗེ་འཛིན་པ་ཤེས་རབ་བཟང་པོ།

ཆོས་རྗེ་ཚུལ་བཟང་པ། བྱང་དཔྱིག་གཉེན་པ། བྱང་སྨྲ་སེང་བ། བླ་མ་རྒྱལ་ཚབ་པ། ཨུ་རི་དཀའ་བཅུ་བ་ཤེས་རབ་དཔལ། དཀའ་བཅུ་བ་རྡོར་དཔལ་བ་སོགས་ཕྱོན། རྒྱུ་དེས་ན་རྗེ་བཙུན་རིན་པོ་ཆེ་དང་བླ་མ་འདི་ལ་རྒྱུད་པ་ཡས་སྲུས་གཉིས་ཞེས་ཉེ་མ་དང་ཟླ་བ་ལྟར་གྲགས་པ་ཡིན་ནོ། འཕྲུལ་གྱི་མཛད་པ་ཡང་དགེ་སློང་རྣམས་དང་བསླབ་ཁྲལ་མ་གཏོགས་ཆེ་ལུགས་མི་མཛད། གསེར་གྱི་འབུལ་བ་གང་བྱུང་བླ་མ་ཐམས་ཅད་མཁྱེན་པ་ལ་འབུལ་ཞིང་། གཞན་རྣམས་ཚོགས་སུ་བསྔོ་བར་མཛད་པ་ཡིན་སྐད། གྲགས་བཟང་པས་ཀྱང་ཕལ་ཆེར་སློབ་དཔོན་སྦྱིན་པ་བ་དང་ཐབས་གཅིག་ཏུ་བྱེས་ལ་ཕྱོན་ནས་རྒྱུད་འགྲེལ་གྱི་བཤད་པ་མཛད་པས་འཁྲིན་ལས་དང་མཁས་གྲགས་གཉིས་ཆར་མཐའ་ཡས་པ་བྱུང་ནའང་སྐུ་ཚེས་མ་ཟིན། ལོ་དེ་ཀའི་མཇུག་ལ་སྦྱིན་པ་བ་ཡང་གཤེགས་པར་སྣང་། དེ་ནས་འཆད་ཉན་བསྐྱོ་བ་ལ་མཁས་པ་ཟླ་བ་རྒྱལ་མཚན་ནི་སྐུ་ལུས་ཀྱིས་མ་ཕྱོགས་པས་ཐེབས་མ་གསན། གྲྭ་པ་མི་མངས་བྱུང་ཀུན་སྒྲུབ་པ་ལ་ཞེ་འདུན་པ་ཙམ་ཡིན་འདུག་ནའང་དབུ་མཛད་དོན་ཡོད་ཀྱིས་སློབ་དཔོན་བཀྲས་རྒྱལ་པ་བསྐོས། ཉིད་ཀྱིས་བཤད་པ་ལོ་བཅུ་ལྷག་མཛད་པའི་མཐར་བྱང་རྩེར་ཐེབས་པ་གསན་རྒྱ་ཆེ་བའི་སྙན་གྲགས་དང་གཞན་ཕན་འཁྲིན་ལས་རྒྱས་པའི་མོད་ལ་སྐུ་གཤེགས།།

སློབ་དཔོན་ཤེས་རབ་བཟང་པོ་ཡང་། ས་མོ་བྱ་(སྤྱི་ལོ1429)ལ་གཞོ་སྟོད་དུ་སྐུ་འཁྲུངས། བདེ་བར་གཤེགས་པའི་གསུང་རབ་སྤྱི་དང་། ཁྱད་པར་རྒྱུད་སྡེ་བཞི་ལ་མཁས་པར་སྦྱངས་པ་ཞིག་སྟེ། རྒྱུད་ཀྱི་བཤད་ཉན་ཡུན་རིང་དུ་མཛད་པས་འཁྲིན་ལས་བསམ་གྱིས་མི་ཁྱབ་པའི་མོད་ལ། ཨུ་རི་དཀའ་བཅུ་བ་གྲྭ་ཚང་དུ་བསྐོས་ནས་བྱང་རྩེར་ཐེབས་པ་སྣང་། སླར་ཡང་

དབང་རྒྱུད་མན་ངག་བསླབ་བྱ་ལམ་རིམ་སོགས་ཆོས་ཀྱི་ཆར་ཕབ་པས་རྩེ་བ་ཤེར་བཟང་པ་ཞེས་སྙན་པ་ཇེ་རྒྱས་སུ་སོང་། ཞལ་སློབ་གྲགས་ཆེ་བ་ཡང་ཞལ་སྔ་ནས་ཤེས་རབ་དང་། ཡོངས་འཛིན་དམ་པ་ཨ་མོ་གྷ། ཆེན་པོ་བཟང་པོ་དཔལ་དང་ཡོན་ཏན་བཤེས་གཉེན་པ་གཉིས། སློབ་དཔོན་བཀྲས་རྒྱམ་པ་དང་དཔལ་མགོན་རྒྱལ་མཚན་པ་གཉིས། དཀའ་བཅུ་བ་རིན་དཔལ་བ་དང་གྲགས་ཚུལ་གཉིས། སློབ་དཔོན་ཆོས་དབྱིངས་པ་དང་བརྩོན་འགྲུས་པ་གཉིས། སྨྱུན་སྔ་ཤཱཀྱ་བ་དང་དོར་སྟོན་པ་གཉིས་ལ་སོགས་པ་མང་དུ་བྱོན་ལ། ཁོ་བོས་ཀྱང་འཛམ་དབྱངས་དཀར་པོ་དང་། རི་ཁྲོད་ལོ་མ་གྱོན་མའི་རྗེས་གནང་ཞིག་གི་ཆོས་འབྲེལ་ཞུས། མཐར་ཀུན་སྤྱངས་མཛད་ནས་དོན་དགུ་པ་མེ་ཡོས (སྤྱི་ལོ 1507) ལ་བྱེ་རི་སྟག་རྩེར་སྐུ་གཤེགས། ཧོར་སྟོན་པ་གཤེགས་པའི་མེ་ཡོས་དེ་ནས་དྲུག་ཅུ་སྐོར་གཅིག་སོང་བ་དེ་ཡིན། དེ་ནས་ས་གླང་འདི་ཡན་ལ་ལོ་ཉི་ཤུ་རྩ་གཉིས་འདས། དྲུང་ཨུ་རི་པ་སྐུ་ཚེས་མ་ཟིན་པའི་རྗེས་སུ་སློབ་དཔོན་ཚུལ་བཟང་པས་ལོ་བཅུ་གསུམ་སྐོར་གཅིག་བཤད་ཉན་མཛད་པ་ཡང་། དགེ་འདུན་ལ་ཇ་ཚུལ་རྒྱུན་ཆགས་སུ་ཡོད་པ་སོགས་ལོངས་སྤྱོད་ཀྱི་འཁར་འུར་ཆེ་ཞིང་། གསུང་གི་བདུད་རྩི་མྱུང་བའི་སྲས་སུ་ཞལ་སྔ་ནས་རཏྣའི་མཚན་ཅན། དཀའ་བཅུ་བ་བློ་བཟང་པ་དང་ཆོས་རྒྱལ་དཔལ་མགོན་གཉིས། རབ་འབྱམས་པ་བྱང་བློ་དང་དགེ་འདུན་འཕེལ་གཉིས། དཀའ་བཅུ་བ་བློ་གྲོས་མཐའ་ཡས་དང་ཚུལ་བཟང་བ་གཉིས་སོགས་མང་དུ་བྱོན་པས་རྒྱུད་པ་ཚུལ་བཟང་བ་ཞེས་སྙན་གྲགས་ཀྱིས་ཁྱབ་པ་ཞིག་བྱུང་། སློབ་ཚུང་དུ་སྔ་སོར་དཀའ་བཅུ་བ་བློ་བཟང་བསྒོ་བ་མཛད་ཀྱང་སྐུ་ཚེས་མ་ཟིན་པས། ཞལ་སྔ་ནས་རཏྣའི་མཚན་ཅན་ལ་གྲྭ་ཚང་གཏད་ནས་བྱང་རྩེར་ཕེབས་པ་མཐར་

ཀུན་སྤྱངས་མཛད་དེ་གསལ་ཁང་དུ་སྐུ་གཤེགས། ཞལ་སྔ་ནས་ཀྱི་རྗེས་སུ་ཆོས་རྗེ་ཆོས་སྐྱོང་རྒྱ་མཚོ་བས་ཀྱང་བཤད་ཉན་ལོ་བཅོ་ལྔ་སྐོར་ཞིག་གནང་བ་ཡོན་ཏན་ལ་འཁོར་བའི་ལུང་རིགས་འཛིན་པ་མང་པོ་ཞིག་བློ་སྐྱེད་གོང་འཕེལ་དུ་མཛད་ཅིང་། བྱང་རྩེར་ཕེབས་ནས་ཀྱང་མདོ་སྔགས་ཀྱི་ཆོས་རྒྱུན་ཆགས་སུ་གསུངས་པ་ལས་འཕྲིན་ལས་བཟང་པོ་ཡར་འཕེལ་དུ་བཞུགས། དེང་སང་ནི་རྒྱུད་པ་རྒྱལ་མཚན་བཟང་པོ་བ་བཤད་ཉན་འཕེལ་བར་ཡོད་དོ། སློབ་དཔོན་སྤྱིན་པ་བའི་སློབ་མ་བླ་མ་རྒྱལ་ཚབ་པས་ཀྱང་ཨེ་དྭགས་ཀྱི་སར་སྔགས་ཀྱི་གྲྭ་ཚང་བཙུགས་པ་ལ་སྨར་པ་ཞེས་གྲགས། ཁོང་གི་རྗེས་སུ་བླ་མ་དཔལ་འབྱོར་རིན་ཆེན་པས་བཟུང་སྟེ་དེང་སང་ཡང་རྒྱུན་མ་ཉམས་པར་མཆིས།།

མཁའ་ལ་ཉི་ཟླ་བཞིན་དུ་སྣར་ཡང་རྒྱུད་ཀྱི་བཤད་གྲྭ་གཉིས་པ་བྱུང་ཚུལ་ནི། རྒྱུད་པ་ཀུན་དགའ་དོན་གྲུབ་པ་ཉིད་ས་ཕག་(སྤྱི་ལོ1419)ལ་གཙང་སྟོད་དུ་འཁྲུངས། རྗེ་རིན་པོ་ཆེ་ཞིང་གཞན་དུ་གཤེགས་པའི་ལོ་དེ་ཡིན། སྣར་ཐང་དུ་རབ་ཏུ་བྱུང་ཞིང་རྗེ་དགེ་འདུན་གྲུབ་ཀྱི་དྲུང་དུ་རྣམ་འགྲེལ། རྗེ་ཤེར་སེང་བ་དགེ་འཕེལ་དུ་ཕེབས་པ་ལ་རྩ་རྒྱུད་ལེའུ་བདུན་པ་ཡན་ཆད་ཀྱི་བཤད་ལུང་རིམ་ལྔའི་དམར་ཁྲིད་དང་བཅས་པ། འབྲས་སྤུངས་སུ་མཁན་ཆེན་དཔལ་བློ་བ་ལ་དབུ་མ་འདུལ་མངོན་སོགས་གཞུང་མང་པོ་དང་། རྒྱུད་པ་སྤྱིན་པ་བ་ལ་འདུས་པའི་རྒྱུད་འགྲེལ་མན་ངག་ཐྲན་དང་བཅས་པ་ཡོངས་སུ་ཚང་བར་ཞུས་པས་མཁས་པར་གྱུར་ཅིང་། རྒྱུད་པ་གྲགས་བཟང་པ། ཆོས་རྗེ་བ་སོ་བ། ཆོས་རྗེ་རབ་འབྱམས་པ། བྱང་རྩེ་ཀུན་བཀྲས་པ་རྣམས་ལའང་ཆོས་འབྲེལ་གསན། ཀུན་བཀྲས་པ་དང་སློབ་དཔོན་ལྷན་ཅིག་པར་བྱམས་པ་གླིང་དུ་དབྱར་གནས་ཤིག་ལ་ཕེབས་པའི་སྐབས་ནས་དགོན་པའི་

གདན་ས་གནང་སྟེ། གླིང་ས་ཤོད་དུ་བསོད་སྙོམས་མཛད་པའི་ཚ་རྐྱེན་གྱིས་རན་ཚ་རབ་ཀྱི་བྱམས་པའི་དྲུང་དུ་སྤྱིར་བསྟན་པ་རྒྱས་པ་དང་། མཆོག་ཏུ་རྒྱུད་ཀྱི་རྒྱལ་པོ་ལ་བརྟེན་པའི་གཞན་ཕན་ཅི་ཡོང་གི་དགོངས་པས་སྨོན་ལམ་ལོ་ཤས་མཛད་པ་བྱིན་གྱིས་བརླབས་པའི་མཚན་མ་བྱུང་ཞིང་། སེམས་དཔའ་ཆེན་པོས་ཀྱང་གཞན་ཕན་འོང་བའི་ལུང་བསྟན་མཛད་པར་སྣང་། དེ་ཡང་རྒྱུད་པ་བཀྲས་རྒྱལ་བ་བྱང་རྩེར་ཕེབས་པ་ན་རྒྱུད་པའི་གྲྭ་པ་ཀུན་པ་རྣམས་བླ་མ་འདི་ཉིད་དང་། གཞོན་པ་རྣམས་སློབ་དཔོན་ཤེར་བཟང་པ་ལ་འཆད་ཉན་གྱི་རེ་བ་བཙལ་ཟེར་རྫོད་རེ་ཙམ་ཡང་བྱུང་བ་ན་སློབ་དཔོན་ཤེར་བཟང་པས་གླིང་ས་ཤོད་དུ་ཕོ་ཉ་མངགས་ཏེ་སློབ་ཆེན་དུ་ཅིས་ཀྱང་ཕེབས་དགོས། ཁོ་བོས་སློབ་དཔོན་སྤྱིན་པ་བ་དང་ཁྱད་མེད་དུ་འཁུར་གསུང་བའི་ཞུ་ཡིག་ཞུ་རྔག་དང་བཅས་པ་སྤྲིངས་པ་ན་འགྲོན་པ་ལ་ཐུགས་སྤྲོ་བར་གྱུར་ནའང་། ཞག་དེ་ཀའི་མནལ་ལམ་དུ་བུད་མེད་ཅིག་གིས་ལ་མོ་དང་ཕྱག་མོ་གཉིས་ཀྱི་བར་དུ་ཡོལ་བ་གཅིག་འཐེན་བྱུང་བ་རྨིས་པ་ལས། ཐུགས་འགྱུར་ནས་མི་ཕེབས་པའི་བརྗོད་བྱ་ཅན་གྱི་ཆབ་ཤོག་གསུང་ངག་དང་བཅས་པ་གནང་བ་ཡིན་འདུག དེ་ལྟར་དངོས་སམ་རྨི་ལམ་གྱི་མཚན་མ་དང་སེམས་དཔའ་ཆེན་པོས་ལུང་བསྟན་མཛད་པ་མཐའ་དག་སྟོད་ཕྱོགས་རང་དུ་རྒྱུད་ཀྱི་བཤད་ཉན་འོང་བའི་ཐོག་ཏུ་བབས་ནས། བླ་མ་ཉིད་དགུང་ལོ་ང་དྲུག་བཞེས་པའི་ཤིང་རྟ་ལ་རྒྱུད་ཀྱི་བཤད་པའི་དབུ་ཚུགས་ཏེ་ལོ་རེ་བཞིན་ཡར་འཕེལ་དུ་གྱུར་པ་ལ་སྟོད་རྒྱུད་པ་ཞེས་གྲགས་པ་འདི་བྱུང་བ་ཡིན་ནོ། འཕྲུལ་གྱི་རྣམ་ཐར་ཡང་ཕྱག་རྫས་ཅི་བྱུང་བླ་མ་དགེ་འདུན་རྟེན་གསུམ་དང་བཅས་པ་ལ་བསྔོ་བ། གསོལ་ཚས་དང་ན་བཟའ་ལ་ཆེད་གཉེར་མི་མཛད་པ། བསླབ་པ་བསྲེས་པའི་བཤེས

གཉེན་ལ་ཕྱག་འཚལ་བ་སོགས་གུས་པ་ཉེ་བར་སྒྲུབ་པ། ཉེ་འཁོར་བ་ཇི་སྙེད་པ་ཐམས་ཅད་དགེ་བ་ལ་སྦྱོར་བའི་རྣམ་ཐར་གཙང་བ། མཆོད་གཞིས་དང་མཆོད་ཞིང་བདག་ཏུ་མི་མཛད་པ། གཅིག་ཏུ་བྱ་བྲལ་གྱི་བརྟུལ་ཞུགས་ལ་ཐུགས་གཞོལ་བར་མཛད་པ་ཞིག་སྟེ་ཤེས་ལྡན་གྱིས་བལྟས་ན་ངོ་མཚར་བསྐྱེད་དོ། ཞལ་སློབ་ཀྱང་སློབ་དཔོན་རྒྱུད་པ་ལྷ་རིན་པ། ཆོས་རྗེ་ཡེས་རྩེ་པ། བླ་མ་ཕྱག་དྲུག་པ། སློབ་དཔོན་དཔལ་ལྡན་འོད་ཟེར་བ། བཤེས་གཉེན་ངག་དབང་མཆོག་གྲུབ་པ། མི་ཅར་དཀའ་བཅུ་བ་ཆོས་རྒྱལ་མཚན། སྔོ་པ་དཀའ་བཅུ་བ་ཏྲལ་མོར་གྲགས་པ། དྲུང་གཟིམས་ཆུང་བ། དཀའ་བཅུ་བ་ཀུན་བཟང་པ། དཀའ་བཅུ་བ་ཕྲུ་ར་བ་སོགས་གཞན་དོན་ནུས་པ་མང་དུ་བྱོན། དེ་ལྟར་བསྟན་པའི་བྱ་བ་རྒྱ་ཆེར་བསྐྱངས་ནས་དགུང་ལོ་རེ་བརྒྱད་པ་མེ་ཕོ་རྟའི་ལོ(སྤྱི་ལོ1486)ཧོར་ཟླ་གཉིས་པའི་ཚེས་དྲུག་ལ་བྱམས་པ་གླིང་དུ་སྐུ་གཤེགས། དེ་ནས་ལོ་བཞི་བཅུ་རྩ་གསུམ་སོང་། སྐུ་གདུང་ཞུགས་སུ་ཕུལ་བས་ཐུགས་ལྗགས་དབུ་ཐོད་རིང་བསྲེལ་གྱིས་བརྒྱན་པ་བྱོན་པའི་ཐུགས་ལྗགས་གཉིས་ལོ་དེ་ཉིད་ལ་ཉེ་གནས་བྱང་རྩེ་བ་རང་གིས་ཁྱེར་བླངས་ཏེ། དཔལ་གསང་བ་འདུས་པའི་གསེར་སྐུ་ཁྲུ་གང་པ་གཅིག་བཞེངས་པའི་ནང་དུ་བཞུགས་ཤིང་། དབུ་ཐོད་ནི་ལྷ་རྩེ་དགོན་གསར་ན་བཞུགས་སོ། གཤེགས་པའི་རྟ་ལོ་འདི་དང་ལུག་ལོ་གཉིས་ཀྱི་རིང་ལ་འཆད་ཉན་མ་ཆུགས་པར་བར་སྟོངས་བྱུང་བར་སྣང་།།

དེནས་སློབ་དཔོན་ལྷ་རིན་པའི་ཞལ་སྔ་ནས་ཉིད་ནི་མེ་སྟག(སྤྱི་ལོ1446)ལ་རྒྱ་མར་སྐུ་འཁྲུངས། ལོ་འདི་ལ་གནས་རྙིང་ཆོས་རྗེའང་འཁྲུངས། རྗེ་བཙུན་ཤེས་རབ་སེང་གེ་གཤེགས་པའི་ཕྱི་ལོ་ཡིན། འབྲས་སྤུངས་སུ་སློབ

དཔོན་ཞོགས་པ་མགོ་སེ་ལ་མདོ་ཕྱོགས་སྐོར། ཀྱི་རེ་དཀའ་བཞི་བ་སངས་རྒྱས་དབང་ཕྱུག་པ་ལ་འཁོར་ལོ་བདེ་མཆོག་སྐོར། རྒྱུད་པ་ཀུན་དགའ་དོན་གྲུབ་པ་ལ་དཔལ་གསང་བ་འདུས་པའི་རྩ་བཤད་འགྲེལ་པ་དང་བཅས་པ་གསན་པ་ཞིག་སྟེ། རང་ལོ་ཞེ་གསུམ་པ་ས་ཕྱིལ་ནས་ས་ལུག་གི་བར་བྱམས་པ་གླིང་། ལྷ་རྩེ་དགོན་གསར། རན་ཚ་རབ། དགེ་གོང་། ལྷུན་གྲུབ་གླིང་། ལྷ་ལུང་སྐྱི་ཕྱིངས་རྣམས་སུ་རིག་འཛིན་གྱི་སློབ་མའི་ཚོགས་ལ་རྒྱུད་འགྲེལ་མན་ངག་དང་བཅས་པ་གསུངས་པས་འཕྲིན་ལས་ཕུན་སུམ་ཚོགས་པ་བྱུང་བ་སྟེ་འབྲས་རྟགས་སུ་རྡོ་རྗེའི་སློབ་དཔོན་ཆོས་ལྡན་བློ་གྲོས་པ། རབ་འབྱམས་པ་བྱང་བློ་སོགས་སྤྱི་སྤྱོད་འཛིན་པ་མང་དུ་འཁོར་ལ། ཁོ་བོས་ཀྱང་མགོན་པོ་བར་ཚད་ཀུན་སེལ་གྱི་རྗེས་གནང་ཞིག་གི་ཆོས་འབྲེལ་ཞུས། གྲྭ་ཚང་གཏད་ནས་བྱང་གླིང་དང་འོད་སྣའི་གདན་སར་བཞུགས་ཤིང་། ཕལ་ཆེར་ནི་གླང་པོ་རི་ལ་ཟབ་ཁྲིད་རྣམས་ཐུགས་ཉམས་སུ་བསྐུར་བས་ཡོན་ཏན་ཁྱད་པར་ཅན་འཁྲུངས་པར་སྣང་སྟེ་ཐུགས་ཟབ་པས་མི་གསུང་། འཕྲུལ་གྱི་རྣམ་ཐར་ཡང་ཕྱུག་རྫས་ལ་གསོག་འཇོག་མི་མཛད་པ། ཐུགས་ཟབ་ལ་དཀྱིལ་ཆེ་བ། དགོས་མེད་དུ་གྲྭ་པ་ལ་བཀའ་མི་བསྐྱོན་པ། ཅུང་ཟད་བསྐྱོན་དགོས་པ་བྱུང་ནའང་ཟུར་གྱིས་གོ་བར་མཛད་པ། གྲྭ་པ་སྦྱིན་བདག་ལ་ཉེ་རིང་གི་ཕྱོགས་འཛིན་མི་མཛད་པ། སྙིང་ནས་གུས་པའི་གྲྭ་པ་སྦྱིན་བདག་ལ་ཐུགས་གཏོད་པ་ཁ་དད་པ་དང་ཟློལ་འཁྲོགས་ལ་མཁས་པ། མི་ཆེན་གྱི་བླ་མ་མཛད་པ་ལ་མི་དགྱེས་པ། སྐུ་མཚམས་བསྙམས་ཚར་ནས་སུ་ལ་ཡང་ངོ་ཆེ་མི་མཛད་པ། རང་ཉིད་ཆོས་པ་བཟང་བཟང་ལྟར་དུ་མི་མཛད་པར་དམ་པ་གཞན་གྱི་བསྔགས་པ་བརྗོད་པ་སོགས་ཏེ་ཡ་མཚན་པ་ཞིག་གོ། དེ་ལྟར་བཤད་སྒྲུབ་གཉིས་ཀྱིས་བསྟན་པ་ལ

བྱ་བ་མཛད་པའི་མཐར། དགུང་ལོ་དོན་གཅིག་བཞེས་པ་མེ་ཕོ་བྱི་བ་(སྤྱི་ལོ་1516)ལོའི་ཧོར་ཟླ་བཞི་པའི་ཚེས་བཅུ་གཅིག་ལ་འོད་སྣར་སྐུ་གཤེགས། དེ་ནས་ལོ་བཅུ་གསུམ་སོང་། དེའི་ཚེ་མེ་ཧོག་གི་ཆར་དང་འཇའ་འོད་ཀྱི་གུར་སོགས་བྱུང་ཞིང་། གདུང་ཞུགས་སུ་ཕུལ་བས་རིང་བསྲེལ་ཤྲཱ་རི་རམ་སོགས་རིང་བསྲེལ་གྱི་རིགས་མང་པོ་དང་། ཐུགས་གསུམ་བྱོན་པའི་མཆོག་ཏུ་ཐོ་བ་ནི་འོད་སྣ་ཉིད་དུ་བཞེངས་པའི་རྡོ་རྗེ་འཆང་གི་གསེར་སྐུའི་ནང་དུ་བཞུགས་ཤིང་། གཞན་གཉིས་ནི་ཀམ་ཀམ་དང་བྱམས་པ་གླིང་ན་བཞུགས་སོ།།

དེའི་རྗེས་སུ་རྡོ་རྗེའི་སློབ་དཔོན་ཆོས་ལྡན་བློ་གྲོས་པའི་ཞལ་སྔ་ནས་ནི་ས་སྟག་(སྤྱི་ལོ1458)ལ་རྒྱ་མར་འཁྲུངས། སློབ་དཔོན་ལྷ་རིན་པ་འཁྲུངས་ནས་ལོ་སྐོར་གཅིག་སོང་བ་དེ་ཡིན། སྤྱན་སྔ་བློ་གྲོས་རྒྱལ་མཚན་ཕྱི་མ་ལ་རབ་ཏུ་བྱུང་། སློབ་དཔོན་ཆོས་གྲུབ་པ། སློབ་དཔོན་དོན་ཡོད་དཔལ་ལྡན་པ། མཁས་པ་ཏ་ནག་ཆོས་མཛད་པ་རྣམས་ལ་མདོ་ཕྱོགས་ཀྱི་དཀའ་ཆེན་དང་། སློབ་དཔོན་ལྷ་རིན་པ་ལ་དཔལ་གསང་བ་འདུས་པའི་རྒྱུད་འགྲེལ་མན་ངག་དང་བཅས་པ་གསན་པ་ཞིག་སྟེ། རང་ལོ་སོ་དགུ་པ་མེ་འབྲུག་ནས་ལྕགས་ལུག་གི་བར་རྒྱུད་ཀྱི་བཤད་པ་ལེགས་པར་མཛད་པས་ཡོན་ཏན་ལ་དགའ་བའི་གྲྭ་པ་མང་དུ་འདུས་པ་ལ། ཁོ་བོས་ཀྱང་གསང་འདུས་མི་བསྐྱོད་པའི་དབང་། རྒྱུད་འགྲེལ་དམར་ཁྲིད་དང་བཅས་པ། རྒྱུད་ཕྱི་མ་འགྲེལ་བ་དང་བཅས་པ། རིམ་ལྔ་གསལ་སྒྲོན། བསྐྱེད་རིམ་ནཻ་ཤཱ། སྔགས་རིམ་ཆེན་མོ། དྲིལ་བུ་ལུས་དཀྱིལ་གྱི་དབང་། ལྷུ་དྲིལ་གཉིས་ཀྱི་ཁྲིད། འདོད་འཇོ། ཡི་དམ་གྱི་ཁྲིད། འཁོར་ཆེན་གྱི་ཁྲིད། ན་རོ་ཆོས་དྲུག་གི་ཁྲིད། གསང་བ་བསམ་གྱིས་མི་ཁྱབ་པའི་ཁྲིད་དཔེ་ལུང་དང་བཅས་པ། མགོན་དཀར་ཡིད་

བཞིན་ནོར་བུའི་རྫེས་གནང་། སྨན་བླའི་རྗེས་གནང་། འཆི་མེད་འཕྲུལ་འཁོར་སོགས་ཐེག་པ་ཆེན་པོའི་ཆོས་མང་པོ་ཞིག་གི་བཀའ་དྲིན་ཞུས། འཕྲུལ་གྱི་རྣམ་ཐར་ཡང་ཕྱག་རྫས་ལ་སྲིད་པ་མི་མཛད་པ། མཁས་བཙུན་གྱི་ཁྱིངས་པ་མི་མངའ་བ། གྲྭ་པ་སྤྱིན་བདག་ལ་ཐུགས་བརྩེ་བ། དམ་པའི་རྣམ་ཐར་གསན་པ་ན་སྤྱན་ཆབ་དང་གིས་འབྱུང་བ། ཐུགས་དམ་དང་ཕྱག་དཔེ་གཟིགས་པ་སོགས་དགེ་བའི་བྱ་བ་ལ་སྤྲོ་བ། གང་བྱུང་གིས་འཚོ་བའི་བསྙེན་སྐྱབ་སོགས་ཏེ་ཆོས་པའི་མིག་འདྲེན་བཟང་པོ་མཛད་པ་ཞིག་གོ དེ་ལྟར་བསྟན་པ་རིན་པོ་ཆེ་རྒྱ་ཆེར་བསྐྱངས་པའི་མཐར་དགུང་ལོ་ང་བཞི་བཞེས་པ་ལྕགས་མོ་ལུག་(སྤྱི་ལོ1511)གི་ལོ་ཧོར་ཟླ་གསུམ་པའི་ཚེས་བཅུ་དྲུག་ལ་སྐུ་ཚལ་གྱི་གཙུག་ལག་ཁང་དུ་གཤེགས། དེ་ནས་ལོ་བཅོ་བརྒྱད་སོང་། དེའི་ཚེ་མེ་ཧོག་གི་ཆར་དང་འཇའ་ཚོན་གྱི་གུར་བྱུང་ལ། གདུང་གཞུགས་སུ་ཕུལ་པས་རིང་བསྲེལ་དང་ཡིག་སྣ་སོགས་བྱོན། དེའི་རྗེས་སུ་ཁོ་བོས་ལོ་བཅུ་བཞིའི་རིང་གྲྭ་ཚང་བཟུང་བ་སྤྱིར་ལྷ་རྗེ་བོ་དཀོན་མཆོག་གསུམ་གྱི་ཐུགས་རྗེ་དང་། ཁྱད་པར་སློབ་དཔོན་པའི་ཞལ་སྔ་ནས་དེ་ཉིད་སྐུ་བསྟུང་པའི་སྟུང་གཡོག གཤེགས་པའི་དགོངས་རྫོགས། རྟེན་བཞེངས། འདས་མཆོད་ཆག་མེད་དུ་བཟུང་བ་ལ་སོགས་པའི་སྐུ་མཐུན་ལས་བཤད་ཉན་ལ་བར་ཆད་མེད་ཅིང་། དགེ་རྒྱུན་དུ་ཇ་ཚུལ་འཛུགས་པ་དང་འདུ་ཁང་བྲུང་འབྲེལ་བརྩིགས་པ་སོགས་ཆོས་ལྡན་གྱི་བྱ་བ་འགའ་ཞིག་སྒྲུབ་ཏུ་བྱུང་བ་སྟེ། དངོས་གྲུབ་ཐམས་ཅད་ཀྱི་རྩ་བ་བླ་མ་ཡིན་པ་ལ་ངེས་པ་ཅུང་ཟད་ཅིག་སྐྱེས་སོ། ཤིང་སྤྲེན་ས་ཆོས་རྗེ་དཀོན་མཆོག་དར་བས་གྲྭ་ཚང་གི་ཐུགས་ཁུར་བཞེས་པ་ལུགས་གཉིས་ཀྱི་འཕྲིན་ལས་བཟང་པོ་ཤིན་ཏུ་རྒྱས་པར་ཤར་དང་གཉིས་འཛིན་དུ་

བཞུགས་སོ། དེ་ལྟར་ན་སྟོད་རྒྱུད་སྨད་རྒྱུད་ཅེས་གྲགས་པའི་གྲྭ་ཚང་འདི་དག་དཔོན་སློབ་དང་མཆེད་གྲོགས་ནང་མཐུན་པས་ཉན་བཤད་འཕེལ་བ། དགེ་འདུན་གྱི་བཅའ་ཁྲིམས་ལ་གནས་པས་རྣམ་ཐར་གཙང་བ། སྐྱེ་བོ་ཐལ་ཆེར་རང་གིས་བྱམས་པས་དད་ཟས་འདུ་བ། མཁའ་འགྲོ་ཆོས་སྐྱོང་རྒྱུན་དུ་འཁོར་བས་བར་ཆད་ཆུང་བ། བླ་མའི་གདན་སར་སློབ་མ་བཞུགས་པས་དམ་ཚིག་གཙང་བ་སོགས་ཏེ། འཛིག་རྟེན་གྱི་ཡོན་གནས་འོས་པ་ཡིན་ནོ་ཞེས་པར་བྱའོ། རྗེ་བཙུན་ཙོང་ཁའི་རིང་ལུགས་ལྷ་ལམ་གཞིར། །མདོ་རྒྱུད་བསྟན་པ་ཉི་ཟླའི་འཁྲིས་ཆེན་གཡོ། །གསང་སྔགས་རིང་ལུགས་མཚན་མོའི་མགོན་པོ་ནི། །འགྲན་པ་བཞིན་དུ་གཉིས་ཤིག་འཛིག་རྟེན་སྣང་། །ཡོན་ཏན་དཀྱིལ་འཁོར་རྫོགས་པ་ཡི། །རྒྱུད་འཛིན་ནོར་བུ་ཆུ་ཤེལ་གྱི། །འཕྲིན་ལས་འོད་དཀར་འདི་མཐོང་ཚེ། །འགྲོ་བློའི་ཀུ་མུད་ཅེས་མི་འཛུམ།།

འཇམ་དབྱངས་ཆོས་རྗེ་ནི་དོན་གྲུབ་ཅེས་པ་ས་མོ་ལུག (སྤྱི་ལོ1379) གི་ལོ་ལ་བསམ་ཡས་སུ་སྐྲ་འབྲུངས། རྩེ་ཐང་དུ་རབ་ཏུ་བྱུང་སྟེ་གྲལ་འཛིན་མཛད། གསང་ཕུར་གཉལ་རྐོད་རིན་བསམ་དང་། ལྷུན་མ་དཀོན་མཆོག་སེང་གེ་ལ་ཕར་ཚད། སྐྱོར་མོ་ལུང་དུ་མཁན་ཆེན་དཀའ་བཞི་བ་ལ་འདུལ་མངོན། དགེ་ལྡན་དུ་རྗེ་རིན་པོ་ཆེ་ཉིད་ལ་དྲུང་ངེས་རྣམ་འབྱེད། རྩ་འཇུག་གི་བཤད་པ། བྱང་ཆུབ་ལམ་རིམ་ཆེ་ཆུང་། སྔགས་རིམ་ཆེན་མོ། དཔལ་གསང་བ་འདུས་པའི་རྩ་རྒྱུད་འགྲེལ་པ་སྒྲོན་མ་གསལ་བ་དང་བཅས་པ། བཤད་རྒྱུད་ལྔ། མདོར་བྱས། བདོ་བསྡུ། རྣམ་གཞག་རིམ་པ། རྡོ་རྗེ་སེམས་དཔའི་སྒྲུབ་ཐབས། རིམ་ལྔ། སྒྲོན་བསྡུས། རིམ་ལྔ་གསལ་སྒྲོན། རིམ་ལྔ་གདན་རྫོགས། བདེ་དགྱེས་ཀྱི་ཆོས་སྐོར། ཡོ་ག་སྐོར་

སོགས་རྒྱ་ཆེར་གསན་པས་བཀའ་བསྟན་བཅོས་མང་དུ་མཁྱེན་པའི་མཁྱེན་རབ་ལ་སུས་ཀྱང་འགྲན་དུ་མེད་པར་གྲགས་པ་སྟེ། ཡིད་བཟང་རྩེ་བས་ཀྱང་རྗེ་བླ་མའི་སྲས་ཤིག་ལ་འཕྲས་ཕྱུངས་ཆོས་རྗེ་འདི་རང་མཁྱེན་རབ་ཆེ་ཞེས་བསྔགས། རྗེ་རིན་པོ་ཆེ་ཉིད་ཀྱིས་མཁན་པོ། འདུལ་བ་འཛིན་པས་ལས་སློབ། རྒྱལ་ཚབ་ཆོས་རྗེས་གསང་སྟོན་མཛད་ནས་བསྙེན་པར་རྫོགས། རྗེ་ཐམས་ཅད་མཁྱེན་པ་ཉིད་ཀྱིས་ཆོས་རྗེ་འདི་པ་དང་། ཆོས་རྒྱལ་ནམ་མཁའ་བཟང་པོ་མཆོད་ཡོན་གཉིས་ལ་ཆོས་སྡེ་འདེབས་དགོས་པའི་བཀའ་སྩལ་ཕྱིར་ཕེབས་པ་དང་། ཆོས་རྗེ་བའི་གནལ་ལམ་དུའང་ལྷ་རྣམ་ལྷེ་དཀར་པོ་ཡིན་ཟེར་བ་ཞིག་དགོན་པའི་ས་ཡུལ་བསྟན་ཏེ། འདིར་ཁྱོད་ཀྱིས་དགོན་པ་ཞིག་འཛོབ། ངས་བཙུན་པ་སྟོང་ཕྲག་ལྔ་འབུལ་ཟེར། དེ་གའི་མོད་ལ་དན་འབག་མདའ་ནས་ཡར་ཕྱིན་པས་ལོངས་སྤྱོད་ཀྱི་རྒྱུ་ཡིན་ཟེར་བའི་ཐིང་བུ་མང་པོ་འདུག་པ་གཟིགས་ཤིང་ཁྱད་པར་སྙང་ཆེན་རི་གདོང་དུ་ཐིང་བུ་མང་པོའི་འགྲམ་ན་རྗེ་རིན་པོ་ཆེ་བཞུགས་ནས་འདི་རྣམས་ཐོས་བསམ་གྱི་ཐིང་བུ་ཡིན་པས་འཕྲུང་གསུང་བ་སོགས་ཀྱི་ལྟས་ཡ་མཚན་ཅན་བྱུང་བ་གཉིས་ཚོགས་ལས། ཉིད་ཀྱི་དགུང་ལོ་བརྒྱད་པ་མེ་ཕོ་སྤྲེའུའི་(སྤྱི་ལོ་1416)ལོ་ལ་དཔལ་ལྡན་འབྲས་སྤུངས་ཀྱི་ཆོས་སྡེ་ཆེན་པོ་བཏབ། ཆོས་རྗེ་རང་གདན་སར་བཞུགས་ནས་གྲྭ་ཚང་སོ་སོར་སློབ་དཔོན་བསྐོ་བ་མཛད་ཅིང་། གཞིས་ཁ་སྣེའུ་ནས་ལོ་ལོ་བཞིན་སྨོན་ལམ་ཆེན་མོ་དང་གདུགས་དཀར་འཛུགས་པ། དབྱར་ཚུལ་དགུན་ཚུལ་སྐར་ཆགས་པ། གཟིམས་ཁང་དང་འཆད་ཉན་ཁང་ཚོར་ན་བཟའ་གསོལ་ཆས་ནམ་དགོས་སུ་ཕུལ་བ་ལས། དགོན་པ་མ་བས་བུ་དགའ་བ་འོང་བར་ལུང་བསྟན་པ་ལྟར་གྲྭ་ཚོགས་བཅའ་ཁྲིམས་བཤད་ཉན་སོགས་ཕུན་སུམ་ཚོགས་པའི་

མཐའ་དག་དཀར་ཕྱོགས་ཀྱི་ཟླ་བའི་དཀྱིལ་འཁོར་བཞིན་དུ་འཕེལ་བར་གྱུར། སྐུ་ཆེ་བའི་ཡོན་ཏན་ཡང་བཀའ་བསྟན་བཅོས་ཀྱི་བཤད་པ་མཛད་པའི་དབང་དུ་བྱས་ན། ཆོས་ནམ་བཙུགས་སུ་མདོ་ཕྱོགས་ཀྱི་པོ་ཏི་བརྒྱད་བརྒྱད་རང་རང་གི་འགྲེལ་པ་པོད་ཊཱིཀ་རེ་དང་སྦྱར་ནས་གསུངས་པ་གནང་ཞིང་། སྤྱིར་ན་གཞུང་ལུགས་ཀྱི་པོ་ཏི་ཆེན་མོ་བརྒྱ་དང་སུམ་ཅུ་ལ་ཐུགས་བཤད་མཛད། ཐུགས་དམ་སྒྲོས་བཅས་ཀྱི་རིམ་པའི་དབང་དུ་བྱས་ན་གསང་འདུས་འཕགས་ལུགས། བདེ་མཆོག་ལཱུ་ནག་དྲིལ་གསུམ། དགྱེས་རྡོར། དགྲ་འཇིགས་གཤེད་གསུམ། མི་གཡོ་བ། སྒྲོལ་མ་སོགས་ཡི་དམ་གྱི་ལྷ་མང་པོའི་བསྙེན་པ་རྒྱུན་དུ་མཛད་པ་དང་། ཞག་རེ་ལ་ཨ་ར་པ་ཙ་ན་ཚར་སྟོང་ཕྲག་གཉིས་རེ་དང་། མཚན་བརྗོད་ཚར་གསུམ་རེ་གསུངས་ཞིང་། གཙོ་བོར་ཡིག་དྲུག་ལ་ཐུགས་དམ་མཐིལ་དུ་མཛད་པས་ཕྱིས་དུང་ཕྱུར་གཉིས་ལྷག་པར་ཡོངས། མཚན་ཉིད་པ་ཞིག་ལ་མ་ཧི་སོང་བ་ང་མང་ཞེས་གསུང་བ་ཡིན་སྐད། ལྷ་དང་བླ་མའི་གཟིགས་སྣང་གི་དབང་དུ་བྱས་ན། དབུས་ན་རྗེ་བཙུན་འཇམ་དབྱངས། གཡས་ན་མགོན་པོ་ཀླུ་སྒྲུབ། གཡོན་ན་ཞི་བ་འཚོ། མདུན་ན་རྗེ་རིན་པོ་ཆེ་ཇོ་ཆེན་གྱི་རྣམ་པ་ཅན་དུ་འཁོད་པ་ཞིག་གི་གཟིགས་སྣང་དངོས་སུ་རྒྱུན་མར་འབྱུང་བ་དང་། མནལ་ལམ་དུ་འཕགས་པ་ཀླུ་སྒྲུབ་གཙོ་འཁོར། ཆོས་རྒྱལ་སྲོང་བཙན་སྒམ་པོ་ཡབ་ཡུམ། རྗེ་རིན་པོ་ཆེ། ཡེ་ཤེས་མགོན་པོ་ཕྱག་དྲུག་པ་ལྕམ་དྲལ་རྒྱལ་ཆེན་བཞི་སོགས་ཀྱིས་རྗེས་སུ་བཟུང་བའི་མཚན་མ་བྱུང་བ་སོགས་བསམ་གྱིས་མི་ཁྱབ། མངོན་པར་རྟོགས་པའི་ཡོན་ཏན་གྱི་དབང་དུ་བྱས་ན། བདེ་སྟོང་དབྱེར་མེད་ཀྱི་རྫོགས་རིམ་ཟབ་མོ་ཐུགས་རྒྱུད་ལ་མངའ་བས། རླུང་འོད་ཟེར་ལྔ་པའི་ཁ་དོག་གསལ་བར་གཟིགས་པ་སོགས

དཔག་དཀའ་བ་སྟེ། སྐུ་ཆེ་སྔ་མ་གཉིས་རྒྱལ་བ་ཀླུ་ནང་པ་ཀླུ་བུའི་རྣལ་འབྱོར་གྱི་དབང་ཕྱུག་ཏུ་གྱུར་ན་སྐུ་ཆེ་འདིར་ལྷ་ཅི་སྨོས། འཕྲུལ་གྱི་མཛད་པའི་དབང་དུ་བྱས་ན་ཕྱུག་ཏུ་བྱུང་བའི་དངོས་པོ་རྣམས་ཆ་གསུམ་དུ་བགོས་ནས། ཆ་གཅིག་གིས་ཕྱག་དཔེ་དང་རྟེན་གསུམ་བཞེངས། ཆ་གཅིག་གིས་ནད་པ་རྣམས་ཀྱི་ཕྱིར་དུ་སྨན་སྦྱིན་མཛད། ཆ་གཅིག་གིས་གཟིམས་ཁང་གི་ཐབ་སྤྱོད་དང་སློབ་མ་སྐྱོང་བར་མཛད། གསུང་ལས་སྐྱེས་པའི་སྲས་ཀྱི་དབང་དུ་བྱས་ན་མཁས་པ་མུ་ཏྲད་པ། ཉན་སྟོན་པ་ཤཱཀྱ་རྒྱལ་མཚན། མཁན་ཆེན་དཔལ་བློ་བ། སློབ་དཔོན་སྣ་ལེབ་སྟག་ལེབ་གཉིས། སྟར་ཐང་པ་རབ་མཆོག གཞུ་ཆུང་ཡོན་ཏན་རྒྱལ་མཚན་པ། ཉག་རེ་རྡོར་རྒྱལ་བ། ཕྱོག་པ་བྱང་དཔལ་བ། བང་རིམ་ཆོས་མཛད་འཇམ་དབྱངས་དཔལ་འབྱོར་རིན་ཆེན། ཡོ་ཙྣ་བ་ཤེས་རབ་རིན་ཆེན། ཆོས་རྗེ་ནམ་མཁའ་བློ་གྲོས། གཙང་པ་ཀུན་རྒྱལ་བ། བླ་མ་བརྩོན་འགྲུས་གྲགས་པ། བླ་མ་སྦྱིན་མཆོག་པ། སློབ་དཔོན་རྒྱན་ཚུལ། སློབ་དཔོན་ཀུན་བཟོད་པ། གནས་བརྟན་དགེ་ལེགས་དཔལ་བ་སོགས་སྡེ་སྣོད་འཛིན་པ་མང་དུ་བྱོན། དེ་ནས་དགུང་ལོ་བདུན་ཅུ་པ་ས་འབྲུག་(སྤྱི་ལོ1448)གི་དགུན་ཆོས་ཀྱི་མཇུག་ལ། རྩེ་ཁ་བས་གདན་དྲངས་ནས་ཞག་ཤས་བཞུགས། སླར་འབྲས་སྤུངས་སུ་ཕེབས་ནས་བསླབ་བཏུས་ཀྱི་བརྩོན་འགྲུས་ལེའུ་མཇུག་ཆོས་ཐུན་གཉིས་ཀྱིས་རྫོགས་པར་མཛད་ལ། དེ་ནི་བརྩོན་འགྲུས་མཐར་ཕྱིན་ཞེས་པའི་དོན་ཏེ། སྐུ་ཆེ་དེ་ལ་འབྲས་སྤུངས་སུ་ཆོས་འཁོར་བསྐོར་བའི་ཐ་མར་བྱུང་སྣང་། དུས་དེ་ནས་སྐུ་ཅུང་ཟད་བསྙུང་བས་ཕེབས་བཞུད་དཀའ་བར་ཡོད་ནའང་བསྟན་པ་དང་སེམས་ཅན་ལ་དགོངས་ཏེ། རིམ་པས་གཞིས་ཁར་ལོ་སར་<གསར་>

དང་། ལྷ་སར་སྨོན་ལམ་ཆེན་མོའི་གྲལ་དབུ་ལ་ཕེབས་ནས། ཇོ་བོ་རྣམ་གཉིས་དང་བཅུ་གཅིག་ཞལ་སོགས་མཇལ་དུས། ད་ལན་མིན་པ་ཨེ་མཇལ་མི་ཤེས་གསུངས་ཐུགས་འདུན་དྲག་པོའི་སྒོ་ནས་སྨོན་ལམ་དཔག་ཏུ་མེད་པ་མཛད། འབྲས་སྤུངས་ལ་ཕེབས་ཞོར་པོ་ཏ་ལར་ཞག་གསུམ་བཞུགས་པ། ནང་སོ་དང་ཡོན་མཆོད་བཞུགས་གདན་ལ་འཁོད་དུས་ཤིག་ཆོས་རྗེའི་ཞལ་ནས། རྗེ་བཙུན་གྲགས་པའི་མདོན་རྟོགས་ལྗོན་ཤིང་དུ། །འདི་དག་སྟོན་པའི་བླ་མའི་བཀའ་དྲིན་ནི། །དྲན་པའི་ཚེ་ན་དད་པས་མཆི་མ་ལྷུང་། །ཞེས་གསུངས་ཏེ། རྗེ་རྣམ་གཉིས་ཀྱི་ཐུགས་རྒྱུད་ནི་མི་ཤེས། གསུང་རབ་ནི་རིམ་ལྔ་གསལ་སྒྲོན་ཉིད་ཟླ་དང་བྲལ་བས་མཆི་མ་ལྷུང་ན་འདི་ལ་ལྷུང་རྒྱུ་ཡིན་ཏེ། ད་ལེགས་པར་འཆད་པ་དགོན། བསྟན་པའི་མཇུག་མ་རྣམ་དག་གཅིག་འདུག་སྟེ། འཇུ་མཁན་མི་འདུག ངེད་རང་གི་ཁ་སྐབས་ནི་འདི་ལྟར་སོང་གསུངས་ནས། གསུང་འདར། སྤྱན་ཆབ་མང་པོ་མཛད་པས། ནང་སོ་དཔོན་སློབ་ཡང་སྤྱན་ཆབ་མང་པོ་ལྷུང་པར་སྣང་། འབྲས་སྤུངས་སུ་ཕེབས་ནས་ནང་སོ་དཔོན་སློབ་དང་གྲྭ་བུ་སློབ་རྣམས་ཀྱིས་ཟླ་བ་སྤྲེལ་ནས་སྐུ་རིམ་རྒྱ་ཆེན་པོ་བསྒྲུབས་ཤིང་། བརྟན་བཞུགས་དགོས་པའི་ཞུ་བ་ཕུལ་བ་ན་ཉིད་ཀྱི་ཞལ་ནས། གདང་རྗེ་རིན་པོ་ཆེ་ཕེབས་ནས་ངེད་རང་གཉིས་རྒྱ་ནག་ཏུ་འགྲོ། རི་བོ་རྩེ་ལྔར་སྒྲུབ་པ་བྱེད་གསུངས་པས། ད་རྗེ་རིན་པོ་ཆེ་ལ་སྡེ་སྣོད་གསུམ་དང་རྒྱུད་སྡེ་བཞི་གསུང་གིན་བཞུགས་ཞུས་དང་གསུངས་ནས་ཕྱག་ཐལ་མོ་སྦྱར་སྤྱན་ཆབ་མང་པོའང་མཛད་པ་ཡིན་སྣང་། དེ་ནས་ཧོར་ཟླ་གཉིས་པའི་མཇུག་ལ་ནུབ་གཅིག་མནལ་ལམ་དུ། རྗེ་རིན་པོ་ཆེ་ཕེབས་ནས་རྗེ་བཙུན་འཇམ་པའི་དབྱངས་ཀྱི་ཕྱག་དྲིལ་ཡིན་གསུང་བ་ཞིག་གནང་། ད་ཁྱོད་ངོ་

གཉིས་སྨོད་གསུང་བ་ཞིག་ཕྱིས་པ། དྲུང་འཁོར་བ་རྣམས་ལ་གསུངས་པས། ཁོང་རྣམས་ཟླ་བ་དང་ལོ་གང་ཡིན་ལ་མ་དན་ཡང་། དོན་ལ་ཟླ་བ་ཡིན་སྣང་། དེ་ནས་མྱ་ངན་ལས་འདའ་བའི་ལྟས་བྱུང་བ་ན་གཟིམས་ཆུང་དུ་ཕེབས་ཏེ། ཞབས་གཉིས་སྐྱིལ་ཀྲུང་དང་། ཕྱག་གཉིས་མཉམ་གཞག་མཛད་ནས་ཐུགས་དམ་ལ་ཐུགས་བསྐྱོད་པས་སྐུ་སྨད་ནས་དྲོད་ཡར་ལ་རིམ་གྱིས་སྡུད་པའི་ཚེ། རྗེ་བཙུན་འཇམ་དབྱངས་ཀྱི་ཞལ་གཟིགས་བྲིས་སྐུ་དེ་སྐུ་མདུན་དུ་སྤྱན་དྲངས། རྗེ་བཙུན་ཕེབས་ཡོད་ལགས་ཞུས་པས། སྤྱན་གྱིས་ནི་མ་གཟིགས། དབུ་དུད་པ་བ་ཞིག་མཛད། ཅུང་ཞིག་ལོན་པ་ན། ད་མི་དགོངས་པར་འདུག་སྙམ་ནས་བྲིས་སྐུ་དེ་སྐུ་རྒྱབ་གཡོན་ཕྱོགས་སུ་གདན་དྲངས་པས། ཇི་ལྟར་སྤྱན་དྲངས་པ་ལྟར། བྲིས་སྐུ་ལ་སྤྱན་གདངས་ཏེ། ཨོ་ཀོ་སྐུ་དཔུང་གཡོན་པའི་སྟེང་དུ་བཞག་ནས་ཞག་འགའ་བཞུགས་པས། ཕལ་ཆེར་གྱིས་སྐུའི་གཟི་མདངས་ལ་དཔགས་ནས་འཁྲུལ་བའང་སྐྱེས། དེ་ནས་ས་མོ་སྦྲུལ་ལོ(སྤྱི་ལོ
1449)དེའི་ཟླ་བ་བཞི་པ་ས་ག་ཟླ་བའི་ཚེས་བཅོ་བརྒྱད་ལ་དགའ་ལྡན་ཆོས་ཀྱི་ཕོ་བྲང་མི་ཕམ་རྒྱལ་བའི་མདུན་སར་ཐེགས་སོ། དེ་ནས་ལོ་བརྒྱད་ཅུ་ཐམ་པ་སོང་། དེའི་ཚེ་ནམ་མཁའ་ཤིན་ཏུ་དངས〈དྭངས〉པ་ལ་འཇའ་དཀར་པོ་དང་། ཁ་དོག་སྣ་ལྔའི་གུར་ཕྱུགས་སྒྲོག་ལྟར་འཁྲིལ་བ་འཁྲས་སྤྲུངས་ནས་དགའ་ལྡན་གྱི་བར་ལ་ཤར་བ་དང་། ལྷའི་མེ་ཏོག་གི་ཆར་མང་དུ་བབས་པ་སོགས་སྐྱེ་བོ་ཀུན་གྱི་མིག་ལམ་དུ་བྱུང་ཞེས་སློབ་དཔོན་ཆོས་རྗེ་གཉལ་པས་གསུངས། སྐུ་གདུང་ནི་བཤད་གྲྭ་ཡུན་རིང་དུ་གནས་པའི་རྟེན་འབྲེལ་དུ་དངུལ་གྱི་མཆོད་རྟེན་ནང་ན་བཞུགས་ཡོད་དོ།།

ཉག་རེ་རྡོར་རྒྱལ་བས་ནི་ལྡན་ཆོས་འཁོར་གླིང་གི་ཆོས་སྡེ་བཏབ་སྟེ་དབུ

ཕར་གྱི་བཤད་གྲྭ་བཙུགས་པ་དར་རྒྱས་ལེགས་པོ་བྱུང་ཞིང་། དེང་སང་ཡང་བཤད་རྒྱུན་མ་ཉམས་པར་མཆིས། ཤེས་རིན་པས་ནི་སྐབས་ཚང་ཆོས་འཁོར་སྐང་གི་གདན་ས་མཛད་དེ་གདུལ་བྱ་བསྐྱངས། མཁྱེན་རབ་ཡངས་ཤིང་སྒྲ་སྙན་ངག་ཀྱང་ལེགས་པར་དགོངས་པས་གཙང་ཕྱོགས་ཀྱི་ལུང་རིགས་སྨྲ་བ་མང་པོ་ཡོན་ཏན་ལ་འཁོར་བའི་ཤོམས་བྱུང་བ་ན། ཆོས་རྗེ་རྡོ་རྗེ་གདན་པ་ཞལ་སློབ་ཏུ་བྱུང་བའི་ངོ་འཛིན་ལ་དམིགས་པ་འདྲས་རྩ་འཇུག་གི་རྣམ་བཤད་དང་། ལྷག་མཐོང་ཆེན་མོ་སོགས་ལ་འགལ་བ་སྟོན་པའི་བསྟན་བཅོས་བརྩམས་པ་ལས་ཕལ་ཆེར་ཞེ་འཁྲིགས་ནས་དཔོན་སློབ་དུ་མ་འབྲེལ་བ་ཡིན་ཞེས་ཡོངས་འཛིན་དམ་པ་ཨ་མོ་ཀླས་གསུངས། བང་རིམ་ཆོས་མཛད་པས་ཀྱང་བང་རིམ་ཆོས་སྡེ་བཟུང་ནས་དྭགས་ཕྱོགས་སུ་བསྟན་པ་དང་སེམས་ཅན་ལ་ཕན་པར་མཛད། ཆོས་རྗེ་དཔལ་སེང་བ་ནི་གཙང་རོང་དུ་སྐུ་འཁྲུངས། རྗེ་སྟན་ཚོགས་པ་ལ་རབ་ཏུ་བྱུང་སྟེ་རྗེ་ཡབ་སྲས་ཀྱི་དྲུང་དུ་གསུང་རབ་ལ་གསན་པ་མཛད་ཅིང་གྲུབ་ཆེན་ཤྭ་བ་རི་པས་རྗེས་སུ་བཟུང་བ་ཞིག་སྟེ། གསང་ཕུར་བཞུགས་དུས་ཤིག་གྲུབ་ཆེན་སློབ་དཔོན་བདུན་དང་མཇལ་ནས་ཟབ་ལམ་དབུ་མའི་ལྟ་བ། འཁོར་ལོ་བདེ་མཆོག དུས་ཀྱི་འཁོར་ལོའི་བསྐྱེད་རྫོགས་ཀྱི་གནད། ཡེ་ཤེས་མགོན་པོ་ཙ་ཏུར་མུ་ཁའི་རྗེས་གནང་གཞལ་གདམས་དང་བཅས་པ་རྣམས་ཞག་བདུན་གྱི་རིང་ཕྱུས་ཞེས་ཞལ་སྐྱ་ནས་མཁས་བཙུན་རིན་པོ་ཆེས་གསུངས། དེ་ནས་ས་སྐྱོང་དབང་པོ་དཔལ་འབྱོར་རྒྱལ་པོ་ཡོན་མཆོད་ཀྱིས་འཕྲས་སྤྱངས་གདན་སར་སྤྱན་དྲངས་པ། དགེ་འདུན་རྣམས་ཀྱིས་དབུ་ཞྭ་ཞབས་གདན་དུ་འདིང་བ་སོགས་གུས་མཆོད་ཞུས་ཤིང་། གྲྭ་ཚང་སོ་སོའི་ཉན་བཤད་ཀྱང་དེ་དུས་ཁོ་ན་འཕེལ་བ་ཡིན་སྣང་། ཞལ་སློབ་མང་དུ་བྱོན་པ་ལས་ཆོས་སྐྱོང་

གཉན་མགོན་གྱི་བཀའ་བབས་པའི་དབང་དུ་བྱས་ན། ཞལ་སྔ་ནས་མཁས་བཙུན་པ་ནི་ཆོས་སྐྱོང་དང་ལས་འབྲེལ་བཟང་བ་ཡིན་སྣང་ནའང་། བར་སྐབས་ཤིག་ནས་མཆོད་གཏོར་འབུལ་བ་འཁྲོ་བཅད་པས་མནལ་ལམ་དུ་སྐུ་ཚེ་དེ་ལ་མི་མཇལ་བར་ཕྱི་མ་མཇལ་བའི་ལྟས་བྱུང་ཞེས་ཆོས་སྐྱོང་ཆེ་ཆུང་གི་རྗེས་གནང་མཛད་དུས་གསུངས། ཞང་ལྷ་དབོན་པོ་བློ་གྲོས་པ་ཡང་ཆོས་སྐྱོང་ལ་ནུས་པ་ཐོན་པའི་ཁ་སྐད་ཆེ་ཞིང་། སེ་བ་ཆོས་སྡིངས་ཀྱི་བླ་མ་ཆོས་བཟང་ཉི་མ་སོགས་ལས་ཚོགས་ལ་མཁས་པའི་སློབ་མ་ཁ་ཡར་བྱོན། བླ་མ་བུམ་པ་ཅན་པ་ཡང་ཆོས་སྐྱོང་དཔུང་ལ་འཁུར་ནས་མ་རུངས་པ་རྣམས་ལ་སྡིགས་པར་བྱེད་ཅིང་། རྗོ་བོ་རིན་པོ་ཆེ་དཀར་མེས་མཆོད་པ་ཞིག་སྟེ། ཀླུང་གི་རྣལ་འབྱོར་གྱི་ནུས་པས་མདུང་གི་རྩེ་མོར་སྐྱིལ་ཀྲུང་བཅའ་བར་བྱེད་པས་མདུང་རྩེ་རས་པ་དང་། ཕྱོགས་ཕྱོགས་སུ་ཁྲིམ་བསྲུས་ནས་དམིགས་བརྩེ་མའི་བསྙོད་པ་སྐྱུལ་བར་བྱེད་པས་དགེ་ལྡན་རས་པ་ཞེས་གྲགས། ཆོས་རྗེ་རིན་བྱང་བ་ནི་མདོ་སྟོད་གུང་ཐུའི་སའི་ཆར་འཁྲུངས། དབུས་སུ་ཕེབས་ཏེ་གསང་ཕུར་མཚུངས་མེད་ཆོས་རྗེ་དང་། དགེ་ལྡན་དུ་རྒྱལ་ཚབ་རིན་པོ་ཆེའི་ཞབས་ལ་གཏུགས་ནས་གསུང་རབ་ལ་སྦྱངས། སྣེ་སེར་གྱི་སློབ་དཔོན་ཐོག་ཏུ་བྱོན་ནས་རྣམ་བཤད་སྙིང་པོ་རྒྱན་གྱི་དགོངས་པ་བཞིན་བཤད་ཅིང་སྤྱི་དོན་ཆེན་མོའི་རྩོམ་པ་མཛད་པས་འཕྲིན་ལས་རྒྱས་པ་བྱུང་བའི་སྟེང་ནས་གླིང་སྟོད་ཆོས་རྗེ་དང་། དེ་ནས་འབྲས་སྤྱུངས་གདན་སར་ཕེབས་ཏེ་བྱམས་ཆོས་ཀྱི་བཤད་པ་མཛད་པའི་མོད་ལ་སྐུ་གཤེགས། ཞལ་སློབ་ཀྱང་སློབ་དཔོན་ཆོས་རྗེ་གཉལ་བ། ཆོས་རྗེ་ནེ་ཙོ་བ། སློབ་དཔོན་ཉི་མ་གྲགས་པ། ལྷ་བཙུན་ནོར་བཟང་པ། བླ་མ་མཉྫུ་བ། བླ་མ་རྒྱལ་སྟོན་པ། དྲུང་ཆེན་བློ་གྲོས་རྒྱལ་མཚན་པ་སོགས་

མང་དུ་ཕྱིན། དེའི་རྗེས་སུ་ཆོས་རྗེ་བློ་བཟང་ཉི་མ་གདན་སར་ཕེབས་པ་རྣམ་ཐར་གོང་དུ་བརྗོད་ཟིན། རོང་སྟོན་བློ་བཟང་ནི། དབུས་སུ་ཕྱིན་ནས་མདོ་སྔགས་ལ་གསན་པ་རྒྱ་ཆེར་མཛད་ཅིང་། དགེ་ལྡན་ཉེར་གཉིས་ཁང་བཟུང་ནས་དབང་ལུང་མན་ངག་རྗེས་གནང་རྣམས་ཀྱི་མཛོད་ཕྱེ་བ་ཞིག་སྟེ། འབྲས་སྤུངས་གདན་སར་ཕེབས་པ་ཕྱིན་སྐབས་ཀྱི་ལྷག་ཚན་ལས་བཞུགས་གདན་ནོན་པ་བྱུང་འདུག་ནའང་གསུང་གོ་དཀའ་བ་སོགས་ལས་མཚན་ཉིད་པ་རྣམས་ལ་ཕན་ཆེན་མ་བྱུང་བ་ལ་དཔགས། ཡུན་མི་རིང་བར་གདན་ས་གཏད་དེ་སྟོད་ཕྱོགས་སུ་སྐུ་གཤེགས། ཐུན་མོང་མ་ཡིན་པའི་ཞལ་སློབ་ཀྱང་བླ་དམར་པོ་བ་སོགས་མང་དུ་ཕྱིན། ཆོས་རྗེ་ཉན་ཤཱཀྱ་པ་ནི་སྤྱིར་རྗེ་ཡབ་སྲས་དང་ཁྱད་པར་འཇམ་དབྱངས་ཆོས་རྗེ་ཙ་བའི་ཡོངས་འཛིན་དུ་བསྟེན་ནས་མཁས་པར་སྦྱངས། སྡེ་སོར་ཐོས་བསམ་གླིང་པའི་འཆད་ཉན་ཞིག་མཛད་པ་པོར་ནས། སྟག་ལུང་ཆོས་རྗེ་བཀྲ་ཤིས་དཔལ་འོད་པ་ལ་དགོངས་པ་ཞུས་ཏེ། རིན་ཆེན་བྲག་གི་དགོན་པ་བཏབ། དེ་ནས་འབྲས་སྤུངས་གདན་སར་ཕེབས་པ། སྐུ་སེར་མཐའ་དག་མོས་གུས་ཆེ་བ། དགེ་འདུན་གྱི་བཅའ་ཁྲིམས་དམ་པ། མ་རུངས་པ་རྣམས་ནོན་ཆེ་བ། བྲང་སྲོང་གི་བརྟུལ་ཞུགས་བརྟན་པ། དཀའ་ཆེན་རྒྱུན་ཆགས་སུ་གསུངས་བ་སོགས་བསྟན་པའི་བྱ་བ་མཛད་དེ་གཟིམས་ཁང་དུ་སྐུ་གཤེགས། དེ་ནས་ཆོས་རྗེ་རབ་འབྱམས་པས་གདན་ས་མཛད་པ་རྣམ་ཐར་གོང་དུ་བརྗོད་ཟིན།།

ཆོས་རྗེ་ལེགས་ཆོས་པ་ནི་ས་བྱ་（སྤྱི་ལོ1429）ལ་ཚལ་དུ་སྐུ་འཁྲུངས། གུང་རུ་ཆོས་བློ་བ་དང་སློབ་དཔོན་དཔལ་བློ་བ་ལ་ཕར་ཚད་ཙ་འཛུག སློབ་དཔོན་གནས་བརྟན་པ་ལ་འདུལ་མངོན། ཆོས་རྗེ་བ་སོ་བ་དང་། པཎ་

ཆེན་པ་ལ་གསང་སྔགས་སྐོར་རྣམས་གསན་པས་མཁས་པ་ཆེན་པོར་གྱུར། དགུང་ལོ་ཉེར་ལྔ་བཞེས་པ་ལ་ར་བ་སྨད་པའི་འཚད་ཉན་མཛད། ལོ་འདི་སྤྱན་སྔ་སྤྱིལ་སྐུ་དང་ཞལ་སྔ་ནས་ཧྲྀ་ཏྣ་རཏྣ་རྣམ་གཉིས་ཀྱི་འཁྲུངས་ལོའང་ཡིན། དེ་ནས་མདོ་ཁམས་ལ་ཕེབས་པ་ཡུན་རིང་མ་བཞུགས་པར་སླར་དབུས་སུ་བྱོན་ནས་བློ་གསལ་གླིང་གི་བཤད་ཉན་ལོ་ཉི་ཤུ་རྩ་གྲངས་མཛད་པས་འཁྲིད་ལས་དང་སྙན་གྲགས་གཉིས་ཆར་མཐའ་ཡས་པ་བྱུང་། རེ་ལྔ་པ་ཆུ་གླང་(སྤྱི་ལོ 1493) ལ་གདན་སར་ཕེབས་པའང་གཞུང་ཆེན་མོའི་བཤད་པ་གཙོ་བོར་མཛད། སྡེ་སྣོད་འཛིན་པའི་ཞལ་སློབ་ཀྱང་རིན་པོ་ཆེ་ཧྲྀ་ཏྣ་རཏྣ་རྣམ་པ་གཉིས། ཞལ་སྔ་ནས་ཐམས་ཅད་མཁྱེན་པ། རྗེ་ཤར་གྱི་ཆོས་རྗེ་པཎྜི་ཏ་བཟང་པོ་དང་ཆོས་སྐྱོང་རྒྱ་མཚོ་བ་གཉིས། གཙང་པ་རབ་འབྱམས་པ་སངས་རྒྱས་དབང་ཕྱུག་དང་བློ་གྲོས་མཚུངས་མེད་གཉིས། གོ་མལ་རབ་འབྱམས་པ་སྐུ་མཆེད་གཉིས། ཉི་ཕྱིངས་ཆོས་རྗེ་དཔལ་ལྡན་འོད་ཟེར་དང་ཀོང་པོ་ཆོས་རྗེ་དཀོན་མཆོག་འབྱུང་གནས་གཉིས། སྤྱིལ་བུ་དགའ་བཅུ་བ་བློ་བཟང་དང་ཀུན་དགའ་བཟང་པོ་གཉིས། ཀོང་པོ་དགའ་བཅུ་བ་ཡོན་ཏན་འོད་དང་ཀུན་དགའ་བློ་ལྡན་གཉིས། དབུ་མ་བ་རིན་ཆེན་དར་མ་དང་བཀྲ་ཤིས་ཕུན་ཚོགས་གཉིས། ནང་སོ་བླ་མ་ཆོས་སྐྱབས་པ་བྱང་རྒྱལ་བ་གཉིས། ཀོང་པོ་དགའ་བཅུ་བ་འཕགས་པ་རྒྱལ་མཚན་དང་རིན་ཆེན་འོད་འཕྲོ་གཉིས། ཕོ་ཁང་དགའ་བཅུ་བ་དཔལ་ལྡན་སེང་གེ་དང་དཔལ་ལྡན་བཟང་གཉིས། འཕར་ར་དཀར་བཅུ་བ་ཡོན་ཏན་དབང་ཕྱུག་དང་བསོད་ནམས་དབང་ཕྱུག་གཉིས། གོ་བོ་རབ་འབྱམས་པ་བཀྲ་ཤིས་སེང་གེ། བྱེ་རྫོང་མཁན་པོ་རབ་འབྱོར་བ། ཉག་རེ་དགའ་བཅུ་བ་རིན་ཆེན་བློ་གྲོས། མངའ་རིས་དཀའ་

བཅུ་བ་ཀུན་རྒྱལ། ཨེ་པ་དཀའ་བཅུ་པ་བསོད་ནམས་ལྷུན་གྲུབ། གཡང་པ་ཆོས་མཛད་ཀུན་བཀྲས་པ། སེམས་དཔའ་ཆེན་པོའི་སྐུ་སྐྱེ། སྐུ་སྐྱེ་དགེ་འདུན་ དཔལ་ བཟང་། མི་ ཉག་ དཀའ་ བཅུ་ བ་ བསོད་ ནམས་ ཡེ་ ཤེས། གངས་ཅན་སློབ་དཔོན་ཚུལ་བློ་བ། འཕན་པོ་དཀའ་བཅུ་བ་བསོད་ཚུལ་བ། འོལ་ཁ་དཀའ་ བཅུ་ པ་ བློ་ གྲོས་ གྲགས་ པ་ སོགས་ མང་ དུ་ བྱོན། འཕྲུལ་ གྱི་ མཛད་ པ་ ཡང་ སྐྱེ་ བོ་ མི་ ནག་ པ་ དང་ འགྲོགས་ འདྲིས་ ཆེན་ པོ་ མི་ མཛད་ པ། ཐབ་ཁའི་ཡོ་ལང་ལ་མི་དགྱེས་པ། གསེར་དངུལ་གང་བྱུང་ལ་བྱམས་པའི་སྐུ་གཟུགས་བཞེངས་པ་དང་། གོས་དར་རྣམས་ན་བཟར་འབུལ་བ། འཁོར་ངན་གྱི་ལོག་སྒྲུབ་ལ་བཟོད་སྲན་ཆེ་བ། ཆོས་འབྲེལ་གང་ཞུས་ཀྱི་བླ་མ་ལ་གུས་པ། མཁས་པ་ལྟར་བཅོས་པ་ལ་འགྲམ་ཆུ་མི་ལྡང་བ་སོགས་ཧེ་ཟུར་ཙམ་མོ། དེ་ལྟར་བསྟན་པ་ལ་བྱ་བ་མཛད་པའི་མཐར་དོན་ལྔ་པ་ཆུ་ཕག་(སྤྱི་ལོ1503) གི་སྟོན་ལམ་ཟླ་བའི་ཚེས་བརྒྱད་ལ་གཟིམས་ཁང་དུ་སྐུ་གཤེགས། དེ་ནས་ལོ་ཉི་ཤུ་རྩ་དྲུག་སོང་། སྲས་རྣམས་ཀྱི་ ནང་ ནས་ དགོན་ མཆོག་ འབྱུང་ གནས་ པས་དེ་མོ་ལ་བཟུང་ནས་བསྟན་པ་ལ་བྱ་བ་ཆེན་པོ་མཛད་ཅིང་། ཀུན་དགའ་བློ་ལྡན་པས་ཆབ་ནག་དགེ་ལྡན་བཟུང་ནས་གཞན་ཕན་མཛད། གོ་རམས་པས་དམར་ཁམས་སུ་སྐྱ་སེར་མཐའ་ཡས་པའི་དོན་དང་། བསོད་ཡེས་པས་རབ་སྒང་དུ་གཞུང་བཤད་བགྱིས། བསོད་ཚུལ་བས་ཀྱང་སྟག་རྩེ་ནང་སོས་རིན་ཆེན་སྒང་གི་ཆོས་སྡེ་གསར་དུ་བཏབ་པའི་གདན་ས་མཛད།།

ཞལ་ སྔ་ ནས་ མཁས་ བཙུན་ པ་ ནི་ ཁྲག་ སྐྱུག་ ཅེས་ པ་ ཆུ་ ཕག་ (སྤྱི་ ལོ 1443) ལ་ ཉང་ གི་ རིགས་ སུ་ སྐུ་ འཁྲུངས། ལོ་ འདི་ ལ་ སློབ་ དཔོན་ སངས་ བཟང་ པ། རིན་ དར་ བ། ཤེར་ བློ་ བ་ རྣམས་ ཀྱང་ འཁྲུངས། འཕྲས་

སྒྲུངས་སུ་སློབ་དཔོན་དཔལ་བློ་བ་དང་ཡེ་བཟང་བ་གཉིས་ལ། དབུ་ཕར་འདུལ་མངོན་ཚད་མ་རྣམས་གསན་ཧེ་རྩེ་ཐང་དུ་པོ་ཏི་བཅུ་ལྷག་གི་གྲྭ་སྐོར་དང་གྲལ་འཛིན་ཀྱང་གནང་། དེ་ནས་རྒྱལ་བྱེད་ཚལ་གྱི་བླ་སར་བཞུགས་ནས་བསྟན་པ་ལ་ཕན་པར་མཛད་པའི་དུས་སུ། ཆོས་རྗེ་བ་སོ་བ་ལས་སྦྱིར་ཐེག་པ་ཆེན་པོ་གསང་སྔགས་དང་། ཁྱད་པར་དཔལ་དུས་ཀྱི་འཁོར་ལོའི་ལེགས་བཤད་ཀྱི་བགོ་སྐལ་བླང་བའི་དགོངས་པས་དགེ་ལྡན་དུ་ཕེབས་པ་ན། ཆོས་རྗེ་རིན་པོ་ཆེ་འོལ་ཁ་ནས་བྱོན་པ་ལ་དགེ་འདུན་རྣམས་ཀྱིས་སེར་སྦྲེངས་བྱས་ནས་སྤྱན་དྲངས་པའི་སྐུའི་དཀྱིལ་འཁོར་གཟིགས་པ་ཙམ་གྱིས། དད་པའི་སྤུ་ལོང་ཆེས་ཆེར་གཡོས་ཤིང་སྤྱན་ཆབ་མི་ཆོད་པ་ཙམ་བྱུང་ཞེས་གསུངས། ཆོས་རྗེའི་དྲུང་དུ་གཙོ་བོར་དང་། རྡོར་སྔོན་པ་བླ་བྲུར་དུ་བསྙེན་ནས་དུས་འཁོར་རྒྱུད་འགྲེལ་ལ་སྦྱངས་པས། བག་ཆགས་སད་པའི་སྟོབས་ཀྱིས་ཟླ་བ་བཅུ་ལྷག་པ་ཙམ་ལ་ལེགས་པར་མཁྱེན་པ་ཡིན་སྐད་། རྒྱུད་པ་སྦྱིན་པ་བ་དང་གྲགས་བཟང་བ་ལ་མཁན་སློབ་ཞུས་ནས་བསྙེན་པར་རྫོགས་པའང་མཛད། གཟིམས་ཁང་ནས་དང་སློབ་དཔོན་བཀྲས་རྒྱལ་བ་ལ་དཔལ་གསང་བ་འདུས་པ་སོགས་བསྡུས་རྒྱུད་དང་། ཤར་རྩེ་བ་ཤེར་འབྱུང་བློ་གྲོས་དང་ཉེར་གཉིས་ཁང་པ་བ་ལ་ཡོ་གའི་སྐོར་དང་། ཆོས་རྗེ་བློ་བརྟན་པ་དང་རབ་འབྱམས་རྣམ་གཉིས་ལ་ཡང་གསུང་ཆོས་གསན་པ་སྟེ། ངས་དགེ་ལྡན་གྱི་བླ་མ་རི་མགོ་བཙུགས་པ་འདྲ་བ་མང་པོ་ལ་སྤྲལ་བ་འཕྲོང་འཕྲོང་བྱས་ནས་སྔགས་ཆོས་མཉམ་པ་ཡིན་གསུངས་ཞལ་པོའང་གནང་། སླར་ཡང་རྒྱལ་བྱེད་ཚལ་དུ་ཕེབས་ནས་ལམ་རིམ་དང་གསང་སྔགས་ཀྱི་ཆོས་མང་དུ་གསུངས། དེའི་མོད་ལ་ཀུན་སྤངས་མཛད་དེ་ལྷ་རིར་ཟབ་ལམ་ཐུགས་ཉམས་སུ་བསྐྱར་བས་ཡོན་ཏན་ཁྱད་

པར་ཅན་ཐུགས་ལ་འཁྲུངས་པའི་ཞལ་བཞེས་ཀྱང་དོན་གྱིས་མཛད། རེ་གཉིས་པ་ཤིང་བྱི་（སྤྱི་ལོ 1504）ལ་འབྲས་སྤུངས་གདན་སར་ཕེབས། དབྱར་དགུན་ལམ་རིམ་དང་སྟོན་དཔྱིད་གསང་སྔགས་ཀྱི་ཆོས་མང་པོ་གསུངས་པས་ཐོན་པ་ཆོས་རྗེ་ཞེས་སྙན་གྲགས་ཀྱིས་ཁྱབ་པའི་ངང་ནས། སླར་ཡང་དགུང་ལོ་རེ་དྲུག་པ་ལ་ལྷ་རིར་ཕེབས་ཏེ་ཐུགས་ཐབ་ནས་བཞུགས། སྐུ་ཆེ་བའི་ཡོན་ཏན་ཡང་ལོངས་སྤྱོད་ཀྱི་འར་ཝུར་ལ་མི་དགྱེས་པ། མཁས་བཙུན་དང་མི་ཆེན་གྱི་ཁེངས་པ་མི་མངའ་བ། ཐུགས་དམ་དང་གསུང་ཆོས་འཆད་པ་ལ་ཐུགས་སྒྲོ་བ། ཞལ་ཏ་གང་ཡིན་ལྷུག་པར་གསུངས་པ། དགེ་ལྡན་པའི་བསྟན་པ་ལ་ཐུགས་རུས་ཆེ་བ། ཡི་དམ་གྱི་ལྷ་མང་པོའི་ཞལ་གཟིགས་པ། སྐུའི་སྐྱེ་བ་མང་དུ་དྲན་པ་སོགས་ཡ་མཚན་ཡིན་ནོ། དེ་ལྟར་བཤད་སྒྲུབ་གཉིས་ཀྱིས་བསྟན་པའི་བྱ་བ་མཛད་པའི་མཐར་དོན་དགུ་པ་ལྕགས་སྦྲུལ（སྤྱི་ལོ 1521）གྱི་ལོ་ཆོ་འཕྲུལ་ཟླ་བའི་ཚེས་བཞི་ལ་ངོ་མཚར་བའི་ལྟས་བསྟན་ཏེ་སྐུ་གཤེགས། དེ་ནས་ལོ་བརྒྱད་སོང་། བླ་མ་དེ་ལ་དུས་དེར་དབུས་གཙང་གི་དགེ་བཤེས་ཕལ་ཆེར་གྱིས་གསུང་ཆོས་གསན་པར་སྣང་བས་གྲངས་བརྗོད་པར་མི་ནུས་ལ། ཁོ་བོས་ཀྱང་རྣམ་སྣང་མངོན་བྱང་། ཚེ་དཔག་ལྷ་དགུ། ཀུན་རིག་རྣམ་པར་སྣང་མཛད། ཐག་མོ་བཅུ་གསུམ་མ། དཔལ་གསང་བ་འདུས་པ། བདེ་མཆོག་ལྷུ་དྲིལ། འཁོར་ལོ་ཆེན་པོ། ཡི་དམ་རྡོ་རྗེ་འཇིགས་བྱེད། དུས་ཀྱི་འཁོར་ལོ་ལ་སོགས་པ་དབང་གི་སྐོར། འཇམ་དབྱངས་ཆོས་སྐོར་ཚ་ཚང་བ། རྣམ་སྲས་སྐོར། དགེ་ལྡན་པ་ལ་གྲགས་པའི་མགོན་པོ་བཅུ་གསུམ། དམར་པོ་སྐོར་གསུམ། ཡེ་ཤེས་མགོན་པོ་ཕྱག་བཞི་པ། ས་སྐྱ་པའི་ཆོས་སྐྱོང་ཆེ་ཆུང་། ཛམ་ལ་དམར་པོ། འཇམ

དབྱངས་ནག་པོ། ལྷ་མོ་ཤྲཱ་མ་ཏཱ། ཕྱག་ན་རྡོ་རྗེ་ཨུ་ཙ་ཊ། རྟ་མགྲིན་ནག་པོ། རྟ་མགྲིན་ཤྭ་ན་བཞིས་སྐོར་སོགས་རྗེས་གནང་མང་པོ། རིམ་ལྔ་གསལ་སྒྲོན། རིམ་ལྔ་གདན་རྫོགས། བསྐྱེད་རིམ་ཏིཀྐ། དུས་འཁོར་གྱི་བསྐྱེད་རིམ། སྦྱོང་རྒྱུད་ཀྱི་ཊཱིཀྐ། རིམ་ལྔའི་དམར་ཁྲིད། ལྟུ་དྲིལ་གཉིས་ཀྱི་ཁྲིད། ནཱ་རོ་ཆོས་དྲུག་གི་ཁྲིད་དཔེ་ལུང་དང་བཅས་པ། ཡི་དམ་གྱི་ཁྲིད་སོགས་ཐེག་པ་ཆེན་པོའི་ཆོས་ཀྱི་བཀའ་དྲིན་མང་དུ་མནོས།།

ཞལ་སྔ་ནས་ཐམས་ཅད་མཁྱེན་པ་(རྒྱལ་བ་དགེ་འདུན་རྒྱ་མཚོ་)ནི་མེ་སྤྲེ་(སྤྱི་ལོ1476)ལ་རྟ་ནག་ཏུ་སྐུ་འཁྲུངས། དགུང་ལོ་གཉིས་གསུམ་ལོན་པ་ནས་ཡ་བློ་བཟང་གྲགས་པ་ཞེས་བརྗོད་ལ་གཏམ་དང་། དགོས་འདོད་ཀུན་འབྱུང་ནོར་བུ་བསམ་འཕེལ་ཁྲིད་ཅེས་སོགས་ཀྱི་ཚིགས་བཅད་ཐོགས་མེད་དུ་གསུངས་པ་ཞིག་བྱུང་། སྐུ་ན་ཚོད་དེ་ག་ནས་བཟུང་སྟེ་ཡབ་ཆོས་རྗེའི་དྲུང་དུ་དབང་བཀའ་རྗེས་གནང་མན་ངག་མང་དུ་ཞུས་ནས་ཐུགས་རྒྱུད་གང་བར་མཛད་དགུང་ལོ་བཅུ་གཅིག་པ་ལ་བཀྲ་ཤིས་ལྷུན་པོར་དབུ་སྐྲ་བཅད་ཅིང་། ཆོས་རྗེ་ལུང་པ་ལ་དགེ་བསྙེན་གྱི་སྡོམ་པ་མནོས་ནས་དགེ་འདུན་རྒྱ་མཚོའི་དཔལ་ཞེས་མཚན་གསོལ། དེ་གའི་དགུན་དུས་གནས་དེར་གནས་སྐྱིང་རིན་པོ་ཆེས་མཁན་པོ། བླ་བྲང་ནས་སློབ་དཔོན་མཛད་དེ་རབ་ཏུ་བྱུང་བ་དང་དགེ་ཚུལ་དུ་བསྒྲུབས། དེ་ནས་ཉེ་ལམ་དུ་ཆོས་རྗེ་ཡེས་རྩེ་བ་གདན་སར་ཕྱིན་པ་ཀློག་པའི་སློབ་དཔོན་དུ་བསྟེན་ནས་དཀའ་ཆེན་ལ་སྦྱངས་ཤིང་ཕྱག་དཔེ་མང་དུ་གཟིགས་པ་སོགས་ཀྱི་ཚུལ་བསྟན་པ་ལས་ཚོགས་མེད་པར་རིགས་ཆེན་དང་ལུང་ཆེན་ལ་བསྒྲིག་པ་མཛད། དགུང་ལོ་བཅུ་བདུན་པ་ལ་བཀྲ་ཤིས་ལྷུན་པོ་བ་དཔོན་སློབ་མཐའ་དག་གནས་སྙིང་དུ་ཆོས་གཞི་བཏེག་པ་ནས་བཟུང་སྟེ་སྐུ་

སྐྱེ་རིན་པོ་ཆེ་ཞེས་སྙན་གྲགས་དང་གདུལ་བྱ་འཕྲིན་ལས་ཀྱི་ཞུར་ལངས་པ་བླ་བྲང་ནས་དཔོན་སློབ་ཀྱིས་མ་ཐེག་པའི་རྣམ་འགྱུར་བསྟན་པ་དགོངས་པ་དང་སྤྲ་གོང་ནས་འགྲོན་བཞེད་ཡོད་པ་གཉིས་ཚོགས་ལས་དགུང་ལོ་བཅུ་དགུ་པ་ཤིང་སྟག་(སྤྱི་ལོ་1494)ལ་འབྲས་སྤུངས་སུ་ཕེབས་ནས། འཇམ་དབྱངས་དགའ་བའི་བློ་གྲོས་ལ་མདོ་སྔགས་ཀྱི་གསུང་རབ་མཐའ་ཡས་པ་གསན་པས་སྐུ་ཡོན་བྱམས་པ་གང་བྱོར་གྱུར་ཅིང་། དགེ་ལྡན་དུ་ཆོས་རྗེ་རིན་པོ་ཆེ་ཡེ་བཟང་བ་དང་། སེ་རར་སློབ་དཔོན་ཆོས་རྗེ་གཉལ་བ་ལའང་ཆོས་འབྲེལ་རེ་གསན། ཤིང་ཡོས་(སྤྱི་ལོ་1495)ལ་འབྲས་སྤུངས་རང་དུ་གནས་རྙིང་རིན་པོ་ཆེས་མཁན་པོ། ཆོས་རྗེ་ལེགས་ཆོས་པས་ལས་སློབ། སློབ་དཔོན་ར་ཚག་པས་གསང་སྟོན་མཛད་དེ་བསྙེན་པར་རྫོགས། དེའི་སྟོན་ཀ་རྭ་སྒྲེང་མཇལ་བར་ཕེབས་པ་ན་ཇོ་བོ་ཡབ་སྲས་ཀྱིས་བྱིན་གྱིས་བརླབས་པ་དང་། ཕྱིང་དཀར་བས་གུས་མཆོད་བསྐྱབས་པ་སོགས་ཡ་མཚན་པའི་ལྟས་བྱུང་ཞིང་གསུང་ཆོས་གསུངས་པ་ན་མེ་ཏོག་གི་ཆར་ཆེན་པོའང་བབས་པར་སྣང་། མེ་འབྲུག་(སྤྱི་ལོ་1496)ལ་འཕྱོང་རྒྱས་སུ་ཕེབས་ནས་ཆོས་རྗེ་མཆོག་ལྷ་བ་དང་། ནང་སོ་རྡོ་རྗེ་ཚེ་བརྟན་པ་མཆོད་ཡོན་ལ་གླེགས་བམ་རིན་པོ་ཆེ་གསུངས་བ་དང་། རྩེ་ཐང་དུའང་ཕེབས་ནས་ཆོས་མང་པོ་གསུངས། ས་ལུག་ལ་འོལ་ཁར་ཕེབས་པ་ནང་སོ་ཞལ་ངོ་རྣམ་པས་ཐོག་དྲངས་སྐྱ་སེར་རྣམས་ལ་ཐེག་པ་ཆེན་པོའི་ཆོས་ཀྱི་འཁོར་ལོ་རྒྱ་ཆེན་པོ་བསྐོར་བས་ཀུན་ཀྱང་དད་པའི་སྤུ་ལོང་ཆེས་ཆེར་གཡོས་ཏེ་ཐར་པའི་ས་བོན་བཏས་པར་གྱུར། དུས་དེར་སྦྱོང་བ་པ་ཆེན་པོ་ནོར་བཟང་རྒྱ་མཚོའི་དྲུང་གིས་སྤྲ་སོར་ཚུར་གུས་པའི་ཕྱག་མཛད་ཅིང་དེ་ནས་གང་གི་ལེགས་བཤད་ཀྱི་བགོ་སྐལ་བླང་པའི་ཕྱིར་ཉིད་ལ་དཔལ་དུས་ཀྱི་འཁོར་ལོའི་རྒྱུད

འགྲེལ་སོགས་གསུང་ཆོས་མང་པོའི་བཀའ་དྲིན་ཞུས། དེ་གའི་མོད་ལ་ནང་སོ་ལྷ་རྒྱ་རི་བས་སྤྱན་དྲངས་ནས་ཨེ་ཕྱོགས་སྲུའང་གདུལ་བྱའི་དོན་མང་དུ་མཛད། ལྕགས་བྱ་ལ་གཉལ་དུ་སྤྲེ་དྲུག་འདུས་པའི་ལུང་ར་ཆེན་མོའི་གྲལ་དབུར་ཕེབས་ཞིང་ཞར་ལ་རྩ་རིའི་གནས་དང་། རྗེ་བྲག་ཏུ་གྲུབ་ཆེན་རིན་པོ་ཆེའི་སྐུ་གདུང་མཇལ་བ་ན་ངོ་མཚར་ཅན་གྱི་གཟིགས་སྣང་མང་དུ་བྱུང་། དེ་ནས་འཕྱོས་རྒྱལ་མཚན་རྩེར་ཕེབས་ནས་གསུང་ཆོས་གསུངས་པ་དང་། རྡོ་རྗེ་གདན་དུ་ཡབ་ཆོས་རྗེ་ལ་སྐྱབ་ཐབས་རྒྱ་མཚོ་སོགས་གསུང་ཆོས་མང་དུ་གསན་པ་དང་། རྭ་སྒྲེང་དུ་ཕེབས་ནས་གསུང་ཆོས་གསུངས་པ་དང་། གཙང་དུ་ཕྱིན་ནས་ཡབ་ཆོས་རྗེ་སྐུ་གཤེགས་པའི་དགོངས་རྫོགས་སྐུ་གདུང་ཞུགས་སུ་འབུལ་བ་སོགས་དམ་པའི་རྣམ་ཐར་གྱིས་དུས་ཡོལ་བར་མཛད། ས་མོ་སྦྲུལ་(སྤྱི་ལོ་1509)ལ་བཞེས་གཉེན་དམ་པ་ཆོས་ཀྱི་དཔལ་པ་དཔོན་སློབ་ཞབས་ཕྱིར་ཁྲིད་དེ་ཆོས་འཁོར་རྒྱལ་གྱི་གཙུག་ལག་ཁང་གི་རྒྱང་བཏིང་ཞིང་། ལྕགས་མོ་ལུག་(སྤྱི་ལོ1511)ལ་དཔལ་ལྡན་ལྷ་མོའི་བླ་མཆོར་གྲགས་པ་ངོ་མཚར་ཅན་འདི་ཉིད། དུས་དེ་དང་ཉེ་བར་བཀྲ་ཤིས་ལྷུན་པོ་ནས་བླ་བྲང་བ་དཔོན་སློབ་ཀྱིས་ཉོན་མོངས་པའི་རི་བསྐྱིལ་ཏེ་གདན་སར་ཕེབས་དགོས་པའི་དོན་དུ་ཚབ་ཤོག་པོ་ཉ་དང་བཅས་པ་སྤྲ་ཕྱིར་གནང་བ་ལ་དཔགས། ཆུ་སྤྲེལ་(སྤྱི་ལོ1512)ལ་གདན་བཏེག་པ་གསེར་ལ་བརྒྱུད་དེ་ཕེབས་པ་ན་སྟེ་པ་བྲག་དཀར་ནས་ཡོན་མཆོད་དང་། ནང་སོ་དགའ་ལྡན་པ་སོགས་དང་། སེ་འབྲས་ཀྱི་བླ་མ་དགེ་འདུན་མཐའ་དག་གིས་ཞབས་སྤྱི་བོར་བླངས་ནས་གསུང་ཆོས་ཞུས་ཞིང་། ཡར་ལམ་ནང་སོ་ཐོན་པ་དང་། ཆོས་རྗེ་དགེ་ལེགས་རྣམ་རྒྱལ་བས་ཀུང་གུས་མཆོད་ཞུས། དེ་ནས་ཆོས་རྗེ་ཐམས་ཅད་མཁྱེན་པའི་བཞུགས་གདན་ཆོས་ཀྱི་

ཁྲི་ལ་འཁོད་དེ། མདོ་རྒྱུད་ཀྱི་གསུང་རབ་ལེགས་པར་བཤད་པས་ལུང་རིགས་སྨྲ་བ་མཐའ་དག་ཚད་མེད་པའི་ཐུགས་མོས་འཁྲུངས་ཤིང་། སྤྱི་གོང་གུས་མོས་མེད་པ་དག་ཀྱང་ཞུམ་པ་དང་འགྱོད་པ་སྔོན་དུ་བཏང་སྟེ་དད་པའི་མེ་ཏོག་གསར་དུ་སྐྱེས་པ་ཡིན་སྐད། དེ་ནས་རྒྱལ་དུ་ཆོས་འཁོར་གྱི་གྲལ་དབུར་ཕེབས་པ་དང་། དྭགས་ཀོང་ཉང་གསུམ་ཞབས་ཀྱི་འཁོར་ལོས་བསྒྲོས་ནས་སྐྱེ་སེར་མཐའ་ཡས་པའི་དོན་མཛད། སླར་བཀྲ་ཤིས་ལྷུན་པོར་ཕེབས་ནས་གསུང་ཆོས་འཕྲོ་མུས་གསུངས་བ་དང་དབྱར་གནས་པའང་མཛད། དེའི་ཕྱི་ལོ་མེ་གླང་(སྤྱི་ལོ1517)ལ་དཔོན་ས་མིའི་དབང་པོ་དང་། ཞལ་སྔ་ནས་ལྷ་རི་བ་ཡོན་མཆོད་ཀྱིས་བཀའ་ནན་དང་། འབྲས་སྤུངས་སྤྱི་སོ་རང་ནས་ཀྱང་གདན་སའི་ཞུ་བ་ཕུལ་བ་ལས་གཙང་ཕྱོགས་ཀྱི་ཞལ་སློབ་སྤྱིན་བདག་དང་བཅས་པ་ཐུགས་ལ་འཁྲེང་བ་བཞིན་དུ་དབུས་སུ་གདན་བཏེག་སྟེ་མར་ལམ་ལྷ་རིར་ཆོས་རྗེ་རིན་པོ་ཆེའི་དྲུང་དུ་དབང་བཀའ་རྗེས་གནང་མང་དུ་གསན། འཇམ་དབྱངས་ཆོས་རྗེའི་བཞུགས་གདན་སེང་གེའི་ཁྲིའི་སྟེང་དུ་ཕེབས་པ་ན་མཁས་པའི་བྱ་བ་འཆད་རྩོད་རྩོམ་གསུམ་གྱི་རྣམ་འགྱུར་བསྟན་པས་སློབ་དཔོན་དགེ་འདུན་དང་བཅས་པ་ཐུགས་རབ་ཏུ་ཕྲོགས་<འཕྲོགས>ནས་བླ་མ་ཟེར་ན་འདི་ཡིན་མོད་ཅེས་སྙན་པ་བསྒྲགས་པའི་རྐྱེན་གྱིས་རྒྱ་ནག་ཕོ་བྲང་ལ་ཐུག་པར་སྙན་གྲགས་ཀྱིས་ཁྱབ་པ་འདི་བྱུང་། ལྷ་སའི་སྨོན་ལམ་ཆེན་མོ་ཡང་མེ་སྤྲེལ་(སྤྱི་ལོ1416)ནས་བཟུང་སྟེ་ས་རྟའི་(སྤྱི་ལོ1498)བར་ལོ་བརྒྱད་ཅུ་རྩ་གསུམ་གྱི་རིང་འབྲས་སྤུངས་རང་ནས་སྐར་ཆགས་པ་ཡིན་འདུག་པ་ལ། ཆོས་རྒྱལ་སྣེའུ་རྫོང་པའི་སྡེ་སྲིད་ཡོ་འཁྲུམས་པའི་དབང་གིས་ལོ་ཉི་ཤུའི་རིང་སྤར་སྐྱོལ་འགྲིབས་ཏེ་དགོན་པ་གཞན་ནས་གདན་དྲངས་པ་བྱུང་ཡང་མེ་ཕྱི་ལ་དཔོན་

ས་མིའི་དབང་པོས་རྒྱལ་ཁམས་མནན་པ་དང་གཙོ་བོར་ཐུགས་རྗེའི་ཤུགས་ལས། ས་སྟག་(སྤྱི་ལོ1518)ནས་འབྲས་སྤུངས་པ་ལ་རྒྱུན་ཆགས་པར་བྱུང་བའི་གྲལ་དབུར་ལོ་ལོ་བཞིན་ཕེབས་པ་རྒྱལ་བ་ཙོང་ཁ་པ་ཆེན་པོས་སྨོན་ལམ་མཛད་པའི་སྐབས་ཇི་ལྟ་བ་བཞིན་དུ་གྱུར་བས་དུས་དེར་འདུས་པའི་སྐྱེ་སེར་མཐའ་དག་དོན་ཆེན་པོ་ལ་སྤྱུར་བ་ཡིན་ནོ་ཞེས་ཤེས་པར་བྱའོ། དེ་ནས་དགུན་དཔྱིད་ཕལ་ཆེར་འབྲས་སྤུངས་སུ་མདོ་སྔགས་ཀྱི་པོ་ཏི་མང་པོའི་བཤད་པ་དང་། དབང་མན་ངག་ལུང་རྗེས་གནང་སོགས་ཀྱི་བཀའ་དྲིན་མཛད། ཤིང་སྤྲེལ་ལ་ཉེ་གནས་ཆེན་མོ་གསུང་རབ་རྒྱ་མཚོས་ཞབས་ཏོག་གང་དགོས་བསྒྲུབས་ནས་ཆོས་འཁོར་རྒྱལ་གྱི་གཙུག་ལག་ཁང་དུ་རྒྱལ་བ་མི་ཕམ་པའི་གསེར་སྐུ་རྒྱབ་མཐོ་ཐྲུག་ཙུའི་ཚད་དང་ལྡན་པ་བཟང་པོའི་བཞུགས་སྟངས་ཅན་འདི་གྲུབ་སྟེ་སྨོན་ལམ་ཆོས་འཁོར་དང་བཅས་པ་ཆགས་མེད་དུ་མཛད། མེ་ཁྱི་(སྤྱི་ལོ1526)ལ་སེ་ར་ཐེག་ཆེན་གླིང་གི་གདན་སར་ཕེབས་པ་ནས་ལོ་དུས་བཞིན་མདོ་སྔགས་ཀྱི་ལེགས་བཤད་བཀའ་སྩལ་བས་སེ་ར་བ་དཔོན་སློབ་ཐུགས་རངས་པར་གྱུར་ཅིང་། ཆོས་སྡེའི་ལུགས་གཉིས་ཀྱི་དར་རྒྱས་ཀྱང་ཡར་འཕེལ་དུ་སོང་། ལོ་དེའི་མཇུག་ལ་སྟོད་ཕྱོགས་སུ་ཞྭ་སེར་དམར་གྱི་འཁྲུག་པ་ཆེན་པོ་ལངས་པ། དེའི་མོད་ལ་རང་ཕྱོགས་རྒྱལ་ཁ་ཐོབ་པར་མ་མཛོན་ནའང་ཕྱུགས་སུ་དཀོན་མཆོག་རིན་པོ་ཆེ་མཐུ་བཙན་ཞིང་། ཞལ་སྔ་ནས་ཀྱི་ཐུགས་རྗེ་བསམ་གྱིས་མི་ཁྱབ་པའི་མཐུས་རྩོད་ཟླ་ཕྱོགས་དང་བཅས་པ་ལ་ཕུན་ཚོགས་ཡར་འཕེལ་མ་བྱུང་ཞིང་། སླར་ཡང་ཉོན་མོངས་པའི་གཞན་དབང་གིས་རྩོད་པ་གཉིས་པ་འབྱུང་སྲིད་ནའང་སྔ་མ་བཞིན་དུ་ལྷ་རྗེ་བོ་དཀོན་མཆོག་གསུམ་གྱིས་སླུ་བ་མེད་དོ་ཞེས་བློ་གྲོས་དང་ལྡན་པ་མཐའ་དག་བསམ་པར་བྱའོ། མེ་ཕག་ནས་བཟུང་སྟེ་

དཔྱིད་སོས་ཚང་མར་སྐྱི་ཤོད་དུ་བཞུགས་ནས་འབྲས་སེར་གྱི་ཚོགས་པས་གཙོས་པའི་དགེ་འདུན་ཆེས་མང་པོ་ལ་ལེགས་པར་བཤད་པའི་སྐྱེས་གནང་བ་དང་། དཔོན་ས་སྐུ་མཆེད་ཀྱིས་གཙོས་པའི་བསྟན་པའི་སྦྱིན་བདག་རྣམས་ཐུགས་ལ་གང་འབབ་པའི་གསུང་ཆོས་ཀྱིས་དགྱེས་པར་མཛད། དེ་ནས་ནི་གཞིས་ཁ་སྟག་རྩེ་ནས། ནང་སོ་དོན་ཡོད་རྣམ་རྒྱལ་རྡོ་རྗེ་དཔལ་བཟང་པོས་གཞོན་ནུ་རབ་བྱུང་བདུན་ཅུ་ཙམ་གྱི་མེ་ཏོག་ཕུལ་ཏེ་ཆོས་འཁོར་རྒྱལ་གྱི་འཕྲིན་ལས་བཟང་པོའི་དབུ་བཙུགས་པ་ཡིན་སྣང་། རྒྱས་པར་ནི་ཁོ་བོས་སྤྲུར་བའི་རྣམ་ཐར་ཕན་བདེ་མ་ལུས་པའི་འབྱུང་གནས་ལས་མཁྱེན་པར་འཚལ་ལོ། སྐུ་ཆེ་བའི་ཡོན་ཏན་ཆེ་ལོང་ཙམ་བརྗོད་པ་ཡང་། ཐུགས་དམ་སྒྲུས་བཅས་ཀྱི་དབང་དུ་བྱས་ན་བདེ་མཆོག་དྲིལ་བུ་བའི་བདག་འཇུག་ཆག་མེད་དུ་བཞེས་ཞིང་། ཡི་དམ་ཆོས་སྐྱོང་མཉེས་པར་བྱེད་པའི་བསྟོད་བསྐུལ་གསུང་ངག་ཏུ་ཐོན་པས་ཉིན་མཚན་འདའ་བ། ལྷ་དང་བླ་མའི་གཟིགས་སྣང་གི་དབང་དུ་བྱས་ན་རྒྱལ་བ་ཙོང་ཁ་པ་ཆེན་པོ་དང་། དཔལ་ལྡན་ལྷ་མོས་ཞལ་བསྟན་ཅིང་། སྤྱིར་ཡང་སངས་རྒྱས་བྱང་སེམས་དཔག་ཏུ་མེད་པའི་གཟིགས་སྣང་ཡོད་པ། མཁྱེན་རབ་ཀྱི་དབང་དུ་བྱས་ན་མདོ་རྒྱུད་ཀྱི་པོ་ཏི་ཆེན་མོ་རྣམས་ཀྱི་ཚིག་དོན་མ་ལུས་པ་ཆེས་གསལ་བར་དགོངས་ཞིང་། སྙན་ངག་གི་སྡེབ་སྦྱོར་སྤེལ་བ་ལ་ཆུ་བོ་གངྒཱ་ཚུན་ཆད་དུ་འགྲན་ཟླ་མེད་པ། བཤད་པ་མཛད་པའི་དབང་དུ་བྱས་ན། ཕར་ཚད། རྩ་འཇུག རྒྱུད་བླ་མ། དྲང་ངེས་རྣམ་འབྱེད། འདུལ་བའི་མདོ། བྱང་ཆུབ་ལམ་རིམ། རྗེ་བོ་ཡབ་སྲས་ཀྱི་སྲས་ཆོས་གླེགས་བམ་རིན་པོ་ཆེ། དཔལ་གསང་བ་འདུས་འགྲེལ་བ་སྒྲོན་མ་གསལ་བ་དང་བཅས་པ་ཆ་ལག་ཚང་བ། དཔལ་དུས་ཀྱི་འཁོར་ལོ། མཚན་ཡང་

དག་པར་བརྗོད་པ་སོགས་དགོངས་པ་བཞིན་ལེགས་པར་བཤད། རྩོམ་པ་མཛད་པའི་དབང་དུ་བྱས་ན་མཚན་ཡང་དག་པར་བརྗོད་པའི་རྒྱ་ཆེར་བཤད་པ། དྲང་ངེས་རྣམ་འབྱེད་ཀྱི་དཀའ་འགྲེལ། གྲུབ་མཐའ་སྤྱིའི་རྣམ་གཞག་དབུ་མའི་ལྟ་ཁྲིད་ཆེན་མོ། ནཱ་གུ་ཆོས་དྲུག་གི་ཁྲིད་ཡིག་ཆེན་མོ། རྟེན་འབྲེལ་བསྟོད་པའི་ཊཱིཀྐ། སྙིང་པོ་དོན་གསུམ་གྱི་ཁྲིད་ཡིག བླ་མ་མཆོད་པ། ལྟུ་ཨི་པའི་བསྐྱེད་རིམ་གྱི་བཤད་པ། ཡི་དམ་དང་ཆོས་སྐྱོང་མང་པོའི་མངོན་རྟོགས། ལྷ་དང་བླ་མའི་བསྟོད་པ་བགྲང་ལས་འདས་པ་མཛད། མངོན་པ་རྟོགས་པའི་ཡོན་ཏན་གྱི་དབང་དུ་བྱས་ན། ཐུན་མོང་པ་སྟོང་ཉིད་སྙིང་རྗེའི་སྙིང་པོ་ཅན་དང་། ཐུན་མོང་མ་ཡིན་པ་བསྐྱེད་རྫོགས་ཀྱི་ཏིང་ངེ་འཛིན་ཟབ་མོ་ཐུགས་ལ་མངའ་བ་སྟེ་སྐུ་ཚེ་སྔ་མ་ནས་མངོན་པར་རྟོགས་པའི་ཡོན་ཏན་གྱི་བང་མཛོད་དུ་གྱུར་ན་སྐུ་ཚེ་འདིར་ལྟ་ཅི་སྨོས། རྣམ་སྨིན་གྱི་ཡོན་ཏན་གྱི་དབང་དུ་བྱས་ན། མཚན་དཔེས་བརྒྱན་པའི་སྐུའི་དཀྱིལ་འཁོར་མཐོང་བ་ཙམ་གྱིས་སྐྱེ་བོ་ཀུན་དང་བ་འདྲེན་ཞིང་། གསོལ་དང་ནམ་མཁའ་མཛོད་ལ་མངའ་བརྙེས་པ། བཀའ་ངག་གང་ཡིན་བདེན་པ་ཁོ་ནར་གསུངས་བས་སུས་ཀྱང་འདའ་བར་མི་ཐོད་པ། ཞག་སྲེལ་བའི་གསོལ་བ་ཆག་པ་ཙམ་ཡང་གཏན་ནས་མི་མངའ་བས་ནད་མེད་པའི་བདེ་བ་དམ་པ་བརྙེས་པ། འཕྲུལ་གྱི་མཛད་པའི་དབང་དུ་བྱས་ན། ཆོས་འབྲེལ་གསན་པའི་བླ་མ་གང་ཡིན་དབུ་གཙུག་ཏུ་ཨ་མི་དེ་བའི་ཚུལ་དུ་བསྟེན་པ། གྲྭ་པ་སྤྱིན་བདག་དང་བཅས་པ་ལ་ཐུགས་བརྩེ་ཞིང་བཀའ་ངག་ལྷུག་པར་གནང་བ། སྣང་ཚུལ་ལ་གྲྭ་པ་སློམས་ཆུང་གིས་ཕྱག་ཕྱིས་ཉུང་ཟད་དང་། གསོལ་ཇ་སྲུན་རེ་ཞུས་པ་ལ་ཡང་དགྱེས་དགྱེས་ལྷར་སྟོན་པ། དོན་དུ་འཇིག་རྟེན་ནོར་གྱིས་བཀང་སྟེ་ཕུལ་བ་

ལའང་མངོན་ཞེན་མི་མཛད་པ། དེ་ལྟ་ནའང་ཕྱག་རྫས་རིན་ཐང་ཆེ་བ་རྣམས་ལྷ་མོ་ཆེ་བཞེངས་པ་སོགས་དཀོན་མཆོག་ཁོ་ནའི་ཆེད་དུ་བསྔོ་ཞིང་། ཕལ་ཆེར་བསྟན་པ་དང་སེམས་ཅན་ལ་ཅི་ཕན་གྱི་སྦྱིན་པར་གཏོང་བ། རང་ཉིད་བསྔགས་པའི་སྐབས་མེད་ཅིང་མཁས་པ་གཞན་གྱི་ཡོན་ཏན་འོས་པ་བཞིན་བརྗོད་པ། རྒྱུན་ཆགས་སུ་རྗེ་ཡབ་སྲས་ཀྱི་ཆེ་བ་བརྗོད་པ་ལྷུར་ལེན་ཞིང་བསྟན་པ་ལ་ཐུགས་ནུས་ཆེ་བ། ཞལ་སློབ་ཀྱི་དབང་དུ་བྱས་ན། གསང་ཕུ་ཆོས་རྗེ་མཆོག་ལྷ་འོད་ཟེར་བ། སེ་ར་ཆོས་རྗེ་དོན་ཡོད་དཔལ་ལྡན་པ། བྱང་རྩེ་ཆོས་རྗེ་ཆོས་སྐྱོང་རྒྱ་མཚོ་བ། ཤར་པ་ཆོས་རྗེ་དཀོན་མཆོག་དར་བ། གནས་རྙིང་ཆོས་རྗེ་རིན་ཆེན་རྡོ་རྗེ་བ། བཀྲ་ཤིས་ལྷུན་པོའི་ཆོས་རྗེ་བློ་བཟང་བརྟན་པ་བ། གངས་ཅན་ཆོས་རྗེ་ཚུལ་ཁྲིམས་སྐྱབས་འབར་པ། ཐོན་པ་ཆོས་རྗེ་དགེ་ལེགས་རྣམ་རྒྱལ་བ། གླིང་སྨད་ཆོས་རྗེ་ལྷ་དབང་དཔལ་འབྱོར་པ། ཉེ་སྡིངས་ཆོས་རྗེ་དཔལ་ལྡན་འོད་ཟེར་བ། རྭ་སྒྲེང་གི་གདན་ས་བ་གཉིས། འཆད་ཁ་སྤྱན་སྔ་ངག་དབང་རྒྱལ་མཚན་པ། འབྲི་གདན་གྱི་ཆོས་སྒོ་བ་གཉིས། ཚོགས་པ་མཁན་ཆེན་པ། ཐིང་བྱི་མཁན་ཆེན་པ། སྐྱོར་ལུང་མཁན་ཆེན་པ་སོགས་དགེ་བཤེས་བྱུག་རྩེ་འབུམ་པ་མང་པོ་དང་། མདོ་རྒྱུད་ཀྱི་གསུང་རབ་འཆད་པ་ལ་ཞུགས་པའི་བསྟན་པའི་སྣང་བྱེད་ཕལ་ཆེར་གྱིས་ཞབས་ཀྱི་པདྨོར་བཏུག་ཞིང་ལེགས་བཤད་ཀྱི་བགོ་སྐལ་བླངས་པ། ཁོ་བོས་ཀྱང་མཚན་ཡང་དག་པར་བརྗོད་པའི་བཤད་པ། ཟབ་ལམ་དབུ་མའི་ལྟ་ཁྲིད། ཐེག་ཆེན་བློ་སྦྱོང་། ཐུགས་རྗེ་ཆེན་པོའི་དམར་ཁྲིད། སྒྲུབ་ཐབས་རྒྱ་མཚོ་དཔེ་ལུང་དང་བཅས་པ། ཡི་དམ་གྱི་སྔགས་བཏུའི་རྗེས་གནང་། གྲུབ་རྒྱལ་ལུགས་ཀྱི་ཚེ་དབང་། ཇོ་བོ་ལུགས་ཀྱི་སྒྲོལ་མ་ཉི་ཤུ་རྩ་གཅིག་གི་རྗེས

གནང་། བཀའ་གདམས་ལྷ་བཞིའི་རྗེས་གནང་། ཐིག་ལེ་བཅུ་དྲུག་གི་དབང་། དཔལ་ལྡན་ལྷ་མོའི་རྗེས་གནང་། འཇམ་དབྱངས་དཀར་པོ། མགོན་པོ་བར་ཆད་ཀུན་སེལ། ཆོས་ཀྱི་རྒྱལ་པོ། རྣམ་སྲས་སེར་ཆེན། མི་གཡོ་དཀར་པོ། ཡེ་ཤེས་ཁྱུང་ཁྲ། ཐུགས་རྗེ་ཆེན་པོ་བཅུ་གཅིག་ཞལ། མགོན་པོ་གྲི་གུག ཀུ་རུ་དྲག་པོའི་རྗེས་གནང་སོགས་མང་པོ་ཞིག་གི་བཀའ་དྲིན་ཞུས། ཆོས་སྡེ་ཆེན་པོ་འདི་ལ་གྲྭ་ཚང་བདུན་ཡོད་པ་ལས། གླིང་གསལ་གླིང་དུ་དང་པོར་མཁན་ཆེན་ལེགས་ལྡན་པས་གཞུང་ལུགས་ཀྱི་བཤད་པ་མཛད། དེ་ནས་སློབ་དཔོན་གཞུ་བསོད་ཀྱིས་བཤད་ཉན་མཛད་པ་གྲྭ་ཚོགས་ཡར་འཕེལ་བྱུང་བ་ཡིན་འདུག་ནའང་། རྒྱལ་ཚབ་རིན་པོ་ཆེའི་ཊཱིཀྐ་རྣམས་ཀྱི་དགོངས་པ་གཞིར་གཞག་མ་མཛད་པ་ལ་དཔགས། ནང་སོ་དུ་དབེན་ཤའི་དྲུང་གིས་གསེར་ཡིག་པ་མངགས་ཏེ་ཕྱོགས་གཞན་དུ་བསྐྲད་པར་སྣང་། བྱུང་བ་འདི་ལས་ནི་དེང་སང་གི་དུས་སུ་ཡང་རང་ཕྱོགས་ཀྱི་འཆད་པོ་གྲུབ་མཐའི་རྣམ་གྲངས་མང་དུ་གསོག་པ་བྱུང་ན་རྒྱལ་པོའི་ཆད་པ་འོས་པ་ཡིན་ནོ་ཞེས་གོ་བར་བྱས་སོ། དེ་རྗེས་མཁས་པ་དཔལ་ལྡན་བློ་གྲོས་འཆད་ཉན་ཐོག་ཏུ་ཕྱིན་པ་གྲྭ་པ་རྣམས་དང་པོར་ཕར་ཕྱིན་གྱི་སྐྲུ་ཡོན་ལ་མགུ་བ་ཙམ་མ་བྱུང་འདུག་ཀྱང་། བསྟན་པ་ཐུགས་ལ་བརྣགས་ཏེ། སྤྱིར་ལུང་ཆོས་མཐའ་དག་ལ་ཐུགས་རྟོག་ཞིབ་ཏུ་བཅུག་ཅིང་ཁྱད་པར་རྣམ་བཤད་སྙིང་པོ་རྒྱན་ཐུགས་ལ་བཟུང་བས་ཕར་ཕྱིན་གདམས་པར་ཤར་ཏེ་ས་བཅུའི་མཉམ་གཞག་ལ་གནས་པའི་སེམས་དཔའི་རྒྱུད་ལ་རྟོག་བློ་དང་། རྗེས་ཐོབ་པ་རྣམས་ཀྱི་རྒྱུད་ལ་ཆོས་ཉིད་མངོན་སུམ་དུ་རྟོགས་པའི་ཡེ་ཤེས་མེད་པ་སོགས་རྗེ་ཡབ་སྲས་ཀྱི་དགོངས་པར་འགྲེལ་བའི་སྤྱི་དོན་ཆེན་མོ་རྩོམ་པ་གནང་ཞིང་ཡུན་རིང་དུ་བཤད་པས་འཁྲིན་ལས་བསམ་གྱིས

མི་ཁྲུབ་པ་བྱུང་། འབྲས་རྟགས་སུ་རིན་པོ་ཆེ་ཡེ་ཤེས་བཟང་པོ་དང་། རིན་པོ་ཆེ་བློ་བཟང་བ། ཀོང་པོ་དཀའ་བཅུ་བ་ཚུལ་བློ་དང་རིན་ཆེན་རྣམ་རྒྱལ་བ་གཉིས། མཁས་པ་ལེགས་ཚོས་པ་དང་རྒྱལ་བཟང་བ་གཉིས། གྲྭ་བོ་རབ་འབྱམས་པ་བཀྲ་ཤིས་རྒྱལ་མཚན་དང་ཤ་ར་རབ་འབྱམས་པ་གཉིས། མངའ་རིས་དཀའ་བཅུ་བ་དཔལ་ལྡན་བློ་གྲོས་དང་ཀུན་དགའ་འོད་ཟེར་གཉིས། རྒྱུད་པ་ཀུན་དགའ་དོན་གྲུབ་པ་དང་ཚུལ་ཁྲིམས་བཟང་པོ་བ་གཉིས། བྱ་བཏང་མཁས་པ་དགེ་ལེགས་བཤེས་གཉེན་དང་ཤཱཀྱ་བཟང་པོ་པ་གཉིས། ཚོགས་ཆེན་མཁན་པོ་བློ་གྲོས་མཚུངས་མེད་དང་མདོ་སྔགས་གླིང་གི་མཁན་པོ་བློ་གྲོས་མཚུངས་མེད་གཉིས། གཙང་ནས་མང་ཐོས་འཛིན་པ་སངས་རྒྱས་དཔལ་བ་དང་ལུང་རིགས་པ་གཉིས། སྔོ་པ་དཀའ་བཅུ་བ་བློ་རྒྱམ་དང་རིན་བཟང་གཉིས། སློབ་དཔོན་ཆོས་གྲུབ་སྨྲ་བའི་སེང་གེ་དང་ཀྲྀ་ཥྞ་ཤྲཱི་གཉིས། བླ་མ་རྒྱ་བྲག་པ་དང་དཔལ་ལྡན་རྒྱལ་མཚན་པ་གཉིས་སོགས་ཡོན་ཏན་གྱིས་བརྒྱན་པའི་སྲས་མང་དུ་ཐོན། དེ་རྣམས་ལས་རིན་རྣམ་པས་ཀོང་པོ་རྗོ་སྟན་གྱི་རྗེས་སུ་ཆབ་ནག་རི་བོ་དགེ་ལྡན་བཟུང་བའི་སྟེང་ནས་བཀྲ་ཤིས་རབ་བརྟན་བཏབ་སྟེ་གཉིས་ཆར་དུ་དང་ཚུགས་ཀྱི་གྲྭ་རྣམ་པར་དག་པ་དང་། དབུ་མའི་བཤད་པ་བཙུགས་ནས་ཉི་མ་ཤར་ཕྱོགས་སུ་རྗེའི་བསྟན་པ་གསལ་བར་མཛད་ལ། འདིས་ཡིད་འཕྲོག་ནས་བླ་མ་འཕགས་པ་ལྷས་ཀྱང་ཁོང་ལ་ཆོས་འབྲེལ་གསན་པར་སྣང་། སྔོ་པ་དཀའ་བཅུ་བ་གཉིས་ཀྱིས་ཆབ་མདོར་བཤད་པ་མཛད་པའི་གྲྭ་ཚང་གི་རྒྱུན་དེང་སང་ཡང་རྒྱས་པར་མཆིས། སློབ་དཔོན་ཀྲྀ་ཥྞ་ཤྲཱི་པས་ཀྱི་རི་གསང་སྔགས་ཕོ་བྲང་དང་། སེ་ར་རྩེར་འཁོར་ལོ་བདེ་མཆོག་གི་བཤད་པ་མཛད་པས་དོན་གཉེར་ཅན་འགའ་འདུས་ཤིང་། བདག་གིས་ཀྱང་

ཆོས་རྒྱལ་ཕྱི་ནང་གསང་གསུམ་གྱི་རྗེས་གནང་བའི་ཆོས་འབྲེལ་ཙམ་ཞིག་ཞུས། སློབ་དཔོན་རིན་པོ་ཆེ་ཆོས་གྲུབ་པས་ཀྱང་། སྟོད་ཕྱོགས་སུ་ལུང་ཆོས་ཀྱི་བཤད་པ་མཛད། སྐུ་ཡོན་དང་མཐུན་པའི་འཕྲིན་ལས་མ་བྱུང་བར་གྲགས་ཀྱང་ཞལ་སློབ་གཞན་ཕན་ནུས་པ་འགའ་ཡར་བྱོན་ལ། ཁོ་བོས་ཀྱང་མགོན་པོ་ལེགས་ལྡན། གྲི་གུག ཕྱག་བཞི་པ། མགོན་པོ་ཚེ་བདག ཚོགས་བདག་དཀར་པོ། རྗེ་བོ་ལུགས་ཀྱི་ཛམ་ལ་དཀར་པོ། ཛམ་ལ་དམར་པོ་ཡུམ་བཅས་གཏེར་མ། ཡེ་ཤེས་ཁྱུང་ཁྲ། དུར་ཁྲོད་བདག་པོ། འཇམ་དབྱངས་ནཱ་ག་རཀ་ཤ་རྣམས་ཀྱི་རྗེས་གནང་ཞུས། མཁན་ཆེན་པའི་རྗེས་སུ་ལྡན་མ་ཡེ་བཟང་བ་དང་། གོང་པོ་ཚུལ་བློ་གཉིས་མཉམ་བསྐོས་བྱས་ལ་ཚུལ་བློ་སྨུར་དུ་གཤེགས་ནས། ལྡན་སྟོན་པ་ཉིད་ཀྱིས་བཤད་པ་མཛད་པས་འཕྲིན་ལས་རྒྱས་པར་གྱུར་པ་སྟེ་རྣམ་ཐར་གོང་དུ་བརྗོད་ཟིན། སློབ་ཆུང་དུ་གྲེ་བོ་རབ་འབྱམས་པ་བསྐོ་བ་མཛད་ཀྱང་ཡུན་རིང་མ་བཞུགས། དེ་རྗེས་མཁས་པ་ལེགས་པ་ཆོས་འབྱོར་བསྐོས་པ་བཤད་ཉན་ཡུན་རིང་དུ་མཛད་པ་ལས་འཕྲིན་ལས་ཀྱི་ཁྱབ་གདལ་བྱུང་ཚུལ་ཡང་བརྗོད་ཟིན། ཆོས་རྗེའི་སློབ་ཆུང་དུ་ཆེན་པོ་ཚུལ་རྒྱལ་བ་བསྐོས་པའང་སྐུ་ཆོས་མ་ཟིན། སློབ་དཔོན་སངས་རྒྱས་བཟང་པོ་བས་བཤད་ཉན་ཡུན་རིང་དུ་མཛད་པས་ལུང་ཆོས་ལ་འཕྲིག་ཚུད་པའི་བཤེས་གཉེན་མང་དུ་ཐོན་ཞིང་གཞན་ཕན་ནུས་པ་ཡང་། དཔོན་རབ་འབྱམས་པ་དཀོན་མཆོག་དར། ཆེན་པོ་ལེགས་པ་དོན་གྲུབ། མི་ཉན་དཀའ་བཅུ་བ་སངས་རྒྱས་དང་རྡོ་རྗེ་བཟང་གཉིས། གོང་པོ་དཀའ་བཅུ་བ་བསྟན་པ་དར་རྒྱས་དང་དཔལ་བློ་གཉིས། འོལ་ཁ་དཀའ་བཅུ་བ་རང་བྱུང་དང་ངག་དབང་གཉིས་སོགས་བྱོན། དེ་ནས་དབུ་མ་པ་རིན་ཆེན་

དར་མ་དང་། སྡེ་སྟོད་འཛིན་པ་སངས་རྒྱས་ཤེགས་པ་བ་གཉིས་མཉམ་དུ་བསྐོས་པ་གྲྭ་པ་མ་རུངས་པ་འགའ་ཞིག་གི་བྱེད་པ་ལས་ཆགས་སྡང་འཕེལ་བའི་རྣམ་པ་བྱུང་ཡང་། དེས་འགྲན་བཤད་ཀྱི་རྐྱེན་དུ་སོང་ནས་གྲྭ་ཚོགས་ཤེགས་པོ་འདུས་ཤིང་། སྔ་མས་དབུ་མ་དང་། ཕྱི་མས་ཚད་མ་དང་འདུལ་མངོན་བཤད་པས་པོ་ཏི་ལ་བློ་ཁ་ཕྱོགས་པ་མང་དུ་ཐོན་པར་སྣང་། དེ་ནས་སློབ་དཔོན་ཡོན་ཏན་འོད་བཤད་ཉན་དུ་ཕྱིན་པ་གྲྭ་ཚང་ནང་བསྡུམས་ནས་འགལ་མེད་ཀྱི་སྒྲི་ཁྲབ་ཡོད་པ་བྱུང་། ཤིང་སྤྲེའུའི་ལོ་གསར་པ་ན་དངོས་ཅག་ལ་ཆོས་འཆད་དུ་སློབ་དགོས་པའི་ཐམས་ཅད་མཁྱེན་པ་ཉིད་ཀྱི་ཕྱག་དམ། མི་སྣའི་ངག་དང་བཅས་པ་འགའ་ཟླུང་ཕེབས་ཤིང་། སློན་པའི་མཐར་རྒྱུད་ཀྱི་འཆད་ཉན་བསྐོ་བ་དང་། དགོན་པ་གཅིག་གཉིས་གཏོད་གྲུབ་ན། བཀའ་ངག་མ་བཅག་ཙམ་ཅི་ཡོང་བལྟ་ཞེས་ཞུས་ཤིང་སླས་པ་ན། ཞུས་ལན་ཕྱག་དམ་དུ། དམ་པའི་ཞལ་བཞེས་རྗེ་ཡི་རི་མོ་ཞེས། །གྲགས་པ་སྙིང་ལ་ཡི་དམ་ཉིད་དུ་བགྱིད། །དེ་དག་སྒྲུབ་པའི་ཐབས་ལ་མཁས་པ་ཡང་། །སྨོས་པར་ཅི་འཚལ་ཚུལ་བཞིན་མཛད་དུ་གསོལ། །ཞེས་ཕེབས་པ་ཉིད་ཁུར་དུ་ལྟེ་སྟེ། ལོ་དེའི་མཇུག་ནས་གྲྭ་ཚང་བཟུང་བ། དགེ་ལྡན་དུ་ཕེབས་དགོས་པ་སོགས་ནས་བཤད་ཉན་རྒྱུན་འཐུད་པ་ཞིག་མ་བྱུང་ཡང་ཅི་སྡོད་ཀྱི་རིང་བསྟན་པ་ལ་བསམས་ནས་བརྩོན་འགྲུས་བཟང་པོའི་གོ་ཆ་གྱོན་ཏེ་གོ་ཚོད་དང་བསྟུན་པའི་གཞུང་བཤད་བགྱིས་སོ། །ས་གླང་འདི་ལ་བོ་དོང་རབ་འབྱམས་པ་དགེ་འདུན་དོན་གྲུབ་འཆད་ཉན་གྱི་གོ་སར་ཕྱིན་ཡོད་དོ། སྔོ་མངས་སུ་དང་པོར་བྱུང་གྲགས་རིན་པས་བཤད་ཉན་མཛད། དེ་ནས་རིམ་པ་བཞིན་མཁས་པ་སྣ་ཤེབ་སྣག་ཤེབ་གཉིས། གུང་རུ་ཚུལ་བཟང་པ། ཆེན་པོ་དཔལ་ཤེ་བ་སྟེ་འདིས

བཤད་ཉན་ཡུན་རིང་དུ་མཛད་པས། ཆོས་རྗེ་རྡོ་རྗེ་སེང་གེ། དཀའ་བཅུ་འཛིན་པ་ཀུན་དགའ་རྒྱལ་མཚན་དང་བསོད་ནམས་བློ་གྲོས་གཉིས། མདོ་སྟོད་པ་དཔལ་བློ་ཤེར་བློ་གཉིས་སོགས་དགེ་བཤེས་མང་དུ་ཐོན་ཞིང་། གྲྭ་རྒྱུན་འཕེལ་བ་སོགས་གྲྭ་ཚང་ལ་བཀའ་དྲིན་མཆོག་ཏུ་ཆེ་བ་ཞིག་ཡིན་འདུག སློབ་ཆུང་དུ་དྲུང་ཀུན་རྒྱལ་བ་བསྐོས་ཀྱང་ཐུགས་སྐྱོ་ཤས་ཆེ་བས་བྱང་སེ་མོ་དོར་སྒྲུབ་པ་ལ་གཤེགས་པར་སྣང་། དེ་རྗེས་མཁན་ཆེན་དབང་དཔལ་བས་གྲྭ་ཚང་བཟུང་། དེ་ནས་སློབ་དཔོན་དཔལ་བློ་ཤེར་བློ་རྣམ་གཉིས་བསྐོས་པ་ཕན་ཚུན་འགྲན་བཤད་ཀྱི་རྣམ་པས་བཤད་ཉན་འཕེལ་པོ་བྱུང་བ་སྟེ། གདན་ཚོགས་སུ་སློབ་དཔོན་དཔལ་ལྷུན་འོད་ཟེར་དང་དཀོན་མཆོག་བཟང་གཉིས། དཀའ་བཅུ་འཛིན་པ་རིན་བྱང་བ་དང་ཉི་བར་འཁོར་གཉིས། དཀའ་བཅུ་བ་བསྟན་འགྲུས་རྒྱལ་མཚན་དང་བསོད་ནམས་ལྷུན་གྲུབ་གཉིས། སློབ་དཔོན་ངག་དབང་འབྱུང་གནས་སོགས་དགེ་བཤེས་མང་དུ་ཐོན། དེ་རྗེས་བྱང་བ་རབ་འབྱམས་པ་ཡེ་ཤེས་གྲགས་བསྐོས་ནས་གཞུང་ལུགས་ལེགས་པར་བཤད་ཀྱང་རིང་དུ་མ་བཞུགས་པར་གཙང་ལ་ཐེགས། དེ་ནས་དཀའ་བཅུ་བ་དཔལ་ལྷུན་འོད་ཟེར་དང་དཀོན་མཆོག་བཟོད་པ་གཉིས་བསྐོས་པ་ཕྱི་མ་སྐུ་ཆོས་མ་ཟིན་པར། ཕྱ་མ་བཞུགས་པའི་སློབ་ཆུང་དུ་གུང་རུ་དཀའ་བཅུ་བ་རིན་ཆེན་བྱང་ཆུབ་བསྐོས་པ་ལོ་ཤས་འཆད་ཉན་མཛད་པའི་རྗེས་ནས་མདོ་སྟོད་དཔལ་འབར་ཆོས་སྡེར་ཕྱིན་པ་བཤད་གྲྭ་ཚུགས་པའི་ལེགས་ཚོགས་ཆེ་བ་བྱུང་སྣང་། དེང་སང་རྒྱ་བཟང་དཀའ་བཅུ་བ་བཤད་ཉན་མཛད་བཞིན་པའོ། བདེ་ཡངས་སུ་དང་པོར་ཕྱོག་པ་བྱང་དཔལ་པས་བཤད་ཉན་མཛད། དེ་ནས་དྲུང་ཆོས་དཔལ་པ་དང་། དེ་རྗེས་གྲ་ཆུང་ཡོན་ཏན་རྒྱལ་མཚན་པ་སྟེ་འདི་ནི་

མཁས་པ་ཐུགས་རྒྱུད་འབྱོངས་པ་དཔེན་པ་ལ་དགྱེས་པ་ཞིག་སྟེ། འབྲས་སྤུངས་ཆོས་རྗེར་གདན་དྲངས་པ་ནའང་མ་ཕེབས་པ་ཡིན་སྐད། དེའི་རྗེས་སུ་མཁས་པ་མཚོ་མ་དབང་རྒྱལ་བསྐོས། འདི་པ་སྔན་གྲགས་ཀྱིས་དབུས་གཙང་ཁྱབ་པ་ཞིག་སྟེ། གནམ་ལ་ཉི་ཟླ་ཟུང་ཅིག་ཡོད་དེ། ས་ལ་མཚོ་མ་སྤྱན་གཉིས་ཡོད་ཅེས་ཟེར། འབྲས་སྤུངས་སུ་ཧ་ཅང་ཡུན་རིང་བར་མ་བཞུགས་པར་སེ་རའི་འཆད་ཉན་དང་། དེ་ནས་བདེ་བ་ཅན་དུ་བཤད་པ་ཡུན་རིང་དུ་མཛད་པ་ལས། བྱམས་ཆོས་ལ་འཕྲིན་ལས་ཆེ་བར་བྱུང་ངོ་། དེ་ནས་གྲྭ་ཚང་དུ་རིམ་པ་བཞིན་རོང་པོ་དཀའ་བཅུ་བ་བརྩོན་འགྲུས། བླ་མ་བློ་སེང་བ། བྱང་ནམ་མཁའ་བ། བླ་མ་བཀྲས་རྒྱམ་པ། བྱང་རིན་དར་བ། ཆེན་པོ་རྒྱལ་མཚན་ལེགས་པ། རབ་འབྱམས་སྨྲ་བ་རིན་ཆེན་རྣམ་རྒྱལ། དཀའ་བཅུ་བ་གྲགས་པ། དཀའ་བཅུ་སྨྲ་བ་དཔལ་བཟང་དོན་གྲུབ། དཀའ་བཅུ་བ་བཀྲ་ཤིས་དཔལ་འབྱོར། དཀའ་བཅུ་བ་ཆོས་དཔལ་བའི་བར་རོ། ཤག་སྐོར་དུ། ཐོག་མར་སྐར་ཐང་པ་རབ་མཆོག་གིས་བཤད་ཉན་མཛད། དེ་ནས་རིམ་པ་བཞིན་ཉག་རེ་རྫོར་རྒྱལ་བ། སློབ་དཔོན་ཉན་ཆུང་། སློབ་དཔོན་རིན་བློ། ཞོགས་པ་དབུ་སེ། སྔན་ངག་པ་བདེ་བློ། རིན་པོ་ཆེ་ཆོས་ཀྱི་བཤེས་གཉེན། བདེ་མཆོག་རབ་འབྱམས་པ་ཀུན་དགའ་རྒྱལ་མཚན། མདར་པ་རབ་འབྱམས་པ་དཀོན་མཆོག་དར། དཀའ་བཅུ་བ་ཆོས་གྲགས་རིན་ཆེན། ཉང་པོ་རབ་འབྱམས་པ་བློ་གྲོས་ལྷུན་གྲུབ། ཕོ་ཁང་དཀའ་བཅུ་བ་དགེ་ལེགས་བཟང་གི་བར་རོ། ཐོས་བསམ་གླིང་དུ་རིམ་པ་བཞིན་སློབ་དཔོན་ཀུན་བཟང་རིན་ཆེན། ཆོས་རྗེ་ཉན་ཤཀ་པ། བྱང་རྒྱལ་བཟང་པ། བྱང་དཔལ་ལྡན་རྒྱལ་མཚན་པ། བླ་མ་དཔལ་རྒྱལ་མཚན།

ཉན་པོ་དཀའ་བཅུ་བ་བསམ་གཏན་ཤེས་རབ། ཀྱ་མ་དཀའ་བཅུ་བ་བློ་གྲོས་མཐའ་ཡས། མི་ཉག་དཀའ་བཅུ་བ་སངས་རྒྱས། སློབ་དཔོན་བསྟན་པ་དར་རྒྱས་པའི་བར་རོ། འདུལ་བ་གྲྭ་ཚང་དུ་དང་པོར་བྲུང་བརྩོན་གྲགས་པ་ཅན། དེ་ནས་འདུལ་འཛིན་དགེ་ལེགས་དཔལ་སྐྱེ་འདིས་མདོ་ཙ་ཙ་འགྲེལ་ལུང་དང་སྦྱར་ནས་ཡུན་རིང་དུ་བཤད་པས་དུས་དེར་སྐྱི་ཤོད་མཐིལ་པའི་མཁས་པ་ཕལ་ཆེར་བས་མ་གསན་མི་སྣང་ལ། བཤད་སྲོལ་འཛིན་པ་ཡང་སློབ་དཔོན་དཔལ་བློ་བ། སློབ་དཔོན་གྲོ་ས་པ། སློབ་དཔོན་དཔལ་འབྱོར་བ། འདུལ་འཛིན་རིན་ཆེན་གྲགས་པ། སློབ་དཔོན་རིན་པོ་ཆེ་ཀུན་དགའ་རྒྱལ་མཚན་པ་སོགས་མང་དུ་བྱོན་ལ། ཐྲ་མ་བཞི་ཆར་གྱིས་གྲྭ་ཚང་བཟུང་ནས་བཤད་པ་མཛད་ཅིང་། ཁྱད་པར་རིན་གྲགས་པས་པོ་ཏི་ལ་བློ་ཁ་ཕྱོགས་པའི་དགེ་བཤེས་མང་དུ་ཐོན། ཕྱི་མས་ཆོས་རྗེ་ཐམས་ཅད་མཁྱེན་པ་ལ་ཡང་གསན་པ་སོགས་ནས་མཁས་པར་གྱུར་ཀྱང་བཤད་པ་མ་མཛད་པར་རྩེ་ཐང་ཉིད་དུ་བཞུགས་པ་ལ། ཁོ་བོས་ཊཱི་ཀ་ཆེན་རིན་པོ་ཆེའི་ཕྲེང་བའི་སྟེང་ནས་མདོ་ཙ་བའི་ཞིབ་བཤད་དང་། མེ་ཏོག་ཕྲེང་རྒྱུད་ཀྱི་བཤད་པ་ལེགས་པར་མནོས་པ་སྟེ་ཇ་བོ་ཆེ་ལ་དབྱུ་གུ་ལན་གཅིག་བསྣུན་པས་སྐད་བཟང་པོ་བྱུང་བ་ཡིན་ནོ། རཏྣ་ཀིརྟིའི་རྗེས་སུ་རིམ་པ་བཞིན་བྲུང་འཁྱོང་རྒྱས་པ། སློབ་དཔོན་བདེ་ལེགས་པ། དཀའ་བཅུ་བ་བྱམས་པ་བློ་གྲོས། སློབ་དཔོན་ལྷ་དབང་རིན་ཆེན་པའི་བར་རོ། སྔགས་པ་གྲྭ་ཚང་དུ་སློབ་དཔོན་རྒྱན་ཚུལ་པ། སློབ་དཔོན་སྦྱིན་མཆོག་པ། བྲུང་རིན་མཆོག་པ། སློབ་དཔོན་དཔལ་མགོན་རྒྱལ་མཚན་སོགས་བྱོན།།

བྱམས་ཆེན་ཆོས་རྗེ་ནི་འབྲུངས་ཡུལ་ཚལ་པ། གསུང་རབ་མང་དུ

མཁྱེན་ཅིང་། སྟོན་གྱི་སྐྱེ་གནས་རྗེས་སུ་དྲན་པ་སོགས་མངོན་པར་རྟོགས་པའི་ཡོན་ཏན་གྱིས་ཀྱང་ཕྱུག་པ་དང་། ཁྱད་པར་རྒྱལ་ཆེན་རྣམ་ཐོས་སྲས་ཀྱིས་རྗེས་སུ་བཟུང་བ་ཉིད་ལས། གོང་མ་ཏ་མིང་རྒྱལ་པོས་སྤྱན་དྲངས་ནས་འགྲན་ཟླ་མེད་པའི་བླ་མར་མངའ་གསོལ་ཏེ། འཕྲིན་ལས་སྣ་ཚོགས་ལ་མཁས་ཤིང་གསལ་བ། ཆོས་ཉིད་དམ་པ་མཆོག་ཏུ་རྒྱལ་བ། ཤེས་རབ་རྣམ་དག་སྣང་བ་ཆེན་པོ། ཀུན་ཏུ་ཁྱབ་ཅིང་རྒྱལ་ཁམས་སྐྱོབ་པ། བསྟན་པ་རྒྱས་མཛད་རབ་ཏུ་དགེ་བ། བྱམས་ཆེན་ཆོས་ཀྱི་རྒྱལ་པོ་ཞེས་པའི་བསྔགས་པ་བརྗོད་ནས་གུས་ཞེན་དཔག་ཏུ་མེད་པ་མཛད་ཅིང་། མཆོད་ཡོན་གྱིས་ཏ་ཡན་བསི་ཞེས་པ་བའི་དགོན་པ་བཏབ་སྟེ། དགེ་ལྡན་པའི་ཕྱག་ལེན་དར་བར་མཛད། དེ་ནས་དབུས་སུ་ཕེབས་ནས་སེ་ར་ཐེར་རྗེ་རིན་པོ་ཆེས་ཆོས་འཁོར་རྒྱ་ཆེན་པོ་བསྐོར་བའི་ཞབས་ཏོག་མཛད་པ་དང་། ཞལ་བཀོད་ཕྱུས་ནས་ཐེག་ཆེན་གླིང་གི་གྲྭ་བཏབ་སྟེ་མཁས་པ་དར་བཟང་གདན་སར་བསྐོ་བ་གནང་། ལོ་འདི་རྗེ་ཉིད་ཞིང་གཞན་དུ་གཤེགས་པའི་ས་ཕག་དེ་ཡིན། སླར་ཕོ་བྲང་ལ་ཕྱིན་པ་ཏ་མིང་རྒྱལ་པོ་ཁོང་ཉེར་གཤེགས་ཀྱང་། སྲས་ཐོན་ལྷེ་རྒྱལ་པོས་གུས་མཆོད་ཆེན་པོ་མཛད་པ་ལས་སྙན་གྲགས་དང་གཞན་དོན་མཐའ་ཡས་པ་བྱུང་། ཡང་དབུས་སུ་གདན་བཏེག་པ་མཛོ་མོ་མཁར་དུ་ཕེབས་པའི་མོད་ལ་སྐུ་གཤེགས། དེའི་སློབ་མ་སློ་ཐང་པ་ཆོས་རྗེ་ཨ་མོ་གྷ་པ་དང་། བསོད་ཤེ་བ་གཉིས་ཀྱིས་ཀྱང་། ཐོན་ལྷེའི་ཏི་ཤྲི་མཛད་པ་ལུགས་གཉིས་ཀྱི་འཕྲིན་ལས་མཆོད་ཡོན་སྔ་མ་གཉིས་ལ་འགྲན་པ་བཞིན་དུ་བྱུང་། དགེ་ལྡན་གྱི་ཐུབ་པ་གནས་བཅུའི་བསི་ཐང་ཡ་མཚན་ཅན་འདི་འང་མཆོད་ཡོན་འདི་གསུམ་གྱི་རིང་དབུས་སུ་ཕྱིན་པར་སྣང་། བླ་མ་དེ་གཉིས་ཀྱི་སློབ་མ་ཆོས་རྗེ་

གཞོན་ནུ་དཔལ་ལྡན་ཞེས་པས་ཀྱང་རྒྱལ་པོའི་བླ་མཆོད་མཛད་དེ། དགེ་འདུན་གྱི་སྡེ་བསྐྱངས་ཞེས་གྲགས།།

མཚུངས་མེད་ཆོས་རྗེ་ནི་ཆུ་མོ་ཕག(སྤྱི་ལོ1383)ལ་ལྷོ་རོང་སྟོད་དུ་སྐུ་འཁྲུངས། འཇམ་དབྱངས་ཆོས་རྗེ་འཁྲུངས་ནས་ལོ་བཞི་སོང་། འདི་ནས་ལོ<ལོ>གཉིས་འདས་པའི་ཤིང་གླང་དེ་མཁས་གྲུབ་ཆོས་རྗེའི་འཁྲུངས་ལོའང་ཡིན། དབུས་སུ་ཕེབས་ནས་རྗེ་རིན་པོ་ཆེ་དང་། བྱང་སེམས་རྣ་སྒྲེང་བ་སོགས་བསྟེན་ཏེ་གཞུང་ལུགས་ལ་སྦྱངས་པས་མཁས་པའི་དབང་པོར་གྱུར། རྗེ་རིན་པོ་ཆེས་མཁན་པོ། འདུལ་བ་འཛིན་པས་ལས་སློབ། རྒྱལ་ཚབ་ཆོས་རྗེས་གསང་སྟོན་མཛད་ནས་བསྙེན་པར་རྫོགས། སྤྱི་སོར་གསང་ཕུ་སྣེ་སེར་དུ་བཤད་ཉན་མཛད་པ་ན། གུང་རུ་རྒྱལ་བཟང་ཞེས་སྟོན་གྲགས་ཀྱིས་གླིང་བཞི་ཁྱབ། ཆེན་པོ་དྭགས་པོ་དང་། སློབ་དཔོན་དགེ་རྒྱལ་སོགས་ལུང་རིགས་ཀྱིས་བཙེམས་པས་ཀྱང་སྐད་གྲགས་ཇེ་རྒྱས་ཇེ་རྒྱས་སུ་སོང་། ང་སྐྱེ་བོ་མི་ནག་པ་བཅུའི་ཁྲིད་དུ་བསྡོ་གདམ་བྱེད་པ་པས། དགེ་བཤེས་བརྒྱ་ཕྲག་གཅིག་གི་ནང་དུ་བགྲོ་གླིང་འཕེན་པ་སླ་ཞེས་ཞལ་པོའང་གསུངས་པ་ཡིན་སྣང་། དེ་ནས་སྣེ་སེར་གྱི་ཐུགས་ཁུར་བསྐྱངས་ཏེ་ལོ་ཤས་བྱ་བྲལ་འཆད་ཉན་མཛད་པའི་སྟེང་ནས་སེ་རའི་གདན་སར་ཕྱོན་པ་བཙུན་མོ་ཚལ་དང་གཉིས་འཛིན་མཛད་དེ་ལོ་སུམ་ཅུ་སྐོར་ཞིག་སྤྱིར་དཀའ་ཆེན་མང་པོ་དང་། ཁྱད་པར་དབུ་མའི་གཞུང་བཤད་ལེགས་པར་བགྱིས་ཤིང་། ཚད་མའི་བསྟན་བཅོས་མཁས་པ་དགའ་བསྐྱེད། ཕར་ཕྱིན་གྱི་ཊཱིཀྐ། རྩ་འཇུག་གི་ཊཱིཀ་ཆུང་། སྟོང་ཐུན་སོགས་བརྩམས་པའི་སྒོ་ནས་བསྟན་པ་ལ་བྱ་བ་མཛད། དེ་ཡང་སྟོང་ཐུན་དུ་ཡང་ན་གསུངས་ནས་དབུ་མའི་ཊཱིཀ་ཆེན་གཉིས་ཀྱི་གསུང་

ལས་བརྐྱལ་བའི་གྲུབ་མཐའ་གཅིག་གཉིས་མཛད་པ་སོགས་ལས། མཁས་གྲུབ་རིན་པོ་ཆེ་མ་དགྱེས་ནས་བཀའ་བསྐྱོན་ཏེ་ཕྱག་འབུལ་མ་བཞེས་པ་ཡིན་སྣང་། འདི་ལ་བརྟགས་ནས་ཆོས་རྗེས་ཀྱང་། མི་རྣམས་ཕལ་ཆེར་གྲགས་པའི་རྗེས་སུ་འབྲང་། །བློ་བཟང་གྲགས་པ་དགའ་ལྡན་གནས་སུ་གཤེགས། བྱམས་ཆེན་ཆོས་རྗེ་མི་དབང་གཙུག་ན་མཛེས། །རྒྱལ་མཚན་བཟང་པོ་གངས་རིའི་ཁྲོད་འདིར་ལུས། །ཞེས་ཐུགས་འབྱུང་བའི་མགུར་གསུངས་ཞེས་གྲག དེ་ཡང་དགོས་པའི་དབང་གིས་གདུལ་བྱའི་སྣང་ངོར་དེ་ཙམ་བསྟན་པར་ཟད་ཀྱི་དངོས་པོ་ལ་མཁས་གྲུབ་རིན་པོ་ཆེས་ཐུགས་ཐག་པ་ནས་བཀའ་བསྐྱོན་པ་དང་། ཆོས་རྗེ་པས་ཐུགས་འཛིན་མཛད་པ་ཅི་མཆིས་ཏེ། འཕགས་པ་འོད་སྲུངས་ཆེན་པོ་དང་ཀུན་དགའ་བོ་བཞིན་ནོ། ཆོས་རྗེ་འདིའི་ཆེ་བའི་ཡོན་ཏན་ཡང་། གཟིམས་ཁང་གི་ཐབ་སྤྱོད་མ་གཏོགས་ཕྱག་རྫས་ཕལ་ཆེར་སྦྱིན་གཏོང་མཛད་པ། མཐའ་བྲལ་དབུ་མའི་ལྟ་བ་ཐུགས་ལ་མངའ་བ། བྱང་ཆུབ་ཀྱི་སེམས་རིན་པོ་ཆེ་འབྱོངས་པ་སོགས་ཏེ་ཡ་མཚན་ནོ། དེ་ལྟར་བསྟན་པའི་བྱ་བ་རྒྱ་ཆེར་བསྐྱངས་ནས་དགུང་ལོ་རེ་བརྒྱད་པ་ལྕགས་ཕོ་རྟའི་(སྤྱི་ལོ1450)ཧོར་ཟླ་བདུན་པའི་ཡར་ངོའི་ཚེས་བཅུ་ལ་སེ་རའི་གཟིམས་ཁང་ཉིད་དུ་ཡ་མཚན་པའི་ལྟས་དང་བཅས་ཏེ་སྐུ་གཤེགས། འཇམ་དབྱངས་ཆོས་རྗེ་གཤེགས་པའི་ཕྱི་ལོ་ཡིན། སྐུ་གདུང་རིལ་པོར་བཞུགས་པ་དེང་སང་གི་བར་དུ་ཡང་རིང་བསྲེལ་མང་དུ་འཇོག་པ་དང་། གདོན་གྱིས་གཟིར་བའི་མིས་མཇལ་བ་ཙམ་གྱིས་ནད་གདོན་ཞི་ནུས་པ་སོགས་བྱིན་རླབས་བསམ་གྱིས་མི་ཁྱབ་པའོ། དེ་ལ་སྲུས་སྡེ་སྟོད་འཛིན་པ་མང་དུ་བྱུང་བའི་ནང་ནས་གྲགས་ཆེ་བ་ལ། ཡེ་ཤེས་མགོན་པོའི་གྲུབ་ཆེན་བླ་མ་ཕྱག་དྲུག་པ། ཆོས་རྗེ་དཔལ་

སེང་བ། ཆོས་རྗེ་རིན་བྱང་བ། ཆོས་རྗེ་ཀུན་ལེགས་པ། བྱང་སྐལ་བཟང་རྟེ་བ། ཆེན་པོ་བྱང་འབུམ་པ་དང་ཤེར་རྒྱམ་པ་གཉིས། ཆེན་པོ་གཡུ་པ་དང་འཇམ་འཕགས་པ་གཉིས། སློབ་དཔོན་རིན་རྒྱལ་བ་དང་ཆོས་བློ་བ་གཉིས། སློབ་དཔོན་ཧེ་གུ་གཡག་མགོ་དང་ཟ་ཏུ་ཤཱཀ་བཀྲས་གཉིས། བྱ་བཏང་ཤར་ལུང་པ་དང་ཤཱཀ་བཟང་གཉིས། དཀའ་བཅུ་བ་ཀུན་དགའ་དོན་གྲུབ་དང་ཞོལ་སྨྱོན་གཉིས། མཁན་པོ་གྲགས་འོད་པ་དང་གཞོན་དཀོན་པ་གཉིས། བླ་མ་ནམ་མཁའ་དབང་ཕྱུག་དང་རྒྱལ་མཆོག་པ་གཉིས། སློབ་དཔོན་གྱི་རིངས་པ་དང་། བློ་གྲོས་སེང་གེ་བ་གཉིས། བླ་མ་སངས་རྒྱས་ཚུལ་ཁྲིམས་དང་བྱིའུ་གནས་བརྟན་པ་གཉིས་སོགས་བྱོན། དེ་རྣམས་ལས་ཤར་ལུང་བ་ནི་དབེན་པའི་སར་ལྷ་ཁྲིད་ཟབ་མོ་ཉམས་སུ་བསྐུར་བས་ཇི་ལྟ་བ་བཞིན་རྒྱུད་ལ་འཁྲུངས་པའི་སྤྱོང་བ་པར་གྲགས། གཞོན་དཀོན་པ། སངས་ཚུལ་བ། རྒྱལ་མཆོག་པ་གསུམ་གྱིས་རིམ་པ་བཞིན་པོ་ཏོ། འབྲོམ་སྟེངས། དཔུང་མཁར་བཟུང་ནས་གཞན་དོན་མཛད། ཕྱི་མ་འདི་ལ་བླ་མ་རྒྱ་བྲག་པས་བསྙེན་རྫོགས་ཀྱི་མཁན་པོ་ཞུས་ཞེས་གྲག གྲགས་འོད་པས་རི་ཁ་བཟུང་ནས་ཚོགས་བསྐྱངས་ཤིང་། བྱིའུ་གནས་བརྟན་གྱིས་རྒྱལ་ཤོད་དུ་བན་དཀར་དགོན་བཏབ་པར་སྣང་། ཆོས་རྗེའི་རྗེས་སུ་ཞ་ལུ་རབ་འབྱམས་པས་གདན་ས་ལོ་ཤས་ཤིག་མཛད། དེ་ནས་ཆོས་རྗེ་སྨུ་ཧྲད་པ་ནི་ལས་སྟོད་དུ་སྐུ་འཁྲུངས། སྤྱིར་རྗེ་ཐམས་ཅད་མཁྱེན་པ་སོགས་ཡོངས་འཛིན་རིན་ཆེན་སྣ་བདུན་དུ་གྲགས་པ་བསྟེན་ཞིང་། ཁྱད་པར་འཇམ་དབྱངས་ཆོས་རྗེ་རྩ་བའི་བླ་མར་བཟུང་ནས་གསུང་རབ་ལ་སྦྱངས་པས་མཁས་པ་ཆེན་པོར་གྱུར། དང་པོར་འབྲས་སྤུངས་ཟུར་ཁང་དུ་བཞུགས་ནས་བཤད་ཉན་འཕེལ་བར་མཛད་

ཅིང་། ཕྱིས་སེ་རའི་གདན་སར་ཕེབས་པ་ནའང་དབུ་ཚད་ཀྱི་འགྲེལ་བཤད་རྒྱུན་ཆགས་སུ་གསུངས་བ་དང་། དེ་དག་གི་དགོངས་པ་འགྲེལ་བའི་བསྟན་བཅོས་བརྩམས་པས་ཀུན་མཁྱེན་སྨུ་ཧྲད་པ་ཞེས་ཕྱོགས་ཀུན་ཏུ་སྙན་གྲགས་ཀྱིས་ཁྱབ། ཞལ་སློབ་ཀྱང་། ཆོས་རྗེ་རྗེ་དཔོན་པ། གཙང་པ་ཀུན་རྒྱལ་བ། ལྷན་མ་ངག་དབང་པ། མངའ་རིས་པ་རྟན། སློབ་དཔོན་ཆོས་ཀྱི་གཉལ་བ། ཆོས་རྗེ་ལུང་རིགས་པ། བྱང་ཤེར་བཀྲས་པ། སློབ་དཔོན་དཔལ་སློ། སྟོ་པ་འཛམ་གྲགས་དང་ཆོས་འཁོར་གཉིས་སོགས་མང་དུ་བྱོན། ཕྱི་མ་གཉིས་ཀྱིས་ནི་ཚབ་མདོར་བཤད་པ་མཛད་པས་གཞན་ཕན་ལེགས་པོ་བྱུང་བར་སྣང་། དེ་ནས་གདན་སར་ཆོས་རྗེ་གནས་བརྟན་པ་དང་། དེའི་རྗེས་ལྷས་ཕུ་ཆོས་རྗེ་བྱོན། དེའི་རྗེས་སུ་སློབ་དཔོན་ཆོས་རྗེ་དཔལ་འབྱོར་ལྷུན་གྲུབ་ནི་མི་མོ་ལུག་ལ་གཉལ་དུ་སྐུ་འཁྲུངས། གསང་ཕུར་ཆེན་པོ་རིན་བྱང་བ་དང་། འབྲས་སྤུངས་སུ་ཆོས་རྗེ་སྨུ་ཧྲད་པ་བསྟེན་ནས་མདོ་ཕྱོགས་ཀྱི་དཀའ་ཆེན་དང་། ཆོས་རྗེ་ཆོས་རྒྱལ་བ་དང་ཤེར་འབྱུང་པ་སོགས་བསྟེན་ནས་གསང་སྔགས་ལ་སྦྱངས་ཤིང་། གྱི་རེ་དགའ་བཞི་བ་ལ་མཁན་པོ་ཞུས་ནས་བསྙེན་པར་རྫོགས་པའང་མཛད། དང་པོར་བྱང་རྩེའི་མཚན་ཉིད་འཆད་ཉན་དང་། དེ་ནས་སྲི་སེར་དུ་བཤད་པ་མཛད་པས་ལུང་ཆོས་ཀྱི་འཕྲིན་ལས་ལེགས་པོ་འབྱུང་ཞིང་། ཆོས་རྗེ་ཤཱཀྱ་མཆོག་ལྡན་དང་། ཆེན་པོ་རྩེ་ཉག་པ་ཐལ་འགྱུར་གྱིས་བཙོམས་པ་སོགས་ནས་སྟོན་གྲགས་ཀྱང་ཆེན་པོ་བྱུང་། དེའི་ཚེ་ས་སྐྱོང་དཔལ་འབྱོར་རྒྱལ་པོ་དང་། བྱང་སེམས་བུ་ཁྲིད་དཔལ་འཛོམ་ཡབ་ཡུམ་གྱིས་ཀུན་མཁྱེན་སྨུ་ཧྲད་པའི་བཀའ་དྲིན་འཁོར་ཐབས་ལ། གསུང་སྒྲོས་འཛིན་པའི་གྲྭ་ཚང་ཞིག་བཙུགས་ན་འཐད་གསུངས་བཀའ་བསྒྲོས་ནས་ཆེན་པོ་བ་འདི་པ་སྤྱན་

བྲངས་ཏེ། སྤྱི་ཁང་བསྟེག་པ་སོགས་བྱེས་པ་གྲྭ་ཚང་གཞི་འཛུགས་མཛད་པའི་སྐྱིང་ནས་བཤད་ཉན་ལོ་བཅོ་ལྔ་སྐོར་ཞིག་མཛད་པས་འཕྲིན་ལས་རྒྱ་ཆེ་བ་བྱུང་། དེ་ནས་མང་ཐོས་དཔལ་ལྡན་བློ་གྲོས་སློབ་དཔོན་དུ་བསྐོས་ནས། རང་ལོ་ང་ལྔ་པ་ཤུགས་མོ་གླང་ལ་གདན་སར་ཕྱིན་པ་ཆོས་འཇིག་རྟེན་གཉིས་ཆར་གྱིས་གྲྭ་ས་ཡུན་རིང་དུ་བསྐྱངས་ཤིང་སྙན་གྲགས་ཀྱང་ཆེ། འཕྲུལ་གྱི་མཛད་པ་ཡང་ཕྱག་རྫས་ལ་འཛིན་པ་མེད་པ། གསུང་ངག་ལྷུག་པར་གསུང་བ། མཐོན་པོ་ལ་མི་བཀུར་བ། དམའ་མོ་ལ་མི་བརྙས་པ། ཁ་མཆུའི་བར་མི་མཛད་པ། ཕན་སེམས་ཀྱི་གཏིང་ཟབ་པ་ཞིག་གོ། མཐར་བརྒྱད་ཅུ་རྩ་བརྒྱད་པ་ཤིང་ཕོ་ཁྱི་(སྤྱི་ལོ1514)ལ་ཡ་མཚན་པའི་ལྟས་དང་བཅས་ཏེ་སྐུ་གཤེགས། ཆོས་རྗེ་ནོར་བཟང་པ་གཤེགས་པའི་ཕྱི་ལོ་ཡིན། དེ་ནས་ལོ་བཅོ་ལྔ་སོང་། དེ་ལ་སློབ་མ་མང་དུ་བྱུང་བ་རྣམས་ཀྱི་ནང་ནས་གྲགས་ཆེ་བ་ལ། ཆོས་རྗེ་ཆོས་དཔལ་རྒྱལ་མཚན་ནེ་ཙོ་བར་གྲགས་པ། འཇམ་པའི་དབྱངས་དོན་ཡོད་དཔལ་ལྡན་པ། རྡོ་རྗེ་འཛིན་པ་ཤེས་རབ་བཟང་པོ། མཁས་པ་ནམ་མཁའ་དཔལ་བཟང་། ཤིངས་ཁ་ཆོས་རྗེ། སློབ་དཔོན་ཆེན་པོ་ཉི་མ་གྲགས་པ། རབ་འབྱམས་སྨྲ་བ་སྟོང་ངར་གྲགས་པ། ཆོས་རྗེ་ལེགས་གྲུབ་པ། དཀའ་བཅུ་འཛིན་པ་རིན་ཆེན་དཔལ་བཟང་། ཆོས་རྗེ་རབ་བཟང་། ཆོས་རྗེ་འཇམ་རིན། དཀའ་བཅུ་བ་ཡོན་ཏན་རྒྱ་མཚོ། ཆེན་པོ་དོན་གྲུབ་པ། དྭགས་པོ་དཀའ་བཅུ་བ་ནམ་མཁའ་དཔལ། རྒྱལ་སྟོན་ཀུན་དགའ་རྒྱལ་མཚན་པ། ལྡན་མ་དཀའ་བཅུ་བ་གྲགས་བཟང་། སློབ་དཔོན་བདེ་བློ་བ། དཀའ་བཅུ་བ་དགེ་འདུན་སྐྱབས། གླིང་མ་དཀའ་བཅུ་བ། དཀའ་བཅུ་བ་ཆོས་རྒྱལ་རིན་ཆེན། སློབ་དཔོན་དཔལ་འཕེལ་བློ་གྲོས་པ།

ལྷ་ལུང་དཀའ་བཅུ་བ། དཀའ་བཅུ་བ་བསྟུས་ཤག རབ་འབྱམས་པ་ཀུན་དགའ་རྒྱལ་མཚན་སོགས་ཐོན་ལ། ཁོ་བོས་ཀྱང་བྱམས་ཆོས་སྡེ་ལྔའི་ལུང་། ཀུན་རིག་རྣམ་པར་སྣང་མཛད་ཀྱི་དབང་། རྣམ་སྲས་སེར་ཆེན། རྟ་མགྲིན་ཡང་གསང་ཁྲོས་པ། རྣམ་རྒྱལ་འཇོམས། མགོན་པོ་བར་ཆད་ཀུན་སེལ་རྣམས་ཀྱི་རྗེས་གནང་། མཁའ་འགྲོ་མ་སེང་གདོང་ཅན། གྲུའི་བུམ་བསྒྲུངས་སོགས་ཆོས་ཀྱི་རྣམ་གྲངས་ཅི་རིགས་ཀྱི་བཀའ་དྲིན་ཞུས། དེའི་རྗེས་སུ་སློབ་དཔོན་ཆོས་རྗེ་དོན་ཡོད་དཔལ་ལྡན་པ་ནི་ཤང་སྟོད་དུ་ཤིང་མོ་གླང་（སྤྱི་ལོ་1445）ལ་སྐུ་འཁྲུངས། ལོ་འདི་ལ་སྣར་ཐང་པ་ཤེས་རབ་སེང་གེ་གཤེགས་ཤིང་། མཚོ་མ་དབང་རྒྱལ་བ་ལོ་ཉི་ཤུ་རྩ་བཞི་པ་ཞིག་བདེ་ཡངས་ཀྱི་འཚད་ཉན་དུ་བསྐོས། དཔལ་འཁོར་བདེ་ཆེན་དུ་རབ་ཏུ་བྱུང་སྟེ། སློབ་དཔོན་བཟོད་པ་དཔལ་འབྱོར་བ་བསྟེན་ནས་དཀའ་ཆེན་རྣམས་རྒྱལ་ཚབ་རིན་པོ་ཆེའི་ཊཱི་ཀཱའི་སྟེང་ནས་གསན་པས་དོན་ལེགས་པར་དགོངས་ཤིང་། གསུང་ཚིག་མ་ལུས་པ་ཐུགས་ལ་འཛིན་པའང་མཛད། བྱང་སེམས་འདུལ་དཀར་པས་མཁན་པོ། ཆོས་རྗེ་འཇམ་དཔལ་གྲགས་པས་ལས་སློབ། མ་ཧི་བས་གསང་སྟོན་མཛད་དེ་བསྙེན་པར་རྫོགས། འཇམ་དཔལ་གྲགས་པའི་དྲུང་དུ་བྱང་ཆུབ་ལམ་གྱི་རིམ་པ་གསན་ནས་ཐུགས་ཉམས་སུ་བསྟར་བས་ཐུགས་རྒྱུད་འབྱོངས་ཤིང་ལུང་གི་ཡོན་ཏན་ཡང་ཡར་འཕེལ་དུ་གྱུར། དེ་ནས་དབུས་སུ་ཕེབས་པ་སྤྲ་སོར་རིན་ཆེན་བྲག་ཏུ་ཆོས་རྗེ་ཉན་ཤཱཀ་པ་ལ་རྗེའི་གསུང་རབ་མང་པོའི་བཤད་པ་དང་། སེ་རར་ཆེན་པོ་གཉལ་པ་ལ་གསུང་ཆོས་གསན་ནས། བྱེས་པ་གྲྭ་ཚང་གི་བྲུར་ཆོས་པའང་མཛད། གསང་ཕུའི་འཚད་ཉན་ལ་བྱོན་པ་ནའང་གཞན་ཕན་དང་སྙོན་གྲགས་ལེགས་པོ་བྱུང་། དགུང་ལོ་ཞེ་གཅིག་

པ་ཤིང་མོ་སྦྲུལ་(སྤྱི་ལོ1485)ལ་བྱེས་པ་གྲྭ་ཚང་གི་འཆད་ཉན་མཛད་པ་རྒྱལ་ཚབ་ཆོས་རྗེའི་ཊཱིཀྐ་རྣམས་ཀྱི་དགོངས་པ་བཞིན་བཤད་པས་གྲྭ་པ་མང་དུ་འདུས་ཤིང་། བློ་སྐྱིད་གོང་འཕེལ་དུ་མཛད་པ་ལས་ཕྱིས་ཀྱི་འཆད་པ་པོ་ཞིག་ལ་དགེ་བཤེས་ཐོན་པ་མང་བར་བྱེད། འཕྲུལ་གྱི་མཛད་པ་ཡང་། རྩ་རྒྱུད་ཀྱི་བླ་མ་གུས་པ། སློབ་མས་བསྟེན་སླ་བ། ཚུལ་ཁྲིམས་ལ་གཅེས་སྤྲས་སུ་མཛད་པ། འཆད་ཉན་ལ་སྤྲོ་ཤས་ཆེ་བ། གཞན་ལ་འགྲན་སེམས་མི་མཛད་པ། ཕྲག་དོས་མི་གསོག་པ། དགེ་འདུན་གྱི་དགོར་ལ་འཛེམ་པ། བསྟན་པ་ལ་ཐུགས་རྟུས་ཆེ་བ་སོགས་ཏེ་ཡ་མཚན་པ་ཞིག་ཡིན་ནོ། དེ་ནས་སྡེ་སྣོད་འཛིན་པ་རྗེ་བཙུན་ཆོས་ཀྱི་རྒྱལ་མཚན་སློབ་དཔོན་དུ་བསྐོས་ཏེ། དོན་གཉིས་པ་མེ་བྱི་(སྤྱི་ལོ1516)ལ་གདན་སར་ཕེབས་ནས། བརྒྱད་ཅུ་པ་ཤིང་སྤྲེའི་(སྤྱི་ལོ1524)ཚེ་འཕྲུལ་ཟླ་བའི་ཡར་ངོའི་ཚེས་གཅིག་ལ་ཡ་མཚན་པའི་ལྟས་བསྟན་ཏེ་གཟིམས་ཁང་ཉིད་དུ་སྐུ་གཤེགས། དེ་ནས་ལོ་ལྔ་སོང་། དེ་ལ་སློབ་མ་གཞན་ཕན་ནུས་པའི་དབང་དུ་བྱས་ན། རྒྱུད་པ་ཆོས་ལྡན་བློ་གྲོས་པ། ཏེ་ཤྲཱི་ཆོས་རྗེ་བྲག་ཅོག་པ། ཆེན་པོ་དཔལ་འབྱོར་ལེགས་པ། ཆོས་རྗེ་རྗེ་བཙུན་པ་དང་ལྷ་རི་རྩེ་བ་གཉིས། རབ་འབྱམས་པ་བཀྲ་ཤིས་བསོད་ནམས་དང་བློ་གྲོས་འཇམ་དབྱངས་གཉིས། དཀའ་བཅུ་བ་དཔལ་འབྱོར་དང་བློ་ཁྲི་དཀའ་བཅུ་བ་གཉིས། དཔོན་གདན་ས་དཔལ་འབྱོར་དང་འཇམ་དབྱངས་པ་གཉིས། དཀའ་བཅུ་བ་ཆོས་འབྱུང་འོད་ཟེར་དང་གྲགས་མཆོག་གཉིས། སློབ་དཔོན་རིན་གྲགས་པ་དང་རིན་ཆེན་རྣམ་རྒྱལ་བ་གཉིས། སློབ་དཔོན་བཀྲ་ཤིས་དཔལ་འབྱོར་དང་རྒྱལ་མཚན་བཟང་པོ་བ་གཉིས། དཀའ་བཅུ་འཛིན་པ་བཀྲ་ཤིས་དཔལ་ལྡན་དང་བློ་གྲོས་དཔལ་ལྡན་གཉིས། བཤེས

གཉེན་ཆོས་ཀྱི་དཔལ་བ་དང་བློ་གྲོས་འཕེལ་བ་གཉིས། དཀའ་བཅུ་བ་བྱང་ཆུབ་དང་བསོད་ནམས་ཟླ་བ་གཉིས། དཀའ་བཅུ་བ་དར་རྒྱས་ལྷུན་གྲུབ་སོགས་མང་དུ་བྱུང་ལ། ཁོ་བོས་ཀྱང་ཐར་ལམ་གསལ་བྱེད་ཀྱི་སྙིང་ནས་རྣམ་འགྲེལ་གྱི་ཞིབ་བཤད་ལུང་དང་བཅས་པ། སྙིང་པོ་རྒྱན་གྱི་སྙིང་ནས་མངོན་རྟོགས་རྒྱན་རྩ་འགྲེལ་གྱི་ཞིབ་བཤད་ལུང་དང་བཅས་པ། ཊཱིཀ་ཆེན་གཉིས་ཀྱི་སྙིང་ནས་རྩ་འཇུག་གི་ཞིབ་བཤད་ལུང་དང་བཅས་པ། ཆོས་མངོན་རྒྱ་མཚོའི་སྙིང་པོའི་སྙིང་ནས་མངོན་པ་ཀུན་བཏུས་དང་། མཆིམས་ཊཱིཀ་ཆེན་པོའི་སྙིང་ནས་མཛོད་ཀྱི་ཞིབ་བཤད། དྲང་ངེས་རྣམ་པར་འབྱེད་པ་ལེགས་བཤད་སྙིང་པོ། བྱང་ཆུབ་ལམ་གྱི་རིམ་པ་ཆེ་ཆུང་། འདུལ་བའི་མདོ། ཚད་མ་ཀུན་ལས་བཏུས་པ། རྣམ་ངེས། རིགས་ཐིགས། རྒྱུད་བླ་མ། བཞི་བརྒྱ་པ། སྤྱོད་འཇུག སྟོང་ཐུན་སྐལ་བཟང་མིག་འབྱེད། ཚུལ་ཁྲིམས་ལེའུའི་རྣམ་བཤད། དགེ་སློང་གི་བསླབ་བྱ་ཆེན་མོ། དགེ་ཚུལ་གྱི་བསླབ་བྱ། གཞི་གསུམ་ཆོ་ག སྡོམ་གསུམ་རྣམ་གཞག རྗེའི་རྣམ་ཐར་ཆེན་མོ། འཇམ་དཔལ་མཚན་བརྗོད་པ། རིམ་ལྔའི་དམར་ཁྲིད། ནཱ་རོ་ཆོས་དྲུག་གི་ཁྲིད། ཚེ་ཁྲིད། ལྷ་ཁྲིད། གཅོད་ཁྲིད། སྙིང་པོ་དོན་གསུམ་གྱི་ཁྲིད། གྲུབ་རྒྱལ་ལུགས་ཀྱི་ཚེ་དབང་། སྒྲོལ་དཀར་ཡིད་བཞིན་འཁོར་ལོའི་རྗེས་གནང་། ཡིད་མ་ཞི་ཁྲོ་སྒྲུབས་སྒྲུབ་ཀྱི་ལུང་། གང་བླ་མའི་ལུང་སོགས་མང་པོ་ཞིག་གི་བཀའ་དྲིན་ལེགས་པར་མནོས་པ་ཡིན་ནོ།། དེང་སང་ནི་ཞལ་སྔ་ནས་ཐམས་ཅད་མཁྱེན་པ་ཉིད་གདན་སར་བཞུགས་སོ། ཆོས་སྡེ་འདི་ལ་གྲྭ་ཚང་ལྷ་བྱུང་བའི་རྒྱ་གྲྭ་ཚང་དང་། འབྲོམ་སྟེངས་གྲྭ་ཚང་གཉིས་ནི་ཕྱིས་སྟོང་པ་ཉིད་ལ་འདྲིལ་བ་ཡིན་སྣང་། གྲྭ་ཚང་སྟོད་དུ་དང་པོར་ཆེན་པོ་ཤེར་རྒྱམ་པས་འཚད་

ཉན་མཛད། དེ་རྗེས་གུང་རུ་ཆོས་བློ་དང་། དེ་ནས་སློབ་དཔོན་ཤཱཀྱ་བཟང་བ་སྟེ་འདིས་འཁྲིད་ལས་བསྐྱངས་པའི་མཐར་འབྲོམ་སྟེངས་དགོན་པར་གདམས་པ་ཐུགས་ཉམས་སུ་བཞེས་པས་ཉམས་མྱོང་ཁྱད་པར་ཅན་འཕྲུངས་པར་སྣང་། དེའི་རྗེས་སུ་སློབ་དཔོན་གྲོ་རིངས་བློ་གྲོས་རིན་ཆེན་གྱིས་བཤད་ཉན་མཛད། ཕྱིས་ཁམས་སུ་བྱོན་ནས་གྲོ་ཁང་དམར་གྱི་གདན་ས་མཛད་པ་ལ། སྤྲུལ་པའི་སྐུ་ཞྭ་དམར་ཅོད་པན་འཛིན་པས་རབ་བྱུང་ཞེས་གྲག གྲོ་རིངས་པའི་རྗེས་སུ་ཆེན་པོ་འཛམ་འཕགས་པ་དང་། དེ་ནས་ཆེན་པོ་མཉྫུ་བ་སྟེ། འདིས་རྩ་འཇུག་གི་བཤད་པ་ཡུན་རིང་དུ་མཛད་པས་ཕར་ཚད་སྟོན་སོང་གི་དགེ་བཤེས་མང་དུ་འདུས་ཤིང་། པོ་ཏི་ལ་མཁས་པའི་སྐད་གྲགས་ཀྱང་ཆེ། དེ་ནས་རིམ་པ་བཞིན་མཁས་པ་ནམ་མཁའ་དཔལ་བཟང་དབུ་མ་པ་རིན་ཆེན་དར་མ། ཆེན་པོ་དོན་གྲུབ་པ། སློབ་དཔོན་དར་གླིང་བ། སློབ་དཔོན་བསྟན་པ་དར་རྒྱས། སློབདཔོན་བློ་བཟང་ཨེ་ཝཾ་གྱི་བར་དུ་བྱོན་ནོ། གྲྭ་ཚང་སྨད་དུ་དང་པོར་ཆེན་པོ་བྱང་འབུམ་པས་འཆད་ཉན་མཛད། དེའི་རྗེས་སུ་ཆེན་པོ་གཡུ་པར་གྲགས་པ་བརྩོན་འགྲུས་བཟང་པོ་དང་། དེ་ནས་སློབ་དཔོན་ཤཱཀྱ་བཀྲས་པ་སྟེ་ཁོང་པ་ཡང་སློབ་ཆེ་ཆུང་གི་ཚགས་ལྷང་ལ་ཐུགས་སྐྱོ་ནས་དབེན་པའི་གནས་སུ་གཤེགས་པའི་སྐྱེས་བུ་དམ་པ་ཞིག་ཡིན་སྣང་། དེ་ནས་རིམ་པ་བཞིན་དྲུང་རིན་རྒྱལ་བ། མཚོ་མ་དབང་རྒྱལ་བ། ཆེན་པོ་ཚུལ་རྒྱལ་བ། ཆེན་པོ་བཟང་པོ་དཔལ་བ་སྟེ། འདི་པ་གསང་ཕུར་འཆད་ཉན་ལ་བཞུགས་པའི་ཚེ་སྟོན་གྲགས་ནན་ཏར་ཆེ་ལ། སེ་རར་བཤད་པམཛད་པ་ནའང་ཙོ་ནེ་དྲུང་བ་བློ་གྲོས་རྒྱལ་མཚན་དང་། དཀའ་བཅུ་བ་དགེ་བ་རྒྱལ་མཚན་གཉིས། ཉང་པོ་དཀའ་བཅུ་བའོད་སྲུངས་དང་ནམ་སེང་

གཉིས། སློབ་དཔོན་ཡོན་ཏན་བཤེས་གཉེན་དང་བློ་གྲོས་མཐའ་ཡས་གཉིས། དཀའ་བཅུ་བ་རྫ་ཉག་དང་ཡོན་ཏན་གྲགས་གཉིས་སོགས་དགེ་བཤེས་འགའ་ཡར་ཐོན། དེ་ནས་རིམ་པ་བཞིན་རབ་འབྱམས་པ་བླ་འོད་དཔལ་མགོན། ཆེན་པོ་ཡོན་ཏན་བཤེས་གཉེན། རབ་འབྱམས་པ་ཚུལ་ཁྲིམས་འོད་ཟེར། དཀའ་བཅུ་བ་ཆོས་གྲགས་རིན་ཆེན། སློབ་དཔོན་རྡོ་རྗེ་བཟང་གི་བར་བྱོན། བྱེས་པ་གྲྭ་ཚང་དུ་ནི་ཆོས་རྗེ་རྗེ་བཙུན་པ་ཉིད་རང་བཤད་ཉན་འཕེལ་བར་བཞུགས་སོ། ལུང་དང་རིགས་པའི་འདབ་གཤོག་གཡོ་བ་ཡི། །མཁས་མཆོག་ངང་མོའི་ཚོགས་རྣམས་བཀའ་བགྲོས་ནས། །དཔལ་ལྡན་སེ་འབྲས་འོ་མའི་རྒྱ་མཚོ་ཆེར། །ལེགས་བཤད་མགྲིན་པའི་རྫ་ཛ་དེ་ལྟར་བསྒྲགས། རྒྱ་མཚོ་བས་ཀྱང་མཁྱེན་བརྩེའི་གཏིང་ཟབ་ཅིང་། །བླ་འོད་བས་ཀྱང་འཕྲིན་ལས་འོད་འཕྲོ་བ། །རྒྱུ་སྐར་བས་ཀྱང་གྲངས་མང་འདི་ཐོས་ཚོ། བདུད་རྩི་བས་ཀྱང་སྙིང་ལ་དགའ་བ་རྒྱས།།

ཐམས་ཅད་མཁྱེན་པ་དགེ་འདུན་གྲུབ་ནི་ཤབ་སྟོད་དུ་ལྕགས་ལུག（སྤྱི་ལོ1391）ལ་སྐུ་འཁྲུངས། སྣར་ཐང་དུ་མཁན་པོ་གྲུབ་པ་ཤེས་རབ་ལ་མཁན་པོ་ཞུས་ཏེ་རིམ་པས་རབ་ཏུ་བྱུང་བ་དང་བསྙེན་པར་རྫོགས་པ་མཛད། དགུང་ལོ་ཉེར་ལྔ་པ་ལ་དབུས་སུ་ཕེབས་ཏེ་བཀྲ་ཤིས་རྡོ་ཁར་རྗེ་རིན་པོ་ཆེ་དང་མཇལ་བ་ནས་བཟུང་སྐུ་གསུང་ཆོས་མང་པོ་གསན། གཞན་ཡང་སེམས་དཔའ་ཆེན་པོ་ཀུན་དགའ་བཟང་པོ་དང་། རྗེ་བཙུན་ཤེས་རབ་སེང་གེ་དང་། རྒྱལ་ཚབ་རིན་པོ་ཆེ་རྣམས་ལ་དཀའ་ཆེན་གྱི་བཤད་པ་ཞུས་ཤིང་། དམར་སྟོན་པ་ཁྲོ་དཔོན་ལ། མདོ་རྩ་རྩ་འགྲེལ་གསན་པ་སོགས་ལས་མཁས་པ་ཆེན་པོར་གྱུར། ཐ་སོར་གསང་ཕུར་འཆད་ཉན་ཞིག་མཛད་འདུག་ཀྱང་བཞེད་པ་

བཞིན་མ་བྱུང་བས་གཙང་ལ་ཐེགས་ཏེ་བྱ་བྲལ་འཆད་ཉན་འཕེལ་པོ་མཛད་ཅིང་། མཁས་གྲུབ་ཐམས་ཅད་མཁྱེན་པ་ལའང་གསུང་ཆོས་གསན། ཞི་བརྒྱད་པ་ས་རྟ་(སྤྱི་ལོ1438)ལ་དབུས་སུ་ཕེབས་ནས་རྫོང་སྔོན་པ། ལྷ་བསོད་ནམས་ལྷུན་གྲུབ། སྤྱན་སྔ་རིན་ཆེན་འཕེལ། འཇམ་དབྱངས་རིན་རྒྱལ་བ་རྣམས་ལ་མདོ་སྔགས་ཀྱི་ཆོས་མང་པོ་གསན། དེའི་ཚེ་རྗེ་ཤེས་རབ་སེང་གེ་དགེ་ལྡན་དུ་བཞུགས་པར་ངེས་ནའང་། དཔོན་སློབ་མཇལ་འཛོམ་འདི་བྱུང་གི་གསལ་ཁ་མ་ཐོས། སླར་ཡང་ལྕགས་སྤྲེ་ལ་གཙང་དུ་ཕྱིན་ཏེ། དང་པོར་སྣར་ཐང་བྱང་ཆེན་དུ་སྐུ་མཚམས་ཡུན་རིང་དུ་བཅད། དངུས < དབུས >ལ་ཕེབས་པ་ནས་དེའི་བར་དུ་གྲྭ་ཚང་འདུལ་འཛིན་བྱང་ཆུབ་སེམས་དཔས་བསྐྱངས། སྐུ་མཚམས་གྲོལ་ནས་འདུལ་འཛིན་བྱ་བྲལ་ལ་ཐེགས་པའི་ཤུལ་དུ་ཆོས་རྗེ་ཉིད་ཀྱིས་བྱ་བྲལ་འཆད་ཉན་འཕེལ་པོ་མཛད། དགུང་ལོ་ང་བདུན་བཞེས་པ་རབ་བྱུང་ཞེས་པ་མེ་མོ་ཡོས་(སྤྱི་ལོ1447)ཀྱི་ལོ་ལ། བཀྲ་ཤིས་ལྷུན་པོ་དཔལ་གྱི་བདེ་ཆེན་ཕྱོགས་ཐམས་ཅད་ལས་རྣམ་པར་རྒྱལ་བའི་གླིང་བཏབ་སྟེ་གཙང་ཕྱོགས་ཀྱི་སྡེ་སྣོད་འཛིན་པ་ཕལ་ཆེ་བ་སྤྱན་སྔར་བསྡུས་པ་ལ། རྗེ་ཡབ་སྲས་གསུམ་གྱི་ཊཱི་ཀ་ཆེན་ཐང་མར་བརྡལ་ཏེ་བཤད་པའི་སྒོ་ནས་བསྟན་པ་རིན་པོ་ཆེ་ཉིན་མོ་ལྟར་གསལ་བར་མཛད། གནས་འདི་ལ་ཆོས་རྗེ་ཀུན་བཟང་པའི་དྲུང་གིས་ཕྲག་དོག་པའི་རྣམ་འགྱུར་བསྟན་པ་དགོངས་ཡུལ་དུ་རྒྱུན་ཆགས་པར་བཞུགས་པས་ཉེར་ལེན་དང་། སྐབས་ཤིག་རི་བོ་དགུ་འདུས་ཀྱི་རྩེར་ཕྱིན་པའི་ཚེ། ཤར་ཕྱོགས་སུ་སྤྲིན་དཀར་པོ་ཞིག་ལྡིང་བ་གཟིགས་པ་ན། རྒྱལ་བ་ཙོང་ཁ་པ་ཆེན་པོའི་བཀའ་དྲིན་དྲན་པས་ལྷན་ཅིག་བྱེད་རྐྱེན་བྱས་ཏེ་ཐུགས་ཅུང་ཟད་སྐྱོ་བ་དང་ལྷན་དུ། རྗེ་ཡབ་སྲས་ཀྱི་བསྟན་པ་འཛིན་དགོས

དགོངས་པའི་སྙིང་སྟོབས་ཆེན་པོ་འཁྲུངས་པ་མགུར་དུ་གསུངས་པ་ནི། ཤར་གངས་རི་དཀར་པོའི་རྩེ་མོ་ན། །སྤྲིན་དཀར་པོ་གནམ་ལ་བསྙེག་འདྲ་བ། དེ་མཐོང་བའི་མོད་ལ་བླ་མ་དྲན། །དྲིན་བསམས་ཤིང་བསམས་ཤིང་དད་པ་སྐྱེས། །སྤྲིན་དཀར་པོ་ལྡིང་བའི་ཤར་ཕྱོགས་ན། །འབྲོག་དགེ་ལྡན་རྣམ་པར་རྒྱལ་བ་དེར། །མཚན་བརྗོད་པར་དཀའ་བའི་རིན་པོ་ཆེ། །ད་བློ་བཟང་གྲགས་པ་ཡབ་སྲས་བཞུགས། །ལམ་རིམ་པ་གཉིས་ཀྱི་རྣལ་འབྱོར་སོགས། །ཆོས་ཟབ་ཅིང་ཤིན་ཏུ་རྒྱས་པ་གསུངས། །སྐྱེར་ཁ་བ་ཅན་གྱི་དགའ་ལྡན་ལ།། མགོན་ཁྱོད་ཀྱི་བཀའ་དྲིན་བསམ་མི་ཁྱབ། །སྡོམ་སྒོམ་ལས་འཛིན་པའི་དགེ་འདུན་གྲུབ། །བློ་ཅུང་ཟད་ཆོས་ལ་ཕྱོགས་པ་འདི། རྗེ་ཡབ་སྲས་རྣམས་ཀྱི་བཀའ་དྲིན་ལགས། །དྲིན་ཆེ་བར་ངེས་སོ་ཡབ་སྲས་རྣམས།། དུས་ད་ནས་བྱང་ཆུབ་མ་ཐོབ་པར། །རྗེ་ཡབ་སྲས་ཁྱེད་རྣམས་མ་གཏོགས་པ། །སྐྱབས་རེ་ས་གཞན་མ་མི་འཚོལ་བས། །ཐུགས་བརྩེ་བའི་ལྕགས་ཀྱུས་དྲང་དུ་གསོལ། །དྲིན་ཇི་བཞིན་འཁོར་བར་མ་ནུས་ཀྱང་། སེམས་ཆགས་སྡང་དབང་དུ་མ་སོང་བར། །མགོན་ཁྱོད་ཀྱི་བསྟན་པ་འཛིན་པ་ལ། །དུས་ནམ་ཡང་བརྩོན་པ་བགྱིས་པར་སྨོན། །ལར་ད་ལྟ་གངས་རིའི་ཁྲོད་འདི་ན། །རང་བསྟན་པ་འཛིན་པར་ཁས་བླངས་ནས། །གཞན་བསྟན་འཛིན་དགྲ་བོའི་དྭངས་མར་བྱེད། །ཚུལ་འདི་ལ་སྐྱོ་བ་གཏིང་ནས་སྐྱེས། ཞེས་པ་སོགས་སོ། ཆོས་རྗེ་འདིའི་ཆེ་བའི་ཡོན་ཏན་གྱི་དབང་དུ་བྱས་ན། སྐུའི་སྤྱོད་ལམ་ལྷུག་པར་བཞག་ཀྱང་། ཉེས་ལྟུང་གི་དྲི་མི་མངའ་བ། ཡོང་མེད་ཐུགས་ལ་ཤར་ཡང་མཆི་མ་ཁྱོམ་ཁྱོམ་མི་མཛད་པ་འཕྲུལ་འགྲོགས་བདེ་ཞིང་ཕྱུགས་ནོན་ཆེ་བ། ཕྱག་རྫས་ཐམས་ཅད་དཀོན་

མཆོག་དང་དགེ་འདུན་ཕྱོགས་སུ་གཏོང་བ། བླ་མ་དང་ལྷ་དང་ཆོས་སྐྱོང་རྣམས་ཀྱིས་དངོས་སམ་རྨི་ལམ་ཅི་རིགས་པར་སྐུ་གསུང་ཐུགས་ཀྱི་སྣང་བར་སྟོན་པ། སླར་ཡང་གཞན་དོན་དུ་མཁས་པ་པཎྜི་ཏར་སྐྱེ་བ་བཞེས་པ། ངེས་པར་ན་སྟོན་པ་རིན་པོ་ཆེར་ཞལ་གྱིས་འཆེས་པ་སྟེ། རང་ཅག་རྣམས་ཀྱི་བློའི་ཡུལ་ལས་འདས་སོ། གཞན་ཡང་སྐུ་གསུང་ཐུགས་ཀྱི་རྟེན་མང་པོ་བཞེངས་པ་དང་། རྣམ་འགྲེལ་གྱི་ཊཱི་ཀ་ཆུང་། ཕྱི་དོན་རིགས་རྒྱན། འདུལ་ཊཱི་ཀ་ཆེན་མོ། གླེང་འབུམ་ཆེན་མོ་སོགས་རྩོམ་པ་མང་པོ་གནང་བའི་སྒོ་ནས་བསྟན་པའི་བྱ་བ་རྒྱ་ཆེར་མཛད་དེ། དགུང་ལོ་གྱ་བཞི་བཞེས་པ་ཤིང་ཕོ་རྟའི་(ཕྱི་ལོ1474)ཟླ་བ་བཅུ་གཉིས་པའི་ཆོས་བརྒྱད་ལ་ངོ་མཚར་བའི་ལྟས་དང་བཅས་ཏེ་སྐུ་གཤེགས། དེ་ནས་ལོ་ལྔ་བཅུ་རྩ་དྲུག་འདས། དེ་ལ་སྲས་སྐུ་ཚེའི་སྟོད་ལ་འབྲུངས་པའི་སྟ་ཚར་ནི། རིན་པོ་ཆེ་སྨོན་ལམ་དཔལ་བ། འདུལ་འཛིན་བྱང་ཆུབ་སེམས་དཔའ་འདུལ་ནག་པ་དཔལ་ལྡན་བཟང་པོ། བྱ་བཏང་སེམས་དཔའ་ཆེན་པོ། ཆོས་རྗེ་བཟང་བཀྲས་པ། མཁས་པ་དྲི་མེད་བཤེས་གཉེན། དྲུང་དཔལ་ཚུལ་བ། མཁན་ཆེན་བཟོད་པ་དཔལ། ཆོས་རྗེ་བཟང་པོ་རྒྱལ་མཚན། རབ་འབྱམས་པ་བཀྲ་ཤིས་བཟང་པོ། མཁས་པ་དཔལ་ལྡན་ཆོས་སྐྱོང་། རྒྱུད་སྡེ་འཛིན་པ་སྦྱིན་པ་དཔལ། རྒྱུད་སྡེ་འཛིན་པ་གྲགས་བཟང་པ། རྒྱུད་སྡེ་འཛིན་པ་ཀུན་དགའ་དོན་གྲུབ། འཕགས་པ་འཆར་ཁ། དཀའ་བཅུ་བ་སླ་སེང་། མངའ་རིས་པ་རྒྱལ་མཆོག་པཎ་ཆེན་ཀུན་རིན། མདར་སྟོན་བྱང་ཆུབ་དཔལ། དྲུང་ཤཱ་རིའི་བུ། བླ་མ་བྱང་གླིང་པ་ཆོས་དཔལ་ལོ། བར་ཚར་ནི། མཁན་ཆེན་ཤེས་རབ་རྒྱལ་མཚན། ཆོས་རྗེ་ལུང་རིགས་པ། ཆོས་རྗེ་གྲགས་བསམ་པ། མཁས་པ་

སྟོབས་ལྡན་འོད་ཟེར། མཁས་པ་ཆོས་འབྱོར་དཔལ་བཟང་། ཐོག་སངས་རྒྱས་དཔལ་རིན། དཀའ་བཞི་བ་དགེ་འདུན་བསམ་གྲུབ། དཀའ་བཞི་བ་དོན་ཆོས། དཀའ་བཅུ་པ་རིན་རྒྱལ། ཆོས་རྗེ་འཇམ་དཔལ་གྲགས་པ། གནས་སྙིང་པ་འོད་ཟེར། བྱམས་ཆོས་པ་གྲགས་ཡོན། དཀའ་བཅུ་བ་དབང་ཕྱུག་དཔལ། དཀའ་བཅུ་བ་དཔལ་ལྡན་བཟང་པོ། རབ་འབྱམས་པ་སངས་དབང་། དཀའ་བཅུ་བ་ཀུན་དགའ་དཔལ་རིན། གནས་བརྟན་ལྷོ་པ་དོན་གྲུབ་དཔལ། བྱང་པ་བློ་གྲོས་མགོན་པོ། ཕྱི་ཚར་ཝ། གནས་སྙིང་རིན་པོ་ཆེ་ཀུན་དགའ་བདེ་ལེགས་རིན་ཆེན་རྒྱལ་མཚན་དཔལ་བཟང་པོ། རིན་པོ་ཆེ་རྗེ་དཔོན་པ། རིན་པོ་ཆེ་ཤེས་རབ་དར། མཁན་ཆེན་གྲགས་པ་ཤེས་རབ། ཆོས་རྗེ་ཧ་ནག་ཆོས་མཛད། ཆོས་རྗེ་ཡེ་ཤེས་རྩེ་མོ། འབྲོང་རྩེ་ཆོས་རྗེ་ཆོས་བློ་བ། དཀའ་བཅུ་བ་ཡེ་ཤེས་བཟང་པོ། དཀའ་བཅུ་བ་ཤེས་རབ་དཔལ་ལྡན། དཀའ་བཅུ་བ་སྨོན་ལམ། མཁན་ཆེན་བྲག་པ། ས་སྐྱ་པ་སློབ་དཔོན་སངས་བྱང་། གངས་ཅན་པ་རྒྱལ་བ་བསམ་གྲུབ། ཞུ་རི་དཀའ་བཅུ་བ་ཤེས་རབ་དཔལ། དཀའ་བཅུ་བ་ཚུལ་ཁྲིམས་བཟང་པོ། ཆོས་རྗེ་འཇམ་དབྱངས་བློ་གྲོས། བླ་མ་རྣམ་རྒྱལ་གྲགས་པ། རབ་འབྱམས་པ་འཇམ་དཔལ་བཟང་པོ་ལ་སོགས་པ་དང་། བླ་མ་ལྷུན་རྩེ་བ། བླ་མ་མན་ལུང་བ། བླ་མ་ཡོན་ཏན་དཔལ་འབྱུང་བ། ལྷ་བཙུན་བསྟན་པ་རྒྱལ་མཚན་པ་ལ་སོགས་པ་སྒོམ་ཆེན་གྱི་བུ་སློབ་ཀྱང་མང་དུ་བྱོན།།

འདུལ་འཛིན་གྲགས་པ་དཔལ་ལྡན་ནི་གཙང་སྟོད་དུ་ལྕགས་འབྲུག(སྤྱི་ལོ1400)ལ་སྐུ་འཁྲུངས། སྟར་ཐང་དུ་མཁན་པོ་གྲུབ་པ་ཤེས་རབ་ལ་རབ་བྱུང་བསྙེན་རྫོགས་ཞུས་ཤིང་། དཀའ་ཆེན་ལ་གསན་པ་ཅི་རིགས་མཛད།

དབུས་སུ་ཕྱིན་ནས་དང་པོར་རོང་སྟོན་ཤེས་བྱ་ཀུན་རིག་ལ་ཕར་ཕྱིན་གསན་པས་ཐུགས་སྐྱིད་ཆེ་ཞིང་། ཆོས་རྗེའི་དགོངས་པར་སྟོན་པ་བྱུང་ནའང་། རྒྱལ་ཚབ་ཆོས་རྗེའི་སྙན་གྲགས་ཀྱིས་ཐུགས་འཕྲོགས་ཏེ་དགེ་ལྡན་དུ་ཕེབས་ནས་གསུང་རབ་མང་དུ་གསན་ཞིང་། མཁས་གྲུབ་རིན་པོ་ཆེ་དང་། རྗེ་ཤེས་རབ་སེང་གེ་ཡབ་སྲས་གཉིས་ལའང་མདོ་རྒྱུད་ཀྱི་པོ་ཏི་མང་པོ་གསན། གཙང་དུ་བཤད་པ་ལོ་ཤས་མཛད་པའི་སྟེང་ནས་བྱ་ཧྲེ་ལས་ཐར་བ་བཞིན་དུ་ཁབ་གྲུབ་ཐར་ནས་ཉེ་བར་བཟུང་སྟེ། གངས་རིའི་རྒྱལ་པོ་ཏི་སེ་དང་། ཁ་ཆེའི་འགྲམ་མང་ཡུལ་གྱི་མཐར་ཐུག་པའི་བར་ཕྱིན་ཏེ་དབེན་པའི་ཡུལ་ལྗོངས་རྣམས་སུ་བསམ་གཏན་ལ་རྩེ་གཅིག་ཏུ་གནས་པར་མཛད་པས། སྔོན་གྱི་སྐྱེ་གནས་རྗེས་སུ་དྲན་པ་ལ་སོགས་པའི་མངོན་པར་ཤེས་པ་དང་། ལྷག་མཐོང་གི་ལྟ་བ་ཁྱད་པར་ཅན་ཐུགས་ལ་འཁྲུངས་ཤིང་། ཕྱིར་རྒྱ་བོད་ཀྱི་པཎ་གྲུབ་དུ་མ་ཞིག་གི་གཟིགས་སྣང་དང་། ཁྱད་པར་རྗེ་བཙུན་ཙོང་ཁ་པ་ཆེན་པོའི་སྐུ་དང་གསུང་གི་སྣང་བ་ནི་ནམ་འདོད་དུ་འོང་བ་ཞིག་ཡིན་སྣང་ལ། དེ་ཡང་སྐུ་ཚེ་སྔ་མ་ཁ་ཆེའི་ཡུལ་དུ་དཔོན་སློབ་ཏུ་གྱུར་བའི་རྟེན་འབྲེལ་གྱིས་ཡིན་ཚུལ་མགུར་དུ་གསུངས་པ་ནི།

སངས་རྒྱས་བསྟན་པ་ཉི་ལྟར་གསལ་བྱེད་པ། །
མཁས་གྲུབ་བགྲང་ལས་འདས་པ་འབྱུང་བའི་གནས། །
རྒྱལ་བས་བསྔགས་པ་དཔལ་ལྡན་ཁ་ཆེའི་ཡུལ། །
ཡུལ་དེ་མཛེས་པའི་རྒྱན་མཆོག་མཁས་གྲུབ་ཆེ།
མདོ་སྔགས་བསྟན་པའི་བདག་པོར་མངའ་གསོལ་བ། །
མ་ཏི་བྷ་དྲ་ཞེས་བྱའི་པཎ་ཆེན་དེའི། །
ཞབས་པད་དྲི་མ་མེད་པའི་ཟེའུ་འབྲུ་ལ། །
སྤྱི་བོས་རེག་པའི་སློབ་གྲོགས་སྲས་པ་ངས། །
རྒྱལ་བ་དེ་ཡི་ཞལ་གྱི་པདྨོ་ལས། །
འདུལ་བ་སྡེ་བཞིའི་སྙིང་པོ་འདུལ་བའི་མདོ། །
ལེགས་པར་ཐོས་ཤིང་ཉམས་སུ་བླངས

པ་ལས། །ད་ལྟ་དམ་ཆོས་འདུལ་བའི་སྟོད་དུ་གྱུར། །ཅེས་པ་ནས། འདི་དོན་དྲན་ཡང་མ་རུངས་སྐྱེ་བོའི་ཚོགས། །ཕལ་ཆེར་ལོག་པའི་ཕྱོགས་སུ་ལྷུང་བས་ན། །ད་ལྟའི་བར་ལ་གཏེར་བཞིན་སྦས་ནས་བཞག །ཚེ་འདི་ནུབ་རིའི་ཉིན་བཞིན་གྱུར་ཚེ་བཀོད། །ཅེས་པའི་བར་རོ། མཐར་དོན་གྲུབ་བཞེས་པ་ཤིང་མོ་ལུག(སྤྱི་ལོ1475)གི་ལོའི་ཟླ་བ་ལྔ་པའི་ཉེར་བརྒྱད་ལ་བཀྲ་ཤིས་ལྷུན་པོ་ཉིད་དུ་ཡ་མཚན་པའི་ལྟས་བསྟན་ཏེ་སྐུ་གཤེགས། ཆོས་རྗེ་ཐམས་ཅད་མཁྱེན་པ་གཤེགས་པའི་ཕྱི་ལོ་ཡིན། གང་དུ་གཤེགས་པ་ནི། ང་འདི་ནས་དགའ་ལྡན་དུ་འགྲོ། རྒྱལ་བ་ཙོང་ཁ་པ་ཆེན་པོའི་ཞབས་དྲུང་མཁས་གྲུབ་ཐམས་ཅད་མཁྱེན་པ་དང་རྗེ་བཙུན་ཤེས་རབ་སེང་གེ་གཉིས་ཀྱང་བཞུགས་འདུག དེ་ནས་རྒྱ་གར་ཤར་ཕྱོགས་སུ་སྐྱེ་བ་ལེན། དེར་ཡང་རྗེའི་སྤྲུལ་པ་ཞིག་གིས་རྗེས་སུ་འཛིན་ཞིང་། ཕོ་ཉའི་ལམ་གྱིས་ས་ལམ་བགྲོད་པ་ཞིག་འོང་བར་འདུག་ཅེས་སྨྱུ་ངན་ལས་འདའ་ཁར་གསུངས་པར་སྣང་།།

པཎ་ཆེན་བཟང་བཀྲས་ནི་ལས་སྟོད་བྱང་དུ་ལྕགས་སྟག(སྤྱི་ལོ1410)ལ་སྐུ་འཁྲུངས། པཎ་ཆེན་ཤཱཀྱ་ཤྲཱི་དང་འཁྲུངས་ལོ་གཅིག རྗེ་བཙུན་ཤེས་རབ་སེང་གེ་ཡབ་སྲས་གཉིས་དང་། ཆོས་རྗེ་བློ་གྲོས་པ། བྱང་རྩེ་ཀུན་བཀྲས་པ་སོགས་བསྟེན་ནས་མདོ་རྒྱུད་ལ་གསན་པ་རྒྱ་ཆེར་མཛད། དང་པོར་ལྷུན་པོ་རྩེར་ཐུགས་ཀྱི་བཤད་ཉན་དང་། དེ་ནས་སྟག་ལར་གངས་ཅན་ཆོས་འཕེལ་གྱི་དགོན་པ་བཏབ་ནས་ཚོགས་བསྐྱངས། རེ་དྲུག་པ་ཤིང་ལུག(སྤྱི་ལོ1475)ལ་འདུལ་འཛིན་བྱང་ཆུབ་སེམས་དཔས་མི་ཏོག་གཏོར་ནས་བཀྲ་ཤིས་ལྷུན་པོའི་གདན་སར་ཕེབས། རེ་དགུ་པ་ས་ཕོ་ཁྱིའི(སྤྱི་ལོ1478)ཚུལ་ཞུགས་ཟླ་བའི་ཚེས་བཞི་ལ་གཤེགས། ཆོས་རྗེ་བློ་བརྟན་པ

དང་གཤེགས་ལོ་གཅིག དེའི་ཚེ་གཟིམས་ཁང་སྟེང་དུ་པདྨ་འདབ་མ་སྟོང་ཚོགས་པའི་ཟེའུ་འབྲུ་ལ་རྗེ་བཙུན་མའི་སྐུ་ཤེལ་ཏུ་གསལ་བ་ཞིག་བབས་པ་ཡིན་སྣང་། ཆོས་རྗེ་ལུང་རིགས་པ་ནི་ལས་སྟོད་ཕྱང་དུ་འཁྲུངས། གཙང་པོ་སྟོ་ཁའི་གྲྭ་ཚང་ཆེན་མོ་དང་། འབྲས་སྤུངས་སུ་གཞུང་ལུགས་གསན་པ་ལས་མང་དུ་ཐོས་པར་གྱུར། དང་པོར་ངམ་རིང་ཆོས་སྡེར་འཆད་ཉན་མཛད་པས་འཕྲིན་ལས་རྒྱས་པར་གྱུར་ནའང་ཡུན་འཕྱུད་པའི་རྟེན་འབྲེལ་མ་འགྲིག་པར་བཀྲ་ཤིས་ལྷུན་པོར་ཕེབས་པའི་སྟེང་ནས་གདན་སར་བསྐོས་པ་གཞུང་བཤད་ཀྱི་ཕན་ཐོགས་ལེགས་པོ་བྱུང་། ཡུན་མི་རིང་བར་ཀུན་སྤྱངས་མཛད་དེ་ཧ་ནག་ཏུ་གཤེགས། ཆོས་རྗེ་ཡེ་ཤེས་རྩེ་མོ་ནི་གཙང་སྟོད་དུ་འཁྲུངས། སྣར་ཐང་དུ་རབ་ཏུ་བྱུང་ཞིང་། ཆོས་རྗེ་ཐམས་ཅད་མཁྱེན་པ་སོགས་དམ་པ་མང་དུ་བསྟེན་ནས་མདོ་སྔགས་ཀྱི་པོ་ཏི་མང་དུ་གསན་པ་ཞིག་སྟེ། ཆོས་རྗེ་ལུང་རིགས་པའི་རྗེས་དེ་མ་ཐག་གདན་སར་ཕྱིན་པ་ཆོས་འཇིག་རྟེན་གཉིས་ཆར་གྱིས་འཕྲིན་ལས་ཡུན་རིང་དུ་བསྐྱངས་པའི་ངང་ནས་ཀུན་སྤྱངས་མཛད་དེ་བཀྲ་ཤིས་ལྷུན་པོ་ཉིད་དུ་སྐུ་གཤེགས། དེ་ནས་ཞལ་སྔ་ནས་ཐམས་ཅད་མཁྱེན་པ་ཉིད་གདན་སར་སྤྱན་དྲངས་པ་རྒྱུན་འཕྱུད་པར་འོས་ཤིང་དེ་ཀའི་དགོངས་པ་ཡོད་འདུག་ནའང་། རྟེན་ཅིང་འབྲེལ་བར་འབྱུང་བའི་དབང་གིས་ལོ་བཞི་ཙམ་ལས་བཞུགས་པ་མ་ཤར་བར་འབྲས་སྤུངས་སུ་ཕེབས། དེང་སང་ལྷའི་བཙུན་པ་ཆོས་རྗེ་བློ་བཟང་བརྟན་པ་བ་ཉིད་རྣམ་པར་དཀར་བའི་འཕྲིན་ལས་སྐྱོང་བཞིན་པའོ། ཆོས་སྡེ་འདིའི་འཕྲིན་ལས་ཀྱི་ཡན་ལག་ཏུ་གྲྭ་ཚང་གསུམ་བྱུང་པ་ལས་ཤར་དང་། ཐོས་བསམ་གླིང་དུ་མཁས་པ་ཅི་རིགས་དང་། ཤངས་སྟོན་དྲི་མེད་པ་སོགས་ཀྱི་འཆད་ཉན་མཛད། དེ་རྗེས་མཁས་པ་སྟོབས་ལྡན་

ཆོས་འཁོར་གཉིས་བཟུང་། རྣམ་པ་གཉིས་ནི་སློབ་དཔོན་ཆོས་རྗེ་གཉལ་པ་དང་དགུང་མཉམ་ཙམ་དུ་གཙང་སྟོད་དུ་སྐུ་འཁྲུངས། གཙང་དུ་ཆོས་རྗེ་ཐམས་ཅད་མཁྱེན་པ་དཔོན་སློབ། གསང་ཕུར་ཀུན་མཁྱེན་པ་དཔོན་སློབ་རྣམས་བསྟེན་ནས་ལུང་རིགས་ཀྱི་གནས་ལ་སྦྱངས་པས་སྟོན་གྲགས་ཀྱིས་དབུས་གཙང་ཁྱབ་པ་བྱུང་། སེམས་དཔའ་ཆེན་པོ་བློ་གྲོས་རྒྱལ་མཚན་ལ་མཁན་པོ་ཞུས་ནས་བསྙེན་པར་རྫོགས་པའང་གནང་། བཀྲ་ཤིས་ལྷུན་པོར་བཤད་པ་མཛད་པ་ནའང་། སྟོབས་ལྡན་ཆོས་འཁོར་གཉིས་ཞེས་བསྟན་པའི་བྱ་བ་ལ་མཁས་པ་རྣམས་ཡིད་རབ་ཏུ་འཕྲོག་པ་ཞིག་སྟེ། སྔ་མའི་སྲས་ལ་ཆོས་རྗེ་རྡོར་སེང་བ། བྱང་ཙནྡྲ་འཕགས། ཧ་ནག་ཆོས་མཛད། རབ་འབྱམས་པ་ཚུལ་ལེགས། རབ་འབྱམས་པ་དཀོན་མཆོག་དཔལ། མཁས་པ་བྱང་ཆུབ་ཆོས་གྲགས། འོལ་ཁ་དཀའ་བཅུ་བ་སྐུ་མཆེད། དཀའ་བཅུ་བ་དཀོན་བློ་དང་ཚུལ་བློ། མདོ་སྨད་པ་དཔལ་བློ་དང་ཤེར་བློ། གྲེ་གོང་ཆོས་མཛད། བྱང་པ་རབ་འབྱམས་པ་བློ་རྒྱ་མ་དང་ཡེ་རྒྱམ། བྱང་བཀྲས་འཕགས་པ་དང་བྱང་བློ། རབ་འབྱམས་པ་ཚུལ་ཁྲིམས་འོད་ཟེར་དང་ཤེས་རབ་རྒྱལ་མཚན། བྱང་གསེར་སྡིངས་པ་དང་ཆོས་དཔལ་བ། ཁྲུང་བློ་གྲོས་མགོན་སོགས་སོ། ཕྱི་མའི་སྲས་ལ་རྗེ་ཤེས་རབ་དར། སློབ་དཔོན་རིན་པོ་ཆེ་ཀུན་དགའ་རྒྱལ་མཚན་དང་རབ་འབྱམས་པ་ཆོས་སྐྱོང་དཔལ། མཁས་པ་ངོ་མཚར་རྒྱ་མཚོ་དང་ཤེས་རབ་བཟང་། རབ་འབྱམས་པ་སངས་རྒྱས་ལེགས་པ་དང་ཆོས་དབྱིངས་རྒྱ་མཚོ། མང་ཐོས་དཔལ་སྡིངས་ཆོས་མཛད་དང་ཁྲུང་རྗེ་ཆོས་མཛད། མདོ་སྨད་དཀའ་བཅུ་བ་ཆོས་སེང་དང་གྲགས་རིན། བྱང་ཆོས་ཀྱི་རྒྱལ་པོ་བ་དང་སྟག་རྗེ་ཆོས་མཛད། རབ་འབྱམས་པ་དགེ་འདུན་བཟང་པོ་

དང་བྱམས་རྒྱུང་། རབ་འབྱམས་པ་བློ་གྲོས་མཚུངས་མེད་དང་བྱམས་པ། བྲུང་ཆོས་ཤེ་བ་དང་ཉི་མ་བགྲ་ཤིས། ཨ་གྲོ་དཀའ་བཅུ་བ་དང་ཡོལ་བ་རབ་འབྱམས་པ་སོགས་གཞན་ཕན་ནུས་པ་བསམ་གྱིས་མི་ཁྱབ་པ་བྱོན་པའི་ཤེས་པར་བྱེད་པ་ལས་སོ། སྟོབས་ལྡན་པས་ནི་གངས་ཅན་ཆོས་འཕེལ་གྱི་གདན་སར་བཞུགས་ནས་བཤད་པ་མཛད་ཅིང་། ཁྱིམ་དབུས་ཕྱོགས་སུ་ཕེབས་ནས་སྐྱོར་མོ་ལུང་དུ་གྲོངས་རྟགས་བཟང་པོ་དང་བཅས་ཏེ་སྐུ་གཤེགས། ཆོས་འཁོར་བ་ནི་ཐམས་ཅད་མཁྱེན་པའི་བཀའ་ཆེམས་བཞིན་བགྲ་ཤིས་ལྷུན་པོ་ཉིད་དུ་ཐུགས་ཕབ་ནས་བཞུགས་པའི་མོད་ལ་ཡ་མཚན་པའི་ལྟས་དང་བཅས་ཏེ་སྐུ་གཤེགས། ཤར་དུ་ཆོས་རྗེའི་རྗེས་སུ་རིམ་པ་བཞིན། བྲུང་རྩུལ་ལེགས་པ། དཀའ་བཞི་བ་ཆོས་གྲགས་པ། སློབ་དཔོན་བློ་རྒྱམ་པའི་བར་བྱོན་པ་སྟེ་འདི་བས་ཀྱང་བཤད་པ་ཡུན་རིང་དུ་མཛད་པས་རབ་འབྱམས་པ་བསྟན་པ་ཉི་མ་དང་ལེགས་དོན་པ་གཉིས། དཔོར་པ་ཆོས་མཛད་དང་གྲོ་ལུང་དཀའ་བཅུ་བ་གཉིས། རབ་འབྱམས་པ་ལེགས་རིན་དང་བྱ་ཡོང་དཔོན་པོ་གཉིས། རི་ཁ་སློབ་དཔོན་པ་དང་སློབ་དཔོན་རྒྱ་མཚོ་སོགས་འཆད་ཉན་པ་མང་དུ་ཐོན། ད་ལྟ་རབ་འབྱམས་པ་ལེགས་དོན་བཤད་ཉན་འཕེལ་བར་བཞུགས་པའོ། བྲུང་བསྟན་ཉི་པས་ཀྱང་གཞི་རྩ་ནང་སོའི་ས་ཕོག་ཏུ་བཤད་གྲྭ་བཙུགས་ནས་ལུགས་གཉིས་ཀྱི་འཕྲིན་ལས་ཡར་འཕེལ་དུ་ཡོད་པར་སྣང་། ཐོས་བསམ་གླིང་དུ་ཆོས་རྗེའི་རྗེས་སུ་མང་ཐོས་བློ་བཟང་བཤེས་གཉེན་གྱིས་བཤད་པ་ཡུན་རིང་དུ་མཛད་པས་འཕྲིན་ལས་བཟང་པོ་བྱུང་བ་སྟེ། གདན་ཚོགས་སུ་རབ་འབྱམས་པ་བློ་བཟང་དང་གྲགས་པ་མཐའ་ཡས་གཉིས། རབ་འབྱམས་པ་ཤེར་སེང་དང་ཆོས་སྐྱོང་རྒྱལ་མཚན་གཉིས། ཐུགས་མཁར་ཆོས་རྗེ་དང་།

ཀྵི་ཏྲི་སྣང་གི་གདན་ས་བ་གཉིས། ཀོང་པོ་སློབ་དཔོན་པ་སོགས་གཞན་ཕན་ནུས་པ་གྲངས་མང་དུ་བྱོན། ད་ལྟ་ཏྱི་ལུང་རབ་འབྱམས་པ་བློ་བཟང་བཤད་ཉན་འཕེལ་བར་བཞུགས་པའོ། དཀྱིལ་ཁང་དུ་དང་པོར་སློབ་དཔོན་དཔལ་ཚོས་བས་བཤད་པ་མཛད། དེ་ནས་སློབ་དཔོན་སངས་རྒྱས་དཔལ་རིན་པ་དང་། སློབ་དཔོན་སངས་དབང་ཕྱུག་པ་གཉིས་རིམ་པར་བྱོན་པ་སྐྱེ་རྣམ་པ་གཉིས་ཆར་ལ་འཁྲིན་ལས་ལེགས་པོ་བྱུང་ཞིང་། ཁྱད་པར་ཕྱི་མའི་སློབ་མར་ཆོས་རྗེ་ལྷ་བཙུན་པ། རབ་འབྱམས་པ་བསྟན་པ། རབ་འབྱམས་པ་དགེ་འདུན་དོན་གྲུབ། རབ་འབྱམས་པ་ཤཱཀྱ་པ་སོགས་བྱོན། དེའི་རྗེས་སུ་བྱུང་ཆོས་གྲགས་པ། ཆོས་རྗེ་ལྷ་བཙུན་པ། རབ་འབྱམས་པ་ཤཱཀྱ་པའི་བར་བཤད་ཉན་དུ་རིམ་པར་བྱོན་པ་སྐྱེ་འདི་པ་ད་ལྟ་བཤད་ཉན་འཕེལ་བར་བཞུགས་སོ། པཎ་ཆེན་བཟང་བཀྲས་པའི་རྗེས་སུ་གངས་ཅན་ཆོས་འཕེལ་གྱི་གདན་སའི་རིམ་པ་ནི། ཆོས་རྗེ་སྟོབས་ལྡན་པ། ཆོས་རྗེ་རྒྱལ་བ་བསམ་གྲུབ། མཁས་བཙུན་ཚུལ་ཁྲིམས་སྟོབས་འབར། དྲུང་བྱང་བློ་བ། དྲུང་བཀྲས་འཕགས་པ། དེང་སང་གི་ཆོས་རྗེའི་བར་རོ། ཆོས་སྡེ་འདིའི་འཁྲིན་ལས་ཀྱི་ཡན་ལག་ཏུ་ཡང་། ཤར་པ་གྲྭ་ཚང་དང་བྱང་པ་གྲྭ་ཚང་གཉིས་བྱུང་བ། སློབ་དཔོན་ཚུལ་བློ་བ་དང་། སློབ་དཔོན་ཆོས་སྐྱབ་གཉིས་ཀྱིས་བཟུང་ནས་བཤད་ཉན་འཕེལ་བར་མཛད་པ་ལས་ཕར་ཚད་ལ་བློ་ཁ་ཕྱོགས་པའི་དགེ་བཤེས་མང་དུ་ཐོན་ཞིང་དེང་སང་ཡང་བཤད་གྲྭ་བཟང་བར་ཡོད་དོ། ས་བཅུའི་དབང་ཕྱུག་འགྲོ་བའི་མགོན། །ཆོས་རྗེ་ཐམས་ཅད་མཁྱེན་པ་ཡི། །འཁྲིན་ལས་གུར་གུམ་ཡེ་གེའི་གཟུགས། །ཁོར་ཡུག་ནོར་འཛིན་གླིགས་བུར་བཀོད། །གང་གིས་རྗེ་བཙུན་ཅོང་ཁ་པའི། །ལུང་རྟོགས་བསྟན་པ

གསལ་བ་ཙམ། །རྒྱན་དྲུག་མཆོག་གཉིས་དང་བཅས་པས། །སངས་རྒྱས་བསྟན་པ་གསལ་བ་མེད།།

ཆོས་རྗེ་གྲགས་བཟང་པ་ནི་དམར་ཁམས་སུ་སྐུ་འཁྲུངས། དབུས་སུ་བྱོན་ནས་རོང་སྟོན་ཆེན་པོ་དང་། རྗེ་རིན་པོ་ཆེ་ཡབ་སྲས་བསྟེན་ནས་གསུང་རབ་ལ་སྦྱངས་པས་མཁས་པར་གྱུར་ཏེ་མཁྱེན་རབ་དབང་ཕྱུག་ཅེས་གྲགས། དང་པོར་སློབ་དཔོན་སེང་གེ་རི་བོང་གི་རྗེས་སུ་གསང་ཕུ་ར་བ་སྟོད་ཀྱི་འཆད་ཉན་དང་། ཕྱིས་གཙང་དུ་བྱུང་ཁའི་གྲྭ་ཚང་ཆེན་མོ་བཙུགས་ནས་བཤད་པ་མཛད་པས་འཕྲིན་ལས་ཆེན་པོ་བྱུང་། གྲུབ་མཐའ་ཐུགས་ལ་གང་བབ་མཛད་པའི་དོན་གྱིས་གྲྭ་ཚང་དུ་ཡང་ས་དགེ་ལྡན་གཉིས་ཀ་འཚོག་པ་ཞིག་སྟེ། ནམ་བསོད་ནམས་ཆེན་མོ། བྱམས་ཆེན་རབ་འབྱམས་པ། ཏ་ནག་ནོར་བཟང་པ་སོགས་མང་དུ་འཁོར་བར་སྣང་། འོན་ཀྱང་རྗེ་ཡབ་སྲས་ལ་མི་ཕྱེད་པའི་ཐུགས་མོས་ཡོད་པ་ནི་དམ་པ་རྣམས་ཀྱི་གསུང་ལས་ཐོས་སོ། ཀུན་མཁྱེན་ཡོན་རྒྱམ་པ་ནི་གྲྭ་ཆེན་བར་སྐུ་འཁྲུངས། རྒྱལ་ཚབ་རིན་པོ་ཆེ་དང་མཁྱེན་རབ་དབང་ཕྱུག་སོགས་བསྟེན་ནས་དཀའ་ཆེན་ལ་སྦྱངས་པས་ལུང་རིགས་ཀྱི་གནས་ལ་མཁྱེན་པ་མཆོག་ཏུ་གྱུར་པར་གྱུར། མཁྱེན་རབ་པའི་རྗེས་སུ་ར་བ་སྟོད་ཀྱི་འཆད་ཉན་མཛད་དེ་བསྟན་པའི་བྱ་བ་ལ་འཆད་རྩོད་རྩོམ་གསུམ་གྱི་འཁོར་ལོ་བསྐོར་བས་འཕྲིན་ལས་ཡར་ངོའི་ཟླ་བ་བཞིན་དུ་འཕེལ་བ་སྟེ་གདན་ཚོགས་སུ་ཆོས་རྗེ་རིན་ཤེ་བ། མང་ཐོས་སངས་རྒྱས་བཟང་པོ་དང་ཀུན་དགའ་བློ་ལྡན་གཉིས། སློབ་དཔོན་ཚུལ་རྒྱལ་བ་དང་སྟེ་འདུན་པ་གཉིས། མཁས་པ་དཔལ་ལྡན་བློ་གྲོས་དང་ཤེས་རིན་པ་གཉིས། ཆོས་རྗེ་སངས་རྒྱས་འཕེལ་བ་དང་ནོར་བཟང་པ་གཉིས། མཚོ་མ་སྐུ་མཆེད་གཉིས། སློབ་

དཔོན་ཐུགས་རྗེ་དཔལ་དང་དྲི་མེད་པ་གཉིས། རབ་འབྱམས་པ་ཐར་པ་དཔལ་བཟང་དང་གྲགས་པ་གཉིས། མཁས་པ་སྟོབས་ལྡན་ཆོས་འབྱོར་གཉིས། རབ་འབྱམས་པ་སྨྲ་སེང་དང་རྒྱ་མཚོ་གཉིས། དྲུང་ཙཀྲ་འཕགས་པ་དང་གུ་ཏེ་པ་གཉིས། སློབ་དཔོན་སངས་ཤེ་བ་དང་འབྱུང་དྲི་བ་གཉིས། དབུས་ཀྱི་ཁྲུང་པོ་དང་ཞོགས་པ་མགོ་སེ་གཉིས། གཉའ་ཆུང་ལྷག་དཀར་དང་སྒོམ་སྡེ་རིན་བཟང་གཉིས། དཀའ་བཅུ་བ་ཐོས་པ་འཛིན་དང་ཆོས་འབྱུང་གཉིས་སོགས་སྡེ་སྣོད་འཛིན་པ་ནགས་ཚལ་འཁྲིགས་པ་བཞིན་བྱོན་ཏོ། རིམ་པས་ཆེན་པོ་དང་གླིང་སྨད་ཆོས་རྗེར་ཡེབས་པའི་མཐར་ཀུན་སྤངས་མཛད་དེ་སྐུ་གཤེགས། ཆོས་རྗེའི་རྗེས་སུ་ཐུགས་རྗེ་དཔལ་བས་གྲྭ་ཚང་བཟུང་ནའང་སྐུ་ཚེས་མ་ཟིན། དེ་ནས་ཚུལ་རྒྱལ་བ་བྱོན་པ་གྲྭ་ཚང་དུ་ཐཱ་སོར་རོང་ཊཱི་ཀ་འཆད་པའི་སྲོལ་མཆིས་པ། རྒྱུན་བཅད་དེ་རྒྱལ་ཚབ་ཆོས་རྗེའི་ཊཱི་ཀྐཱ་འབའ་ཞིག་གི་སྟེང་ནས་བཤད་པས་གཞན་ཕྱོགས་པ་རྣམས་མགུ་བ་ཙམ་མ་བྱུང་འདུག་ནའང་། རྒྱུན་ཆགས་པར་རྗེ་བཙུན་ཙོང་ཁ་པ་ཆེན་པོའི་བསྟན་པ་ལ་བྱ་བ་བྱས་པ་ཡིན་ནོ་ཞེས་ངེས་པར་བྱའོ། དེའི་རྗེས་སུ་སྡེ་བདུན་པ་དང་ཀུན་དགའ་བློ་ལྡན་པ་གཉིས། སློབ་ཆེ་ཆུང་གི་སྟེང་ནས་བཤད་པ་མཛད་པ་འཁྲིད་ལས་ལེགས་པོ་འོང་བའི་ཤོམས་བྱུང་འདུག་ནའང་ཆགས་སྡང་འཕེལ་བའི་དབང་གིས་ཆོས་གྲྭ་ལྷན་ཅིག་ཏུ་བྱེད་པ་མ་བྱུང་ཞིང་། ཀུན་བློ་བ་སྐུ་གཤེགས་པའི་ཚེ་ནའང་། ཤུལ་དུ་ཆོས་རྗེ་རྗེ་དཔོན་པ་བསྐོ་བ་སོགས་ལུགས་ཐ་དད་པ་དེ་ཀ་བྱུང་མཚམས་སུ་སློབ་དཔོན་རྣམ་གཉིས་ཀྱིས་བཀའ་བགྲོས་ནས་སློབ་དཔོན་དྲི་མེད་པ་ལ་གྲྭ་ཚང་གཏད་པ་ནང་བསྡུམས་ཤིང་བཤད་ཉན་འཕེལ་བར་གྱུར། སྔ་ཕྱིར་ཐུགས་ཀྱིས་བསྐྱངས་པའི་སློབ་མའང་། ཆོས་རྗེ་མཆོག་ལྷ་བ། སྟོབས་ལྡན

ཆོས་འཁོར་གཉིས། བྲུང་ཆོས་རྒྱམ་པ་དང་རིན་དར་བ་གཉིས། མཁན་པོ་གྲགས་རྒྱལ་བ་སོགས་བྱོན་པར་སྣང་། པཎ་ཆེན་མཆོག་ལྡ་བ་ནི་ཤངས་སུ་སབྱ་(སྤྱི་ལོ1429)ལ་སྐུ་འཁྲུངས། མཁྱེན་རབ་པ་དཔོན་སློབ་གཉིས་དང་། རྗེ་དགེ་འདུན་གྲུབ་ཡབ་སྲས་བསྟེན་ནས་གསུང་རབ་ལ་སྦྱངས་པས་མཁས་པར་གྱུར། དང་པོར་དགེ་འཕེལ་དང་། དེ་ནས་ར་བ་སྟོད་ནས་བཤད་པ་མཛད་པས། རབ་འབྱམས་པ་ལེགས་པ་བཟང་པོ་དང་ཀུན་དགའ་རྒྱལ་མཚན་གཉིས། རབ་འབྱམས་པ་སངས་རྒྱས་དང་ནམ་མཁའ་དཔལ་བཟང་གཉིས། སློབ་དཔོན་བསྟན་པ་རྒྱལ་མཚན་དང་ལྷ་དབང་དཔལ་འབྱོར་གཉིས། དཀའ་བཅུ་བ་ཚུལ་རིན་དང་ལེགས་གྲུབ་གཉིས། དཀའ་བཅུ་བ་རྣམ་རྒྱལ་དང་སྨུར་བ་གཉིས། དཀའ་བཅུ་པ་མཁྱེན་རབ་དང་བཀྲ་ཤིས་ཕུན་ཚོགས་གཉིས། མཁན་ཆེན་བཀྲ་ཤིས་ལེགས་པ་སོགས་དགེ་བཤེས་མང་དུ་ཐོན་པར་སྣང་། མཐར་གླིང་སྨད་ཆོས་རྗེར་(སྡེར་)ཕེབས་ཏེ། དགུང་ལོ་དོན་གཉིས་པ་ལྕགས་ཕོ་སྤྲེའུའི་(སྤྱི་ལོ1500)ཚུལ་ཞུགས་ཟླ་བའི་ཚེས་བཅུ་གཉིས་ལ་སྐུ་གཤེགས། ངོ་མཚར་བའི་ལྷས་སུ་ཞུན་ཐིགས་ལ་འཇམ་དབྱངས་ཀྱི་སྐུ་གསལ་བར་བྱོན། ཆོས་རྗེའི་རྗེས་སུ་སློབ་དཔོན་བསྟན་རྒྱལ་བས་འཆད་ཉན་ཡུན་མི་རིང་བ་ཞིག་མཛད། དེ་ནས་ཆེན་པོ་ལེགས་བཟང་པ་ཉིད་ཀྱིས་བཤད་པ་ཡུན་རིང་དུ་མཛད་པས་འཕྲིན་ལས་ལེགས་པོ་བྱུང་། ད་ལྟ་ཆོས་རྗེ་ལྷ་དབང་དཔལ་འབྱོར་པ་གླིང་སྨད་གདན་ས་དང་སྦྲགས་ནས་བཤད་ཉན་འཕེལ་བར་བཞུགས་པའོ། ར་བ་སྟོད་པའི་དགེ་བཤེས་བྲུང་སངས་ཤེ་བས་བྱང་ཁར་གྲྭ་པ་བརྒྱ་ལྷག་བསྡུས་ནས་ཚད་མའི་བཤད་པ་ལེགས་པར་མཛད་ནའང་། མི་ཆོས་མ་མཁྱེན་པས་གྲྭ་ཚང་གི་རྒྱུན་ནི་མ་བྱུང་བར་སྣང་ངོ་།

གཉལ་རྒོད་རིན་བསམ་ནི་སྤྲེ་སེར་དུ་འཆད་ཉན་མཛད་པའི་སྐེང་ནས། རྗེ་ཉིད་གྲྭ་སྐོར་ལ་ཕྱོན་དུས་ཆོས་འབྲེལ་གསན་པ་ཞིག་ཡིན་སྣང་ལ། དད་པའི་ཤུགས་ཀྱིས་ཞབས་མཐིལ་གཉིས་སྤྱི་བོས་ནོད་པའི་རྟེན་འབྲེལ་ལས། ཕྱིས་གྲྭ་ཚང་གཉིས་སུ་གྱེས་པའང་རྗེ་ཡབ་སྲས་ཀྱི་སྲོལ་འཛིན་པ་འདི་བྱུང་ཞེས་གྲག།

དེའི་རྗེས་སུ་བྱང་སེམས་ཤཱཀྱ་བསོད་ནམས་ནི་རྭ་སྒྲེང་དང་འདབ་ཆགས་པར་མེ་བྱ་(སྤྱི་ལོ 1357)ལ་སྐུ་འཁྲུངས། རྗེ་རིན་པོ་ཆེ་དང་འཁྲུངས་ལོ་གཅིག གསང་ཕུར་ཕྱོན་ནས་སྡེ་སྣོད་ལ་ལེགས་པར་སྦྱངས་ཏེ། རེ་ཤིག་སྤྲེ་སེར་བའི་འཆད་ཉན་མཛད་པས་སྡེ་སྣོད་འཛིན་པ་འགའ་ཡང་འདུས། དེ་རྗེས་འཆད་ཁར་ལྷ་ཤཱཀྱ་བསོད་ནམས་དང་། མཁན་ཆེན་སེང་གེ་རྒྱལ་མཚན་པ་ལས་བློ་སྦྱོང་གི་གདམས་པ་མནོས། རྗེ་ཐམས་ཅད་མཁྱེན་པའི་དྲུང་དུ་ཕྱིར་གསུང་རབ་མང་པོ་དང་། ཁྱད་པར་ལམ་རིམ་གསན་པས་ཐུགས་ལ་ཇི་ལྟར་བ་བཞིན་འཁྲུངས། རྗེའི་ཞལ་ནས་ང་ཡི་བྱང་ཆུབ་ཀྱི་སེམས་དེ་བཤེས་གཉེན་རྭ་སྒྲེང་པས་ཁྱེར་ཞེས་བསྔགས་པ་མཛད། རྒྱུ་མཚན་དེའི་ཕྱིར་ཉིད་ཀྱི་བསྟོད་པར་ཡང་། རྒྱལ་བ་གཉིས་པ་ལྷ་བུའི་བླ་མ་ཡིན། །མཉེས་ཤེང་རྗེས་སུ་གདམས་པ་སྨིན་པའི་མཐུས། །ཐུབ་བསྟན་ཉིན་མོར་བྱེད་པའི་རྭ་སྒྲེང་བ། །བྱང་སེམས་བླ་མའི་ཞབས་ལ་ཕྱག་འཚལ་ལོ། །ཞེས་འབྱུང་བ་ལྟར་རོ། ཕལ་ཆེར་སྣ་མོ་མཆོ་ཁ་སོགས་སུ་བཞུགས་ཏེ། ལམ་རིམ་བློ་སྦྱོང་ཐུགས་རྗེ་ཆེན་པོའི་དམར་ཁྲིད་སོགས་གསུངས་པས། མཁས་པ་རྒྱལ་དབང་ཁ་ཆེ། ལོ་བ་སྤྱན་སྔ་བསོད་ནམས་ལྷའི་དབང་པོ། ཆོས་རྗེ་སྒོ་གཅིག་པ། བླ་མ་དཔོན་ནམ་པ་རྣམས་ཀྱང་གདམས་པ་ལ་འཁོར་ཞིང་བློ་སྦྱོང་གི་ཡིག་ཆ་ལེགས་པ་ཞིག་ཀྱང་མཛད། མཐར་གྱ་དྲུག་བཞེས་པ་ཆུ་ཕོ་

ཁྲིའི་ལོ་(སྤྱི་ལོ་1442)ལ་སྣ་མོ་མཚོ་ཁར་གློ་སྤྱོང་གི་ངང་དུ་གཤེགས། མཁས་གྲུབ་ཆོས་རྗེ་གཤེགས་ནས་ལོ་བཞི་སོང་བ་དེ་ཡིན། དེ་ནས་རིམ་པ་བཞིན་མཚུངས་མེད་ཆོས་རྗེ། ཆོས་རྗེ་དཔལ་སེང་བ། ཆོས་རྗེ་རིན་བྱང་བ། སློབ་དཔོན་ཆོས་རྗེ་དཔལ་འབྱོར་ལྷུན་གྲུབ། ཆོས་རྗེ་ནེ་ཙོ་བ་སྟེ། འདི་པ་མང་དུ་ཐོས་ཞིང་ཐུགས་ངེས་འབྱུང་སྐྱོ་ཤས་དང་ལྡན་པའི་སྐྱེས་བུ་དམ་པ་ཞིག་སྟེ་རབ་འབྱམས་པ་ཟླ་འོད་དཔལ་མགོན་དང་། བྱུང་ཆོས་ཤེ་བ་སོགས་ཕར་ཕྱིན་གྱི་འཛམ་བཤད་ལ་མཁས་པའི་སློབ་མའང་མང་དུ་བྱུང་། དེ་ནས་སློབ་དཔོན་ཆེན་པོ་ཉི་མ་གྲགས་པ། སྨི་རུ་མཁན་པོ། ཆེན་པོ་ཆོས་ཤེ་བ། སློབ་དཔོན་མཁས་བཙུན་པ། ད་ལྟ་སློབ་དཔོན་ཤེས་རབ་ཉི་མ་བཤད་ཉན་འཕེལ་བར་བཞུགས་སོ། གཉལ་ཆེན་ཤེས་རབ་རྒྱལ་མཚན་ནི་རྗེ་ཡབ་སྲས་ཀྱི་ཞབས་ལ་གཏུགས་ཏེ་མདོ་སྔགས་མཐའ་དག་ལ་སྦྱངས་པས་མཁས་པ་ཆེན་པོར་གྱུར། ལྷན་མ་བློ་རྒྱམ་པའི་རྗེས་སུ་ཉི་མ་ཐང་གི་བཤད་ཉན་ཡུན་རིང་དུ་མཛད་པས་སྡེ་སྣོད་འཛིན་པ་མང་དུ་འཕེར་བ་སྟེ། སེམས་དཔལ་ཆེན་པོ། ཆོས་རྗེ་སུ་ཧྲད་པ། ཆོས་རྗེ་དགེ་རྒྱལ་བ། ལོ་ཆུང་དཀའ་བཞི་བ། ཆོས་རྗེ་ཟླ་རྒྱལ་བ། བླ་མ་དཔོན་ནམ་པ། མཁས་མཆོག་གྲགས་འོད་པ་སོགས་འགོས་ཆེ་བ་འདུས་པ་ལས་ཤེས་སོ། འཇམ་དབྱངས་ཆོས་རྗེ་གཉལ་ཆེན་བ་ལ་ཐུག་པར་གྲགས་ཀྱང་རྣམ་ཐར་དུ་རིན་བསམ་པ་དང་། ལྷན་མ་དཀོན་སེང་བ་ལ་ཐུག་ཅེས་པ་ཙམ་ལས་མ་བྱུང་བས་བརྟག་པར་བྱའོ། ནང་སོ་བསོད་ནམས་རྒྱལ་མཚན་བས་སྦྱིན་བདག་མཛད་དེ་ཕག་མོ་ཆོས་སྡེ་འདེབས་པའི་ཞལ་བཀོད་དང་གདན་སའི་ཐོག་མའང་མཛད། ཕྱིས་སྟོན་མདའི་ཆོས་མཛོད་དུ་སྒྲུབ་པ་ཉག་གཅིག་མཛད་པའི་ངང་ནས་ངོ་མཚར་བའི་

ལྷས་བསྟན་ཏེ་སྐུ་གཤེགས། གཉལ་ཆེན་པ་རང་བཞུགས་དུས་ནས་སློབ་དཔོན་དགེ་རྒྱལ་འཆད་ཉན་དུ་བསྐོ་བ་མཛད་འདུག་ནའང་། ཕར་ཚད་ཀྱི་དར་ཊཱིཀ་བཀག་པས་མ་དགྱེས་ནས་བཀའ་བསྐྱོན་ཏེ་བསྒྲད་པར་སྣང་། དེ་ནས་རིམ་པ་བཞིན་མཁས་མཆོག་པ། ཀུང་རུ་ཆོས་བཟང་། གཉལ་པ་སྟོན་བསོད། བྱང་ཤེས་བཀྲས་པ་སྐྱེ་འདིས་བཤད་པ་མཛད་པའི་སྲས་ལ་ཆོས་རྗེ་རྟོར་སེང་བ། ཞལ་སྔ་ནས་ཤེས་རབ་དར། དོ་ར་དཀའ་བཅུ་བ། དཀའ་བཅུ་བ་དཔལ་ལྡན་རིན་ཆེན། བྱང་རིན་ཆེན་འོད་ཟེར་བ་སོགས་བྱོན། དེའི་རྗེས་སུ་ཆེན་པོ་དཔལ་ཤེ་བ། ཆོས་རྗེ་རྟོར་སེང་གེ གངས་ཅན་གྱི་ཤིང་རྟ་ཆེན་པོ་ཤེས་རབ་དར་ལེགས་པའི་བློ་གྲོས། ཤར་ཁ་རབ་འབྱམས་པ་སངས་རྒྱས་ལེགས་པ། སློབ་དཔོན་བསོད་ནམས་རྒྱ་མཚོའི་བར་རིམ་པར་བྱོན་ཞིང་། ད་ལྟ་ཆེན་པོ་ལེགས་པ་དོན་གྲུབ་པ་འཆད་ཉན་འཕེལ་བར་བཞུགས་པའོ། དགེ་རྒྱལ་བ་དང་གླིང་སྟོད་ཆོས་རྗེ་མ་གཏོགས་དགེ་རྒྱས་ཆོས་སྡེའི་གདན་ས་དང་སྦྲགས་པ་ཤ་སྟག་བྱུང་བར་སྣང་། ཉང་རོང་གྲྭ་ཚང་དུ་ཆོས་རྗེ་རྒྱལ་དབང་པས་བཤད་ཉན་མཛད། དེ་ནས་རིམ་པ་བཞིན། སློབ་དཔོན་གྲགས་པ་བཀྲས་པ། བྱང་ཀུན་བཟོད་པ། མངའ་རིས་རབ་འབྱམས་པ་སྐྱེ་འདི་པ་ཐུགས་རྒྱུད་འབྱོངས་ཤིང་བྱིན་རླབས་ཀྱིས་བརྒྱན་པའི་སྐྱེས་བུ་དམ་པ་ཡ་མཚན་ཅན་ཞིག་ཡིན་སྣང་ལ། སྒྲུབ་སར་བའི་སློབ་དཔོན་དང་འོད་སྣའི་གདན་ས་མཛད་པ་ནའང་ཕན་པ་ཆེ་ཞིང་། ཕྱིས་ཁྲི་སའི་གདན་སར་ཕེབས་ཏེ། ལྷ་ཆེན་བཞེངས་པ་སོགས་མཛད་པ་བཟང་པོ་བསྐྲུངས་པའི་མཐར་ཡ་མཚན་པའི་གྲོངས་རྟགས་དང་བཅས་ཏེ་སྐུ་གཤེགས། དེའི་རྗེས་སུ་བྱང་བཟང་དཔལ་བ། སློབ་དཔོན་རིན་པོ་ཆེ་དོན་ཡོད་པ།

སློབ་དཔོན་བློ་གྲོས་ལྷུན་གྲུབ། སྐུ་སྐྱེ་པཎ་ཆེན། སློབ་དཔོན་བཀྲ་ཤིས་དཔལ་འབྱོར་བ། ད་ལྟ་བྲུང་ཆོས་བཀྲ་ཤིས་པ་< པས >བཤད་ཉན་མཛད་བཞིན་པའོ། དཀྱིལ་ཁང་དྲུའང་ཆེན་པོ་སངས་རྒྱས་བཟང་པོ་ནས། ཆེན་པོ་རྒྱལ་མཚན་ལེགས་པའི་བར་བྱོན་ཏེ་བཤད་པ་མཛད་དོ། ཇི་སྐད་བརྗོད་པའི་བླ་མ་སློབ་དཔོན་ཞལ་ཆེར་གྱིས་བཤད་ཟིན་ལྟར། འཆད་རྩོད་རྩོམ་གསུམ་གྱི་སྒོ་ནས་བསྟན་པ་ལ་བྱ་བ་མཛད་མོད། དེའི་ནང་ནས་ཀྱང་ལེགས་པར་བརྟགས་ཤིང་བཙུད་པའི་སྒོ་ནས་གྲུབ་མཐའ་མི་གཅིག་པའི་མཁས་པ་རྣམས་དཔའ་སྐྱོང་བར་མཛད་པ་འདི་ཁོ་ན་ངོ་མཚར་བ་ཡིན་ནོ་ཞེས་བསམ་པར་བྱའོ། རྒྱལ་བའི་གསུང་རབ་གོ་བྱོན་ཞིང་། །རྒྱལ་ཚབ་རིགས་པའི་མཚོན་ཐོགས་ནས། །ཕྱི་རོལ་ཕམ་པར་མཛད་པ་གང་། །དེ་འདྲ་བསྟན་འཛིན་དཔའ་བོ་ཡིན།།

བྱང་སེམས་བློ་གྲོས་རྒྱལ་མཚན་ནི་དཔལ་ཡུལ་ཚུམས་སུ་ཆུ་སྤྲེལ་ལོ(སྤྱི་ལོ1392)ལ་སྐུ་འཁྲུངས། ཡིད་བཟང་རྩེ་བ་དང་འཁྲུངས་ལོ་གཅིག རྗེ་དགེ་འདུན་གྲུབ་པ་འཁྲུངས་པའི་ཕྱི་ལོ་ཡིན། རྗེ་ཡབ་སྲས་བཞི། ཤར་པ་རིན་རྒྱལ་བ། རྗོག་རིན་དཔལ་བ་རྣམས་ཀྱི་ཞབས་ལ་གཏུགས་ནས་གསུང་རབ་མང་པོ་གསན་ཞིང་། སྐྱེས་བུ་གསུམ་གྱི་ལམ་གྱི་རིམ་པ་ཐུགས་ཉམས་སུ་བསྟར་བས་ཇི་ལྟ་བ་བཞིན་འཁྲུངས་པའི་ནང་གི་ཉེར་ལེན་གྱིས། ཕྱིའི་ཀུན་སྤྱོད་ཀྱིས་ཀྱང་སྐྱེ་བོ་ཀུན་ཡིད་རབ་ཏུ་ཕྲོགས་པས་སེམས་དཔའ་ཆེན་པོ་ཞེས་མཐོ་དམན་མེད་པ་ཀུན་ལ་གྲགས། རྗེ་འདུལ་བ་འཛིན་པ་ལ་མཁན་པོ་ཞུས་ཏེ་བསྙེན་པར་རྫོགས་པའང་མཛད། དེ་ནས་གཞན་དོན་ལ་ཞུགས་པ་ན། དང་པོར་ཡུལ་ཕྱོགས་མང་པོར་བྱོན་ནས་སྐྱ་སེར་མང་དུ་འདུས་པ་ལ་ལས་རྒྱུ

འབྲས་ལས་བརྩམས་པའི་གསུང་ཆོས་གསུངས། དེ་ནས་ཐང་སྐྱའི་ཆོས་སྡེ་གསར་མ་འདེབས་པའི་ཞལ་བཀོད། བར་བར་གྱི་གཙུག་ལག་ཁང་གི་ཞིག་གསོས། ལྷ་སར་བྱམས་པའི་ཕོ་བྲང་བཞེངས་པ། ཆུ་བོ་ལ་ལྕགས་ཀྱི་ཟམ་པ་འཛུགས་པ་སོགས་གཞན་དོན་རླབས་ཆེ་བར་མཛད། ཕྱིས་བཞུགས་གནས་སུ་བདེ་མོ་ཐང་དང་། དཔལ་ཉེ་མ་སྡིངས་ཀྱི་དགོན་པ་བཏབ་སྟེ་དགེ་འདུན་གྱི་གྲྭ་བཙུགས་པ་ལ། བཅའ་ཁྲིམས་སུ་ཆོས་གོས་ཀྱི་ཁྱད་པར་ངུར་སེར་འབབ་ཞིག་གྱོན་པ། ཁམ་ཟས་ཀྱི་ཁྱད་པར་སྟན་གཅིག་སྟོར་དཀར་ལ་གནས་པ། ཡོ་བྱད་ཀྱི་ཁྱད་པར་རབ་བྱུང་གི་ཉེར་མཁོ་ཙམ་འཛིན་པ། བརྟུལ་ཞུགས་ཀྱི་ཁྱད་པར་བྱ་བཏང་གི་བརྟུལ་ཞུགས་ལ་གནས་པ། སྤྱོད་ལམ་གྱི་ཁྱད་པར་འོལ་ཟེ་ཞིང་མཛེས་པ། མི་ཆོས་ཀྱི་ཁྱད་པར་སུ་དང་ཡང་འགྲས་འཁོན་མི་བྱེད་པ། ཉན་བཤད་ཀྱི་ཁྱད་པར་བསླབ་བྱ་ལམ་རིམ་ལ་བཀྲི་བ། ཉམས་ལེན་གྱི་ཁྱད་པར་བསླབ་པ་གསུམ་ཉམས་སུ་ལེན་པ་དགོས་ཞེས་ཁྲིལ་བསྒྲགས་པས། དགོན་པ་གཉིས་ཀར་ལེགས་པར་ཚུགས་ཤིང་། ལྷག་པར་ཉེ་སྡིངས་ནི་དེང་སང་གི་བར་དུ་ཡང་རབ་ཏུ་བྱུང་བ་ཀུན་གྱི་མིག་འདྲེན་བཟང་པོར་གནས། ཆོས་རྗེ་འདིའི་ཆེ་བའི་ཡོན་ཏན་གྱི་དབང་དུ་བྱས་ན། བཅས་རང་གི་ལྟུང་བ་ཕྲ་མོས་ཀྱང་མ་གོས་པའི་ཚུལ་ཁྲིམས་རྣམ་པར་དག་པ། བོད་དུ་འགྱུར་བའི་རྒྱལ་བའི་གསུང་རབ་མཐའ་དག་གསན་པས་གསན་རྒྱ་ཆེ་ཞིང་། འཆི་བ་མི་རྟག་པའི་སྣང་སེལ་ཆེན་པོས་བརྒྱུད་ཀྱི་འགོང་པོ་བཅོམས་པ། བྱང་ཆུབ་ཀྱི་སེམས་རིན་པོ་ཆེ་འབྱོངས་པས་སྐྱེ་འགྲོ་ཀུན་སྙིང་ནས་གུས་པ། བསྐྱེད་རྫོགས་ཀྱི་ཏིང་ངེ་འཛིན་མངའ་བས་རྣལ་འབྱོར་གྱི་དབང་ཕྱུག་ཏུ་གྱུར་པ། གཉན་མགོན་དང་། དུད་སོལ་ལྷ་མོ་སོགས་སྲུ་ལ་འཁོར་ནས

བཞེད་དོན་བསྒྲུབ་པ་སོགས་བསམ་གྱི་མི་ཁྱབ་པའོ༎ མཐར་དོན་དགུ་བཞེས་པ་ལྕགས་ཕོ་སྟག（སྤྱི་ལོ1470）གི་ཧོར་ཟླ་བརྒྱད་པའི་ཚེས་བཅུ་གཉིས་ལ་ཡ་མཚན་པའི་ལྟས་བཟང་པོ་བསྟན་ཏེ་ཉི་ཤིངས་ཉིད་དུ་སྐུ་གཤེགས། དེ་ནས་ལོ་ལྔ་བཅུ་རྩ་དགུ་དང་ཉི་ཤིང་ས་བཏབ་ནས་དྲུག་ཅུ་རྩ་བཞི་སོང་ཞིང་། དགེ་ལྡན་བཏབ་ནས་ཉི་ཤིངས་ཀྱི་བར་ལ་ལྔ་བཅུ་རྩ་བརྒྱད། བཀྲ་ཤིས་ལྷུན་པོ་བཏབ་ནས་དེའི་བར་ལ་ལོ་གྲངས་ཉི་ཤུ་འདས་པར་ཤེས་པར་བྱའོ༎ སྐུ་གདུང་རིལ་པོར་བཞུགས་པ་མཆོད་པ་བཟང་པོ་སྟར་ཆགས་སུ་ཕུལ་བས་རིང་བསྲེལ་མང་དུ་འཛག་ཅིང་དགེ་འདུན་གྱི་ཡོངས་སྤྱོད་ཀྱི་དངོས་གྲུབ་སྩོལ་བ་ལ་ནོར་བུ་རིན་པོ་ཆེ་ལྟ་བུར་ཡོད་དོ། བླ་མ་དེ་ལ་སྲས་བསླབ་པར་རྫོགས་པའི་མཁན་པོ་ཞུས་པ་ཙམ་ནི་སུས་ཀྱང་བགྲང་བར་མི་ནུས་ལ། གསུང་ཆོས་གསན་པའི་སྤྱི་སྟོད་འཛིན་པའི་དབང་དུ་བྱས་ན་རིན་པོ་ཆེ་སྨོན་ལམ་དཔལ་བ། ཆོས་རྗེ་པཎ་ཆེན། རྒྱུད་པ་ཀུན་དགའ་དོན་གྲུབ། ཆོས་རྗེ་འཕགས་པ་ལྷ། པཎ་ཆེན་ཡེ་ཤེས་རྩེ་མོ། བྱང་སེམས་ཤ་མི་གསོལ་བ། དྲུང་གཞོན་གྲགས་པ། གུ་དཀར་ཆོས་མཛད། ཆོས་རྗེ་བསོད་བཀྲས་པ། སྤྲུ་འབོར་བ་སེང་གེ་རྒྱལ་མཚན། ཉག་རེ་བསྟན་པ་རྒྱལ་མཚན། ཆོས་རྗེ་ཟླ་བ་རྒྱལ་མཚན། གནས་བརྟན་བྱང་ཆུབ་རྒྱལ་མཚན་ཏེ་རྒྱལ་མཚན་བཞི་དང་། ཆོས་རྗེ་སྟོབས་ལྡན་པ། གནས་བརྟན་རིན་ཆེན་རྣམ་རྒྱལ། གནས་བརྟན་ངག་དབང་། མཁན་རིན་པོ་ཆེ་སངས་རྒྱས་བཟང་པོ༎ མཁན་རིན་པོ་ཆེ་རིན་ཆེན་ཆོས་བཟང་། དྲུང་གཟིམས་ཆེན་པ། དྲུང་འོད་སྲུངས་པ། དྲུང་བློ་གྲོས་ཆོས་དབང་པ། གནས་བརྟན་ཆོས་སྐྱོང་བ་ལ་སོགས་པ་བྱོན། དེ་རྣམས་ལས་གུ་དཀར་བས་ནི་སྤྱི་བོའི་ཡུལ་དུ་བྱོན་ནས་གསུང་ཆོས་མང་པོ་གསུངས་ཤིང་།

ཕྱག་ཏུ་འབུལ་བ་གང་བྱུང་བསགས་ཏེ་ཕྱིས་ལྷ་སར་གསེར་ཟངས་ལས་གྲུབ་པའི་བྱམས་པའི་སྐུ་འདི་བཞེངས་པར་སྣང་། མཁན་སངས་རྒྱས་བཟང་པོ་བས་ནི་ར་ཚག་བཟུང་ནས་གཞན་དོན་མཛད་པ་ལས་ཞལ་སྔ་ནས་མཁས་བཙུན་རིན་པོ་ཆེ་དང་ཐམས་ཅད་མཁྱེན་པ་ལྷ་བུ་ཞལ་སློབ་ཏུ་ཕྱིན། ཁོ་བོས་ཀུང་རབ་བྱུང་གི་མཁན་པོ་ཞུས་པ་ཡིན་ནོ། གནས་བརྟན་ཆོས་སྐྱོང་པས་བདེ་མོ་ཐང་བཟུང་སྡེ་རྣམ་ཐར་བསྐྱངས། དེ་ཉིད་མི་ཉམས་པའི་བདག་རྐྱེན་དུ་དེང་སང་སྡོམ་བརྩོན་དཀའ་བཅུ་འཛིན་པ་དགེ་འདུན་བགྲ་ཤིས་པ་བཞུགས་ཡོད་དོ། གནས་བརྟན་ངག་དབང་པས་ཕྲག་རྒྱབ་བཟུང་བ་ནས་དགེ་འདུན་གྱི་རྒྱུན་མ་ཆད་ཙམ་བྱུང་ལ། དེང་སང་ཆོས་རྗེ་སྨོན་ལམ་བློ་གྲོས་པའི་དྲུང་གདུལ་བྱའི་དོན་མཛད་པར་བཞུགས། སྤྱི་འབོར་བྱང་སེམས་པས་ཀུང་ཐང་སྐྱའི་གདན་ས་མཛད། གནས་བརྟན་བྱང་རྒྱལ་བ་ལ་སློབ་དཔོན་རིན་པོ་ཆེ་ཀུན་དགའ་རྒྱལ་མཚན་པའི་ཞལ་སྔ་ནས་ཀྱིས་གཏུགས་ནས་བྱང་ཆུབ་ལམ་སྒྲོན་རྩ་འགྲེལ་བེའུ་བུམ་སྔོན་པོ་རྩ་འགྲེལ། བེའུ་བུམ་དམར་པོ། བེའུ་བུམ་ཁྲ་བོ། ཤར་བ་པའི་ལམ་རིམ་བརྗེད་བྱང་མ། སྣང་རི་ཐང་པའི་ཚིགས་བརྒྱད་མ། ཁམ་པ་ལུང་པའི་ཐུན་བརྒྱད་མ། བློ་སྦྱོང་གི་རྒྱ་གཞུང་མང་པོའི་ལུང་དང་བཅས་པ་གསན་ཞིང་། བླ་མ་ཐམས་ཅད་མཁྱེན་པའི་དྲུང་དུ་གླེགས་བམ་རིན་པོ་ཆེ་དང་། ཆོས་རྗེ་ཡེས་རྗེ་བ་ལ་གཅུས་བཙུའི་སྒྲུབ་ཡིག་ཆེ་ཆུང་དང་སྒྲུང་གནས་སྐོར་ཞུས་བདག་པ་སོགས་ནས་བཀའ་གདམས་ཀྱི་ཕྱོགས་ལ་མཁས་པ་ཡིན་སྣང་ལ། བླ་མ་དེ་ཉིད་ཀྱི་དྲུང་དུ་ཁོ་བོས་གླེགས་བམ་མ་གཏོགས་ཕལ་ཆེར་ཐོས་ཤིང་། ཁྱད་པར་ཉིད་རང་གིས་བསྒྲིགས་པའི་བཀའ་གདམས་ཀྱི་ལོ་རྒྱུས་ཆེན་མོ་ཞིབ་ཏུ་མཉན་པ་ལས་བཀའ་གདམས་ཀྱི་ཆོས་རྒྱུས་ཕྱོགས་མཐོང་

ཙམ་འདི་བྱུང་བར་སེམས་སོ། ཆོས་རྗེ་སངས་རྒྱས་བཟང་པོ་ནི་སེམས་དཔའ་ཆེན་པོ་ཞི་བར་གཤེགས་པའི་རྗེས་སུ་གདན་སར་ཕྱིན་པ་བསླབ་བྱ་ལམ་རིམ་གྱི་ཆོས་ཆར་ཕབ་ཅིང་། ཚོགས་པའི་བཅའ་ཁྲིམས་ལ་མནན་པར་མཛད་པས་བཞུགས་གདན་ནོན་ངོས་ཤེས་པ་བྱུང་ལ། སྐྱེ་བ་བཅུ་བདུན་ཙམ་དུ་ཤ་མ་གསོལ་བ་ཐུགས་ཀྱིས་ཟིན་པ་དང་། དེའི་བག་ཆགས་ཀྱིས་སྐུ་ཚེ་འདིར་གསོལ་ཐུག་ལ་ཤའི་དྲི་བྱུང་བ་ཙམ་ཡང་བཞེས་མི་སྲོ་ཞིང་མ་གསོལ་བས་བྱང་སེམས་ཤ་མི་གསོལ་བ་ཞེས་སྙན་གྲགས་ཀྱིས་དབུས་གཙང་ཁྱབ། དེའི་རྗེས་སུ་ཆོས་རྗེ་བློ་གྲོས་རྒྱལ་བ་གདན་སར་ཕྱིན་པ་ཡང་མཁས་བཙུན་གྱི་སྙན་གྲགས་ཆེ་ཞིང་འཕྲིན་ལས་རྒྱས་པར་བྱུང་། དེ་ནས་ཆོས་རྗེ་སྟོབས་ལྡན་པ་དང་། དེ་རྗེས་དོན་གྱི་སྐད་དུ་མཚན་ནས་སྨོས་པ་མཁན་རིན་པོ་ཆེ་རིན་ཆེན་ཆོས་བཟང་པའི་ཞལ་སྔ་ནས་ཕྱིན། འདི་པ་ནི་ལུགས་ཁྲི་ལ་འཁྲུངས་ནས་མདོ་སྔགས་ཀྱི་ཡོན་ཏན་བཟང་པོས་ཐུགས་རྒྱུད་གཏམས་ཤིང་། སེམས་དཔའ་ཆེན་པོ་ལ་མཁན་པོ་ཞུས་ཏེ་ བསྙེན་རྫོགས་ མཛད་ པའི་ གནས་ བརྟན་ ཆེན་ པོ་ ཞིག་ ཡིན་ ལ། འཕྲལ་གྱི་མཛད་པ་ཡང་དུས་ཆོས་གསུང་བ་མ་གཏོགས་རྟག་ཏུ་སྐུ་མཚམས་ལ་གནས་པ། ཡོན་བདག་ཕོ་མོའི་འདུ་ཚོགས་ལ་མི་དགྱེས་པ། དགེ་འདུན་གྱི་དཀོར་ལ་གསོལ་ཆས་མི་མཛད་པ། བདག་ཉིད་ཁུམ་པ་ལྟར་མཛད་ནས་བཤེས་གཉེན་གཞན་གྱི་ཡོན་ཏན་བརྗོད་པ། ཐུགས་ངེས་འབྱུང་སྐྱོ་ཤས་ཆེ་བ། དགེ་འདུན་གྱི་བཅའ་ཁྲིམས་ལ་མནན་པ་ཞིག་གོ། དེའི་རྗེས་སུ་སློབ་དཔོན་རིན་པོ་ཆེ་དཔལ་ལྡན་འོད་ཟེར་བ་ཕྱིན་པ་ཡང་དབང་ལུང་མན་ངག་གི་མཛོད་འཛིན་ཅིང་། སྐུ་གསུང་ཐུགས་ཀྱི་རྟེན་བཞེངས་པ་སོགས་བྱང་ཆུབ་སེམས་དཔའི་སྤྱོད་པ་ལ་ཐུགས་གཞོལ་བར་མཛད་པ་ཞིག་སྟེ། འདི་ལ་ཁོ་བོས་ཆོས

རྗེ་རབ་འབྱམས་པ་ནས་བརྒྱུད་པའི་གླེགས་བམ་རིན་པོ་ཆེའི་བཤད་ལུང་དང་སྔགས་ཀྱི་གཞུང་ཕྲན་འགའ་ཞིག་གི་ལུང་ཞུས། དེ་ནས་ཁོ་བོ་དང་ད་ལྟ་ཆོས་རྗེ་ཚུལ་ཁྲིམས་འོད་ཟེར་བའི་དྲུང་སེམས་དཔའ་ཆེན་པོའི་རྣམ་པར་དཀར་བའི་འཕྲིན་ལས་བཟང་པོ་སྐྱོང་བཞིན་པའོ། ལམ་རིམ་གྲྭ་ཚང་བྱུང་ཚུལ་ནི་གནས་བརྟན་བློ་རྒྱམ་པས་བྱེས་ལ་ཕྱིན་ནས་ལམ་རིམ་གྱི་བཤད་པ་མཛད་པ་ལས་ཚུགས་པ་ཡིན་ཏེ། དེ་ནས་རིམ་པ་བཞིན་སློབ་དཔོན་འོད་སྲུངས་པ། གཟིམས་ཚང་བ་བློ་གྲོས་ཆོས་དབང་། དཀའ་བཅུ་བ་དོན་གྲུབ་བློ་གྲོས། དཀའ་བཅུ་བ་རབ་གསལ་ཟླ་བ། སློབ་དཔོན་དཔལ་འཕེལ་བློ་གྲོས་པ། དཀའ་བཅུ་བ་དཔལ་འབྱོར་རྒྱལ་མཚན། རབ་འབྱུང་བ་ཆོས་བཀྲ་ཤིས་པའི་བར་ཕྱིན་ནས་ལམ་རིམ་གྱི་བཤད་པ་མཛད་ཅིང་། རྣམ་ཐར་བཟང་པོའི་སྤྱོད་ཚུལ་གྱིས་ཕྱོགས་ཕྱོགས་སུ་བརྒྱུས་ནས་གདུལ་བྱ་རྣམས་ཀྱི་བསོད་ནམས་ཀྱི་ཞིང་མཛད་པ་ཡིན་ནོ། དེ་རྣམས་ཀྱི་ནང་ནས་འོད་སྲུངས་པ་དང་བློ་གྲོས་ཆོས་དབང་པ་གཉིས་ཀྱིས་ཆོས་རྗེ་ཟླ་རྒྱལ་བ་གཤེགས་ནས་གདན་ས་མ་འཁོད་པའི་བར་ལ་ཆོས་འཛིན་རྟེན་གཉིས་ཆར་གྱི་སྒོ་ནས་ཉི་ཐིངས་ཀྱི་ཚོ་བཟུང་བས་བཀའ་དྲིན་ཆེ་བར་བྱེད། བླ་མ་འདི་གཉིས་དང་མཁན་རིན་པོ་ཆེ་གསུམ་གྱི་སློབ་མ་བླ་མ་ཚུལ་བཟང་པས་ཀུང་ནང་སོ་འཚོས་པ་ལ་སྦྱིན་བདག་ཞུས་ནས་ཡར་ཀླུངས་སུ་ལམ་རིམ་གྱི་བཤད་གྲྭ་བཙུགས་པ་རྣམ་ཐར་གཙང་བའི་སྒོ་ནས་དེང་སང་བསྟན་པ་ལ་ཕན་པར་ཡོད་དོ།།

བྱང་སེམས་ཀུན་དགའ་བཟང་པོ་ནི་ཟླུང་མཁར་དུ་མེ་ཕོ་རྟ་(སྤྱི་ལོ 1366)ལ་སྐུ་འཁྲུངས། རྒྱལ་ཚབ་ཆོས་རྗེ་འཁྲུངས་ནས་ལོ་གསུམ་སོང་བ་དེ་ཡིན། རྗེ་རིན་པོ་ཆེའི་ཞབས་པད་ལ་གཏུགས་ནས་མདོ་རྒྱུད་ལ་གསན་པ

ཕྱུལ་དུ་བྱུང་བ་མཛད། དང་པོར་རྩེ་ཐང་དུ་ཁང་རྙིང་བའི་འཚད་ཉན་བགྱིས་པས། ཚད་མ་སྡེ་འདུན་གྱི་སྒོ་ནས་བློ་གསལ་མང་པོ་བསྐྱངས་པ་ལས་གྲུབ་འགོས་ཆེ་བ་ཡང་། འཇམ་དབྱངས་ཆོས་རྗེ་སོགས་རྗེ་ཡབ་སྲས་དང་ཐུན་མོང་བ་མཐའ་ཡས་ཞིང་། ཐུན་མོང་མ་ཡིན་པ་ཡང་། ཚལ་རིན་པོ་ཆེ་བསོད་རིན་པ། ཆོས་རྗེ་བློ་གྲོས་རྣམ་རྒྱལ། དགེ་སྦྱོང་བསོད་གྲགས། དགེ་སྦྱོང་ཐུབ་པ། དགེ་སྦྱོང་རང་སངས་རྒྱས་ཏེ། འབུམ་གྱི་དགེ་སྦྱོང་གསུམ་ལ་སོགས་པ་བྱོན། སྐུ་བགྲེས་ནས་མདོ་ཕྱོགས་གླིང་བཏབ་སྟེ། དོན་དགུ་པ་ཤིང་ཕོ་བྱི་བ(སྤྱི་ལོ1444)ལ་སྐུ་གཤེགས། དེའི་ཚེ་རྒྱལ་ཚབ་ཆོས་རྗེ་གཤེགས་ནས་ལོ་སྐོར། མཁས་གྲུབ་ཆོས་རྗེ་གཤེགས་ནས་ལོ་དྲུག བྱང་སེམས་རྣ་སྒྲོན་པ་གཤེགས་ནས་གཉིས་འདས་པར་ཤེས་པར་བྱའོ།།

བྱང་སེམས་ཚུལ་ཁྲིམས་དཔལ་བཟང་ནི་གཙང་སྟོད་ཤུག་ཏུ་སྐུ་འཁྲུངས། དང་པོར་ཤངས་པ་ཀུན་མཁྱེན་དང་། ཕྱིས་རྗེ་རིན་པོ་ཆེའི་ཞབས་ལ་གཏུགས་ཏེ་མདོ་རྒྱུད་ཀྱི་གསུང་རབ་མང་པོ་གསན་པ་ལས་མཁས་བཙུན་བཟང་པོར་གྱུར་ཅིང་། ཀུན་མཁྱེན་པའི་རྗེས་སུ་རི་བོ་དགེ་འཕེལ་གྱི་གདན་ས་མཛད་དེ་ཚོགས་བསྐྱངས་པས། དགོན་པ་གྲྭ་ནང་། རྗེ་ཡབ་སྲས་ཀྱི་བཀའ་བརྒྱུད་འཛིན་པ་ཤག་གཅིག་ཏུ་གྱུར་བའི་འཕྲིན་ལས་བཟང་པོ་རྒྱུན་ཆགས་པར་བྱུང་། དེའི་རྗེས་སུ་རིམ་པ་བཞིན་བླ་མ་འཕགས་མཆོག་པ། སྒྲ་པ་ཤེར་རིན་པ། ཆོས་རྗེ་རིན་ཤེར་བ། ཆོས་རྗེ་གྲགས་བསམ་པ་སོགས་གདན་སབ་རིམ་པར་བྱོན། བྱང་སེམས་གཞོན་ནུ་རྒྱལ་མཆོག་པ་ནི་གངས་བུ་ལེའི་མགུལ་དུ་གདམས་པ་ཐུགས་ཉམས་སུ་བསྐར་བས་སྣང་མ་སྙིང་ལོག་གི་བློ་སྦྱོང་ཚད་དུ་འཁྱོལ་བའི་བཀའ་གདམས་པ་ཞིག་སྟེ། ངམ་རིངས་སུ་བ་ཤད་

པ་མཛད་པས་འཕྲིན་ལས་ལེགས་པོ་བྱུང་བར་སྣང་ཞིང་། ཏྲོ་སྦྱོང་འཁྲུངས་པ་ཡང་འཕགས་ཆེན་རི་བ། ཆོས་རྗེ་ཉི་ཁྲི་བ། ཆོས་རྗེ་བསོད་ནམས་དཔལ་བཟང་སོགས་གྲུས་མང་དུ་ཕྱིན། ཕྱི་མས་ཡར་སྟོད་དུ་སྤྲུལ་སྐུ་ལུང་བཏབ་སྟེ་གདུལ་བྱ་བསྐྱངས་ཤིང་། ནང་གི་ཉེར་ལེན་བཟང་པོ་ལས་རྗེ་བཙུན་མི་གཡོ་བ་ཞེས་སྙན་གྲགས་ཆེ་བ་ཞིག་བྱུང་། བྱང་སེམས་རྒྱལ་མཚན་གྲགས་བཟང་པ་ནི་རྩ་བའི་གྲྭ་ས་རྭ་སྒྲེང་པ་ཡིན་ཞིང་། ཐུགས་རྒྱུད་འབྱོངས་པའི་སྐྱེས་བུ་དམ་པ་ཞིག་སྟེ་མངའ་རིས་པ་བསོད་རིན་པས་ཀླུངས་ཤོད་དཔལ་འབར་སྒང་བཏབ་པའི་གདན་ས་གཉིས་པ་མཛད་པའི་སྟེང་ནས་ཆོས་སྡེ་གོང་བཏབ་སྟེ་དགེ་འདུན་གྱི་ཚོགས་པ་བསྐྱངས་སོ།།

སྟག་ཕུ་གུ་ཤྲཱི་ནི་ཨེའི་གོང་པོར་ཆུ་ཁྱི་(སྤྱི་ལོ1382)ལ་སྐུ་འཁྲུངས། ཆོས་རྗེ་གུང་རུ་འཁྲུངས་པའི་སྤྲ་ལོ་དེ་ཡིན། དགུང་ལོ་བཅུ་པ་ལ་སྟག་ཕུར་བྱུང་དཔལ་ལྡན་རིན་ཆེན་པས་མཁན་པོ། བླ་མ་སྨན་སྒོམ་པས་སློབ་དཔོན་མཛད་ནས་རབ་བྱུང་དགེ་ཚུལ་ཞུས། དཔལ་ལྡན་དོན་གྲུབ་ཅེས་མཚན་གསོལ། མཁན་པོ་ལ་ཀྱི་རྡོར་གྱི་དབང་། ཆོས་སྤྱོད་སྐོར། གསང་འདུས། འཕགས་ལུགས་སེམས་འགྲེལ་སྐོར་སོགས་གསན། བཅུ་དྲུག་པ་ལ་གསང་ཕུར་ཕྱིན་ནས་རྗེ་རིན་པོ་ཆེའི་གྲུས་གཉལ་ཀོད་རིན་བསམ་དང་། བྱང་སེམས་རྭ་སྒྲེང་བ་ལ་ཕར་ཕྱིན་དང་མངོན་པ་བསླབས། རིན་པོ་ཆེ་དོན་གྲུབ་རྒྱལ་པོ་དང་། ཆོས་ལུང་མཁན་པོ་རིན་རྒྱལ་བ་གཉིས་ལའང་ཟབ་ཁྲིད་ཁ་ཡར་གསན། དགུང་ལོ་ཉེར་གཉིས་ལོན་པ་ན་རྭ་སྒྲེང་དུ་རྗེ་བཙུན་ཙོང་ཁ་པ་ཆེན་པོས་མཁན་པོ། བླ་མ་འཇམ་དཀར་བས་ལས་སློབ། རྒྱལ་ཚབ་ཆོས་རྗེས་གསང་སྟོན། རིན་པོ་ཆེ་འདུལ་བ་པས་གཙོས་པ་རྣམས་ཀྱིས་དད་པའི་

དགེ་འདུན་མཛད་ནས་བསྙེན་པར་རྫོགས། གནས་དེར་རྗེའི་དྲུང་དུ་སྡོམ་པ་གསུམ་གྱི་བསླབ་བྱ་དང་ལམ་རིམ་གསན། འཇམ་དཀར་བ་ལ་བསླབ་བྱ་ཟིན་ཐུན་གྱི་ཚུལ་གྱིས་ཞུས་ནས་བསྒྱུར་ཆོས་ཀྱང་མཛད་ཅིང་། ཡོལ་ཁ་སོགས་སུ་ཕྱག་ཕྱིར་ཕྱིན་ནས་སྔགས་རིམ་སོགས་མང་པོ་གསན། ཉེར་གསུམ་པ་ཤིང་སྤྲེལ་（སྤྱི་ལོ1404）ལ་སྟག་ཕུའི་གདན་སར་ཕེབས་པ། སྟག་ཆོས་ཀྱི་སྡེ་གཉིས་ཀ་རྗེའི་བརྒྱུད་འཛིན་དུ་དཀར་ལམ་གྱིས་བཏང་། འདི་ནས་ལོ་དྲུག་ན་དགེ་ལྡན་བཏབ། དེ་ནས་བཟུང་སྟེ་དགེ་ལྡན་རང་དུ་རྗེ་ཉིད་ལ་འགྲེལ་པ་སྙན་གསལ། བདེ་མཆོག་རྩ་རྒྱུད་ཀྱི་བཤད་པ། དམར་ཁྲིད། དབུ་མ་རྩ་འཇུག འདུལ་བའི་མདོ། དབང་ལུང་རྗེས་གནང་། བསྐྱེད་རྫོགས་ཀྱི་བཤད་པ་སོགས་བསྟན་པ་ཡོངས་རྫོགས་དང་། རྒྱལ་ཚབ་འདུལ་འཛིན་གཉིས་ལའང་གོང་དུ་སྨོས་པ་རྣམས་ཀྱི་བསྒྱུར་ཆོས། གནས་བརྟན་ཆོས་བཟང་པ་ལ་རྗེ་ནས་བརྒྱུད་པའི་འཇམ་དབྱངས་ཆོས་སྐོར། བྱམས་ཆེན་ཆོས་རྗེ་ལ་དབང་ལུང་རྗེས་གནང་ཇོར་དཔྱིངས་ལ་སོགས་པ་ཡོ་ག་སྐོར་གྱི་གར་དབྱངས་འཁྲིད་པ་མཛད། སོ་གཉིས་པ་ལ་རྒྱ་ནག་རྒྱལ་པོས་གུ་ཤྲཱིའི་འཇའ་ས་གནང་བས་ལུགས་གཉིས་ཀའི་སྒོ་ནས་འགྲན་ཟླ་མེད་པ་ལྟ་བུར་གྱུར། ཞེ་བདུན་བཞེས་པ་ན་དྲུང་ཀུན་དགའ་དོན་གྲུབ་གདན་སར་ཕྱིན་ཏེ་ཟུར་དུ་བཞུགས་ནས། གསང་འདུས་དང་བརྟག་གཉིས་ཀྱི་བཤད་པ་ལེགས་པར་མཛད་པས་མཚུངས་མེད་ཆོས་རྗེ། རྒྱལ་དབང་ཁ་ཆེ། ཆོས་རྗེ་པཎ་ཆེན། རིན་པོ་ཆེ་རྗེ་དཔོན་པ། གུ་གེ་སངས་རྒྱས་རྒྱལ་མཚན། སྡེ་དཔོན་ཡེ་ཤེས་བླ་མ་སོགས་མཁས་པ་མང་པོ་འདུས་ཤིང་། ཆོས་རྒྱལ་རིན་ཆེན་དཔལ་བཟང་པོ་ཉིད་ཀྱིས་ཆོས་འབྲེལ་གསན་པར་སྣང་། ཞལ་སློབ་དེ་རྣམས་ལས

སྡེ་དཔོན་གྱིས་ནི་ཀྲེ་བོའི་སྐམ་རྩེ་དགོན་པར་དགེ་ལྡན་པའི་སྒྲོལ་བཙུགས་སོ། དེ་ལྟར་རྣམ་དཀར་གྱི་མཛད་པ་རྒྱ་ཆེར་བསྐྱངས་པའི་མཐར་དགུང་ལོ་གྱ་ལྔ་བཞེས་པ། མེ་ཕོ་ཁྱིའི་ལོ་(སྤྱི་ལོ1466)ཧོར་ཟླ་དང་པོའི་ཚེས་བཅུ་དགུའི་ཉིན་ཞི་བར་གཤེགས། ལོ་འདི་ལ་ལོ་ཆུང་དགའ་བཞི་པའང་གཤེགས་ཤིང་ཉི་སྐྱིངས་བཏབ། དེ་ནས་ལོ་དྲུག་ཅུ་རྩ་གསུམ་སོང་། དགུང་ཞག་སུམ་ཅུ་རྩ་དྲུག་གི་རིང་ཐུགས་དམ་འོད་གསལ་ལ་བཞུགས་ཤིང་། སྐུ་ལྟག་པར་མདངས་གསལ་བ། ནམ་མཁའ་ལས་མེ་ཏོག་གི་ཆར་དང་འཇའ་འོད་བཀྲངས་པ་སོགས་ཀུན་གྱི་མིག་ལམ་དུ་གྱུར། ཐུགས་དམ་གྲོལ་བ་ནའང་བྱང་སེམས་སྟོད་དུ་འཆུགས་པ་སོགས་རྒྱུད་སྡེ་ནས་གསུངས་པའི་རྟགས་རྣམས་བྱུང་། སྐུ་གདུང་ནི་དངུལ་གྱི་གདུང་ཁང་དུ་རིལ་པོར་བཞུགས་སོ། སྐུ་ཚེ་བའི་ཡོན་ཏན་གྱི་དབང་དུ་བྱས་ན་ཆོས་ནམ་གསུང་རེས་ཀྱི་ལྟས་མེ་ཏོག་གི་ཆར་འབེབས་པ། སྟོན་གསན་པ་མཛད་པའི་ཕྱག་དཔེ་རྣམས་མནལ་ལམ་དུ་གསལ་བར་གཟིགས་པ། རབ་གནས་ཀྱི་ཚེ་ཡེ་ཤེས་པ་མངོན་སུམ་དུ་འཇུག་ནུས་ཤིང་། ཕྱག་ནས་གཏོར་བ་བར་སྣང་ལ་སྡོད་པ། གཞན་རྒྱུད་ཤེས་པའི་མངོན་པར་ཤེས་པ་མངའ་བ། གསང་འདུས་སོགས་ལྷག་པའི་ལྷ་མང་པོ་ཞལ་གཟིགས་པ། མགོན་པོ་ལེགས་ལྡན་སྐུ་ལ་འཁོར་ནས་འཕྲིན་ལས་སྒྲུབ་པ། སྐུ་སྐྱེ་ཕྱི་མ་ཤར་ཕྱོགས་མངོན་དགར་འཁྲུན་ངེས་པ་སོགས་ཏེ་ཡ་མཚན་ནོ། ཀུན་དགའ་དོན་གྲུབ་པའི་རྗེས་སུ་དྲུང་ཆེན་ཤར་བ་བློ་གྲོས་རྒྱལ་མཚན་པ། ཀུན་དགའ་དོན་གྲུབ་པ་ཕྱི་མ། དེ་རྗེས་དྲུང་དོན་གྲུབ་དཔལ་བ་དང་། ད་ལྟ་དྲུང་མཚམས་ཁང་པ་ཀུན་དགའ་གྲགས་པ་སོགས་དཔོན་བརྒྱུད་ཀྱིས་འཛིན་པ་སྟེ། མཁའ་འགྲོ་ཆོས་སྐྱོང་འཁོར་ཞིང་། སྟག་ཕུ་ཆོས་འཁོར་གཉིས་དང་། ལྷ་རི།

ལྷ་ཏུ་སོགས་མཐའ་རྒྱའི་དགོན་པ་རྣམས་ཀྱིའང་བདག་རྐྱེན་ལེགས་པར་མཛད་པའི་སྒོ་ནས་རྗེའི་བསྟན་པའི་ཞབས་འདེགས་པ་ཤ་སྟག་བྱོན། ཞ་ལུ་ལྷོག་ཆེན་པས་ནི་གསང་སྔགས་མཁར་གྱི་གདན་ས་མཛད་དེ་སྔགས་ཆོས་གསུངས། དེ་ནས་གདན་ས་པ་གཅིག་གཉིས་སྐུ་ཆོས་མ་ཟིན་པར་བྱུང་མཚམས། ཆོས་རྗེ་ཀུན་ལེགས་པའི་དྲུང་གིས་མཁས་གྲུབ་རིན་པོ་ཆེ་ལ་ཧ་མགྲིན་ནག་པོ་ཞུས་ནས་ཐུགས་དམ་མཛད་པའི་བྱིན་རླབས་ཀྱིས་བར་ཆད་ལས་རྒྱལ་ཏེ་གདན་སར་བཞུགས་ཡུན་རིང་ཞིང་འཕྲིན་ལས་རྒྱས་པར་གྱུར། དེ་ནས་རིན་པོ་ཆེ་བློ་བཟང་པ་དང་། ཆོས་རྗེ་བློ་གྲོས་བཤེས་གཉེན་པ་རིམ་པར་བྱོན། གྲྭ་ཚང་གཉིས་ཡོད་པའི་ཐོས་བསམ་གླིང་དང་ར་བ་སྟོད་སྦྲེལ་ནས་འཆད་ཉན་རྒྱུན་ཆགས་པ་དང་། སྨྲི་ཁང་དུའང་ཆོས་འཆད་སྐར་ཆགས་པར་བྱུང་། ཀྲྀ་གཟིགས་པ་ནི་མདོ་ཁམས་སུ་འཁྲུངས། ཆོས་རྗེ་ཉེར་གཉིས་པའི་ཞབས་འབྲིང་བྱེད་པའི་སྐྱིང་ནས། རྗེ་རིན་པོ་ཆེའི་ཞབས་ལ་གཏུགས་ཏེ་གཙོ་བོར་ཐེག་པ་ཆེན་པོ་གསང་སྔགས་ཀྱི་ཆོས་ལ་སྦྱངས། འབྲི་ཁུང་རིན་པོ་ཆེར་དགོངས་པ་ཞུས་ཏེ་ཐེལ་དང་འདབ་ཆགས་པར་ལྷུན་པོ་དགོན་པ་དང་། གཞི་སྐྱོམ་ཡོན་ཏན་རིན་ཆེན་ལ་སྦྱིན་བདག་ཞུས་ནས་ཚ་དཀར་ཆོས་སྡེའང་བཏབ་སྟེ་བསྟན་པ་ལ་བྱ་བ་མཛད། ཚ་དཀར་གྱི་གདན་སར་བྱང་གླིང་བ་གྲགས་རིན་བཞུགས་སུ་གསོལ། ཁོང་རང་ལྷུན་པོར་ཐུགས་ཐབ་ནས་གདུལ་བྱའི་དོན་མཛད་པ་ལས་ཆོས་རྒྱལ་རིན་ཆེན་དཔལ་བཟང་པོ། སེ་བསམ་སེང་བ། མངའ་རིས་པ་ཡོན་ཏན་གྲགས། སློབ་དཔོན་རིན་རྒྱལ་པ། ཆོས་སྒོ་བ་དགེ་ལེགས་རྒྱ་མཚོ་དང་གྲགས་པ་རྒྱལ་མཚན་པ་གཉིས། མཚུར་སྟོན་ནམ་མཁའ་དཔལ་བ་སོགས་མང་རབ་ཡོན་ཏན་ལ་འཁོར། དགེ་ལེགས་རྒྱ་མཚོ་ནི་

མཁས་གྲུབ་རྗེའི་ཡང་སྲས་སུ་གྱུར་ནས་བསྟན་པ་ལ་ཐུགས་ཧུས་མཆོག་ཏུ་ཆེ་བ་ཞིག་ཡིན་སྣང་ལ། ཨེ་ཝཾ་དུ་རྗེའི་ཕྱག་ལེན་འཛུགས་པར་མཛད་པའི་རྒྱུན་ནི་དེང་སང་གི་གླིང་སྨད་པ་འདི་ཡིན། རྣམ་གཉིས་ཀྱི་དཔོན་པོ་ཆོས་བཟང་གྲགས་པ་ནི་དགེ་ལྡན་དུ་ཆོས་རྗེ་རབ་འབྱམས་པ་ལ་གཏུགས་ནས་བསྙེན་པར་རྫོགས་པ་མཛད་པའི་དགེ་ལྡན་པ་ཉག་གཅིག་ཡིན། དེའི་དཔོན་སྐུ་མཆེད་གསུམ་བྱུང་བ་ནི། བཀའ་དགེ་ཚ་གྲང་ལྟར་དགོངས་པའི་ཆེན་པོ་དག་གི་བཀའ་ངག་ལས་བརྒལ་དཀའ་ཙམ་བྱུང་བར་སྣང་ནའང་ཆོས་སྐོ་བ་ཕྲ་མ་རྣམས་ཀྱི་མཛད་སྒྲོལ་ལ་དཔགས་གཉིས་ཆར་ལ་ཐུགས་དད་སྦྱོང་བའི་སྒྲི་ཁྲབ་ཡོད་པ་བྱུང་། སློབ་དཔོན་རིན་རྒྱལ་བའི་དཔོན་བརྒྱུད་ལ་ཡང་དགེ་ལྡན་པ་ཞིག་འོང་ཐང་སྐྱེ་སྟོན་ཚད་རྗེ་ཐོགས་པ་མ་བྱུང་ངོ་། ལྷ་གཟིགས་པའི་རྗེས་སུ་རིམ་པ་བཞིན་བླ་མ་སེ། མཚུར་སྟོན་པ། མཁས་མཆོག་པ། རོང་སྟོན་པ། ཆོས་རྗེ་བློ་བརྟན་པ། བླ་མ་བསམ་གྲུབ་དཔལ་འབྱོར། སློབ་དཔོན་ཤེས་རབ་བཟང་པོ་བ། དྲུང་ངག་དབང་མཆོག་གྲུབ་པ། བླ་མ་ཀུན་བཟང་པའི་བར་གདན་སར་ཕྱིན། དེ་རྗེས་བླ་རབས་ཁ་ཡར་ཕྱིན་པ་ནས་ནི་དཔོན་སློབ་མི་མཐུན་པ་ལྷན་ཅིག་ཏུ་བསྡེབས་པ་འདྲུས་ཙུང་ཟད་རྩོད་པ་དང་བཅས་པར་གྱུར་ཏོ། གྲགས་རིན་པའི་རྗེས་སུ་ཆ་དཀར་གྱི་གདན་སར་ཡང་རིམ་པ་བཞིན་དྲུང་གཞོན་ནུ་ནམ་མཁའ་བ། གཞོན་ནུ་འོད་པ། སློབ་དཔོན་ཆོས་གྲུབ་པ། དྲུང་གཞོན་ནུ་མཛེས་པ། སློབ་དཔོན་ཆོས་ལྡན་བློ་གྲོས་པ། ཆོས་དཔོན་བདེ་ལེགས་དཔལ་བཟང་གི་བར་ཕྱིན། ཆོས་རྗེ་གཞོན་ནུ་དཔལ་བ་ནི་འོད་སྣའི་གདན་སར་ཕྱིན་ཏེ་བསླབ་བྱ་ལམ་རིམ་གསུངས་ནས་དགེ་འདུན་རྣམས་དང་ཚུགས་ཀྱི་གྲྭ་བཟང་པོ་ལ་བཀོད། དེ་ནས་རིམ་པ་བཞིན་བླ་མ

གསེར་ཐུབ་པ། པཎ་ཆེན་ཤཱཀྱ་ཤྲཱི། མངའ་རིས་རབ་འབྱམས་པ། ཆོས་རྗེ་ལེགས་ཆོས་པ། ཆོས་རྗེ་མདར་བ། སློབ་དཔོན་རིན་པོ་ཆེ་ལྷ་རིན་པ། དངོས་ཅག་གི་བར་རོ། དེ་རྣམས་ལས་པཎ་ཆེན་པས་ནི་ནང་སོ་རྗེ་རྗེ་ཚོ་བརྟན་པ་དང་བཀའ་བགྲོས་ནས་རི་བོ་བདེ་ཆེན་འདེབས་པའི་ཞལ་བཀོད་དང་། ཆོས་རྗེ་བློ་གྲོས་དཔལ་བཟང་གདན་སར་བསྐོ་བ་གནང་ཞིང་ནང་སོ་ཁྲུ་དཔོན་གྱི་རྩ་བའི་བླ་མ་མཛད། སྐུ་གཤེགས་པ་ནའང་དགོངས་རྫོགས་ཕྱི་རྟེན་དུ་རྗེ་བཙུན་ཙོང་ཁ་པ་ཆེན་པོའི་གསེར་སྐུ་མི་ཚད་མ་བཞེངས་པ་སོགས་གང་དགོས་སྟག་རྩེ་ནང་སོ་ནས་བསྒྲུབས་པར་སྣང་། བྱང་ནམ་མཁའ་དཔལ་བས་ནི་བྱང་སེམས་འདུལ་བ་པ་དང་ཐུགས་བསྟུན་ནས་མལ་གྲོ་སྟོད་དུ་རིན་ཆེན་གླིང་གི་ཆོས་སྡེ་བཏབ་སྡེ་ཚོགས་བསྐྱངས་པས་དགེ་འདུན་གྱི་གྲྭ་ཚོགས་ཡར་འཕེལ་དུ་སོང་། ནམ་མཁའ་བ་ཉིད་སྐུ་གཤེགས་རྗེས་འདུལ་བས་གདན་ས་མཛད། དེ་ནས་རིམ་པ་བཞིན་བླ་མ་རབ་འབྱོར་འཕགས། ཆོས་རིན་པ། བླ་མ་སྐུ་སྐྱེ་བ། བྱང་རང་བྱུང་བ། སླར་ཡང་སྐུ་སྐྱེ་བ། ཏི་ཤྲཱི་ཆོས་རྗེ་དཔལ་ལྡན་ལེགས་པའི་རྒྱལ་མཚན་དཔལ་བཟང་པོ། ཆོས་ཀྱི་རྗེ་དཀོན་མཆོག་དར་བའི་བར་བྱོན་ཏེ་གྲྭ་ཚོགས་ཆེ་ཞིང་དགེ་འདུན་གྱི་བཅའ་ཁྲིམས་ཉོད་པ་མེད་པ་སོགས་སྔོ་དུ་མ་ནས་ལེགས་ཚོགས་ཆེ་བར་ཡོད་དོ། བླ་མ་སངས་རྒྱས་ཚུལ་ཁྲིམས་པ་དང་། བྱང་སངས་བསམ་པ་དང་། རྫོང་དཔོན་བཟང་ང་བ་མཆོད་ཡོན་གསུམ་བཀའ་བགྲོས་ནས། དཔོན་ས་ཆོས་གཉིས་རིན་པོ་ཆེ་ལ་ལུང་ཞུས་ཏེ། ཟུ་ཕུག་མདའ་མཁར་སྐྱུ་ཆོས་སྡེ་བཏབ་པ་ཡང་། དེང་སང་གི་བར་དང་ཚུགས་ཀྱི་གྲྭ་མ་ཉམས་པར་མཆིས། བྱང་རྡྷ་ན་བས་དཔོན་མོ་དགེ་སྒྲོང་མ་ལ་སྦྱིན་བདག་ཞུས་ནས་དབུས་ཡུལ་ཚུམས་སུ་བཀྲ་ཤིས་རབ་བརྟན

གྱི་ཆོས་སྡེ་བཏབ་སྟེ་དང་ཚུགས་ཀྱི་གྲྭ་བཙུགས་པ་དེང་སང་གི་བར་དུའང་དར་རྒྱས་ཆེ་བར་ཡོད་དོ། མངའ་རིས་པ་བསོད་རིན་པས་ཀྱང་ཞག་ཆེ་ལ་ཕྱིན་བདག་ཞུས་ནས་ཀླུངས་ཤོད་དཔལ་འབར་སྣང་བཏབ། དེ་ནས་རིམ་པ་བཞིན། བྱང་སེམས་པ། བླ་མ་ཆོས་དཔལ་བ། དྲུང་ཤྲཱ་རིའི་བུ་སོགས་ཕྱོན། ཆོས་སྡེ་གོང་མར་བྱང་སེམས་པའི་རྗེས་སུ། དྲུང་རིན་རྒྱལ་བ། སློབ་དཔོན་ཉི་མ་གྲགས་པ་སོགས་ཕྱོན། འཇམ་དབྱངས་ཤཱཀ་རིན་པས་ཀྱང་ཀླུངས་ཤོད་མདར་དགོན་གསར་བཏབ་སྟེ་བླ་མ་རིན་ཤཱཀ་པ་གདན་སར་བཞུགས་སུ་གསོལ། རིན་ཤཱཀ་པ་འདི་ནི་མངའ་ཕུ་ཆོས་སྡེ་བཏབ་པ་ཡིན་ནོ། ཡང་དགེ་ལྡན་པའི་གནས་བརྟན་དྲུང་ཚུལ་ཁྲིམས་བཀྲ་ཤིས་པ་དང་དཔལ་འབྱོར་རྒྱལ་མཚན་པ་གཉིས་ཀྱིས་བྱམས་པ་གླིང་དང་ལྷ་རྩེ་དགོན་གསར་བཏབ་སྟེ་དང་ཚུགས་ཀྱི་གྲྭ་བཙུགས་སོ། ཆོས་རྗེ་ཤེར་འབྲུང་བ་ནི། རྗེ་ཡབ་སྲས་ཀྱི་ཞབས་ལ་གཏུགས་ནས་མདོ་སྔགས་ལ་མཁས་པར་སྦྱངས་ལ། ཡི་དམ་ལྷའི་གཟིགས་སྣང་ཡང་ཡོད་པ་ཞིག་སྟེ། དགེ་ལྡན་ཤར་རྩེ་བཟུང་བས་ཤར་རྩེ་བར་གྲགས། ལུང་དང་མངོན་པར་རྟོགས་པའི་ཡོན་ཏན་ལ་དཔགས་པའི་འཕྲིན་ལས་མ་བྱུང་ཡང་། མཚོ་ཡོད་ན་ངང་པ་འཁོར་བ་ལྟར་ཆོས་རྗེ་རབ་འབྱམས་པ་སོགས་སྡེ་སྣོད་འཛིན་པ་གྲངས་མི་ཉུང་བ་འདུས་པར་སྣང་ལ། དབེན་དགོན་དུ་སྟོད་ལུངས་ཚུ་བཟང་དགོན་བཏབ་སྟེ་དེ་ཉིད་དུ་བདེ་བར་གཤེགས། སྤྱན་སྔ་ཀུན་བློ་བ་ནི་རིན་ཆེན་སྒང་གི་གདན་སར་ལོ་བཅུ་གཅིག་བཞུགས་ནས་བྱང་ཆུབ་ལམ་གྱི་རིམ་པ་རྒྱུན་ཆགས་སུ་གསུང་བ་གནང་ཞིང་། བྱང་ཆུབ་སེམས་དཔའ་ཡིན་པའི་སྙན་གྲགས་ཀྱང་ཆེ། མཐར་ལྔ་བཅུ་རྩ་གཅིག་ལ་སྐུ་གཤེགས། འདས་རྟགས་སུ་གདུང་ལ་ཐུགས་རྗེ་ཆེན་པོའི་སྐུ་དང་

རིང་བསྲེལ་དཔག་མེད་བྱོན། སྤྱན་སྔ་གཞོན་འོད་པ་ནི་རྩེ་ཐང་དུ་རབ་ཏུ་བྱུང་སྟེ། རྗེ་ཐམས་ཅད་མཁྱེན་པ་དང་། སྤྱན་སྔ་ཉེར་གཉིས་རིན་པོ་ཆེ་ལ་ཆོས་མང་པོ་གསན་པས་ཐུགས་རྒྱུད་སྨིན་པའི་སྟེང་ནས་རིན་ཆེན་སྒང་གི་གདན་ས་ལོ་སུམ་ཅུ་རྩ་བཞི་མཛད་ཅིང་མི་དབང་གྲགས་པ་འབྱུང་གནས་ཀྱིས་ཀྱང་བླ་མར་ཁུར་བ་ཡིན་འདུག་ལ། ཉམས་རྟོགས་འཁྲུངས་པའི་རྣམ་འགྱུར་གསུང་མགུར་རང་ཡང་པོ་ཏི་གཅིག་ཙམ་ཡོད་སྐད། མཐར་དྲུག་ཅུ་རྩ་དྲུག་ལ་སྐུ་གཤེགས།།

སྤྱན་སྔ་བློ་གྲོས་རྒྱལ་མཚན་པ་ནི་བྲག་དགོན་འདབས་སུ་ཆུ་རྟ (སྤྱི་ལོ 1402) ལ་འཁྲུངས། རྗེ་ཡབ་སྲས་གསུམ། རྟོགས་ལྡན་རིན་པོ་ཆེ། ཆོས་རྗེ་བློ་གྲོས་པ་སོགས་ལ་མདོ་སྔགས་ཀྱི་ཆོས་མང་དུ་གསན། རིན་ཆེན་སྒང་གི་གདན་སར་ཟླ་བ་བཅོ་བརྒྱད་དང་། སྐམ་དགོན་གདན་སར་ལོ་དྲུག་བཞུགས་ནས་གཞན་གྱི་དོན་རྒྱ་ཆེན་པོ་མཛད་པས་སྐམ་དགོན་བྱང་ཆུབ་སེམས་དཔར་གྲགས། དེ་ནས་ཀུན་སྤངས་གནང་སྟེ་ཡང་དགོན་རྩེ་སོགས་དབེན་པའི་གནས་རྣམས་སུ་ཐུགས་དམ་ལ་གཞོལ་བའི་མཐར་བདུན་ཅུ་རྩ་གཅིག་བཞེས་པ་ཆུ་འབྲུག (སྤྱི་ལོ 1472) ལ་སྐུ་གཤེགས། འདས་རྟགས་སུ་མེ་ཏོག་མནྡཱ་ར་བའི་ཆར་ཆེན་པོ་བབས། སྤྱན་སྔ་བསོད་ནམས་ལྷུན་གྲུབ་པ་ནི། ཡར་ཀླུངས་ཇོ་བོའི་རིགས་སུ་མེ་འབྲུག་ལ་འཁྲུངས། འཚད་ཁར་མཁན་པོ་སེང་གེ་རྒྱལ་མཚན་པ་ལས་རབ་ཏུ་བྱུང་ཞིང་། དེ་ཉིད་ཀྱིས་མཁན་པོ་དང་། ལྷ་རིན་ཆེན་སེང་གེ་དང་། ཤཱཀྱ་བསོད་ནམས་གཉིས་ཀྱིས་ལས་སློབ་གསང་སྟོན་གནང་སྟེ་བསྙེན་པར་རྫོགས་པའང་མཛད། ཉ་དབོན་ཀུན་དགའ་དཔལ། སློབ་དཔོན་བསོད་ནམས་འོད་ཟེར། མཁན་པོ་གྲུབ་པ་ཤེས་རབ།

མཁན་ཆེན་ཚོས་གྲགས་པ་སོགས་ལ་མདོ་སྔགས་ཀྱི་པོ་ཏི་མང་པོ་གསན་ཞིང་། འཆད་སྒྲིལ་སྒྱུན་སྔར་ཕེབས་པའི་སྐྱེང་ནས། རྗེ་བཙུན་ཙོང་ཁ་པ་ཆེན་པོའི་ལེགས་བཤད་ཀྱི་བདུད་རྩིས་བློ་གྲོས་ཀྱི་ལུས་སྟོབས་རྒྱས་པར་མཛད་པ་ལས་སྙེ་སྣོད་འཛིན་པ་རྣམས་ཀྱང་ངང་གིས་འཁོར་བ་ཞིག་སྟེ། ཉར་སྟོན་པ། རྗེ་དགེ་འདུན་གྲུབ། གུ་གེ་སངས་རྒྱས་རྒྱལ་མཚན། རྗེ་རྒྱལ་མཚན་བཟང་པོ། ལྷ་དཔལ་ལྡན་བཟང་པོ་སོགས་ཕྱིན་པའི་རྒྱ་མཚན་ལས་སོ། མཐར་བདུན་ཅུ་རྩ་བརྒྱད་པ་ཆུ་བྱ་ལ་སྐུ་གཤེགས། འདས་རྟགས་སུ་དུང་དཀར་གཡས་སུ་འཁྱིལ་བ་ཞིག་ཕྱིན། གུ་གེ་བས་རྒྱལ་བཟང་གི་གདན་སར་བཞུགས་ཏེ་ཚོས་གསུངས་པས་གྲྭ་ནང་དགེ་ལྡན་པར་ངང་གིས་སོང་བ་ཡིན་སྣང་། སྤྱན་སྔ་རིན་རྒྱལ་བ་ནི་ལྷས་སུ་ཕྱི་བ་ལ་སྐུ་འཁྲུངས། རབ་བྱུང་བསྙེན་རྫོགས་སྤྱན་སྔ་གནམ་གང་པ་ལ་ཞུས། རྗེ་ཐམས་ཅད་མཁྱེན་པ་སོགས་དམ་པ་བཅོ་ལྔ་བསྟེན་ནས་གསན་པ་མཛད་དེ། ལོ་བྱ་ཡུལ་གྱི་གདན་སར་ལོ་ཉི་ཤུ་རྩ་གསུམ་བཞུགས་ལ། མགོན་པོ་གྲི་གུག་གི་ཞལ་གཟིགས་ཀྱང་ཡོད་པ་ཞིག་སྟེ། མཐར་ལྔ་བཅུ་རྩ་དགུ་པ་ཁྱིའི་ལོ་ལ་གཤེགས། སྤྱན་སྔ་རིན་ཆེན་འཕེལ་བ་ནི་མཁས་པ་ཆེན་པོ་ཞིག་ཡིན་སྣང་ལ། རྒྱལ་སྐྱེངས་དང་སྤྱན་གཡས་གཉིས་ཀའི་གདན་ས་མཛད་དེ་ཚོས་གསུངས་པས་ཡིད་བཟང་རྩེ་བ་སོགས་མཁས་པ་མང་པོ་ཡང་ཞལ་སློབ་ཏུ་གྱུར། རྗེ་ཉིད་ལ་གསུང་ཚོས་ཀྱི་འབྲེལ་བ་གསན་ཞིང་བཀའ་གདམས་པ་ཞེས་པའི་སྒྲ་དོན་གྱི་བཤད་པ་ཕུལ་བས་ཐུགས་དགྱེས་ཞེས་ཀྱང་གྲག། རྫོག་བྱུང་དཔལ་པ་དང་རིན་ཆེན་དཔལ་གཉིས་ནི་བཀའ་བརྒྱུད་ཀྱི་བསྟན་པའི་བདག་པོར་མངའ་གསོལ་བའི་སྐྱེང་ནས། རྗེ་ཐམས་ཅད་མཁྱེན་པ་ལ་ཚོས་འབྲེལ་གསན་པར་སྣང་ཞིང་། གྱི་ཞིང་དུ་གདན་བཞིའི་

བཤད་པ་དང་། རྟོག་པའི་དཀྱིལ་འཁོར་བདུན་དུ་གྲགས་པའི་དབང་གིས་གདུལ་བྱ་སྨིན་གྲོལ་མཛད་པ་ཞིག་གོ། བྱང་དར་མས་ནི་ཡེ་དབང་རྒྱལ་པོའི་ཏི་ཤྲཱི་མཛད་དེ། རྒྱ་ནག་པོའི་ཁང་ཞབས་དང་མདོ་སྨད་བྱང་གི་སའི་ཆར་ཇེ་རིན་པོ་ཆེའི་བསྟན་པ་རྒྱས་པར་མཛད་ཙང་ <ཅིང>། དབུས་སྤུའང་བཙུན་མོ་ཚལ་གྱི་དགོན་པའི་གཞི་བཏིང་། རྒྱལ་པོ་གཤེགས་ནས་ཆོས་ལ་མི་གུས་པའི་བློན་པོ་རྣམས་ཀྱིས་སྐུ་ལ་མཚོན་བསྣུན་ཏེ་དགྲོངས་པ་ན་ཁྲག་འོ་མར་བབས་ཞེས་གྲག། གཞན་ཡང་སྟེག་ཚང་དང་གྲྭ་ཚང་གི་ཆོས་རྗེ་གཉིས་ཀྱིས་ཆོས་སྡེ་ཆོས་རྫོང་གི་སྡེ་ཟུང་འབྲེལ་དང་། གནས་གཞི་བྲུང་པ་དང་ཤར་པ་བརྩོན་རིན་དཔོན་སློབ་པས་དགེ་འདུན་གྱི་སྡེ་སོ་སོར་བཙུགས་ཤིང་། མཛོ་མོ་མཁར་དུ་མཁན་པོ་ཤཱཀྱ་ཚུལ་པས་ཚོགས་བསྡུས་ནས་ཆོས་བཤད་བྱས་པ་སོགས་ལས། མདོ་སྨད་ཅེས་བྱ་བའི་རྒྱལ་ཁམས་ཆེན་པོར་ཡང་དགེ་ལྡན་པའི་བསྟན་པ་གླིང་བཞི་ཉི་ཟླས་ཁྱབ་པ་ལྟ་བུ་འདི་བྱུང་ཞེས་གྲགས།།

ཡིད་བཟང་རྩེ་བ་ནི་རྒྱས་སྨན་དུ་ཆུ་སྤྲེལ་(སྤྱི་ལོ1392)ལ་སྐུ་འཁྲུངས། སྲུན་གཡས་ཀྱི་སྟོན་པ་དང་། རྩེ་ཐང་དུ་གྲྭ་འཛིན་མཛད། སྤྱིར་ཡོངས་འཛིན་དམ་པ་དྲུག་ཅུ་ཙམ་དང་། བཀའ་བརྒྱུད་འདིའི་དབང་དུ་བྱས་ན་རྗེ་ཐམས་ཅད་མཁྱེན་པ། རྒྱལ་ཚབ་འདུལ་འཛིན་གཉིས། འཇམ་དཀར་བ། སེམས་དཔའ་ཆེན་པོ་ཀུན་བཟང་བ་རྣམས་ལ་གསུང་ཆོས་མང་པོ་གསན་པས། མང་དུ་ཐོས་པ། ཐོས་པ་འཛིན་པ། ཐོས་པ་བསགས་པའི་མཁས་པ་ཆེན་པོར་གྱུར་པ་སྟེ། འབྲས་རྟགས་སུ་རྒྱུད་བླ་མའི་ཊཱི་ཀ་ཆེན་སོགས་རྩོམ་པ་མང་པོ་དང་། ཁྱད་པར་དེབ་ཐེར་སྔོན་པོར་གྲགས་པའི་ལོ་རྒྱུས་ཆེན་མོ་འདི་གནང་བས་རྣམ་དཔྱོད་ཅན་རྣམས་ཡིད་འཕྲོག་པར་མཛད། བུ་སྟོན་རིན་པོ་

ཆེ་ཞིང་གཞན་དུ་གཤེགས་ནས་བླ་མ་འདི་ལོ་རྒྱུས་ལ་མཁྱེན་པ་རྒྱས་སམ་སླམ། འཕྲུལ་གྱི་མཛད་པ་ཡང་བླ་མ་གོང་མའི་རྣམ་ཐར་ལ་གྲུས་པ། གསུང་རབ་ཀྱི་རྩོམ་པ་ལ་དགྱེས་པ། ལོངས་སྤྱོད་ཀྱི་འར་ཨུར་མི་མཛད་པ། ཕག་མོ་གྲུ་པའི་སྡེ་སྲིད་ལ་ཐུགས་རྟུས་ཆེ་བ། རྩེ་ཐང་གི་གྲྭ་སའི་བསླུགས་པ་བཇོད་པ། ཕྱུག་པོ་ལ་མི་སྙོན་པ། དཔའ་བོ་ལ་མི་སྐྲག་པ། དཔའ་མོ་ལ་མི་བརྙས་པ། མཐོ་དམན་ཀུན་ལ་སྙེམས་དང་བྲལ་བ་ཞིག་གོ། མཐར་དགུང་ལོ་དགུ་བཅུ་བཞེས་པ་ལྕགས་མོ་གླང་ལོ(སྤྱི་ལོ1481)ལ་འོན་མདའ་གསལ་ཁང་རྩེར་བདེ་བར་གཤེགས། ལོ་འདི་ལ་དཔོན་ས་ཆོས་གཉིས་རིན་པོ་ཆེ་སྡེ་གདོང་རྩེའི་ཁྲི་ཐོག་ཏུ་ཕེབས་ནས་ལྷོ་བྱང་དཀར་འཛམ་ཡུག་གཅིག་ཏུ་སོང་། དེ་ནས་ལོ་བཞི་བཅུ་རྩ་བརྒྱད་འདས། ཆོས་རྗེ་དེ་ལ་གསུང་ཆོས་ཀྱིས་འབྲེལ་བའི་སློབ་མ་མང་དུ་བྱུང་བ་ལས་འགོས་ཆེ་བ་ལ་ཆོས་རྗེ་ནམ་པ། སྤྱན་སྔ་སྤྱིལ་སྒྲུ། འབྲུག་པ་རྒྱལ་དབང་ཆོས་རྗེ། སྟག་ལུང་ཆོས་རྗེ་ངག་དབང་གྲགས་པ། སྤྱན་སྔ་ཆོས་ཀྱི་རྒྱལ་པོ། ལོ་ཆེན་བསོད་ནམས་རྒྱ་མཚོ། ཡིད་བཟང་རྩེ་པ་ཕྱེ་མ། ཆོས་རྗེ་འབྲི་སྒང་པ། ཆོས་རྗེ་སྨན་རྒྱལ་བ། ཆོས་རྗེ་ཏའུ་ར་པ། སློབ་དཔོན་རིན་པོ་ཆེ་ཀུན་རྒྱལ་བ་སོགས་བྱོན། མ་གཅིག་དཔོན་པོ་ནི་བྱང་པ་བདག་པོ་འཛམ་དབྱངས་པའི་སྲས་སུ་འཁྲུངས། རྣམ་དཔྱོད་ཡངས་ཤིང་རྗེ་ཉིད་ལ་ཤིན་ཏུ་གུས་པ་ཞིག་ཡིན་སྣང་ལ། རྟེན་འབྲེལ་བསྟོད་པའི་ཡི་གེ་པ་ནམ་མཁའ་དཔལ་ཞེས་པ་དང་། དགེ་ཚུལ་བློ་དང་ལྡན་པ་ནམ་མཁའ་དཔལ་ཞེས་གསུང་འབུམ་ཐོར་བུ་བར་འབྱུང་བ་གཉིས་དཔོན་འདི་ཉིད་ཡིན་འདུག་ཅིང་། རྗེ་བཙུན་རེད་མདའ་བའི་ཞབས་འབྲིང་ན་ཡོད་དུས་ཤིག་རྫོང་པའི་གཞི་བདག་མི་ལ་ཞུགས་ནས་མཆོན་བསྣུན་ཏེ་དགྲོངས་ཞེས་གྲག

སྐྱེས་བུ་དམ་པ་དེ་ལྷ་བུ་ལ་འགྲོངས་རྐྱེན་དེ་མི་འོས་སོ་སྙམ་ན། གདུལ་བྱའི་སྣང་ཚུལ་དང་ལས་མཐུ་བཙན་པའི་དབང་དུ་བྱས་ན་ངེས་པ་མེད་དེ། འཕགས་པ་མོའུ་འགལ་གྱི་བུ་དང་འཆར་ཀ་གཉིས་ཀྱི་འགྲོངས་རྐྱེན་ལུང་ལས་ཇི་སྐད་གསུངས་པ་དང་། སློབ་དཔོན་ཀ་མ་ལ་ཤཱི་ལ་ཀྱི་བཤན་པས་དཀྲོངས་པར་བཤད་པ་ལྷ་བུ་ཡིན་པས་སོ།།

ཡར་རྒྱབ་དཔོན་པོ་ནི་རྒྱལ་ཆེན་གླིང་པའི་ཞལ་ངོར་སྐུ་འཁྲུངས། རྩེ་ཐང་དུ་རབ་ཏུ་བྱུང་ནས་ཆེན་པོ་ཡོན་རིན་པ་དང་། བྱང་སེམས་ཀུན་བཟང་བ་ལ་བཀལ་བརྟག་བཙོ་བ་དང་། པོ་ཏི་མང་པོའི་མཛུབ་ཁྲིད་ཀྱི་བསྐྱར་ཚོས། རྗེ་ཡབ་སྲས་གསུམ་དང་པཎ་ཆེན་ཕྱོགས་ལས་རྣམ་རྒྱལ་བསྙེན་ནས་གསུང་རབ་ལ་གསན་པ་རྒྱ་ཆེར་མཛད་པས་མང་དུ་ཐོས་པ་ཆེན་པོར་གྲགས་ཤིང་། རྒྱལ་ཚབ་འདུལ་འཛིན་གཉིས་ལ་མཁན་སློབ་ཞུས་ནས་བསྙེན་པར་རྫོགས་པའང་མཛད། ཕྱིས་རྣམ་པར་དཀར་བའི་འཕྲིན་ལས་ཀྱི་ཡན་ལག་ཏུ་གྲྭ་ཆེ་བར་བྱམས་པ་གླིང་གི་ཆོས་སྡེ་བཏབ་སྟེ། གཞུང་གདམས་ངག་གི་དུས་ཆོས་གསུངས་པས་བླ་མ་འཕགས་པ་ལྷ། བླ་མ་ཞི་རྒྱས་པ། ཆོས་རྗེ་ལེགས་ཆོས་པ་སོགས་བསྟན་འཛིན་འགའ་ཡོན་ཏན་ལ་འཁོར་ཞིང་། ཕྱག་ཆེན་པ་དང་པོ་དོང་པ་ཕྱོགས་ཀྱི་བླ་མ་མང་པོས་ཀྱང་ཞབས་ལ་གཏུགས་པར་སྣང་། ཇོ་སྟན་བསོད་ནམས་ལྷུན་གྲུབ་ནི་རྗེ་ཡབ་སྲས་ཡུན་རིང་དུ་བསྟེན་པའི་སློབ་མ་ཞིག་སྟེ། ཐུགས་རྒྱུད་ལ་རྫོགས་རིམ་ཟབ་མོའི་རྟོགས་པ་འཁྲུངས་པ་ཡིན་སྣང་། ཀོང་པོ་ཇོ་སྟན་གྱིས་ནི་ཚབ་ནག་རི་བོ་དགེ་ལྡན་བཏབ་སྟེ་ཚོགས་བསྐྱངས་པ་ལས་ཀོང་ཡུལ་དུ་རྗེའི་བསྟན་པའི་དབུ་འཛུགས་མཛད་པར་སྣང་། ཇོ་སྟན་ཟླ་བ་བློ་གྲོས་ཀྱིས་ནི་ཚོགས་ཆོས་ལུང་བའི་མཁན་པོ་མཛད་པ་བཞུགས་

རིང་དགེ་ལྡན་པའི་གྲྭ་པ་མང་རབ་སྤེལ་བ་མཛད་འདུག་ནའང་རྒྱུན་ཆགས་པ་ནི་མ་བྱུང་། ལེགས་རིན་པས་མཚན་སྒྲོག་པའི་མཁན་པོ་མཛད་པ་དེང་སང་གི་བར་དུ་ཡང་ཚོགས་པ་གྲྭ་ནང་དགེ་ལྡན་པ་ཤ་སྟག་ཏུ་ཡོད་ཅིང་སྟོད་ཕྱོགས་ཀྱི་ཇོ་སྟན་གསར་རྙིང་དུ་གྲགས་པའང་དེ་ལྟར་རོ། ཚོགས་ཆེན་པ་དང་ཇི་ཛིང་པ་གཉིས་ལ་སྤྱར་བཤད་པ་ལྟར། མཁན་པོ་དགེ་ལྡན་པ་མང་དུ་བྱུང་ཞིང་། ཚོགས་ཁྲིད་དུ་དེང་སང་ཡང་ས་དགེ་ཆ་མཉམ་དུ་ཡོད། མཐིལ་ཚུང་དཀའ་བཞི་བ་ནི་ལུང་དང་མངོན་པར་རྟོགས་པའི་ཡོན་ཏན་གྱིས་ཕྱུག་ཅིང་བྱ་བྲལ་གྱི་བརྟུལ་ཞུགས་འཛིན་པ་ཞིག་སྔ་གནས་ངེས་མེད་དུ་བརྒྱུས་ནས་ཐབས་ཀྱིས་གཞན་དོན་མཛད་པར་སྣང་། བྲག་དགོན་དཀའ་བཞི་བ་དང་རྒྱལ་བ་དཀའ་བཞི་བ་གཉིས་ནི་རྗེ་རིན་པོ་ཆེའི་ཕྱག་དཔེའི་གཉེར་འཛིན་པ་ཡིན་སྣང་ལ་གསུང་རབ་ལ་གསན་པ་ཆེ་ཞིང་སློབ་མ་སྐྱོང་བར་ཡང་མཛད་སྣང་། གྱི་རེ་དཀའ་བཞི་བ་ནི་རྗེ་རིན་པོ་ཆེ་བསྟེན་ནས་མ་རྒྱུད་གཙོ་བོར་གྱུར་པའི་གསུང་རབ་མང་པོ་གསན་ཞིང་མཁན་པོ་ཞུས་ཏེ་བསྙེན་པར་རྫོགས་པའང་མཛད། འཕྲིན་ལས་ཀྱི་ཡན་ལག་ཏུ་གསང་སྔགས་ཕོ་བྲང་བཏབ་སྟེ་སྔགས་ཆོས་མང་པོ་གསུངས་པས་སྤྲོ་སྟོད་འཛིན་པ་འགའ་ཡར་འདུས་ཤིང་། གཞིས་ཀ་སྣེའུ་རྫོང་པ་དཔོན་སློབ་ཀྱིས་ཀུང་གུས་མཆོད་ཡང་དག་མཛད། མཐར་འདས་རྟགས་བཟང་པོ་དང་བཅས་ཏེ་དབེན་དགོན་དེ་ཉིད་དུ་གཤེགས། སློབ་ལམ་མཐའ་ཡས་པ་ནི་ཆོས་རྗེ་ཚུ་ཚན་ཁ་པ་ཤེས་རབ་དཔལ། མཁན་ཆེན་ནམ་མཁའ་རྒྱལ་མཚན་པ། རྗེ་རིན་པོ་ཆེ་རྣམས་ལ་གསུང་ཆོས་གསན་ཏེ་གངས་དཀར་སྣེའུ་ཞེས་བྱ་བའི་དབེན་གནས་སུ་དམའ་བའི་སྟན་བཏིང་། རྟུལ་པོའི་གོས་གྱོན། དམན་པའི་ཟས་ཟོས་ནས་བསྒོམས་པས་ཡ་མཚན་ཅན་གྱི་སྐྱེས་བུར་

གྱུར་པ་ཞིག་སྟེ། གངས་དཀར་སྣེའུ་ན་དགའ་བ། སྣེའུ་ཆོས་གྲྭ་ན་སྐྱིད་པ། སྐྱེས་མཆོག་སྨོན་ལམ་པའི་ཡ་མཚན་ལ། སྨོན་ལམ་མཐའ་ཡས་པའི་ཡ་མཚན་ལ། ཞེས་གསུངས་པ་ལྟར་རོ། མཐར་དབེན་གནས་སུ་འབྲོག་མུ་ཏིག་དགོན་པ་བཏབ་སྟེ། དག་པའི་ཞིང་དུ་གཤེགས། རི་མི་འབབ་པ་བསོད་ནམས་རིན་ཆེན་ཡང་ནི་དམན་ཆ་བླངས་པའི་བྱང་ཆུབ་སེམས་དཔའ་ཡ་མཚན་ཅན་ཞིག་སྟེ། སྐུ་ཚེ་མཐར་ཕྱིན་པ་ན་དྭགས་པོ་ལ་བར་དུ་གཤེགས།

རིན་པོ་ཆེ་དཔལ་ལྡན་བཟང་པོ་ནི་ཆུ་མོ་ཕག་(སྤྱི་ལོ 1383)ལ་འཁྲུངས། དགུང་ལོ་གསུམ་པ་ལ་རིན་པོ་ཆེ་གྲགས་བྱང་པའི་དྲུང་དུ་དགེ་བསྙེན་ཞུས། དགུ་པ་ལ་བརྟག་གཉིས་ཀྱི་སློབ་གཉེར་མཛད། བཅུ་པ་ལ་སྤྱན་སྔ་ཀུན་སྤངས་པ་ལ་ཟབ་ཁྲིད་གསན། མཁན་ཆེན་གྲགས་རྡོར་བ་དང་སློབ་དཔོན་ཞི་བ་དཔལ་གཉིས་ལས་རབ་ཏུ་བྱུང་། བླ་མ་ཆོས་དཔལ་ཤེས་རབ་ཀྱིས་དབང་བསྐུར། བཅུ་བཞི་པ་ལ་རྩེ་ཐང་དུ་བརྟག་གཉིས་གསུངས། ཉེར་གཉིས་པ་ལ་མཁན་ཆེན་སངས་བློ་བས་མཁན་པོ། ཆེན་པོ་རྒྱལ་བཟང་བས་ལས་སློབ། མཁན་ཆེན་དཀའ་བཅུ་བས་གསང་སྟོན་མཛད་དེ་བསྙེན་པར་རྫོགས། མཚུངས་མེད་རིན་གཞོན་པ་ལ་བཀའ་རྒྱུད་ཀྱི་གདམས་པ་དང་། རྗེ་ཉིད་ལ་མདོ་རྒྱུད་ཀྱི་གསུང་ཆོས་མང་པོ་གསན། ཉེར་གསུམ་པ་ཤིང་བྱ་(སྤྱི་ལོ1405)ལ་གདན་སའི་ཁྲི་ཐོག་ཏུ་ཕེབས། ཚོགས་ལོ་གཉིས་བསྐྱངས་ཏེ་ཉེར་ལྔ་པ་མེ་མོ་ཕག་(སྤྱི་ལོ1407)གི་ཟླ་བ་བཅུ་པའི་ཉེར་དགུ་ལ་གཤེགས། དེའི་ཚེ་རྗེ་རིན་པོ་ཆེའི་དགུང་ལོ་ང་གཅིག་པ་ཡིན།

སྤྱན་སྔ་བསོད་ནམས་བཟང་པོ་ནི་ལྕགས་པོ་སྤྲེའུ་(སྤྱི་ལོ 1380)ལ་འཁྲུངས། སྤྱན་སྔ་གྲགས་བྱང་བ་ལ་དགེ་བསྙེན་གྱི་སྡོམ་པ་དང་། མཁན་

ཆེན་གྲགས་རྗོར་བ་དང་སློབ་དཔོན་ཚུལ་རྒྱལ་བ་ལས་རབ་ཏུ་བྱུང་། ཆོས་སྒོ་བ་ཚུལ་ཁྲིམས་བཟང་པོས་བརྡ་བཞིའི་དབང་བསྐུར། བརྟག་གཉིས་ལ་གསན་སྦྱོང་མཛད་ནས་རྩེ་ཐང་དུ་གསུངས། རིན་པོ་ཆེ་བསོད་གྲགས་པ། མཁན་ཆེན་བསོད་བཟང་པ། མཚུངས་མེད་རིན་གཞོན་པ། རྗེ་ཐམས་ཅད་མཁྱེན་པ་སོགས་ལ་དབང་རྒྱུད་མན་ངག་མང་དུ་གསན་ཞིང་། ཤིང་སྦྲུལ(སྤྱི་ལོ1401)ལ་བཀྲ་ཤིས་དོ་ཁར་རྗེ་ཉིད་ཀྱིས་མཁན་པོ། ཆེན་པོ་རྒྱལ་བཟང་པས་ལས་སློབ། པཎྜི་ཏ་ཀུན་དགའ་རྒྱལ་མཚན་གྱིས་གསང་སྟོན་མཛད་དེ་བསྙེན་པར་རྫོགས། ཉེར་དགུ་པ་ས་བྱི(སྤྱི་ལོ1408)ལ་གདན་སར་ཕྱིན་ནས་ལོ་དགུ་བཞུགས་ཏེ། སོ་བདུན་པ་མེ་ཕོ་སྤྲེའུའི་(སྤྱི་ལོ1416)ལོ་ཟླ་བ་བཅུ་གཉིས་པའི་ཉེར་བརྒྱད་ལ་གཤེགས་པས་ཉེར་བརྒྱད་པར་གྲགས། དེབ་སྔོན་ལས་ས་ལུག(སྤྱི་ལོ1439)ལ་བསྙེན་པར་རྫོགས་པ་མཛད་པ་དང་། ཤིང་སྤྲེའུ(སྤྱི་ལོ1404)ལ་གཤེགས་པར་བཤད་པ་ནི་པར་མ་དག་པའོ།།

རིན་པོ་ཆེ་བསོད་ནམས་རྒྱལ་མཚན་ནི་ལྷ་གཟིགས་ཀྱི་རིགས་སུ་ཟད་བྱེད་ཅེས་པ་མེ་ཕོ་སྟག(སྤྱི་ལོ1386)ལ་སྐུ་འཁྲུངས། མཁས་གྲུབ་ཆོས་རྗེ་འཁྲུངས་པའི་ཕྱི་ལོ་དང་། མཁན་ཆེན་ཕྲུག་རྗོར་བ་འཁྲུངས་ནས་དྲུག་ཅུ་སྐོར་ཅིག་སོང་བ་དེ་ཡིན། དགུང་ལོ་བདུན་པ་ལ་མཁན་ཆེན་གྲགས་རྗོར་བ་དང་སློབ་དཔོན་ཞི་བ་དཔལ་ལས་རབ་ཏུ་བྱུང་། དང་པོར་མཁན་ཆེན་སངས་སློབ། ཆོས་རྗེ་ལེགས་པ་བ། ཆོས་རྗེ་བྱང་རྒྱལ་བ། ཆོས་སྒོ་བ་ཆོས་དཔལ་ཤེས་རབ། སྤྱན་སྔ་བསོད་གྲགས་པ། མཁན་ཆེན་དཀའ་བཅུ་བ། མཁན་ཆེན་བསོད་བཟང་པ། ཞ་ལུ་བ་གྲགས་པ་རྒྱལ་མཚན་རྣམས

བསྙེན་ནས་དབང་ལུང་མན་ངག་དཔག་ཏུ་མེད་པ་གསན། ཞར་ལ་བདེ་མཆོག་གི་བསྙེན་པ་མཛད་པས་དགུང་ལོ་དགུ་པའི་ཚེ་འབྲུམ་ཚ་གསུམ་ཙམ་སོང་། དེ་ནས་གསུང་རབ་ལ་གསན་པ་མཛད་པས་ལེགས་པར་དགོངས་ཏེ། དགུང་ལོ་བཅོ་ལྔ་པ་ལ་ལྷ་སར་དགེ་འདུན་རབ་ཏུ་མང་པོ་ལ་གསུང་ཆོས་གསུངས། དེའི་བར་དུ་ཆོས་སྐྱོང་གི་བསྙེན་པ་ས་ཡ་དགུ་སོང་། ཆོས་རྗེ་སངས་སྣྲོ་བས་མཁན་པོ་དང་། ཆེན་པོ་རྒྱལ་བཟང་བས་ལས་སློབ། དཀའ་བཅུ་བ་བསོད་ནམས་སེང་གེས་གསང་སྟོན་མཛད་དེ་བསྙེན་པར་རྫོགས་པའང་གནང་། དཀའ་བཅུ་བ་ཤེར་དོན་པ་ལ་ཚད་མ་སྡེ་བདུན་གསན་པས་རིགས་པའི་གནས་ལ་བློའི་སྣང་བ་རྒྱས། མཚུངས་མེད་རིན་གཞོན་པ་ལ་ཟབ་ཁྲིད་གསན་པས་ཕྱག་རྒྱ་ཆེན་པོའི་ལྟ་བ་ནམ་མཁའ་དང་མཉམ་པ་འཁྲུངས། རྗེ་ཐམས་ཅད་མཁྱེན་པ་ལ་མདོ་རྒྱུད་ཀྱི་གསུང་རབ་རྒྱ་ཆེར་གསན་པས་གསུང་རབ་མ་ལུས་པ་གདམས་པར་ཤར་བ་སོགས་ལས་དེ་གསུམ་ལ་མཆོག་གི་བླ་མར་འཛིན་ཞིང་། ཐུན་མོང་པ་ཟབ་མོའི་ལྟ་བ་དང་ཐུན་མོང་མ་ཡིན་པ་སྒྱུ་ལུས་ཀྱི་སྒྲུབ་ཚུལ་ནི་རྗེའི་གསུང་རབ་ཇི་ལྟ་བ་བཞིན་མཛད་དོ། དེ་ལྟར་ལུང་རྟོགས་ཀྱི་ཡོན་ཏན་ཕུན་སུམ་ཚོགས་པར་སོན་པ་ཉིད་ཀྱིས་ཆེ་དགུ་རྣམ་པས་གསོལ་བ་བཏབ་སྟེ་དགུང་ལོ་སོ་གཉིས་པ་མེ་བྱ་(སྤྱི་ལོ1417)ལ་གདན་ས་རིན་པོ་ཆེར་ཕེབས། སྐུ་ཆེ་བའི་ཡོན་ཏན་ནི་གསུང་རབ་གང་འཆད་ཀྱང་ཐོགས་པ་མེད་པས་མཁྱེན་པའི་གཏིང་ནི་མི་དཔོགས་པ་སྟེ་རོང་སྟོན་སྨྲ་བའི་སེང་གེ་དང་ཆོས་རྗེ་བཀྲ་ཤིས་དཔལ་བརྩེགས་པ་ལྟ་བུ་ཡང་བག་འཁྲུམས་ཞེས་གྲག ཕས་ཀྱི་རྒོལ་བ་གང་གིས་ཀྱང་འགྲན་དུ་མེད་པས་རྩོད་པ་ནི་ཕྱོགས་ཀུན་ལས་རྒྱལ་བ་སྟེ་ཆེན་པོ་ཡོན་རིན་པ་ལྟ་བུའི་སྟོན་པ་བཟང་པོས་ཀྱང་ཐལ་འགྱུར་མ་སྨོགས་ཞེས

གྲག ལེགས་བཤད་ཅི་འདྲ་ཞིག་སྤེལ་ཡང་ཚིག་དོན་བཟང་བས་རྩོམ་པ་ནི་དཔེ་ཟླ་དང་བྲལ་བ་སྟེ་ཆོས་དྲུག་ཆེན་མོ་དང་དྲིས་ལན་པི་ཎྜའི་ཕྲེང་བ་སོགས་བལྟས་ན་མཁས་པའི་ཡིད་རབ་ཏུ་འཕྲོག་ཅེས་གྲག གང་ལ་མཉམ་པར་བཞག་ཀྱང་བདེ་སྟོང་གི་ཉམས་འཆར་བས་མངོན་རྟོགས་ནི་རྒྱུད་སྡེ་ནས་བཤད་པ་བཞིན་ཏེ་གསུང་མགུར་ལ་བརྟགས་པས་ལེགས་པར་དཔོག་ནུས་ཞེས་གྲག ཡིད་བཟང་རྩེ་བ། སྣར་ཐང་མཁན་པོ། སྨན་དོར་ཀྲུའོ། ལོ་པ་ཚུར་དར། བང་རིམ་ཆོས་རྗེ། སྤྱན་སྔ་གཞོན་འོད་པ། ཆོས་རྗེ་བྲག་ཕྱོག་པ་སོགས་ཡོན་ཏན་ལ་འཁོར་བས་འཕྲིན་ལས་ནི་རྒྱ་ཆེ་ཞིང་རྒྱུན་ཆགས་ཞེས་གྲག སྐུའི་དཀྱིལ་འཁོར་འཇིག་རྟེན་གྱིས་མཐོང་རིང་དུས་ཀྱི་འཁྲུག་པ་མེད་པས་མཉངས་པ་རྣམས་ཀྱི་མཉའ་བར་ནི་གསེར་གྱི་གཉའ་ཤིང་བས་ཀྱང་ལྗི་ཞེས་གྲག བྱིན་རླབས་ཀྱི་ལྷག་ཚན་གཞན་དང་མི་མཉམ་པས་ཐེལ་རྩེ་ཐང་གི་སྒོམ་བཤད་དང་། ཕག་མོ་གྲུ་པའི་སྡེ་སྲིད་ཀྱང་དེ་དུས་ཁོ་ན་རྒྱས་ཞེས་གྲག ལུགས་གཉིས་ཀའི་བདག་པོར་བཞུགས་ཀྱང་བསྟན་པ་ཐུགས་ལ་བརྟགས་པས་རི་སྦུལ་ན་འཁོད་པའི་བསམ་གཏན་ཁོ་ན་ལ་ཐུགས་བརྩེ་བ་སོགས་ཡིན་ནོ་ཞེས་གྲག མཐར་དགུང་ལོ་བཞི་བཅུ་རྩ་དགུ་བཞེས་པ་ཤིང་སྟག（སྤྱི་ལོ1434）གསར་པའི་ཟླ་བ་དང་པོའི་ཉི་ཤུ་གཅིག་ལ་ཞིང་དུ་གཤེགས། དེ་ལ་སྐུ་འཁོར་རྣམས་ཀྱིས་མཛེས་བཅལ་བས་ཉེར་གཉིས་པར་གྲགས། ཀུན་དགའི་ལོ་འདི་མཁས་གྲུབ་ཆོས་རྗེ་དུས་འཁོར་ཊཱི་ཀ་ཆེན་མཛད་ལོའང་ཡིན། དྲུང་བྱང་ཆུབ་རྡོ་རྗེ་བ་ནི། བྱང་ཆུབ་རྡོ་རྗེ་སྤྱན་རས་གཟིགས། ཞེས་གསང་བདག་གིས་བསྔགས་པའི་བདག་ཉིད་ཆེན་པོ་ཞིག་ཡིན་ལ། རྩེ་ཐང་གི་གདན་ས་རིན་པོ་ཆེར་བཞུགས་པའི་ངང་ནས་རྗེ་བཙུན་ཙོང་ཁ་པ་ཆེན་པོ་བཀྲ་ཤིས་དོ་ཁར་

ཕེབས་པའི་ཚེ་གསུང་ཆོས་གསན་པས་ཐུགས་མོས་ཚད་མེད་པ་འཁྲུངས་པའི་ཞལ་སློབ་ཡིན་པར་སྣང་། དེ་ལྟར་གོང་དུ་ཇི་སྐད་བསྟད་པའི་ས་སྐྱོང་མིའི་ཆོས་རྗེ་བཞི་ནི། དབང་གྲགས་པ་རྒྱལ་མཚན་དང་། ཆེ་ས་སངས་རྒྱས་རྒྱལ་མཚན་གཉིས་ཀྱི་སྐུ་མཆེད་དེ། ཧུག་ཀ་བདག་པོ་ཤཱཀ་རིན་པའི་སྲས་ཡིན། དེ་ཡང་གྲགས་པ་རྒྱལ་མཚན་པས་ནི་ཏ་མིང་རྒྱལ་པོ་ལས་དབང་གི་འཇའ་ས་བླངས་ཏེ་ལོ་བཞི་བཅུ་རྩ་བཞིའི་རིང་དབུས་གཙང་གི་རྒྱལ་ཁམས་ཆེན་པོ་ལ་དབང་སྒྱུར་བའི་སྐབས་ནས་ཐེལ་རྩེ་ཐང་གཉིས་ཀྱི་ཞབས་ཏོག་ཚོགས་པ་སྡེ་བཞིའི་ཆོས་གཞིས་འདེགས་པ། རྫོང་ཆེན་བཅུ་གསུམ་དུ་གྲགས་པར་གསེར་གྱི་བཀའ་འགྱུར་རེ་བཞེངས་པ། ལྷ་སའི་སྨོན་ལམ་ཆེན་མོ་དང་དགེ་ལྡན་སྐྱབ་མཆོད་ཀྱི་འཕྲལ་དུ་མགོ་བའི་ལོ་བྱད་དང་དགེ་བ་རྒྱུན་ཆགས་ཀྱི་རྐྱེན་འབུལ་བ། རྗེ་ཉིད་ཞིང་གཞན་དུ་གཤེགས་པའི་ཉེ་ཤུལ་འི་འདས་མཆོད་ཀྱི་རྐྱེན་ས་གྲ་འབུལ་བ་སོགས་ཆོས་ལྡན་གྱི་རྣམ་ཐར་བསམ་གྱིས་མི་ཁྱབ་པ་མཛད་པས། གོང་མ་ཆོས་རྒྱལ་ཆེན་པོ་ཞེས་སྙན་གྲགས་ཆེ་ལ། རྗེ་ཐམས་ཅད་མཁྱེན་པའི་དྲུང་དུ་བྱང་ཆུབ་ལམ་གྱི་རིམ་པ་སོགས་ཐེག་པ་ཆེན་པོའི་ཆོས་མང་པོ་གསན་པས་ཆོས་ཀྱི་རྗེས་སུ་འབྲངས་པའི་ཐུགས་མོས་ཆེན་པོའང་འཁྲུངས་པར་སྣང་། ལྷ་མཆོད་ཀྱི་གྲ་ནི་ཆོས་རྒྱལ་ཆེན་པོས་སྒྱུར་བའི་སྐབས་དུ་གཞིས་ཀ་རིན་སྤུངས་པའི་ཞལ་ངོ་བྲག་དཀར་རྒྱ་བོ། རྒྱ་མའི་ཁྲི་དཔོན་ཟླ་བ། དཔོན་དྲུང་གཡུང་པ་སོགས་ཀྱིས་ས་ཞིང་མི་སྡེ་དང་བཅས་པ་ཕུལ་ཞིང་ཤར་རྒྱ་ནག་ཕོ་བྲང་ལ་ཐུག་པ་ཡན་ཆད་ཀྱི་དད་འབུལ་སྐར་ཆགས་སུ་འདུས་པ་ལས་ལོ་ཟླའི་མཆོད་པ་ཡར་འཕེལ་དུ་གྱུར་པ་སྟེ། བོད་དུ་བྱུང་བའི་བླ་མའི་འདས་མཆོད་གཅིག་ལ་འདི་ཁོ་ན་བཟང་བར་བྱེད། སྐྱབ་མཆོད་ཀུང་དགེ་རྒྱུན་གྱི་

གཞི་ཡོད་པའི་ཁར་སྡེ་པ་སོག་སྡོན་པ་དཔོན་གཡོག་གིས་གསོལ་ཇ་གང་དགོས་ཀྱི་མགོ་དགུ་སྒྲུར་བ་སོགས་ནས་སྤར་སྒྲོལ་མྱུ་ཆགས་པར་ཡོད་དོ། རིན་པོ་ཆེ་དོན་གྲུབ་རྒྱལ་པོ་ནི་རྗེ་ཆོས་ཀྱི་རྒྱལ་པོའི་གཅུང་པོ་འཇམ་དཔོན་རྡོར་གྱི་སྲས་སུ་བདག་པོ་དབང་དང་སྐུ་མཆེད་དུ་འཁྲུངས། ཆོས་ཀྱི་རྒྱལ་པོ་ཉིད་དང་རྗེ་བཙུན་ཙོང་ཁ་པ་ཆེན་པོ་ལ་དབང་ལུང་མན་ངག་སོགས་གསན་པས་འཁོར་ལོ་བཞི་ལྡན་གྱི་དགེ་སློང་དུ་གྱུར། ཐེལ་གྱི་ཁྲི་ཐོག་ཏུ་ཕེབས་པ་ན་གུ་ཤྲཱིའི་འཇའ་ས་བྱུང་ཞིང་ལེགས་གཉིས་ཀྱི་འཕྲིན་ལས་བཟང་པོ་བསྐྱངས་པས་ཉེར་གཉིས་རིན་པོ་ཆེའི་བཞུགས་གདན་ནོན་ངོས་ཤེས་པ་བྱུང་ཞེས་གྲག་ལ། བསྟན་པ་སྤྱི་ཁྱབ་གནང་བའི་དོན་གྱིས་གླིང་པའང་བཀའ་དགེ་འགལ་མེད་དུ་སོང་ནས་དགེ་ལྡན་པའི་སྒྲུབ་དཀྱིལ་རྣམས་ཀྱི་ཕྱག་ལེན་མཆོག་ཏུ་དར་བ་ཡིན་སྣང་། རིན་པོ་ཆེ་བཀྲ་ཤིས་དཔལ་འོད་ནི་ཆོས་རྗེ་བྱང་རྒྱམ་པའི་དཔོན་པོར་སྐུ་འཁྲུངས། ཆོས་རྗེ་ཉིད་དང་རྗེ་རིན་པོ་ཆེ་ལ་གསུང་ཆོས་གསན་ནས་ཡོན་ཏན་གྱིས་ཐུགས་རྒྱུད་གང་བར་མཛད། སྟག་ལུང་གི་ཁྲི་ཐོག་ཏུ་ཕེབས་པ་ན་ཕྲིན་ལས་བཟང་པོ་བྱུང་ཞིང་། ཉིད་རང་གི་དབུ་ལ་ཞྭ་སེར་གྱི་མདོག་ཅན་བཞེས་པ། རིན་ཆེན་བྲག་གི་ཆོས་སྡེ་གསར་འཛུགས་མཛད་པ། ཆོས་རྗེ་ཉན་ཤཱཀ་པ་བླ་ཆེན་དུ་བསྐོས་ནས་གླིང་པ་ཕལ་ཆེར་སློབ་མར་སྒྱུར་བ་སོགས་དགེ་ལྡན་པའི་བསྟན་འཛིན་ཆེན་པོ་ཞིག་དང་མི་མཉམ་པ་མེད་པའི་ངང་ནས་དགུང་ལོ་ང་གསུམ་པ་ལ་ཞིང་གཞན་དུ་གཤེགས། ཆོས་སྒོ་བ་འཇམ་དབྱངས་ཁ་ཆེ་ནི་བསྒོམས་པའི་ཉམས་མྱོང་དང་། གསུང་རབ་ལ་གསན་རྒྱ་མཛད་པའི་མཁས་པ་ཡིན་སྣང་ལ། རྗེ་རིན་པོ་ཆེར་སྔོན་དུ་ཚུང་མི་གུས་པ་ཞིག་ཡིན་འདུག་ཀྱང་། ཕྱིས་ཞབས་ཀྱི་པཎྜོར་བཏུད་དེ་གསུང་རབ་མང་དུ་གསན་པས

ཤེས་ནས་ཐུགས་དད་ཆེན་པོ་ཐོབ་པར་གྱུར་པ་སྟེ་འབྲས་རྟགས་སུ་ཅོང་ཁ་བརྒྱད་ཙུ་དང་། ཀ་ལ་པ་སོགས་བསྟོད་པའི་ཕྲེང་བ་བརྩམས་པའི་ཤེས་པར་ཕྱེད་པ་ལས་སོ། བླ་མ་འདིའི་མཚན་དངོས་ནི་བསོད་ནམས་དཔལ་ཞེས་པ་ཡིན་ལ། སློ་གསལ་རི་ཁྲོད་པ་ཞེས་ཀྱང་འབྱུང་། བཀྲ་ཤིས་རིན་ཆེན་པ་ཡང་ཡོན་ཏན་གྱིས་བརྒྱན་པ་ཞིག་ཡིན་སྣང་ལ། གུ་ཤྲཱི་རིན་པོ་ཆེའི་ཞབས་ནས་བཏེག་སྟེ་འབྲི་ཁུང་ཐེལ་དུ་དགེ་ལྡན་པའི་ཕྱག་ལེན་དར་བའི་ཕྲིན་ལས་མཛད་པར་སྣང་། མཁན་ཆེན་རྒྱལ་བཟང་བ་ནི་སྤྱིར་གསུང་རབ་ལ་གསན་པ་རྒྱ་ཆེ་བ། ཁྱད་པར་དུས་འཁོར་ལ་རྩལ་ཐོན་པའི་མཁས་པ་ཞིག་སྟེ། ཡིད་བཟང་རྩེ་བའང་རྩེ་ཐང་པའི་དགེ་བཤེས་ཤིག་ལ་ཁོང་མཁྱེན་པ་ཆེ་བར་མཛད། ཐེལ་གྱི་མཁན་པོ་དང་རྩེ་ཐང་གི་ཆེན་པོ་ཕྲུགས་ཐོག་ནས་རྗེ་རིན་པོ་ཆེ་ལ་གསུང་ཆོས་གསན་པས་མི་ཕྱེད་པའི་ཐུགས་དད་འཁྲུངས་པར་སྣང་། མཁན་ཆེན་ཆོས་རྒྱལ་དཔལ་བཟང་ནི་སྤྱལ་ཏེ་དགྲ་བཅོམ་པའི་དཔོན་བརྒྱུད་དུ་འཁྲུངས་ནས་མང་དུ་གསན་པའི་འདུལ་འཛིན་ཆེན་པོ་ཡིན་ལ། རྗེ་ཐམས་ཅད་མཁྱེན་པའི་སྤྱི་བོར་བླངས་ཏེ་གསུང་ཆོས་གསན་པས་ལྷ་གྲུབ་ལ་ཐུགས་ངེས་ཤེས་འདྲོངས་ནས་སྐྱུར་མོ་ལུང་གི་གདན་སར་ཕེབས་པའི་ཚེ་ཡང་། རྗེ་རིན་པོ་ཆེའི་གསུང་རབ་ཀྱི་ལེགས་བཤད་བསྒྲགས་པས་གྲྭ་ནང་མཐའ་དག་དགེ་ལྡན་པར་སོས་བཞིན་དུ་གྱུར་ལ། རང་ཕྱོགས་ཀྱི་སྡེ་སྣོད་འཛིན་པ་མང་པོས་ཀྱང་ཁོང་པ་ལ་ཆོས་འབྲེལ་གསན་པར་སྣང་། བྱང་དཔལ་བ་ནི་རྗེ་རིན་པོ་ཆེ་ལ་གསུང་ཆོས་མང་པོ་གསན་པས་གྲུབ་མཐའ་ལ་ངེས་པ་འདྲོངས་ཏེ། བོད་ཀྱི་བླ་མ་གཞན་གྱི་གྲུབ་མཐའ་ལ་མི་མགུ་བ་ཞིག་ཡིན་སྣང་ལ། ཕྱིས་སྤྱན་གཡས་ཀྱི་མཁན་པོ་མཛད་དེ་གསང་ཆབ་མར་མེ་སྤར་བ་སོགས་གྲུབ་པའི་རྟགས་བསྟན་

ཞེས་གྲག། ཆེན་པ་པོ་དྭགས་པོ་ནི་རྗེ་ཐང་དུ་པོ་ཏིའི་བཤད་པ་མཛད་པས་མཁས་གྲགས་ཐོབ་པའི་ས་སྐྱ་པའི་དགེ་བཤེས་ཆེན་པོ་ཞིག་ཡིན་ལ། རྗེ་རིན་པོ་ཆེ་བཟངས་རིར་ཕེབས་དུས་གསུང་ཆོས་གསན་ནས་དྲང་ངེས་རྣམ་འབྱེད་ཀྱི་བསྐུར་མགོ་མཛད་དེ། དྲི་རྨེད་ཀྱང་མང་དུ་ཞུས། ལན་གཅིག་སྐྱེ་བ་དང་ཀ་ཤི་གང་སྔ་ཞུས་ལ། རྗེའི་ཞལ་ནས། སྐྱེ་བ་སྔ་གསུངས། དེ་ལ་ཁོང་ན་རེ། མ་ཤི་བར་སྐྱེ་བ་ཡོད་པར་ཐལ། སྐྱེ་བ་དང་ཀ་ཤི་གཉིས་སྐྱེ་བ་སྔ་བའི་ཕྱིར། དེ་ལ་ཁྱབ་པ་ཡོད་དེ། གལ་ཏེ་སྐྱེ་བ་སྔ་གྱུར་ལ། ཀ་ཤི་ཕྱི་བ་ཡིན་ན་ནི། སྐྱེ་བ་ཀ་ཤི་མེད་པ་དང་། མ་ཤི་བར་ཡང་སྐྱེ་བར་འགྱུར། ཞེས་གསུངས་པའི་ཕྱིར་ཞེས་འཕག་འཕག་མཛད། དེ་ལ་རྗེའི་ཞལ་ནས། འོ་ན་ཁྱོད་དྭགས་པོ་དཀའ་བཅུ་བའི་སྐྱེ་བ་དང་ཀ་ཤི་གང་སྔ་གསུངས་པ་ལ། བདག་གི་སྐྱེ་བ་སྔ་ལགས་ཞུས་པས། འོ་ན་ཁྱོད་དྭགས་པོ་དཀའ་བཅུ་པ་ལ་མ་ཤི་བར་སྐྱེ་བ་ཡོད་པར་ཐལ། ཁྱོད་དྭགས་པོ་དཀའ་བཅུ་བའི་སྐྱེ་བ་དང་ཀ་ཤི་གཉིས་སྐྱེ་བ་སྔ་བའི་ཕྱིར། འཁོར་གསུམ། ཞེས་སྐྱ་སྣོད་ཙུང་ཟད་འགྱུར་ཙམ་མཛད་པས། ཆེན་པོ་དྭགས་པོ་ལན་མེད་པར་གྱུར་ཅིང་། ཆོས་གྲྭ་ན་འཁོད་པ་རྣམས་བཞད་མོ་ཤོར་བས་ཆེན་པོ་བ་མ་དགའ་ནས། ཕྱིས་བླ་མ་རིན་པོ་ཆེ་དེ་ངོ་མཚར་ཅན་ཞིག་འདུག་སྙམ། དགེ་སྦྱོང་དེ་ཚོའི་འཕྱིག་འཕྱིག་དེ་ཨང་ཞེས་གསུངས་སྐད། འཕྲུལ་རྐྱེན་དེ་དང་གཙོ་བོར་སྔོན་གྱི་བག་ཆགས་ཀྱི་དབང་གིས་རེ་ཤིག་བར་དགེ་ལྡན་པའི་ངོས་ལེན་མ་མཛད། འོན་ཀྱང་ཕྲིན་ལས་ཀྱི་རྒྱ་མཚོའི་ཐིགས་མ་ཙུང་ཟད་འཐོར་བའི་ཕྱིར་ན། སྐུ་གཤེགས་ཁར་བཀའ་རྒྱུར་རིན་པོ་ཆེ་འདི་ལ་ཐུགས་མོས་ཆེན་པོ་འཁྲུངས་པ་ཡིན་སྐད། ཆེན་པོ་གྲགས་བཟང་ནི་རྗེ་རིན་པོ་ཆེ་ལ་གསུང་ཆོས་མང་དུ་གསན་པས་ལུང་གི་

ཡོན་ཏན་བཟང་པོར་གྱུར་པ་ཞིག་སྟེ། ལན་ཅིག་ཆེན་པོ་དགས་པོ་དང་ཚོགས་སུ་བགྲོ་གླེང་ལ་བཞེངས་ནས་དབུ་མའི་བཤད་པ་ལེགས་པ་ཞིག་མཛད། དེའི་ཚེ་དགས་པོ་བ་རྗེ་ཐམས་ཅད་མཁྱེན་པ་ལ་གསུང་ཆོས་མ་གསན་པའི་དུས་ཡིན་འདུག་པས། ཕྲག་དོག་ནས་ཁྱེད་ཀྱིས་བཤད་པ་དེ་སུ་ལ་བསླབས་ཟེར། གྲགས་བཟང་བས་བླ་མ་རིན་པོ་ཆེ་ལ་བསླབས་ཤེས་ལན་བཏབ་པ་ལ། བླ་མས་སུ་ལ་བསླབས་ཟེར། བླ་མ་རིན་པོ་ཆེས་རྗེ་བཙུན་འཇམ་དབྱངས་ལ་གསན་གསུངས་པས་དགས་པོ་བ་མ་བཞེད་ནས། འདི་ཆོས་མི་ཆོས་བླ་མའི་རྫུན་འདི་འདྲ་ཟེར་ཡར་འགྲོ་མར་འགྲོ་མང་དུ་བྱེད། དེ་དང་དུས་མཚུངས་པར་བར་སྣང་ལ་སྤྲིན་ནག་པོ་འཁྲིགས་ནས་འབྲུག་སྒྲ་ཆེན་པོ་ལན་མང་དུ་བསྒྲགས་བྱུང་བ་ན། དགེ་སྦྱོང་རང་སངས་རྒྱས་གྲལ་ལས་ལངས་ནས་ཕྱག་གཡས་པ་བརྐྱང་སྟེ། དམ་ཅན་ཆོས་ཀྱི་རྒྱལ་པོ། སྤྱིར་བསྟན་པ་ལ་གནོད་པའི་དགྲ་བགེགས་ཀྱི་མགོ་ལ་རྒྱོབ། ཁྱད་པར་དགས་ཆུང་རྫབ་ར་ཁ་འདིའི་མགོ་ལ་རྒྱོབ་ཅེས་སྨྲས་སྐད། མཁས་པ་རྣམས་ཀྱིས་རྩོད་པའི་རྣམ་འགྱུར་ཇི་འདྲ་ཞིག་བསྟན་ཀྱང་བསྟན་པ་ལ་ཕན་པའི་མཛད་པ་ཁོ་ནར་ཟད་ཀྱི། བླུན་པོ་དག་སྙིང་པོ་མེད་པའི་འཁོན་སྙིང་བཟུང་ནས་ཚིག་རྩུབ་ཀྱི་དུག་མདའ་འཕེན་པ་དང་ཡེ་མི་འདྲའོ། ཆེན་པོ་བློ་འཕེལ་ནི་སྐུ་ཡོན་ལེགས་པོ་ཡོད་ཀྱང་ཐུགས་རྒྱུད་འབྱོངས་ཆེན་རང་དུ་མི་བྱེད་པ་ལ། རྗེ་ཉིད་ཀྱིས་བཀྲ་ཤིས་དོན་ཁར་རྣམ་འགྲེལ་གྱི་གཞུང་དོན་ལམ་དུ་བསྒྲིགས་ནས་གསུངས་པ་གསན་པས་དང་བ་ཆེན་པོ་འཁྲུངས་ཏེ་སྤྱན་ཆབ་མི་ཆོད་པ་ཙམ་ལྷུང་། རྗེ་ཐང་དུ་བྱོན་པ་ན་ཞི་བློ་དཔོན་པོས་བླ་མ་ཇི་འདྲ་ཞིག་སྣང་ཞེས་དྲིས་པ་ན། ཆེན་པོ་བའི་གསུང་ནས་གཞན་ནི་མི་ཤེས། ང་མི་ཆེན་པོ་བློ་འཕེལ་ལ། ཆོས་ཚད་མ་རྣམ་འགྲེལ་

བཤད་པས་མཆི་མ་བོང་སྦྲངས་ཙམ་འཁྲུལ་ནུས་པ་ཞིག་འདུག་ཅེས་ཐྲོལ་བསྟོད་མཛད་པས། ཁོང་ཡང་དད་པ་སྐྱེས་ནས་རྗེའི་དྲུང་གསུང་ཆོས་གསན་པར་སྣང་། ཞི་བློ་བ་འདི་པ་ནི་རྩེ་ཐང་པའི་དགེ་བཤེས་ཤིག་ལ་རྩོད་པ་བཟང་བ་ཞིག་སྟེ་སུ་དང་བརྩད་ཀྱང་ཁོང་རྒྱལ་འོང་བ་ཡིན་སྣང་། ལན་ཅིག་མཁན་ཆེན་གཡག་པ་དང་བརྩད་པ་ནའང་རྒྱལ་ཏེ་དགེ་མཚན་དུ་སྟོ་གདོང་རྩེ་ནས་ཞིང་ཞིག་གནང་བ་ལ། འདི་ཁོ་བོས་གཡག་བསད་པའི་སྡིག་གླ་ཡིན་ཞེས་གསུངས་ཞེས་གྲག གཞན་ཡང་ཆེན་པོ་བཀྲས་བཟང་བ། སློབ་དཔོན་བློ་སེང་བ། བསོད་བཀྲས་པ་སོགས་དགེ་བཤེས་མང་དུ་བྱོན་པ་རྣམས་ཀྱིས་བསྟན་པ་ལ་ཐུགས་ནུས་ཆེན་པོ་མཛད་པའི་རྒྱུན་ལས་རྩེ་ཐང་དུ་དགེ་ལྡན་པའི་བསྟན་པ་ལེགས་པར་ཚུགས་པ་སྟེ་ཆོས་གྲྭ་ཆེན་པོ་འདི་ཉིད་ཕག་མོ་གྲུ་པའི་སྡེ་སྲིད་ཀྱི་བླ་རྗེ་ཕྱོགས་ཐམས་ཅད་ལས་རྣམ་པར་རྒྱལ་བའི་ཕྱིར་ན། རྗེས་འཇུག་རྣམས་ཀྱིས་སྙིང་ནུས་བསྐྱེད་ནས་བསྟན་པ་ལ་ཕན་བྱའོ། ཆོས་རྗེ་མཛེས་པ་དཔལ་བ་ནི་གུང་ཐང་གི་གདན་ས་མཛད་པའི་ངང་ནས་བཀྲ་ཤིས་དོ་ཁར་རྗེ་རིན་པོ་ཆེའི་དྲུང་དུ་གསུང་ཆོས་གསན་པའི་བླ་ཆེན་ཞིག་ཡིན་པར་སྣང་ལ། དགེ་ལྡན་པའི་བཤེས་གཉེན་མང་པོས་ཀྱང་ཁོང་ལ་ཆོས་འབྲེལ་གསན་པ་ཡིན་སྐད། ཆོས་རྗེ་ཡེ་ཤེས་དཔལ་བ་ཡང་རྗེའི་དྲུང་དུ་གསུང་ཆོས་གསན་པའི་བླ་ཆེན་ཡིན་ལ་ཏེའུ་རའི་གདན་སར་བཞུགས་ནས་བསྟན་པ་འདི་ལ་ཅི་ཕན་མཛད་པ་ཞིག་གོ། དེ་ལྟར་བདག་ཉིད་ཆེན་པོ་འདི་དག་ཟུང་འབྲེལ་གྱིས་བསྟན་པ་ལ་བྱ་བ་མཛད་པའི་ཕྱག་རྗེས་ལས་གཉལ་ཕྱོགས་སུ་དེང་སང་དགེ་ལྡན་པའི་བསྟན་པ་ཉི་མ་ཤར་བ་ལྟ་བུ་འདི་བྱུང་བ་ཡིན་ནོ ། གནས་བརྟན་ཆོས་བཟང་པ་ནི་རྗེའི་ཙ་བའི་དྲུང་འཁོར་བ་ཞིག་སྟེ། སྟོ་ཐྲག་ཏུ་དང་

པོར་རྗེ་དཔོན་སློབ་བཅུ་གཉིས་ཀྱིས་ཐེགས་པའི་གཅིག་ཡིན་ལ། རྗེའི་སྲས
འགོས་ཆེ་བ་མང་པོས་འདི་པ་ལ་འཇམ་དབྱངས་ཆོས་སྐོར་གསན་པར་སྣང་།
གནས་བརྟན་དགེ་འདུན་རྒྱལ་པོ་ནི་ཐམས་ཅད་མཁྱེན་པ་དང་ཆོས་རྗེ་སེམས
དཔའ་ཆེན་པོ་ལ་མདོ་སྔགས་ཀྱི་ཆོས་མང་པོ་གསན་པས་ཡོན་ཏན་ཅན་དུ་གྱུར་
པ་ཞིག་སྟེ། གྲ་རི་བོ་རྣམ་རྒྱལ་གྱི་དགོན་པ་བཏབ་ནས་ཕྲིན་ལས་བསྐྱངས་ལ།
དཔོན་ཆེན་གཞི་འཛོམ་གྱིས་ཀྱང་བླ་མར་བཀུར་ནས་མཆོད་པར་མཛད་ཅེས
གྲག གནས་བརྟན་གཞོན་ནུ་སངས་རྒྱས་ནི་རྗེ་ཉིད་ལ་གསུང་ཆོས་མང་དུ
མཉན་ནས་གསུང་རབ་ལ་འཁྲིག་ཚུད་པ་ཞིག་སྟེ་ཕལ་ཆེར་འཕྱོས་སུ་བཞུགས
ནས་ལམ་རིམ་ཚར་མང་དུ་གསུངས་པར་སྣང་། གནས་བརྟན་འོད་ཟེར་བཀྲ
ཤིས་ནི་རྗེའི་ཞབས་ཕྱིར་ཡུན་འཐུད་པའི་སློབ་མ་བར་སྐོར་ཞིག་སྟེ། གྲ་བདེ
བ་གླིང་གི་དགོན་པ་བཏབ་ནས་གདུལ་བྱའི་དོན་མཛད། གནས་བརྟན་ཀུན
དགའ་འབུམ་ནི་རྗེ་ཉིད་ཐུགས་ཤིན་ཏུ་དགྱེས་ཤིང་བཅས་རང་གི་ལྷུང་བ་ཕྲ
མོས་ཀྱང་མ་གོས་པའི་ཤཱཀྱའི་དགེ་སློང་ཞིག་སྟེ། རྒྱས་སྨན་དགོན་དཀར་དུ
གཤེགས་པ་ནའང་མི་རྟག་འདབ་མ་བཞི་པའི་ཆར་འབབ་པ་དང་། གདུང
ལ་རིང་བསྲེལ་མང་དུ་བྱོན་པ་སོགས་རྟགས་དང་མཐུན་པར་བྱུང་སྣང་། བླ
མ་བསོད་རིན་པས་ཀྱང་རྗེ་རིན་པོ་ཆེ་ལ་ཆོས་མང་དུ་གསན་ནས། འཕྱོས
བྱམས་པ་གླིང་བཏབ་སྟེ་གདུལ་བྱའི་དོན་མཛད་པར་འདུག ཆོས་རྗེ་མགོན
པོ་བྱང་ཆུབ་པ་ནི་འཕྱོས་སུ་འཁྲུངས། མཁན་ཆེན་ནམ་མཁའ་རྒྱལ་མཚན་པ
དང་། རྗེ་ཐམས་ཅད་མཁྱེན་པ་གཉིས་ལ་གསུང་ཆོས་མང་དུ་གསན་པས
ཐུགས་རྒྱུད་ཡོན་ཏན་གྱིས་གང་ཞིང་ཐུགས་བསྐྱེད་ཀྱང་མཆོག་ཏུ་བཟང་བ་ཉིད
ལས། སྟོ་བྲག་ཏུ་བཀྲ་ཤིས་ཆོས་གླིང་གི་དགོན་པ་བཏབ་སྟེ་ཉི་མ་སྟོ་ཕྱོགས་སུ

རྗེ་ཐམས་ཅད་མཁྱེན་པའི་བསྟན་པ་ལེགས་པར་གསལ་བར་མཛད་དོ། རྒྱལ་སྲས་བདེ་འབྱུང་བས་ནི་ཆོས་འཁོར་གླིང་དུ་བཤད་པ་མཛད། རྒྱུ་འདི་དང་རྗེ་འདུལ་འཛིན་གྱི་བཀའ་དྲིན་ལས། ཚལ་གུང་ཐང་གི་སྡེ་ཆེན་པོ་འདི་ཡང་དགེ་ལྡན་པར་དཀར་ལམ་གྱིས་གྱུར།།

ཀོད་ཕྲུག་རས་པ་ནི་ཆུ་ཡོས་(སྤྱི་ལོ1364)ལ་འཁྲུངས། རྒྱལ་ཚབ་ཆོས་རྗེ་འཁྲུངས་པའི་སྤྱི་ལོ་ཡིན། བཀའ་བརྒྱུད་ཀྱི་བླ་མ་མང་པོ་ལ་གདམས་པ་གསན་ནས་བསྒོམས་པས་ཕྱག་ཆེན་གྱི་རྟོགས་པ་ནམ་མཁའ་དང་མཉམ་པ་འཁྲུངས་པ་སྟེ། རྣལ་འབྱོར་བ་ཞིག་ལ་འདི་ཁོ་ན་རྟོགས་པ་མཐོ་བར་བྱེད། གྲུབ་པའི་རྟགས་ཀྱང་མང་དུ་བསྟན་པས་མི་དབང་གྲགས་པ་འབྱུང་གནས་སོགས་མཐོ་དམན་མེད་པ་ཀུན་གྱིས་བཀུར་བར་མཛད། རྗེ་རིན་པོ་ཆེ་བཀྲ་ཤིས་དོ་ཁར་ཕེབས་དུས་རབ་བྱུང་དགེ་ཚུལ་ཕྱུས་ཤིང་གསུང་ཆོས་གསན་ཞེས་གྲག ཀུ་ཅོར་རྟོགས་ལྡན་ནི་སྨྱུང་གནས་ལ་གཙོ་བོར་ཐུགས་དམ་མཛད་པས་ལྷ་དང་གྲུབ་ཆེན་མང་པོའི་ཞལ་གཟིགས་ཤིང་གྲུབ་པའི་རྟགས་ཀྱང་བསྟན་པར་སྣང་ལ། རྗེ་ཐམས་ཅད་མཁྱེན་པ་ལྷ་སར་སྨོན་ལམ་ཆེན་པོ་མཛད་དུས་མཇལ་བས། རྗེ་བཙུན་འཇམ་པའི་དབྱངས་སུ་དངོས་སུ་མཐོང་བར་སྣང་། རྟོགས་ལྡན་རལ་ཞིག་པ་ནི་རྣམ་གྲོལ་དོན་གཉེར་གྱི་བྱ་བཏང་ངོ་མཚར་ཅན་ཞིག་སྟེ་རྗེ་ཐམས་ཅད་མཁྱེན་པའི་བཀས་བསྐུལ་ནས་རྭ་སྒྲེང་ཀ་གཉིས་མའི་ཞིག་བསོས་མཛད་ཅེས་གྲག བུ་ལེ་བ་རྣམ་རྒྱལ་ནི་བཀག་སྟེ་ལངས་ན་གཞི་རྫོགས་པ། རི་བོང་མལ་ནས་ཐོན་པ་བཞིན། ཞེས་འབྱུང་བ་ལྟར་གྱི་འཚོ་བ་འཕྲལ་དུ་འཚོལ་བའི་བྱ་བྲལ་ཆོས་པ་ཡོངས་ཀྱི་མིག་ལྟོས་ལ་ཕན་པ་ཞིག་སྟེ། རྗེ་ཐམས་ཅད་མཁྱེན་པ་ལ་ཐུགས་རྗེ་ཆེན་པོའི་སྒོམ་ལུང་ཕྱུས་ནས་ཐུགས་དམ

ཡིག་དྲུག་ལ་བསྒྲིལ་བས་ཡི་དམ་གྱི་བྱིན་རླབས་སྙིང་ལ་ཞུགས་པར་སྣང་། འདི་ལ་རོང་སྟོན་བློ་བཟང་པས་ཡི་དམ་གྱི་སྒོམ་ལུང་གསན་ཞིང་། དེ་ལ་སློབ་དཔོན་ཆོས་རྗེ་མཁས་བཙུན་ཡོན་ཏན་རྒྱ་མཚོའི་ཞལ་སྔ་ནས་དང་། དེ་ལ་ཁོ་བོས་ཞུས་པ་སྟེ་ཁྲུངས་བཙུན་པ་གོ་བར་བྱེད་པའོ། བླ་མ་ཆོས་འཕགས་པ་དང་ཆོས་རྒྱལ་མཚན་པ་གཉིས་ཀྱིས་སངས་སེང་དགོན་པ་བཟུང་ནས་རྩ་འཇུག་གི་བཤད་པ་ལེགས་པར་མཛད་པས་གྲུབ་མཐའ་ལ་བློ་ཁ་ཕྱོགས་པའི་གྲྭ་པ་མང་དུ་བྱུང་ཞིང་། བཤད་རྒྱུན་ཀུང་དེང་སང་གི་བར་དུ་ཡོད་དོ། བླ་མ་ཟླ་བ་བཟང་པོས་ནི་འབྲུ་ལ་དགོན་པ་བཏབ་སྟེ། དགེ་འདུན་གྱི་ཚོགས་བསྐྱངས་པས་གྲྭ་ཚོགས་ཆེན་པོ་འདུས་པར་སྣང་ལ། དེ་རྗེས་བླ་མ་དགེ་འདུན་འཕེལ་བས་བཟུང་བ་ཡང་དེང་སང་གི་བར་དུ་དར་རྒྱས་སུ་ཅན་དུ་ཡོད་དོ། སྟོད་ཀྱི་བྱང་སེམས་ཤེར་བཟང་ནི་མངའ་རིས་སུ་སྐུ་འཁྲུངས། དབུས་སུ་བྱོན་ནས་རྗེ་ཐམས་ཅད་མཁྱེན་པ་ལ་མདོ་རྒྱུད་ཀྱི་གསུང་རབ་མང་པོ་གསན་པས་མཁས་པར་གྱུར་ཅིང་། རྒྱལ་བ་ཙོང་ཁ་པ་ཆེན་པོའི་བསྟན་པ་རྣམ་པར་དག་པ་འདི་མངའ་རིས་སྟོད་དུ་ཚུགས་ན་ཅི་མ་རུང་སྙམ་པའི་དགོངས་པས་མང་ཡུལ་དུ་ཕེབས་ཏེ། མངའ་བདག་ཞང་དང་བཅས་པ་དབང་དུ་བསྡུས་ནས་ཁྲི་སེ་དགོན་པ་བཏབ་པ་ལས་གྲྭ་ཚོགས་དབྱར་དུས་ཀྱི་ཆུ་བོ་བཞིན་དུ་འཕེལ་བའི་འདུས་པ་ཆེན་པོ་རྣམས་བྱང་ཆུབ་ལམ་གྱི་རིམ་པ་ཆེ་ཆུང་། སྡོམ་པ་གསུམ་གྱི་བསླབ་བྱ་དང་བཅས་པའི་གསུང་ཆོས་ཀྱིས་ཚིམ་པར་མཛད་ཅིང་། བསླབ་བྱ་དང་ཚུལ་ཀྱི་བཅའ་ཁྲིམས་དམ་དུ་བསྡམས་པ་སོགས་ལས་བྱང་སེམས་པ་ཞེས་བླ་མའི་སྙན་གྲགས་ཀྱིས་མངའ་རིས་སྐོར་གསུམ་གྱི་ནོར་འཛིན་མཐའ་དག་ལ་ཁྱབ་པ་སྟེ། བྱང་སེམས་འདུལ་དཀར་བ་ལྷ་བྲིས་ཀུང་ས་ཐག་རིང་བ་ཁྱད་དུ

བསྡད་དེ་ཞབས་དྲུང་དུ་འཁོར་ཞེས་གྲག བྱང་སེམས་པའི་རྗེས་སུ་རིམ་པ་བཞིན་དྲུང་དཔལ་ལྡན་ཤེས་རབ་པ། དྲུང་འཇམ་དབྱངས་རིན་ཆེན་པ། ཆོས་རྗེ་འཇམ་དབྱངས་བློ་གྲོས་པ། དཔོན་པོ་དཔལ་འབྱོར་བ་སོགས་གདན་སར་ཕྱིན། བྱང་སེམས་པ་དཔོན་སློབ་གཉིས་ཀྱི་སྲུས་དྲུང་མདོ་སྡེ་རིན་ཆེན་པས་ཟངས་དཀར་ཆོས་སྡེ་བདབ་སྟེ་དགེ་འདུན་གྱི་གྲྭ་བཙུགས་པ་ཕྲིན་ལས་བཟང་པོ་རྒྱུན་ཆགས་པར་བྱུང་བ་སྟེ། དེང་སང་ཡང་ཉིད་ཀྱི་དཔོན་པོ་དཀའ་བཅུ་བ་ཉེ་བར་འཁོར་ཞེས་པས་དགོན་པ་བཟུང་ཡོད་དོ།།

ཆོས་རྗེ་ངག་དབང་གྲགས་པ་ནི་མངའ་རིས་སུ་སྐུ་འཁྲུངས། དབུས་སུ་ཕྱིན་ནས་རྗེ་བཙུན་ཙོང་ཁ་པ་ཆེན་པོ་ལ་ཐེག་པ་ཆེན་པོའི་ཆོས་མང་པོ་གསན་པས་སྡེ་སྣོད་འཛིན་པར་གྱུར་བའི་སྟེང་ནས་སྟོད་ཕྱོགས་སུ་བསྟན་པ་སྤེལ་བའི་དགོངས་པས་ཐེབས་ཏེ། གུ་གེ་རྒྱལ་པོ་འབངས་དང་བཅས་པ་དབང་དུ་བསྡུས་ནས། མཐོ་ལྡིང་གི་ཆོས་སྡེ་གསར་མ་བཏབ་པ་ལས་རབ་བྱུང་མང་དུ་འདུས་པ་རྣམས་ཐེག་པ་ཆེན་པོའི་ཆོས་ཀྱིས་དགྱེས་པར་མཛད་པས། སྐྱ་སེར་ཐམས་ཅད་ཀྱི་ཡིད་ཀྱི་མུན་པ་རྗེ་བཙུན་ཙོང་ཁ་པ་ཆེན་པོའི་འཕྲིན་ལས་ཀྱི་འོད་ཀྱིས་བསལ་བའི་དགེ་མཚན་རྒྱས་པར་གྱུར། དེའི་རྗེས་སུ་རིམ་པ་བཞིན་དཔོན་ནམ་མཁའ་བ་དྲུང་ཀུན་སྤངས་པ། ཆོས་རྗེ་རབ་བཟང་། ཆོས་རྗེ་ལེགས་གྲུབ་སོགས་གདན་སར་རིམ་པར་ཕྱིན། དྲུང་ནམ་མཁའ་བས་ནི་ལི་ཀེར་ཆོས་སྡེ་བཏབ་ལ་དཔེ་ཐུབ་ཀྱི་འང་གཞི་གཏིང་བ་ཙམ་མཛད། དེ་ནས་ལི་ཀར་དུ་རིམ་པ་བཞིན་དྲུང་པ་ལྷ་དབང་བློ། དགེ་སློང་ཚུལ་བཟང་བ། ལི་ཀེར་ལྷ་བཙུན་པ་སོགས་ཕྱིན། དྲུང་པ་ལྷ་དབང་བློས། བར་ཀྱོག་གི་ཆོས་སྡེ་བཏབ་ནས་ཀྱང་བསྟན་པ་ལ་བྱ་བ་མཛད་པར་སྣང་། གཞན་ཡང་ཕུ་

རྔངས་ན་སེར་ཚུང་དགོན་པ་ཞེས་བྱ་བ་དང་། ཁབ་གུང་ཐང་གི་ཆོས་སྡེ་ནའང་དགེ་ལྡན་པའི་གྲྭ་ཚང་མང་དུ་ཡོད་པ་སོགས་ལས་མངའ་རིས་སྟོད་ཀྱི་རྒྱལ་ཁམས་མཐའ་དག་ལ་རྗེ་བཙུན་ཙོང་ཁ་པ་ཆེན་པོའི་ཕྲིན་ལས་ཁྱབ་པ་ཡིན་ནོ་ཞེས་པར་བྱའོ།།

ལྷན་མ་ཡོན་ཏན་དཔལ་བ་ནི་གསུང་རབ་ལ་མཁས་པར་སྦྱངས་ཤིང་། ཐུགས་ཀྱང་མཆོག་ཏུ་རྒྱལ་བ་ཞིག་སྟེ། ཁོང་ཁམས་ལ་འབྱོན་དུས། རྒྱལ་ཚབ་ཆོས་རྗེས། རྗེ་རིན་པོ་ཆེའི་སྲས་ཁམས་སུ་བྱོན་པ་ཞིག་ལ་ཁྱེད་མཁྱེན་པ་ཆེ་བས། བསྟན་པ་ལ་བྱ་བ་མཛད་དགོས་ཞེས་གསུངས་པ་ལ། ཁོང་པ་ཝུར་ཏེ་ཁམས་མི་དགོས་འདི་ཁར་ཡང་གཟིམས་ཁང་དཀར་པོ་བ་ཡར་བུད། དེ་ནས་སུ་ཡོད་པ་"ཞེས་གསུངས་པ་ཡིན་སྣང་ ཕྱིས་ལྷན་མའི་ཡུལ་དུ་ལབས་དགོན་པ་སོགས་བཏབ་སྟེ་དགེ་འདུན་གྱི་སྡེ་མང་པོ་སྤེལ་ལོ།།

བླ་མ་རྒྱལ་མཚན་སེང་གེ་ནི་སྨྲ་པའི་སའི་ཆར་འཁྲུངས། དབུས་སུ་བྱོན་ནས་རྗེ་རིན་པོ་ཆེ་ལ་གསུང་ཆོས་གསན་པས་བཞེད་དོན་གྲུབ་པ་ན་རང་ཡུལ་བསྙེགས་ཏེ། ཆུ་མོ་ཡོས་ལ་གནས་ཐང་དགོན་པ་བཏབ་ནས་དགེ་འདུན་གྱི་ཚོགས་བསྡུས་པས་ས་ཕྱོགས་དེ་ཉིད་དུ་བཀའ་རྒྱུད་རིན་པོ་ཆེ་འདིའི་དབུ་ཚུགས་པར་སྣང་།།

སྨད་ཀྱི་བྱང་སེམས་ཤེར་བཟང་ནི་མདོ་ཁམས་སུ་སྐུ་འཁྲུངས། དབུས་སུ་བྱོན་ནས་རྗེ་ཡབ་སྲས་ལ་གསུང་རབ་མང་པོ་གསན་ཏེ་མཁས་པ་ཆེན་པོར་གྱུར་བའི་མོད་ལ་རང་ཡུལ་དུ་ཕེབས་ནས། མི་སྦྲུལ་ལ་ཆབ་མདོ་བྱམས་པ་གླིང་གི་དགོན་པ་བཏབ་སྟེ་དཀའ་ཆེན་གྱི་བཤད་པ་མཛད་པས་ཆོས་རྗེ་རྣམ་རྒྱལ་གྲགས་པ་དང་། སློབ་དཔོན་རྣམ་པ་ལྔས་གཙོས་པའི་དགེ་བཤེས་དགེ་

འདུན་རབ་ཏུ་མང་པོ་དང་བཅས་པ་ཡོན་ཏན་ལ་འཁོར། རྒྱུ་དེ་ཉིད་ཀྱིས་བྱང་སེམས་ཆེན་པོ་ཞེས་པའི་སྙན་གྲགས་བཟང་པོས་མདོ་ཁམས་ཀྱི་སའི་ཐ་གྲུ་ཀུན་ཏུ་ཁྱབ་པར་སྣང་། དེའི་རྗེས་སུ་ཆོས་དབང་གྲགས་པ་ནི་ཞང་ཞུང་དུ་འཁྲུངས། དབུས་སུ་བྱོན་ཏེ་རྗེ་ཡབ་སྲས་གསུམ་གྱི་ཞབས་ལ་གཏུགས་ནས་མདོ་རྒྱུད་ལ་མཁས་པར་སྦྱངས་པས་གཞུང་དོན་གདམས་པར་ཤར་ལ། ལྷག་པར་དུས་ཀྱི་འཁོར་ལོ་ལ་རྩལ་ཐོན་པ་ཞིག་སྟེ་ཊཱི་ཀ་ཆེན་གྱི་མཇུག་རྫོགས་པའི་རྩོམ་པ་བཟང་པོ་མཛད་པ་ཉིད་ཀྱིས་ཤེས་སོ། དང་པོར་ནགས་ཤོད་སྤྲུལ་མདའི་གདན་ས་དང་། དེ་ནས་ཆབ་མདོ་ཆོས་རྗེར་ཕེབས་ཏེ་པོ་ཏིའི་བཤད་པ་ལེགས་པར་མཛད། སློབ་ལམ་གྱི་དབང་གིས་ཡུན་རིང་བ་ཙམ་མ་བཞུགས་པར་"སྤྲུལ་མདའ་ཉིད་དུ་བྱོན་ནས་གཞན་དོན་མཛད་པའི་མོད་ལ་སྐུ་གཤེགས། དེ་ནས་རིམ་བཞིན་མཚུར་སྟོན་ནམ་མཁའ་དཔལ། བྱང་སེམས་དཔོན་པོ། ཆོས་རྗེ་ཀུན་དགའ་དཔལ་བའི་བར་ཏེ་འདི་པ་དབུས་གཙང་དུ་མ་ཕེབས་པའི་ཁམས་དགེ་ཡིན་འདུག་ཀྱང་ཐུགས་རྒྱུད་འབྱོངས་ཤིང་པོ་ཏིའི་འཇམ་བཤད་ལ་མཁས་པ་སོགས་ལས་གྲྭ་ས་ལ་བཀའ་དྲིན་མཆོག་ཏུ་ཆེ་བ་ཞིག་བྱོན་པར་སྣང་། དེང་སང་ཆོས་རྗེ་ཨ་ནནྡ་པ་ཉིད་བྱང་སེམས་ཆེན་པོའི་རྣམ་དཀར་གྱི་མཛད་པ་སྐྱོང་བཞིན་པའོ།།

གོང་དུ་ཇི་སྐད་བརྗོད་པ་ལྟར་རིན་བཟང་པ་སོགས་ཀྱིས་བཤད་པ་མཛད་པ་ལས། ཉུབ་གླིང་པ། ཡར་གླིང་པ། མར་གླིང་པ། ལྷུང་ར་ཁ་པ། ཁྲ་ཡུག་པ་སྟེ་གྲྭ་ཚང་ལྔ་བྱུང་བ་ཡང་སོ་སོར་ཆོས་བར་འདེགས་པ་སོགས་ཉན་བཤད་འཕེལ་རྒྱས་རང་དུ་ཡོད་དོ། དེ་ལྟར་ན་དགེ་ལྡན་བཏབ་ནས་འབྲས་སྤུངས་བཏབ་པའི་བར་ལ་ལོ་བརྒྱད། འབྲས་སྤུངས་བཏབ་ནས

སེར་ཐེག་ཆེན་གླིང་གི་བར་ལ་བཞི། དེ་ནས་གནས་ཐང་གི་བར་ལྔ། དེ་ནས་ཚབ་མདོའི་བར་ལ་ཉི་ཤུ་རྩ་གཅིག དེ་ནས་དེང་སང་གི་ས་མོ་གླང་(སྤྱི་ལོ1529)འདི་ཡན་ལ་བརྒྱད་ཅུ་རྩ་བདུན་ཐལ་བར་ཤེས་པར་བྱའོ། ཆོས་རྗེ་རྣམ་རྒྱལ་གྲགས་པས་ལྷན་སྟོད་ཚེ་དཀར་ཆོས་སྡེ་བཏབ་ནས་གཞུང་བཤད་མཛད་པའི་རྒྱུན་རྒྱས་པར་ཡོད་ཅིང་། དེའི་སློབ་མ་བླ་མ་ཤེར་འོད་པས་འབྲོང་ལྡེ་མགོར་ཕར་ཕྱིན་བཤད་པས་ཕན་ཐོགས་ལེགས་པོ་བྱུང་ཞེས་གྲག དེ་དག་ལས་གཞན་མཆོ་དམར་ཁ། ཕུ་ཏེ་དགོན། ཉ་ཁམ་ཆོས་སྡེ། ཀམ་གདའ། བཙམ་གདའ། ཐུགས་སྲིད་དགོན་རྣམས་སུ་ཉན་བཤད་ཀྱི་རྒྱུན་རེ་འདུག་པ་དང་། ཉག་རེའི་ཡུལ་ལ་སོགས་པའི་དམར་ཁམས་སུ་ཆོས་གཞི་བཏེག་སྟེ། ཉན་བཤད་མཛད་པ་འདི་དག་ཕལ་ཆེར་དངོས་སམ་བརྒྱུད་པའི་སྒོ་ནས་ཚབ་མདོའི་ཁྲིན་ལས་ཀྱི་ཡན་ལག་ཡིན་པར་སེམས་སོ། རོང་པོ་ལྷུགས་ནག་པས་ཀྱང་རང་ཡུལ་དུ་དགེ་འདུན་གྱི་སྡེ་བཙུགས་ཏེ་བསྟན་པ་ལ་བྱ་བ་མཛད། དེ་བཞིན་དུ་ལྷུ་ལ་དཀའ་བཅུ་པས་རྩུལ་ཁང་པའི་ས་ཆར་དང་། བླ་མ་ཡོན་བློ་བས་གླིང་གི་ས་ཆར་དང་། ཆོས་རྗེ་རབ་འབྱམས་པས་མུ་ནེ་འགྲམ་དང་། ཡང་སྡིངས་རིན་པོ་ཆེས་རང་ཡུལ་དང་། རྒྱས་སྟོན་པ་དང་། སངས་ཡེས་པས་གྲུང་རུའི་ཡུལ་དུ་བསྟན་པ་སྤེལ་ལ། གཞན་ཡང་ཀ་ཐོ་རྩེ་ཐོ་གཉིས། ཀོ་རི་གཉིས། དཔལ་འབར་དང་བཅས་པ་རྣམས་སུ་དགེ་འདུན་གྱི་སྡེ་རྒྱས་ཤིང་མདོ་སྔགས་ཅི་རིགས་ཀྱི་ཉན་བཤད་རེ་སྣང་བ་དང་། ཚ་བ་སྣང་། གོ་འཕར། ཐོ་ཁང་པའི་ཡུལ་ལ་སོགས་པར་ཡང་རྗེ་རིན་པོ་ཆེའི་བསྟན་པ་མཆོ་ལ་པདྨས་བརྒྱན་པ་བཞིན་དུ་མཛེས་ཆགས་པ་སྟེ། མདོར་ན་སངས་རྒྱས་འཇིག་རྟེན་དུ་བྱོན་པ་ལྟ་བུ་ཡིན་ནོ་ཞེས་བྱ་བའོ། དེ་ལྟར་གོང་དུ

ཇི་སྐད་རྒྱ་ཆེར་བསྟན་པ་ལས་ན་ལྷ་དང་བཅས་པའི་འཇིག་རྟེན་གྱི་འདྲེན་པ་གཅིག་པུ་བདག་ཅག་རྣམས་ཀྱི་བླ་མ་རྒྱལ་བ་ཙོང་ཁ་པ་ཆེན་པོ་དེ་ཉིད་ཀྱིས། ཞིང་འདིར་ཆོས་ཀྱི་འཁོར་ལོ་བསྐོར་བའི་ཚེ། གང་གི་ཞབས་སེན་སྤྱི་བོར་མ་བཀོད་པའམ། ཡིད་ཀྱིས་མངོན་པར་མ་མཆོད་པའི་ས་སྐྱོང་། བླ་ཆེན། མཁན་ཆེན་པ། སྤྱན་སྔ་བ། ཉན་བཤད་པ། རྟོགས་ལྡན་གང་ཡང་རུབ་ཛ་ལན་ཧྲ་ར་ནས། ཤར་རྒྱ་ནག་པོའི་ཕོ་བྲང་ལ་ཐུག་པའི་བར་གྱི་རྒྱལ་ཁམས་འདིར་སྔོན་ཆད་མ་བྱུང་ཞེས་བྱ་བར་ངེས་སོ།།

དེ་དག་གི་རྒྱུ་མཚན་སླར་ཡང་དཔེར་བརྗོད་ན། དཔལ་ལྡན་ས་སྐྱ་པའི་མདོ་སྔགས་ཀྱི་བསྟན་པའི་བདག་པོར་གྲགས་པ། རོང་སྟོན་སྨྲ་བའི་སེང་གེ་དང་། ངོར་པ་ཀུན་བཟང་པའི་དྲུང་གིས་ཀྱང་གསུང་ཆོས་ཀྱི་འབྲེལ་བ་ཞུས་པ་ཁོ་ནར་སྣང་ཞིང་། དཔལ་འཇིགས་མེད་གྲགས་པ་ཉིད་སྔགས་མཚན་ཉིད་ཀྱི་ལམ་རིམ་གཟིགས་པས་ཐུགས་ཕྲོགས་ཏེ། ལེགས་བཤད་ཀྱི་བགོ་སྐལ་བླང་པའི་དགོངས་པ་རྩེ་གཅིག་པ་ལ་ཞུགས་ཞེས་གྲག་སྟེ་ཉིད་ཀྱིས་ཞུ་ཡིག་ཕུལ་པ་ལས། ཁྱེད་ཀྱི་རྣམ་ཐར་ཆེན་པོའི་ཆེན་པོ་རྣམས། །རིང་ན་གནས་ཀྱང་མངོན་སུམ་བཞིན་དུ་ཐོས། །ཕར་ཕྱིན་སྔགས་ཀྱི་ལམ་རིམ་གཉིས་ཀྱང་ཐོས། དེས་ཀྱང་བདག་ཡིད་སྤྲོ་དང་དགའ་བར་གྱུར། །ཅེས་དང་། །བདག་ནི་འཇིག་རྟེན་འདི་ནས་ཕ་རོལ་ཏུ། །མྱུར་བར་དུས་ཀྱི་ཕོ་ཉས་མ་ཐོས་ན། སངས་རྒྱས་སྤྲུལ་སྐུ་དངོས་དེ་མཇལ་བ་དང་། །དེར་བཞུགས་མཁན་སློབ་རྣམས་དང་མཇལ་བ་དང་། །དམ་པ་ཁྱོད་དང་ཆོས་ཀྱི་བཀའ་མཆིད་ལ། དེ་ཕྱོགས་བགྲོད་ལ་རྩེ་གཅིག་ཡིད་ཞུགས་པ། །རྟག་ཏུ་ཏྟ་དེ་ཤེར་ཕྱིན་འཚོལ་བ་ལྟར། །ཞེས་འབྱུང་། གཞན་ཡང་ཡེ་དབང་ཆོས་ཀྱི་རྒྱལ་པོས

ཚིག་དོན་བཟང་པོའི་ཞུ་ཡིག་རིན་ཐང་མེད་པའི་མཚོད་རྫས་དང་བཅས་པ་སྤྲིངས་ནས་ཕོ་བྲང་དུ་སྤྱན་འདྲེན་པ་བཏང་བ་ཉིད་དང་། བདག་པོ་རྣམ་རྒྱལ་གྲགས་པའི་དྲུང་གིས་དད་པའི་མཚོ་ཆེན་པོ་ལས་བྱུང་བའི་བསྟོད་ཚིག་པདྨ་དཀར་པོའི་ཕྲེང་བ་སྤེལ་བ་མིག་ལམ་དུ་གྱུར་བ་ཉིད་ཀྱིས་ངེས་པ་སྐྱེར་བར་འགྱུར་རོ། རྒྱུ་མཚན་དེའི་ཕྱིར། དགེ་ལྡན་བཀའ་བརྒྱུད་ནོར་བུའི་ཕྲེང་བ་ལ། །འགྲོ་བ་གང་གིས་བགྲངས་པ་དོན་ཡོད་འགྱུར། །ཞེས་སྨྲས་ཏེ། དེང་སང་གི་དུས་སུ་ཡང་བདག་ལེགས་སུ་འདོད་པ་རྣམས་ཀྱིས་བཀའ་བརྒྱུད་རིན་པོ་ཆེ་འདི་ལ་སྙིང་གི་ཁོང་ནས་གུས་པར་བྱ་རིགས་ལ། ད་ཅང་གུས་པ་མ་ཐོབ་ཀྱང་། ཡིད་ཀྱི་ཉེས་པ་རང་བཞིན་གདུག་པ་སྐྱེ། །མི་རིགས་པ་ཡི་ཆོས་ལའང་མི་རིགས་ན། །ཐེ་ཚོམ་ཟ་བའི་ཆོས་ལ་སྨོས་ཅི་དགོས། །དེ་ཕྱིར་བཏང་སྙོམས་བཞག་ལེགས་ཉེས་པ་མེད། །ཅེས་འབྱུང་བ་ལྟར་བཏང་སྙོམས་སུ་བཞག་པར་བྱའོ། བཤེས་གཉེན་དང་། གྲོགས་ངན་དག་གིས་དབྱེན་བཅོས་ཏེ། དུག་སྦྲུལ་གྱིས་གླ་རྩིའི་དྲི་ཚོར་བ་ལྟར་བྱེད་པ་ནི་ཅི་ནུས་ཀྱང་སྤང་བར་འོས་ཏེ། ཆོས་ལ་བརྙེན་པའི་སྡིག་ཆེན་པོར་འགྱུར་བས་སོ། འདི་ལ་དགོངས་ནས་སྤྱན་སྔའི་ཞལ་ནས། མཚམས་ཞིག་ན་མི་ལུས་ཐོབ་པས་ཀྱང་ཕུང་། མ་ཐོབ་ན་དེ་ཙམ་པའི་སྡིག་གསོག་ག་ན་ཐུབ། མཚམས་ཞིག་ན་ཆོས་སྒོར་ཞུགས་པས་ཀྱང་ཕུང་། མ་ཞུགས་ན་དེ་ཙམ་པའི་སྡིག་གསོག་ག་ན་ཐུབ་གསུངས་ཏེ་ཤིན་ཏུ་མད་དོ། དེ་ལྟར་ལེགས་པར་བཤད་པའི་ངག་གིས་ཚེ་ཐང་དུ་གདམས་ཀྱང་མཉན་པར་མི་བྱེད་ན་སྔོན་བསགས་ཀྱི་ལས་མཐུ་བཙན་པའི་གཞན་དབང་ཅན་ཁོ་ན་ཡིན་པ་གོར་མ་ཆག་པས་དམ་པ་རྣམས་ཀྱིས་ཐུགས་བརྩེ་བའི་ཡུལ་དུ་མཛད་པ་མ་གཏོགས་གཞན་ཅི་ཡང་བྱར་མེད་ལ།

བཀའ་བརྒྱུད་འདིར་ཞུགས་ཕྱིན་ཆད་ནས་ནི། ཨེ་མའོ་སྐལ་བ་བཟང་སྙམ་དུ་ཡིད་ལ་བརྟགས་ཏེ། ཐོས་བསམ་ལས་གསུམ་གྱི་འཁོར་ལོ་ལ་ནན་ཏན་བསྐྱེད་ནས་བསྟན་པ་རིན་པོ་ཆེ་ལ་བྱ་བ་བགྱི་བར་འོས་ཤིང་། དེ་ཙམ་དུ་ཛེ་མ་ཐོགས་ནའང་། སྙིང་ལ་རུས་པ་བཙུགས་ནས་ནུས་པ་གང་མཆིས་ཀྱིས་བསྟན་པ་ལ་ཕན་པར་བྱ་དགོས་ཀྱི། སྐྱེ་བོ་ལ་ལ་ཆོས་རྣམས་བུ་རམ་གྱི་གོར་པོ་བཞིན་དུ་རོ་གཅིག་ཡིན་པ་སྐད། གྲུབ་མཐའ་གང་ལའང་ཁྱད་པར་མེད་པ་སྐད་སྨྲ་ཞིང་ཅི་དགར་འཁོད་པ་ནི། ཆུ་མེད་པའི་ཁྲོན་པ་དང་རི་མོའི་མར་མེ་བཞིན་དུ་དགོས་ནུས་མེད་དོ། བསྟན་པ་རིན་པོ་ཆེ་འདི་ལ་རབ་ཏུ་དང་བའི་ཐུགས་དང་ལྡན་ཞིང་མཁོ་དགུའི་ཡོ་བྱད་འོས་པ་བཞིན་སྦྱོར་བའི་སྦྱིན་བདག་ཆེ་འབྲིང་རྣམ་པ་ཡང་། སྔོན་ནས་བསགས་པའི་ལས་འབྲེལ་བཟང་པོས་སླུ་བ་མེད་པར་བྱས་པ་ཉིད་དགོངས་ལ། སྙིང་པོ་བྱང་ཆུབ་ལ་མཆིས་ཀྱི་བར་དུ་དགུ་གཙུག་གི་རྒྱན་བཞིན་དུ་མཆོད་ཅིག་ཅེས་སྙན་པར་སྨྲ་བ་སྟེ། བཀའ་བརྒྱུད་འདི་ལ་བསྟན་ན་དགེ་མཚན་གཞན་ལྟ་ཞོག ཡུལ་ཁྱད་པར་ཅན་ལ་སྐྱུར་འདེབས་ཀྱི་དངོས་སྡིག་ཆེན་པོ་ཡང་ངང་གིས་ཐོག་པར་འགྱུར་བས་སོ། དེ་ཡང་ཇི་སྐད་དུ་བཀའ་གདམས་གསར་རྙིང་གི་དམ་པ་རྣམས་ཀྱིས་ཡོངས་འཛིན་ལས་གསུང་རབ་ཀྱི་གསན་པ་མཛད་པའི་ཕྱུང་བ་བརྗོད་པ་ལས་ན། དགེ་བའི་བཤེས་གཉེན་ལས་ཡོན་ཏན་འཕེལ་བར་འགྱུར་རོ་ཞེས་བཤེས་གཉེན་གྱི་ཡོན་ཏན་བསྔགས་པ་ལ་ཡང་བརྗོད་པར་བྱའོ། ཡོན་ཏན་དང་ལྡན་ན་འཇིག་རྟེན་དགའ་བར་འགྱུར་རོ་ཞེས་བདག་ཡོན་ཏན་གྱིས་བརྒྱན་པ་བསྔགས་པ་ལ་ཡང་བརྗོད་པར་བྱའོ། གསུང་རབ་ལ་གསན་པ་མཛད་པའི་མཐར་མཁས་པར་ཕྱིན་པའི་ཕྱུང་བ་བརྗོད་པ་ལས་ན། བརྩོན་འགྲུས་ཀྱིས་ཅི་ཡང་འགྲུབ་

པར་འགྱུར་རོ་ཞེས་བརྩོན་འགྲུས་ཀྱི་ཡོན་ཏན་བསྔགས་པ་ལ་ཡང་བརྗོད་པར་བྱའོ། གདུལ་བྱའི་དོན་འབའ་ཞིག་མཛད་པའི་བྱུང་བ་བརྗོད་པ་ལས་ན། སྐྱེས་བུ་དཔའ་བོ་རྣམས་ནི་གཞན་དོན་ལ་ཞུགས་སོ་ཞེས་བྱང་ཆུབ་སེམས་དཔའི་ཡོན་ཏན་བསྔགས་པ་ལ་ཡང་བརྗོད་པར་བྱའོ། རྣམ་ཐར་སྨྱ་ངན་འདས་བྱུང་མ་རྣམས་བརྗོད་པ་ལས་ན། སྐྱེས་བུ་དམ་པ་ཅི་འདྲ་ཞིག་ཡིན་ཀྱང་གཞན་ངོར་སྨྱ་ངན་ལས་འདས་ཚུལ་སྟོན་པར་ངེས་སོ་ཞེས་མི་རྟག་པའི་གཏམ་བརྗོད་པ་ལ་ཡང་སྦྱར་བར་བྱའོ། དགེ་འདུན་གྱི་སྡེ་དང་བཅས་པའི་གཙུག་ལག་ཁང་བཞེངས་པའི་བྱུང་བ་བརྗོད་པ་ལས་ན། སྐྱེས་བུ་དམ་པ་རྣམས་བསྟན་པ་རྒྱུན་ཆགས་པ་ཁོ་ནའི་ཐབས་མཛད་དོ་ཞེས་དམ་པའི་བསྔགས་པ་མཆོག་ཏུ་བརྗོད་པ་ལ་ཡང་སྦྱར་བར་བྱའོ། སངས་རྒྱས་ཀྱི་བསྟན་པ་དགེ་འདུན་ལ་རག་ལས་སོ་ཞེས་འཕགས་པའི་དགེ་འདུན་གྱི་ཆེད་དུ་བསྔགས་པ་བརྗོད་པ་ལ་སྦྱར་བར་བྱའོ། དེ་ལ་སྔོན་བྱོན་བཀའ་གདམས་བླ་མའི་ཆོས་འབྱུང་མཛད་པ་འགའ་ཟུང་སྣང་ཞིང་། མཆོག་ཏུ་བདག་གི་བླ་མ་ཨ་ནནྡ་ཧྲྀ་ཥྚའི་ཞལ་སྔ་ནས་ཀྱིས་བཀའ་གདམས་རིན་པོ་ཆེ་གསལ་བའི་སྒྲོན་མེ་ཞེས་བྱ་བའི་ལོ་རྒྱུས་ཆེན་མོ་མཛད་ཡོད་པའི་ཕྱིར་ན་འདིར་མདོར་བསྡུས་ཙམ་ལས་མ་སྦྱར་ལ། རྗེ་བཙུན་ཙོང་ཁ་པ་ཆེན་པོའི་བཀའ་བརྒྱུད་ལས་བརྩམས་པའི་ཆོས་འབྱུང་རྒྱས་པ་སྟོན་ཚད་མེད་པ་ལས་ན་ངོ་མཚར་གཏམ་གྱི་ཕྲེང་བ་ནུབ་ཏུ་ཉེ་བ་ཙམ་དུ་གྱུར་པ་འདི་ཡིད་ལ་བརྣགས་པ་དང་། བདག་ཉིད་བཀའ་བརྒྱུད་རིན་པོ་ཆེ་འདི་ལ་མངོན་པར་དད་པ་དག་གིས་ཉེ་བར་ལེན་པའི་རྒྱུ་བྱས་ཤིང་། ལོ་རྒྱུས་ཀྱི་ཚ་ནས་བག་ཆགས་ཅུང་ཟད་སད་པ་འདྲས་རྣམ་ཐར་སྤེལ་པའི་བློ་གྲོས་ཀྱི་འཇུག་པ་ཡང་མི་དམན་པ་ཉིད་ཀྱིས་ལྷན་ཅིག་བྱེད་རྐྱེན་བྱས་ཏེ། ཁོ་བོས་སྐལ་

བཟང་མཐའ་དག་གི་ཡིད་ཀྱི་མཛེས་རྒྱན་འདི་གཏམ་དུ་བྱས་སོ༎

འདི་ར་སྨྲས་པ། འཛམ་གླིང་མཁས་པ་ཀུན་གྱི་རྣ་བའི་རྒྱན། །ཨ་ཏི་ཤ་ཡི་བཀའ་བརྒྱུད་ངོ་མཚར་ཅན། །བཀའ་གདམས་དམ་པའི་རྣམ་ཐར་ངང་མོའི་གཟུགས། །བདག་ཡིད་དད་པའི་རོལ་མཚོར་ཅི་ཡང་འབབ༎ གྲངས་མེད་བསྐལ་བར་ཚོགས་གཉིས་བསགས་པ་ལས། །སྐུ་བཞུགས་གོ་འཕང་མཐོན་པོར་གཤེགས་པ་ཡི། རྗེ་བཙུན་ཙོང་ཁའི་རྨད་བྱུང་མཛད་པ་ནི། དྲན་པ་ཡིས་ཀྱང་དད་པའི་སྤུ་ལོང་གཡོ། ཨེ་མ་འདི་ལྟའི་ཕུལ་བྱུང་རྣམ་ཐར་གྱིས། ཡིད་རབ་མི་འཕྲོག་དཔྱོད་ལྡན་སུ་ཞིག་ཡོད། །དེ་ཕྱིར་ཕྱོགས་སུ་འཛིན་པའི་སེམས་པོར་ལ། །ཡ་མཚན་མཆོག་འདི་ར་དད་པ་ལྷུར་བྱོས་ཤིག །དེང་དུས་མཁས་པ་པས་ཀྱང་བླུན་པོ་བཀུར༎ ཆོས་པ་ཕལ་ཆེར་ཆགས་སྡང་དབང་དུ་སོང་། །མ་རུངས་སྐྱེ་བོའི་སྤྱོད་ཚུལ་འདི་ལྟ་ན། །དམ་པ་རྣམས་ཀྱི་རྣམ་ཐར་ལྷག་པར་དྲན། །རྒྱ་བོད་མཁས་པ་ཀུན་གྱི་ཡང་རྩེ་མཆོག །མཁས་གྲུབ་ཆོས་རྗེས་རྗེ་བཙུན་ཙོང་ཁ་པའི། །རྣམ་ཐར་དད་པའི་འཇུག་ངོགས་ཞེས་བྱ་བ། །སྐལ་བཟང་རྣ་བའི་རྒྱན་དུ་མཛད་མོད་ཀྱང་། ཡབ་རྗེ་དམ་པའི་མདོ་སྔགས་གཞུང་ལུགས་རྣམས། །འཛམ་གླིང་ས་ཡི་ཐ་གྲུར་ཁྱབ་མཛད་པ། །མཁས་པའི་དབང་པོ་རིམ་པར་བྱོན་ཚུལ་གྱི། །ངོ་མཚར་ལེགས་བཤད་སྤྲེལ་བ་སྟོན་མ་བྱུང་། །ཨ་ཏི་ཤ་དང་ཙོང་ཁ་པས། བསྟན་པའི་སྲོལ་ཆེན་བཏོད་པ་ནས། །དེང་སང་མཁས་རྣམས་བྱོན་པའི་བར། །བསྡེབས་ལེགས་རྒྱན་གྱིས་སྤྲེལ་བ་འདི། །ཤཱཀྱའི་བསྟན་ལ་ལོ་རྒྱུས་སྨྲ་བའི་མཆོག །བུ་སྟོན་ཁ་ཆེ་ཞ་ལུ་ནས་གཤེགས་པ། །གངས་ཅན་དབུས་ཀྱི་ལོ་རྒྱུས་མཁན་གཅིག་པུ། །བསོད་ནམས་གྲགས་པའི་དཔལ་དུ

གྱུར་པས་སྤྱུར། །སྤོན་བསགས་བསོད་ནམས་གསེར་གྱི་རང་བཞིན་རྣམ་དཔྱོད་ནོར་འཛིན་རབ་ཡངས་པར། །མདོ་སྔགས་གཞུང་བརྒྱའི་ཆུ་ཀླུངས་རབ་འཁྱིལ་གྲགས་པ་དབྱུ་མའི་འཇུམ་དཀར་ཅན། །སྣན་ཚིག་དཔའ་རླབས་ཟླེགས་མ་རབ་འཕྲོར་ལོ་རྒྱུས་མུ་ཏིག་ཕྲེང་མཛེས་འདི། །སྤོན་མེད་ལེགས་བཤད་གསར་དུ་རབ་སྤེལ་ཕྱོགས་ཀྱི་བུ་མོའི་རྣ་བའི་རྒྱན། །བཀའ་གདམས་གསར་རྙིང་དགེ་བའི་བཤེས་གཉེན་ལ། །རྣམ་ཐར་པདྨ་དཀར་པོས་མཆོད་པ་ཡིས། །རབ་དཀར་ཡིད་རབ་འཕྲོག་ལས་བཀའ་གདམས་ཀྱི། ལུགས་བཟང་དྲི་ཡིས་ཕྱོགས་ཀུན་ཁྱབ་གྱུར་ཅིག །གཞན་ཡང་དམ་པའི་ཡོན་ཏན་བསྔགས་པ་ཡི། །རྣམ་དཀར་ནོར་བུའི་ཐེམ་སྐས་འཛེགས་པ་ལས། འགྲོ་འདི་ཨ་ཏི་ཤ་དང་ཙོང་ཁ་པའི། །ཕོ་བྲང་མཁའ་སྤྱོད་ཉམས་དགར་ཕྱིན་གྱུར་ཅིག བདག་ཀྱང་རྣམ་ཐར་ནོར་བུ་ཆུ་ཤེལ་གྱི། །འོད་དཀར་སྙིང་གི་འཛིན་མར་ལྷུང་བ་ལས། །ཆགས་སྡང་ཚ་གདུང་མ་ལུས་ཀུན་བསལ་ཏེ། །དག་སྣང་ཀུནྡའི་ཚལ་གྱིས་མཛེས་གྱུར་ཅིག །ཅེས་བཀའ་གདམས་གསར་རྙིང་གི་ཆོས་འབྱུང་ཡིད་ཀྱི་མཛེས་རྒྱན་ཞེས་བྱ་བ་འདི་ནི། མངོན་པར་དད་པའི་དད་པ་དང་། མཁས་པ་དགྱེས་པའི་ཤེས་རབ་ཀྱིས་བསྐུལ་ཏེ། ཡུལ་གངས་ཅན་གྱི་དབུས་སུ་སྐྱེས་པའི་ལོ་རྒྱུས་པ་བསོད་ནམས་གྲགས་དཔལ་རྣམ་དཔྱོད་མཆོག་གི་སྡེས། །ཐུབ་པའི་དབང་པོ་ཆོས་ཀྱི་དབྱིངས་སུ་ཐིམ་ནས་བསྟན་པ་ལོ་ཉིས་སྟོང་གསུམ་བརྒྱ་དྲུག་ཅུ་རྩ་ལྔ་ལ་ཉེ་བ་ཏིང་ངེ་འཛིན་གྱི་ལེའུའི་དུས་ཀྱི་འགལ་བའི་ལོ་ཞེས་པ་ས་མོ་གླང་（སྤྱི་ལོ1529）གི་སྟོན་ཟླ་ར་བའི་ཡར་ཚེས་བཟང་པོ་ལ་འབྲོག་རི་བོ་ཆེ་དགེ་ལྡན་རྣམ་པར་རྒྱལ་བའི་གླིང་དུ་སྦྱར་བ་འདིས་ཀྱང་བསྟན་པ་རིན་པོ་ཆེ་དར་ཞིང་རྒྱས་ལ་ཡུན་རིང་དུ་གནས

པར་གྱུར་ཅིག།

ཨོཾ་སྭ་སྟི། རྣམ་དག་ཡེ་ཤེས་མཆོག་སྦྱིན་ཐབས་མཁས་འཕྲུལ། །ཐར་འདོད་ཡོངས་ལ་ངེས་ལེགས་སྦྱིན་མཛད་པའི། །ཕྲུལ་བྱུང་ལོ་རྒྱུས་རྟོག་པའི་དྲི་བྲལ་བ། །ལེགས་བཤད་འོད་སྟོང་འབར་བའི་རིན་ཆེན་འདི།། ཆོས་སྦྱིན་མི་འཛད་སྒོ་བརྒྱ་འབྱེད་པའི་སྐད། །པར་དུ་བསྒྲུབ་པའི་བསོད་ནམས་ཕུང་པོའི་མཐུས། །བདེ་ལེགས་ཀུན་འབྱུང་རྒྱལ་བའི་བསྟན་པ་མཆོག །འགྲོ་བའི་ཕན་བདེའི་གསོས་སུ་ལེགས་དར་ཞིང་། །འདིའི་ཆེད་སྒོ་གསུམ་འབད་པས་ལུས་ཅན་རྣམས། །སྲིད་པའི་ཟུག་རྔུ་ཆེ་ལས་རབ་གྲོལ་ཞིང་། །མཐའ་དབུས་འཛིག་རྟེན་བདེ་སྐྱིད་རྫོགས་ལྡན་བཞིན། །འཕེལ་རྒྱས་ཕྱོགས་དུས་ཀུན་ཏུ་བདེ་ལྡན་ཤོག །ཅེས་པ་འདི་ནི་གནམ་བསྐོས་འཇམ་དབྱངས་གོང་མ་བདག་པོ་ཆེན་པོའི་འཕྲིན་ལས་པ་ཆེན་པོ་ཡོན་ཏན་དུ་མས་ཕྱུགས་རྒྱུད་ཉེ་བར་ཕྱུག་པའི་ཨ་ཀྱཱ་རྗེ་ཐོག་ཐུ་རིན་པོ་ཆེ་ནས། ཆོས་ཀྱི་རྗེ་བསོད་ནམས་གྲགས་པས་མཛད་པའི་བཀའ་གདམས་ཆོས་འབྱུང་ཡིད་ཀྱི་མཛེས་རྒྱན་འདི་ཉིད་པར་བགྲེས་སྐྱོན་ཆེས་པས་གསར་བསྒྲུབ་ཞིག་བྱུང་ན་བསྟན་རྒྱུན་ལ་ཕན་པར་དགོངས་ཏེ་མཐུན་རྐྱེན་ཕུན་སུམ་ཚོགས་པ་དང་བཅས་བསྐུལ་མ་མཛད་པ་ལྟར། ཆུ་རྟ་ལོ་ཕྱོགས་ལས་རྣམ་པར་རྒྱལ་བའི་ཕོ་བྲང་ཆེན་པོ་པོ་ཏ་ལར་གསར་དུ་བསྒྲུབ་པའི་པར་བྱང་སྨོན་ཚིག་འདི་ནི་དེ་མོ་ནོ་མོན་ཧན་ངག་དབང་འཇམ་དཔལ་བདེ་ལེགས་རྒྱ་མཚོས་གཟིམས་ཆུང་རིག་གནས་ཀུན་གསལ་དུ་སྦྱར་བའོ།། །།

བཀའ་གདམས་གསར་རྙིང་གི་ཆོས་འབྱུང་ཡིད་ཀྱི་མཛེས་རྒྱན་ཞེས་བྱ་བ་བཞུགས་སོ།

རྩོམ་པ་པོ།	པཎ་ཆེན་བསོད་ནམས་གྲགས་པ།
གཙོ་འགན་རྩོམ་སྒྲིག་པ།	པ་སངས་ཚེ་རིང་།
རྩོམ་སྒྲིག་འགན་འཁུར་བ།	བསོད་ནམས་ཚེ་བརྟན།
དཔེ་སྐྲུན་འགྲེམས་སྤེལ།	བོད་ལྗོངས་བོད་ཡིག་དཔེ་རྙིང་དཔེ་སྐྲུན་ཁང་།
པར་འདེབས་ཚན་པ།	ཁྲིན་ཏུའུ་ཏན་སེ་པར་འདེབས་ཚད་ཡོད་ཀུང་སི།
དེབ་ཚད།	850 × 1168 1/32
པར་ཤོག	6.875
པར་གྲངས།	5,001 – 7,000
པར་གཞི།	2001ལོའི་ཟླ11པར་པར་གཞི་དང་པོ་བསྒྲིགས།
པར་ཐེངས།	2024ལོའི་ཟླ8པར་པར་ཐེངས་བཞི་པ་བཏབ།
དཔེ་རྟགས།	ISBN 978-7-80589-032-6མི་ཡིག(བོད།)
རིན་གོར།	17.00